LISA B. MARSHALL

Sei
SMART!

Souverän, sympathisch
und selbstsicher in jeder Situation

BOOKS4SUCCESS

Die Originalausgabe erschien unter dem Titel
Smart Talk: The Public Speaker's Guide to Success in Every Situation
ISBN 978-0-312-59728-3

Copyright der Originalausgabe:
Smart Talk
Copyright © 2013 by Lisa B. Marshall. All rights reserved.
Published by arrangement with St. Martin's Press, LLC. All rights reserved.

Dieses Werk wurde im Auftrag von St. Martin's Press LLC durch die
Literarische Agentur Thomas Schlück GmbH, 30827 Garbsen, vermittelt.

Copyright der deutschen Ausgabe 2013:
© Börsenmedien AG, Kulmbach

Übersetzung: Yvonne Rolli
Covergestaltung: Johanna Wack
Gestaltung, Buchsatz und Herstellung: Tanja Erhardt
Lektorat: Elke Blanek
Druck: CPI – Ebner & Spiegel, Ulm

ISBN 978-3-86470-132-0

Bibliografische Information der Deutschen Nationalbibliothek:
Die Deutsche Nationalbibliothek verzeichnet diese Publikation in der
Deutschen Nationalbibliografie; detaillierte bibliografische Daten
sind im Internet über <http://dnb.d-nb.de> abrufbar.

BÖRSEN MEDIEN
AKTIENGESELLSCHAFT

Postfach 1449 • 95305 Kulmbach
Tel: +49 9221 9051-0 • Fax: +49 9221 9051-4444
E-Mail: buecher@boersenmedien.de
www.books4success.de
www.facebook.com/books4success

Für Armando, Ariana, Daniela,
John, Mama und Papa.

Und für Ihren persönlichen Erfolg!

Inhalt

EINLEITUNG

Ein falsches Wort zur falschen Zeit kann Sie Kopf und Kragen kosten

*Du lehrst am besten,
was du selbst am dringendsten
lernen musst.*

– Richard Bach, aus: *Illusionen:
Die Abenteuer eines Messias wider Willen*

Haben Sie schon einmal zu Ihrer großen Verwunderung feststellen müssen, dass Sie doch nicht so gut oder so clever sind, wie Sie immer dachten? Ich werde nie den Tag vergessen, an dem ich in Bob Goodmans Büro zitiert wurde. Er war ein erfahrener Manager und gehörte zur obersten Führungsriege bei General Electric (GE); ich dagegen war nur eine junge Praktikantin in einem Management-Traineeprogramm. In dem Moment, als ich sein Büro betrat, wurde mir auf einmal vor Angst und Aufregung ganz mulmig. Zuerst plauderte er ganz locker mit mir, aber dann sagte er etwas zu mir, was ich *nie* vergessen habe. Er sagte:

„Lisa, Sie sind wie ein großes Schiff, wie ein Kreuzfahrtschiff, das in den Hafen einläuft. Sie bringen ringsum all die anderen kleinen Schiffe zum Schwanken und merken es nicht einmal. Wir möchten Ihnen gern dabei helfen, dies zu ändern. Wir wollen, dass Sie an einer Schulung teilnehmen."

Wie sich herausstellte, wollte GE mich auf einen Lehrgang schicken, damit ich meine interpersonellen und kommunikativen Fähigkeiten verbessere. Ich war beschämt!

Offensichtlich wusste ich damals nicht, was ich alles nicht wusste.

Wir lernen in der Schule zwar lesen und schreiben, aber nur selten (falls überhaupt) lernen wir, im täglichen Miteinander umsichtig und diplomatisch zu sein mit dem, was wir sagen und wie wir es sagen. Denn grundlegende *kommunikative und interpersonelle Fähigkeiten* zu entwickeln, das lernen wir in der Schule nicht.

Folglich ist unsere interpersonelle und kommunikative Kompetenz meist nicht besonders gut ausgeprägt.

Oder:

- Wissen Sie, wie Sie bei der Selbstpräsentation im Einzelnen vorgehen müssen, damit Sie nicht nur einen positiven ersten Eindruck hinterlassen, sondern auch die Chance bekommen, aus ersten Kontakten solide Beziehungen zu entwickeln (und wie Sie bei der

Selbstpräsentation besser nicht vorgehen sollten, damit Sie sich Ihre Chancen für den Aufbau zwischenmenschlicher Beziehungen nicht von Grund auf verscherzen)?

- Wissen Sie, wie viele verschiedene Arten des Händeschüttelns es gibt, mit denen Sie Vertrauen und Glaubwürdigkeit zum Ausdruck bringen können (und welche Fehler viele Menschen gewöhnlich dabei machen)?

- Wissen Sie, wie Sie an einen ersten Kontakt anknüpfen können? Dabei geht es nicht darum, Freunde oder Fans zu sammeln, sondern darum, aufrichtig und erfolgreich mit Menschen zu interagieren und dadurch wertvolle und solide Beziehungen aufzubauen.

- Wissen Sie, was Sie zu jemandem sagen sollten, der eine schwierige Zeit durchmacht?

- Wissen Sie, wie Sie erfolgreich Feedback geben können, und zwar ohne auf die alte „Sandwich-Methode" zurückzugreifen – die übrigens ohnehin nicht funktioniert?

- Wissen Sie, wie Sie auf Kritik reagieren sollten?

- Wissen Sie, wie Sie ein „Nein" geschickt verpacken und dennoch eine Beziehung entwickeln und aufbauen können, ohne die Beziehungsebene zu belasten?

- Wissen Sie, wie Sie jemandem mit diplomatischem Fingerspitzengefühl und Höflichkeit antworten können?

- Wissen Sie, wie Sie schlechte Nachrichten am besten übermitteln oder wie Sie eine schwierige Gesprächssituation meistern können?

- Wissen Sie, was Sie sagen sollten, wenn Sie sich mit einem rücksichtslosen Mobber, einem Nörgler oder irgendeinem anderen schwierigen Zeitgenossen auseinandersetzen müssen?

- Wissen Sie, was einen erfahrenen Verhandlungsführer von einem unerfahrenen Neuling unterscheidet?

- Wissen Sie, wie Sie vorgehen müssen, um andere erfolgreich zu beeinflussen beziehungsweise zu überreden?

- Wissen Sie, wie das menschliche Gehirn gepolt ist und wie es Attraktivität, Sympathie und Glaubwürdigkeit wahrnimmt?

Allzu oft lautet die Antwort auf all diese Fragen „Nein". Oder was noch viel schlimmer ist: Wir haben eine ungefähre Ahnung, was wir in der jeweiligen Situation sagen sollten, was uns zu der Annahme verleitet, wir wüssten die Antworten. Doch erst, wenn wir vor einem Problem stehen, und zwar *nachdem* wir einer Beziehung massiv Schaden zugefügt haben, wird uns bewusst, dass wir in Wirklichkeit überhaupt nicht wissen, was wir eigentlich hätten sagen sollen.

Und damit komme ich nun zum Rest meiner Geschichte ...

Der Mann, der in dem Kurs für kommunikative Kompetenz neben mir saß, machte einen ausgesprochen missmutigen Eindruck – er war ein richtiger Griesgram. Er erzählte mir, dass er für die Poststelle arbeite und bei den Mitarbeitern und Managern jedes Jahr eine Bewertung ihrer kommunikativen Fähigkeiten durchgeführt werde, wobei diejenigen Kandidaten mit der niedrigsten Punktzahl dazu verdonnert würden, diesen Kurs zu besuchen. „Benimm-Kurs" nannte er das.

Im Kurs bestand unsere erste Arbeitsaufgabe darin, unseren Kommunikationsstil genau zu analysieren, indem wir für unterschiedliche Kommunikationssituationen Punkte für unser kommunikatives Verhalten erhielten und diese aufaddieren mussten. Nachdem ich seine Geschichte gehört hatte, konnte ich nicht anders: Ich brannte regelrecht darauf, die Punktzahl zu sehen, die dieser ruppige Typ von der Poststelle erreicht hatte, und warf einen verstohlenen Blick hinüber, um sein Ergebnis zu sehen.

Was ich auf den ersten Blick feststellen konnte, war, dass unsere Ergebnisse in jeder einzelnen Kategorie *absolut identisch waren*! (Ich habe seine Ergebnisse und meine sogar ein zweites und drittes Mal überprüft.)

Diesen Augenblick habe ich mein ganzes Leben nicht vergessen. Ich war fassungslos.

Da merkte ich, dass ich etwas ändern musste. Ich schwor, dass ich alles daransetzen würde, an meiner kommunikativen Kompetenz zu arbeiten und sie zu verbessern. Ich schwor, dass ich an meiner interpersonellen Kompetenz feilen würde. Ich schwor, dass ich so viel wie nur irgend möglich lernen würde, um in puncto Kommunikation zu glänzen. Aber das war erst der Anfang meiner Reise.

In den folgenden 25 Jahren habe ich eine ganze Menge gelernt.

Auf der Suche nach meiner Leidenschaft

Nachdem ich die ersten beiden Jahre meines Management-Traineeprogramms bei GE absolviert hatte, wurde ich gebeten, am „GE Corporate Audit Staff"-Trainingsprogramm teilzunehmen – dem sogenannten „Accelerated Leadership Development Program", das speziell für Führungskräfte höherer Managementebenen konzipiert war. Damals habe ich zum ersten Mal festgestellt, dass viele Unternehmensprobleme hauptsächlich auf Kommunikationsprobleme zurückzuführen sind. (Interessanterweise habe ich etliche Jahre später, im Jahr 2009, in einer Kurzstudie[1] gelesen, dass Kommunikationsprobleme Kosten in Höhe von circa 35.500 US-Dollar *pro Arbeiter* pro Jahr verursachen.)

Doch zum Glück erkannte GE damals den zentralen Stellenwert der Kommunikation und ermutigte mich dazu, einen Masterabschluss in Organisations- und interpersoneller Kommunikation anzustreben, um dieses Fachwissen dann in das Unternehmen einbringen zu können. (Sie haben das Studium sogar bezahlt. Danke schön, GE!)

Was mein Privatleben anging, so war das in etwa auch der Zeitpunkt, als ich John kennenlernte. Er war jener Typ Mensch, der andere mit seiner Art magisch anzog wie ein Magnet. Seine leidenschaftliche Begeisterung für das Leben war regelrecht ansteckend. Bedauerlicherweise war er unheilbar krank. Er starb an einer schrecklichen Krankheit, aber dennoch war er der lebendigste Mensch, dem ich je begegnet bin. Das ist auch der Grund, warum ich ihn letztlich geheiratet habe.

In den Jahren, in denen ich mit John verheiratet war, ging ich durch eine ganz andere Schule in Sachen Kommunikation. John war gegen Ende der 1980er-Jahre an AIDS erkrankt, also zu einer Zeit, in der Menschen, die HIV-positiv waren, noch mit einem beträchtlichen sozialen Stigma behaftet waren. Selbst medizinisches Personal war oft extrem unsensibel. Zu diesem Zeitpunkt wurden mir die Kommunikationsprobleme im Gesundheitswesen zum ersten Mal schmerzlich bewusst. Natürlich habe ich – aufgrund persönlicher Betroffenheit – nach und nach gelernt, wie man mit schwierigen zwischenmenschlichen und emotional aufgeheizten Kommunikationssituationen umgeht.

Wer ich heute bin

Seit damals sind sehr viele Jahre vergangen und ich habe mein Berufsleben darauf ausgerichtet, Menschen und Organisationen bei der Entwicklung und Verbesserung ihrer kommunikativen Fähigkeiten zu unterstützen, damit sie ihre Produktivität nachhaltig verbessern können. Ich habe nicht nur Hunderte von Kommunikations-Workshops konzipiert und durchgeführt, sondern auch Vorträge und Seminare zu Themen wie Teambildung, Rhetorik, Networking, Konfliktbewältigung und Führungsstil gehalten, und zwar sowohl als Konzernmitarbeiterin als auch als freiberufliche Kommunikationstrainerin.

Im Jahr 2008 wollte ich eine viel größere Zielgruppe erreichen, um nicht mehr nur denjenigen Menschen helfen zu können, die zu meinen Vorträgen kommen. Deshalb habe ich den kostenlosen wöchentlichen Podcast *The Public Speaker's Quick and Dirty Tips for Improving Your Communication Skills* auf dem „Quick and Dirty Tips"-Experten-Blog an den Start gebracht. Die Episoden wurden über acht Millionen Mal in über

200 Ländern heruntergeladen. Bei den *Podcast Awards* 2009 war mein Podcast in der Kategorie Business-Podcasts nominiert und ein Jahr später noch einmal in der Kategorie Bildung. (Juhu!) Im Jahr 2012 habe ich mich dann mit Hewlett-Packard zusammengetan, um täglich eine kostenlose, kleine und leicht verständliche Unterrichtseinheit[2] zum Aufbau kommunikativer Fähigkeiten mit dem Titel *Communication Success: Tips for Busy People* anzubieten, die man sich dank der neuen HP-Druckergeneration mit Internetanbindung überall auf der Welt ohne Umweg über einen PC ausdrucken kann! Ich bin ganz aufgeregt, weil meine Arbeit jetzt zum ersten Mal in verschiedenen Sprachen erhältlich ist.

Zielsetzung all meiner Schulungsprogramme ist es, Ihnen wissenschaftlich fundierte und in der Praxis bestens bewährte Strategien und Techniken zu vermitteln, mit deren Hilfe Sie in Ihrem Unternehmen, in Ihrer Karriere und in Ihrem Leben sofort Erfolge verzeichnen können. Ich möchte Ihnen dabei helfen, sich den erforderlichen Wettbewerbsvorteil zu verschaffen, um Ihre Pläne – ganz gleich, ob groß oder klein – erfolgreich umzusetzen. Ich möchte, dass Sie kommunizieren wie ein Profi. Und deshalb möchte ich Ihnen zeigen, wie Sie

- selbstbewusster werden – damit Sie sich in Ihrer Haut wohlfühlen und anderen Menschen aufgeschlossen gegenübertreten;
- leidenschaftlicher werden – damit Sie Ihr Leben nach Ihren eigenen Wertvorstellungen leben können;
- sensibler werden – damit Sie sich mühelos Ihre Emotionen und die Emotionen anderer zunutze machen können;
- beständiger werden – damit Sie kontinuierlich unter Beweis stellen, wie sehr Ihnen Ihre Beziehungen am Herzen liegen;
- beharrlicher werden – damit Sie Ihren Standpunkt auch dann noch effektiv kommunizieren können, wenn Sie auf Widerstand stoßen;
- dynamischer werden – damit Sie nicht nur positive Energie ausstrahlen, sondern auch anziehen;

- diplomatischer werden – damit Sie in der Lage sind, die Dinge stets aus dem Blickwinkel der anderen zu betrachten;
- vorausschauender werden – damit Sie genau wissen, was Sie wollen und wie Sie Ihre Zielvorstellung mit anderen teilen können;
- positiver denken – damit Sie sich stets auf das Positive konzentrieren und immer ein gutes Ergebnis erwarten;
- erfolgreicher werden – damit Sie Ihre finanziellen oder anderen Ziele erreichen, indem Sie sich intensiv der Entwicklung, dem Ausbau und der Pflege solider Beziehungen widmen.

Ich bin davon überzeugt, dass ein wirklich meisterhafter Kommunikator – also jemand, der mit diplomatischem Geschick und Einfühlungsvermögen in jeder Situation den richtigen Ton trifft – in der Lage ist, bei jeder Interaktion mit seinen Mitmenschen *alle* diese Fähigkeiten erfolgreich einzusetzen. Und wenn Sie es schaffen, sich zu einem wirklich meisterhaften Kommunikator zu entwickeln, sei es als Einzelperson, als Team oder als Organisation, sind Sie schlichtweg unschlagbar!

Genau deshalb habe ich dieses Buch geschrieben. Denn was bislang im Regal Ihres Buchladens (oder unter den Dateien auf Ihrem E-Reader) gefehlt hat, ist ein Nachschlagewerk zum Thema Kommunikation; ein Leitfaden, der neueste Erkenntnisse der Kommunikationsforschung vermittelt und diese auf ganz alltägliche Situationen anwendet, wie jeder von uns sie erlebt; ein Ratgeber, der nützliche Schritt-für-Schritt-Anleitungen gibt, wie man erfolgreich kommuniziert und positive Ergebnisse erzielt.

Betrachten Sie dieses Buch sozusagen als Ihr persönliches Schweizer Offiziersmesser in puncto Kommunikation!

Sei SMART! ist ein nützlicher, praxisorientierter Lernleitfaden für ungeübte Neulinge und sprachgewandte Kommunikatoren gleichermaßen, die wissen wollen, wie sie heikle Gesprächssituationen meistern können. (Oder wie sie diese von vornherein vermeiden!)

Beim Lesen sollten Sie auf jeden Fall die Quizfragen beantworten und auch die Übungsaufgaben am Ende jedes Kapitels machen. Das kann ich Ihnen nur ans Herz legen. Denn ich möchte, dass Sie mehr tun, als nur über interessante Erkenntnisse und Techniken zu lesen. Mein Ziel ist es, Ihnen hier neue Fertigkeiten zu vermitteln, damit Sie Ihre aktuellen kommunikativen Fähigkeiten verbessern können. Schließlich lernt man das Schwimmen auch nicht, indem man ein Buch übers Schwimmen liest; dazu muss man sich schon ins Wasser begeben und üben. Während Sie dieses Buch Kapitel für Kapitel durcharbeiten, sollten Sie die neu gewonnenen Erkenntnisse gleich in die Praxis umsetzen.

Wenn Sie über die Quizfragen nachdenken und sich an den Übungsaufgaben versuchen, unterstützen Sie Ihr Gehirn dabei, neue Kommunikationsmuster zu entwickeln. Mithilfe der Fragen am Ende jedes Kapitels sind Sie in der Lage, den jeweils aktuellen Stand Ihrer kommunikativen Fähigkeiten zu ermitteln, und die kapitelbezogenen Übungsaufgaben werden Ihnen dabei helfen, die neuen Strategien und Techniken, die Sie gelernt haben, in die Praxis umzusetzen. Für jene Leser, die Ihr Wissen noch weiter vertiefen wollen, habe ich eine kostenlose VIP-Website speziell für registrierte Mitglieder entwickelt.

Wenn Sie sich dazu entschließen, sich auf meiner Website zu registrieren, erhalten Sie nicht nur Zugang zu weiterführenden Informationen und Interviews, sondern auch die Gelegenheit, direkt mit mir zu interagieren.

Lassen Sie sich von den Fallbeispielen am Ende jedes Kapitels inspirieren. Und was noch wichtiger ist: Ich lege Ihnen dringend ans Herz, zu üben und nochmals zu üben.

Sorgen Sie dafür, dass Sie zu Hause, bei der Arbeit und wann immer Sie mit einem Kommunikationsproblem konfrontiert werden, stets ein Exemplar dieses Buches griffbereit haben. Nutzen Sie es als Nachschlagewerk und Leitfaden, um Ihre kommunikativen Fähigkeiten aufzufrischen

VIP-BONUS

Gehen Sie gleich auf www.smarttalksuccess.com/VIP und registrieren Sie sich, damit Sie in den Genuss des umfangreichen VIP-Bonusmaterials kommen. Oder aber Sie erkunden das Bonusmaterial, das ich exklusiv für die Leser meines Buches zusammengestellt habe, einfach während der Lektüre, sobald Sie dieses VIP-Symbol sehen.

oder weiter zu vervollkommnen, damit Sie jede Kommunikationssituation erfolgreich meistern können.

Es gibt drei Gründe, warum ich Ihnen meine Geschichte erzählen wollte: Zum einen soll sie Ihnen als anschauliche Einführung in die Thematik dienen, zum anderen als eine Art Glaubensbekenntnis und drittens – so hoffe ich – als Motivationsquelle, falls es Ihnen schwerfällt, Ihre kommunikative und interpersonelle Kompetenz zu verbessern. Schon immer lautete der Slogan meines Unternehmens: „Kommunikation ist meine Leidenschaft. Ihr Erfolg liegt mir am Herzen."

Ich hoffe, Sie verstehen jetzt, dass dies nicht nur ein Slogan ist, sondern Ausdruck meiner tiefen Überzeugung.

Sie sind herzlich eingeladen!
Machen Sie doch das Smart Talk Success Quiz und testen Sie auf www.smarttalksuccess.com/quiz , ob Sie ein erfolgreicher Kommunikator sind. Sobald Sie dieses Buch durchgearbeitet haben, wiederholen Sie das Quiz noch einmal und vergleichen anschließend Ihre beiden Ergebnisse. Ich bin sicher, Sie werden eine Menge gelernt haben!

DER ERSTE EINDRUCK ENTSCHEIDET

So setzen Sie sich mit Ihrer Selbstpräsentation eindrucksvoll in Szene

*Gestatten Sie, dass ich mich vorstelle;
ich bin ein wohlhabender Mann von Welt;
es gibt mich schon seit sehr langer Zeit
und ich habe viele Menschen ihrer Seele
und ihres Glauben beraubt.*

– Rolling Stones, aus: *Sympathy for the Devil*

Als junge Management-Praktikantin bei General Electric (GE) nahm ich regelmäßig an den vierteljährlichen Status-Meetings teil. Einmal mussten wir über eine halbe Stunde warten, bis die Mitglieder des oberen Managements eintrafen. Der Zufall wollte es, dass ich auf einmal ein dringendes Bedürfnis verspürte und die Toilette aufsuchen musste. Auf dem Rückweg zum Konferenzraum hatte ich es ziemlich eilig und stieß im Flur im wahrsten Sinne des Wortes mit jemandem zusammen.

Als ich aufschaute, erkannte ich sofort Jack Welch, den damaligen CEO von GE. Mir war das Ganze natürlich schrecklich peinlich und ich stammelte verlegen eine Entschuldigung. Er lächelte nur, streckte mir seine Hand entgegen und sagte: „Hallo, also ich bin Jack Welch." Ich lachte und antwortete: „Aber ja doch – ich weiß, wer Sie sind." Dann fragte er äußerst liebenswürdig: „Und wer sind Sie?"

Im Prinzip war das für mich als blutjunge, ehrgeizige Management-Praktikantin die perfekte Gelegenheit, mich vorzustellen und einen positiven ersten Eindruck zu hinterlassen. Aber ich war nicht darauf vorbereitet. Eigentlich wusste ich überhaupt nicht, was ich sagen sollte, und stotterte nur herum. Als ich wieder zu meinem Platz zurückkehrte, hatte ich immer noch einen hochroten Kopf. Ich war unglaublich betreten und wütend auf mich selbst, weil ich mich nicht korrekt vorgestellt und dadurch die Chance verpatzt hatte, mit einem fantastischen ersten Eindruck zu punkten.

Auch wenn die meisten von uns wohl kaum tagtäglich einem bekannten und einflussreichen CEO wie Jack Welch begegnen, so treffen wir dennoch Tag für Tag eine Menge Leute – sei es im Job, auf Partys, bei Networking-Events oder etwa im Supermarkt, während wir an der Kasse anstehen. Aber es ist einfach unmöglich, im Voraus zu wissen, wann wir jemandem begegnen, der unser Leben nachhaltig beeinflussen könnte.

Der erste Eindruck ist immens wichtig. Denn wir taxieren einander im Handumdrehen. In einer Studie[1] hat man herausgefunden, dass wir in nur einer Zehntelsekunde unbewusst erfassen und entscheiden, ob wir

KURZ NACHGEFRAGT

Überlegen Sie einmal, wann Sie sich das letzte Mal jemandem vorgestellt haben. Wem haben Sie sich vorgestellt? Wie lief Ihre Selbstpräsentation? Erinnern Sie sich noch, was Sie gesagt haben? Was hat es Ihnen gebracht, dass Sie sich ein Herz gefasst und sich einem Fremden vorgestellt haben?

eine Sache/eine Person mögen oder nicht. Eine andere Studie[2] kam zu dem Ergebnis, dass der Eindruck, den wir in den ersten drei Minuten von einer Person gewinnen, ausschlaggebend für den Aufbau einer Beziehung ist. Selbst wenn wir mit einer Fülle von Anzeichen konfrontiert werden, die unseren ersten Eindruck widerlegen, halten wir dennoch an unserer ersten Einschätzung dieser Person fest. Und genau das ist der Grund, warum es so außerordentlich wichtig ist, einen positiven ersten Eindruck zu hinterlassen.

Im Wesentlichen liefern uns beim ersten Zusammentreffen mit einer Person ihre Verhaltensweisen und Worte wichtige Anhaltspunkte dafür, ob wir unser Gegenüber näher kennenlernen möchten. Denn vor allem durch die Art und Weise, wie wir ein Gespräch anfangen und uns präsentieren, geben wir unserem Gesprächspartner entscheidende Hinweise, ob wir ihm möglicherweise von Nutzen sein können oder auch umgekehrt.

Eine gelungene Selbstpräsentation ist letztlich nichts anderes als eine kurze, prägnante Aussage oder auch eine Frage, die den Gesprächspartner interessiert – wobei gerade Letzteres von elementarer Bedeutung ist. Denn das ist letztlich Sinn und Zweck jeder Selbstpräsentation: Das Interesse Ihres Gesprächspartners zu gewinnen, damit sich aus der ersten Kontaktaufnahme nicht nur ein reges Gespräch, sondern auch eine enge Beziehung entwickeln kann.

Zu Beginn meiner Karriere traute ich mich irgendwie nicht so recht, mit Personen ein Gespräch anzufangen, die in der Unternehmenshierarchie „über mir" standen. Außerdem war ich der Meinung, Small Talk sei im Großen und Ganzen ohnehin nutzlos (ich nannte ihn immer *Schmalz-Talk*), denn dieses höfliche Blabla kam mir immer total gekünstelt und aufgesetzt vor. Folglich vermied ich es, mit anderen ins Gespräch zu kommen und neue Kontakte zu knüpfen. Auch wenn ich innerhalb des Unternehmens durchaus den einen oder anderen Kontakt knüpfte, so waren meine Networking-Aktivitäten insgesamt aber nicht intensiv genug beziehungsweise nicht auf die richtige Mischung von Kontaktpersonen ausgelegt. Außerhalb des Unternehmens betrieb ich überhaupt kein Networking. Meine berufliche Entwicklung stagnierte. Und da ich im Kollegenkreis keine soliden Beziehungen aufgebaut hatte, wurden meine Absichten oft missverstanden oder schlimmer noch, meine Kollegen meinten, ich würde mich ihnen gegenüber bewusst respektlos verhalten. Nach ein paar Coaching-Sitzungen begriff ich dann endlich, dass ich durch Selbstpräsentation und Small Talk schlichtweg die Möglichkeit habe, neue Kontakte zu knüpfen und interessante Gespräche zu führen, und dass ein erfolgreiches Networking außerordentlich wichtig ist, wenn man beruflich vorankommen will. Mein Coach sagte zu mir: „Lisa, Sie fragen doch niemanden beim ersten Date, ob er Sie heiraten will! Sie müssen zuerst miteinander warm werden." Das leuchtete mir ein! Bevor ich also jemandem weitreichende Fragen stellen konnte, musste ich zuerst dafür sorgen,

 REINSCHAUEN LOHNT SICH

Gehen Sie auf www.smarttalksuccess.com/extras und sehen Sie sich eine sehr lustige (aber gestellte) eHarmony-Selbstpräsentation an. Ein anschauliches Beispiel, wie man es besser nicht machen sollte.

dass mein Gesprächspartner mir freundlich gesonnen war, dass er mich mochte und – was vielleicht am wichtigsten ist – dass er mir vertraute. Ich hatte plötzlich das Gefühl, als wäre mir ein ganzer Kronleuchter aufgegangen: Selbstpräsentation, Small Talk und ein erstes Gespräch sind nur der erste Schritt auf dem Weg zu echter zwischenmenschlicher Kommunikation.

Die beste Selbstpräsentation, die ich jemals gesehen habe

Es klingt vielleicht seltsam, aber die beste Selbstpräsentation, die ich jemals gesehen habe, ist mir nicht im beruflichen, sondern im privaten Umfeld begegnet.

Es war ein einfacher Brief. Unmittelbar bevor meine beiden Mädchen in den Kindergarten kamen, erhielten sie jeweils einen handgeschriebenen Brief von ihrer Kindergartenleiterin. Sie stellte sich den Kindern vor, indem sie ihre Lieblingsspeisen (Pizza und Popcorn) aufzählte und über ihre Lieblingsaktivitäten im Sommer berichtete (ins Kino und an den Strand gehen).

Mein Mann und ich erhielten ebenfalls einen Brief, mit dem sich die Kindergartenleiterin vorstellte. In unserem Brief ging sie jedoch ausführlich auf ihre Berufserfahrung und ihre erzieherische Qualifikation ein und erläuterte nicht nur die Zielsetzungen der Schule, sondern auch die pädagogischen Ziele für die Kinder im kommenden Schuljahr.

Meine Kinder und ich mochten die Kindergartenleiterin auf Anhieb, weil sie uns Dinge über sich erzählte, die sich mit unseren eigenen Interessen deckten. So schaffte sie es, mit einem ausgesprochen positiven ersten Eindruck zu punkten, der uns allen ein gutes Gefühl vermittelte.

Eine gut ausgearbeitete und aussagekräftige Selbstpräsentation ist demnach unabdingbare Voraussetzung, um einen guten ersten Eindruck zu hinterlassen. Es kommt also nicht von ungefähr, dass „Wie

erstelle ich eine Selbstpräsentation?" zu den am häufigsten aufgerufe-
nen Themen im „The Public Speaker"-Blog gehört und zu den meistge-
stellten Fragen im Rahmen meiner Networking-Workshops.

? KURZ NACHGEFRAGT

Bevor Sie weiterlesen, welche Schritte für eine erfolgreiche
Selbstpräsentation zu beachten sind, starten Sie zuerst
selbst einen Versuch und stellen Sie sich jemandem vor.
Vielleicht mir, einem Freund oder irgendjemand anderem.
Diese Selbstpräsentation sollten Sie als Ihre „Vorher-Version"
aufbewahren, damit Sie vergleichen können, welche Fort-
schritte Sie gemacht haben, nachdem Sie die folgende
Schritt-für-Schritt-Anleitung gelesen haben.

Jetzt, nachdem Sie diesen Versuch gewagt haben, können Sie hier
nachlesen, welche fünf Schritte Sie für eine erfolgreiche Selbstpräsentation beachten müssen. Wenn Sie diese fünf Grundsätze nicht beherzigen, kann Sie das möglicherweise die Chance Ihres Lebens kosten.

Schritt Nr. 1: Wecken Sie das Interesse Ihrer Gesprächspartner und Zuhörer

Das Wichtigste, worauf es bei jeder Art von Selbstpräsentation ankommt, ist, Ihre Gesprächspartner und Zuhörer in Ihre Überlegungen
einzubeziehen. Wissen Sie eigentlich genau, wer die Personen sind, denen Sie sich vorstellen? Welche Informationen könnten für diese Personen interessant und wissenswert sein? Was könnten Sie von sich erzählen, was Ihnen dabei hilft, rasch Gemeinsamkeiten mit Ihren Gesprächspartnern festzustellen und eine Beziehung zu ihnen aufzubauen?

REINSCHAUEN LOHNT SICH

Eine Selbstpräsentation kann seriös, lustig, künstlerisch oder sehr spezifisch aufgemacht sein. Gehen Sie auf www.smarttalksuccess.com/extras und schauen Sie sich drei sehr unterschiedliche (und kreative) Videos zum Thema Selbstpräsentation an.

Wenn ich die Teilnehmer meiner Workshops in die Kunst der Selbstpräsentation und Konversation einführe, sage ich immer zu ihnen, dass sie sich als eine Folge von immer größer werdenden konzentrischen Kreisen begreifen sollen. Im kleinsten Kreis in der Mitte ruht Ihr Herz. Alles, was Sie in Ihrem Herzen tragen, ist sehr persönlich; es handelt sich um Dinge, die nur Sie allein wissen oder die Sie vielleicht mit Ihrem Partner teilen. In den nachfolgenden Kreisen befinden sich Ihre Emotionen, Ihre Wertvorstellungen und Ihre kulturelle Identität; und in den größeren äußeren Kreisen haben Ihre Interessen und Aktivitäten, Ihre Aufgaben und Funktionen, Ihre Erfahrungen und Ihre unmittelbare Umgebung ihren Platz.

Wenn wir einen Raum voller fremder Menschen betreten, sind wir im Prinzip nichts anderes als eine Vielzahl eigenständiger Kreise, die im ganzen Raum verteilt sind.

In dem Moment, in dem wir uns einander vorstellen, ergeben sich Berührungspunkte an unseren äußeren Kreisen. Und sobald wir von der Selbstpräsentation nach und nach zur Konversation übergehen, stellen wir fest, dass sich unsere Kreise an manchen Stellen überschneiden. Und durch diese gemeinsamen Schnittstellen sind wir in der Lage, eine Beziehung aufzubauen.

Um neue Kontakte zu knüpfen, sollten Sie zunächst mit einem Lächeln sowie mit direktem Augenkontakt und einer offenen Körperhaltung Ihre Gesprächsbereitschaft demonstrieren. Achten Sie unbedingt auf ein selbstbewusstes Auftreten. Dieses nonverbale Verhalten ist sehr aussagekräftig, denn es signalisiert nicht nur Selbstsicherheit, Vertrauenswürdigkeit und Aufgeschlossenheit, sondern es lässt Sie auch sehr viel attraktiver und kontaktfreudiger erscheinen. Außerdem trägt es dazu bei, dass Sie bei Ihren Gesprächspartnern einen bleibenden Eindruck hinterlassen.

Schritt Nr. 2: Händeschütteln

Im nächsten Schritt geht es ums Händeschütteln. Kalten Fisch bekommt man in der Sushibar und schwitzige Handflächen bekommen Mittelschüler beim Tanzkurs. Soll heißen: Kalte oder feuchte Hände zeugen nicht gerade von Professionalität. Lernen Sie, wie man jemandem richtig die Hand gibt. Ein guter Händedruck vermittelt nicht nur ein Gefühl von Selbstbewusstsein und Vertrauenswürdigkeit, sondern er kann letztlich der ausschlaggebende Faktor für Erfolg oder Misserfolg sein. Aber was noch wichtiger ist: Er hinterlässt einen bleibenden Eindruck.

Zum Händeschütteln strecken Sie Ihre rechte Hand aus, wobei Ihr Ellenbogen nicht vollständig gestreckt wird, sondern leicht gebeugt bleibt. Ihr Glas oder etwaige andere Gegenstände halten Sie in Ihrer linken Hand, damit nur Ihre rechte Hand für den Handschlag zur Verfügung steht (und achten Sie unbedingt darauf, dass sie weder kalt noch feucht ist).

DOCH VORSICHT

Begrüßungsrituale sind nicht überall auf der Welt gleich und das Händeschütteln ist nicht überall angesagt. In Japan zum Beispiel begrüßt man sich traditionell mit einer Verbeugung oder mit einem zaghaften Händedruck. Wenn Sie sich also in einem anderen Land oder Kulturkreis bewegen, sollten Sie sich zuvor schlaumachen, welche Gepflogenheiten es beim Händeschütteln zu beachten gibt.[3]

KURZ NACHGEFRAGT

Denken Sie einmal darüber nach, wie und wann Sie jemandem die Hand schütteln. Haben Sie jemals ganz spontan ein Urteil über einen Menschen gefällt oder einen Eindruck von ihm gewonnen (positiv oder negativ), indem Sie sich einzig und allein von dessen Händedruck haben leiten lassen?

Ihre rechte Hand sollte geöffnet sein, die Außenkante Ihrer Handfläche senkrecht zum Boden zeigen und Ihr Daumen nach oben. Achten Sie darauf, dass der gesamte Zwischenraum zwischen Ihrem Daumen und Zeigefinger beim Händeschütteln berührt werden kann. Dabei ist es von entscheidender Bedeutung, dass sich Ihre Hand und die Hand der anderen Person zuerst an dieser Stelle berühren, bevor Ihre Finger die andere Hand umfassen. Erst dann, und nur dann, sollten Sie die Hand kurz und fest drücken. Genau genommen ist diese erste Berührung zwischen Daumen und Zeigefinger der Schlüssel für einen erfolgreichen Händedruck.

Die Ergebnisse einer wissenschaftlichen Untersuchung[4] belegen, dass Menschen als aufgeschlossen und kontaktfreudig wahrgenommen werden, wenn sie einen festen Händedruck haben. Dabei sollten Sie die Hand des anderen allerdings nur so fest drücken, dass der ausgeübte Druck noch angenehm ist, also etwa so fest, als würden Sie einen Hammer oder einen Schirm halten. Um das Händeschütteln zu beenden, schütteln Sie ein- oder zweimal und lassen die Hand dann los. Sie sollten das Händeschütteln auch nicht über Gebühr ausdehnen. Sobald Sie spüren, dass die andere Person den Griff lockert, sollten Sie loslassen, auch wenn Sie sich noch immer miteinander unterhalten.

Letztlich ist es immer von Vorteil, wenn man sich angewöhnt, die feinen Nuancen beim Händeschütteln genau zu beachten. Normalerweise schütteln wir einander zur Begrüßung und zum Abschied die Hand. Sie können daher leicht feststellen, ob sich zwischen dem ersten und dem zweiten Händedruck etwas verändert hat: Hat das Händeschütteln beim Abschied vielleicht etwas länger gedauert? Ist Ihr Gesprächspartner etwa ein bisschen näher auf Sie zugekommen? Hat er Ihnen öfter zugelächelt? Das alles sind klare Indikatoren für eine offensichtlich gut verlaufene erste Begegnung.

Schritt Nr. 3: Sprechen Sie beim Händeschütteln die andere Person mit Namen an

Sofern möglich, sollten Sie sich Ihrem Gesprächspartner vorstellen beziehungsweise ihn begrüßen, indem Sie zuerst *seinen* Namen nennen. Das ist natürlich in einem Brief oder in einem Internetforum ganz einfach umzusetzen: „Sehr geehrter Herr Incao" oder „Hallo Chris". Bei einem persönlichen Treffen ist die Versuchung dagegen groß, mit dem eigenen Namen zu beginnen. Falls Sie jedoch den Namen Ihres Gesprächspartners kennen, sollten Sie ihn bei der Begrüßung unbedingt zuerst mit seinem Namen ansprechen. Um eine Gruppe von Personen zu begrüßen, können Sie auch einfach „Hallo zusammen!" sagen.

Damit komme ich nun zu einem heiklen Thema. Wie sprechen Sie eine Person richtig an – mit ihrem Nachnamen oder ihrem Vornamen? In den Vereinigten Staaten ist es durchaus üblich, den Vornamen zu benutzen, es sei denn, die andere Person bekleidet eine sehr viel höhere Position in der Unternehmenshierarchie als man selbst. In vielen anderen Ländern ist es jedoch gängige Praxis, dass man einander sehr förmlich anspricht – wie zum Beispiel Frau Winslet oder Herr Vorstandsvorsitzender.

Im Zweifelsfall sollten Sie daher immer die förmlichere Anrede wählen, denn die betreffende Person wird Sie schon wissen lassen, ob sie eine weniger förmliche Anrede bevorzugt. Wenn mich jemand mit Frau Marshall anspricht, sage ich immer: „Bitte nennen Sie mich doch Lisa." Sobald Sie die andere Person begrüßt haben, sollten Sie sich selbst vorstellen und

DOCH VORSICHT

Stellen Sie sich nicht mit Ihrem Kosenamen vor: „Ich bin Ginni Rometty." Stattdessen sollten Sie besser diese Variante wählen: „Ich bin Virginia Rometty, aber nennen Sie mich doch bitte Ginni."

Ihren Namen nennen. Im beruflichen Umfeld ist es durchaus von Vorteil, wenn Sie Ihren Namen zweimal nennen.

Außerdem ist es für andere hilfreich, wenn Sie sich angewöhnen, Ihr Sprechtempo e-r-h-e-b-l-i-c-h z-u v-e-r-l-a-n-g-s-a-m-e-n und Ihren Namen klar und deutlich auszusprechen. Im privaten Umfeld reicht es dagegen aus, wenn Sie einfach sagen: „Hallo Mary Beth, ich bin Lisa." Außerdem wird Ihre Selbstpräsentation im beruflichen Umfeld wahrscheinlich etwas förmlicher ausfallen: „Hallo Frau Jones, ich bin Lisa, Lisa B. Marshall." Je nach Gesprächssituation werden Sie vielleicht auch Ihre Position, den Namen des Unternehmens, für das Sie arbeiten, oder andere in diesem Zusammenhang relevante Informationen einfließen lassen. Als ich damals versehentlich mit Jack Welch zusammenstieß, *hätte* meine Selbstpräsentation so aussehen müssen:

„Hallo Herr Welch, ich bin Lisa, Lisa Boehm. [Zu diesem Zeitpunkt war ich noch nicht verheiratet.] Ich bin eine Absolventin des ‚Information Systems Management Program' und befinde mich gerade im ersten Jahr des ‚Corporate Audit Staff'-Trainingsprogramms."

Wenn Sie sich den Namen Ihres Gesprächspartners einprägen wollen, können Sie versuchen, seinen Namen zweimal während Ihrer Selbstpräsentation zu nennen. Auf diese Weise können Sie sich nicht nur den Namen besser merken, sondern signalisieren damit gleichzeitig aufrichtiges Interesse an Ihrem Gegenüber. Allerdings müssen Sie sich darüber im Klaren sein, dass manche Personen vielleicht den Eindruck haben, Sie würden das Ganze ein wenig übertreiben, wenn Sie ihren Namen mehr als einmal erwähnen. Daher sollten Sie vorzugsweise den Namen des anderen einfach nur in Gedanken wiederholen.

Schritt Nr. 4: Bauen Sie eine Beziehung zu Ihrem Gesprächspartner auf, indem Sie gemeinsame Berührungspunkte aufspüren

In dem Brief, den die Kindergartenleiterin meinen Kindern schrieb, erwähnte sie, dass sie gern Pizza und Popcorn isst und im Sommer am liebsten an den Strand geht. Natürlich hat sie diese Aktivitäten ganz bewusst ausgewählt – denn welches Kind liebt nicht Pizza und Popcorn oder geht nicht gern an den Strand? Im Brief an die Eltern ging sie auf ähnliche Weise vor, indem sie erläuterte, welche Lernziele sie ihren neuen Schützlingen im Lauf des Schuljahres vermitteln wollte – was natürlich von allen Eltern begrüßt wurde.

Wenn sich die Teilnehmer auf einem gut besuchten Fachkongress einander vorstellen, läuft das im Prinzip auch nicht anders ab.

„Hallo Mary, ich bin Lisa, Lisa Marshall. Es würde mich sehr interessieren, welche Kongressbeiträge Sie besonders wertvoll fanden?"

Sinn und Zweck dieser Frage ist es, durch die Antwort einen Gedankenaustausch in Gang zu bringen. Wie können Sie einen Zusammenhang herstellen zu den Kongressbeiträgen, die Ihre Gesprächspartnerin so wertvoll fand? Sind diese Kongressbeiträge auch für Sie wertvoll? Wenn ja, erzählen Sie doch eine Geschichte, aus der hervorgeht, dass Sie ihre Auffassung teilen. Wenn nicht, erzählen Sie eine Geschichte, aus der die von Ihnen vertretene Auffassung hervorgeht.

Diese Fragetechnik verwende ich auch gern als Antwort auf die Frage: „Was machen Sie denn beruflich?" Anstatt direkt auf die Frage einzugehen, antworte ich dann: „Ich erkläre Ihnen sehr gern, was ich mache, allerdings möchte ich Ihnen liebend gern den Vortritt lassen und hören, was Sie so machen." Auf diese Weise kann ich die gewonnenen Informationen dazu nutzen, um meine berufliche Tätigkeit gezielt so zu beschreiben, dass sie für meinen Gesprächspartner entsprechend interessant und relevant ist.

Bei der ersten Kontaktaufnahme reden Fachleute in aller Regel über ihre Interessen, Ziele, Tätigkeitsfelder und Funktionen, da dies jene Bereiche sind, in denen sie am ehesten Berührungspunkte und Gemeinsamkeiten aufweisen. Das gilt insbesondere dann, wenn sie einen Fachkongress besuchen. Aber auch wenn es sehr wahrscheinlich ist, dass man an fachbezogene Gesprächsthemen anknüpft, sollte man jedoch keineswegs vergessen, dass ein Gesprächsthema nicht zwingend fachbezogen sein muss. Es muss noch nicht einmal von großer Bedeutung sein (wie zum Beispiel das Wetter, die Nachrichten und so weiter); einfach nur ein Thema, das Gemeinsamkeit stiftet, auf das man aufbauen kann, damit der Gesprächsfaden nicht abreißt.

Googeln Sie Ihren Gesprächspartner, um mögliche Gemeinsamkeiten zu erkennen

Wenn Sie frühzeitig wissen, wen Sie gern kennenlernen möchten, sollten Sie sich auf dieses Zusammentreffen vorbereiten, indem Sie sich zuvor ein wenig schlaumachen. Ich zum Beispiel wollte unbedingt Guy Kawasaki kennenlernen. (Er war einer der ersten „Technology Evangelists" bei Apple und ist Autor zahlreicher Bücher, darunter unter anderem *Enchantment*, *Art of the Start* und *Hindsights*, um nur einige zu nennen.) Also las ich ein paar seiner Bücher und seinen Blog, um in Erfahrung zu bringen, wo unsere „Kreise" sich möglicherweise überschneiden.

Gleich am Anfang meiner Recherchearbeit stieß ich zum Beispiel darauf, dass er gern Eishockey spielt. Allerdings besteht meine einzige Beziehung zum Hockey darin, dass ich in der Mittelstufe einmal *Feldhockey* gespielt habe. Doch dann fand ich heraus, dass er ein Faible hat für den renommierten Technologie-Blogger Robert Scoble, für die Hip-Hop-Musikerin und Schauspielerin Queen Latifah und die Journalistin und preisgekrönte Bloggerin Jenny Lawson – drei Menschen, die auch ich respektiere und mag. Doch dabei habe ich es nicht bewenden lassen;

ich habe noch viel mehr Informationen zusammengetragen. Wie sich schließlich herausstellte, haben Guy und ich in vielen Bereichen sehr viel gemeinsam.

Bei unserer ersten Begegnung kamen wir ganz automatisch auf verschiedene Fragestellungen zum Thema Kommunikation zu sprechen, über die ich in seinem Blog gelesen und zu denen ich mir eine Reihe von Interviews angeschaut hatte, was es mir leicht machte, auf seine Gedanken und Ansätze näher einzugehen. Meine Recherchearbeit als Vorbereitung auf dieses Treffen hat sich zweifellos ausgezahlt, denn wir hatten im Nu einen guten Draht zueinander und konnten uns angeregt unterhalten.

Grenzt das nicht schon an Stalking?

An dieser Stelle muss ich kurz abschweifen, um eine Frage zu beantworten, die ich oft gestellt bekomme, wenn ich diese „Recherche"-Strategie erwähne. Häufig hebt ein Teilnehmer meines Workshops dann die Hand und fragt: „Ist das denn nicht ein wenig unheimlich, ja, fast schon Stalking?"

Meine Antwort darauf lautet: „Nun ja, es kommt darauf an. Lassen Sie sich bei der Nutzung der Rechercheergebnisse stets von der jeweiligen Situation und vor allem davon leiten, in welchem Zusammenhang diese Information steht."

Wenn jemand Informationen veröffentlicht, indem er in einem Blog über seine Arbeit schreibt oder einen Kommentar in einem Forum hinterlässt oder diese Informationen in einem Buch erwähnt, ist es Ihr gutes Recht, sich auf diese Informationen zu beziehen. Sofern Sie also die Absicht haben, ein fachbezogenes Gespräch in Gang zu bringen, ist es durchaus eine gute Idee, wenn Sie diese Informationen nutzen, denn damit zeigen Sie Ihrem Gesprächspartner, dass Sie sich die Mühe gemacht haben, ihn näher kennenzulernen.

Manchmal ergeht es mir genauso. Dann haben Leute etwas von mir gelesen, was ich vor vielen Jahren geschrieben habe, und da ihre Erinnerung an das Gelesene noch frisch ist, paraphrasieren oder zitieren sie wörtlich, was *ich* geschrieben habe. Ich muss zugeben, dass sich das schon ein wenig seltsam anfühlt. Andererseits ist es aber auch schmeichelhaft, wenn sich jemand die Zeit nimmt, etwas zu lesen oder sich anzuhören, was ich einmal geschrieben oder gesagt habe.

In seinem Buch *Enchantment: The Art of Changing Hearts, Minds, and Actions*[5] schreibt Guy Kawasaki: „Wenn Fremde mir erzählen, dass sie Eishockey spielen, bin ich viel eher geneigt, mir ihr Verkaufsgespräch anzuhören, und zwar deshalb, weil wir etwas gemeinsam haben. Allein dafür zolle ich ihnen Respekt, weil sie sich immerhin die Mühe gemacht haben, etwas über meine Leidenschaft in Erfahrung zu bringen."

Um es noch einmal ganz deutlich zu sagen: Bei Ihrer Recherchearbeit sollten Sie immer den allgemeinen Kontext der jeweiligen Gesprächssituation im Auge behalten. Welche Informationsquellen haben Sie benutzt? Warum wollen Sie diese Person kennenlernen? Handelt es sich um ein berufliches oder ein privates Zusammentreffen?

Waren die veröffentlichten Informationen für die breite Öffentlichkeit bestimmt? Denn letzten Endes entscheidet allein der Kontext der jeweiligen Gesprächssituation darüber, ob Ihre Rechercheaktivitäten fast schon „stalkerhafte" Züge annehmen oder nicht.

Zum Beispiel würden Sie bei einem geschäftlichen Zusammentreffen nicht plötzlich das Thema wechseln und auf sehr persönliche Informationen zu sprechen kommen, die Sie auf der Facebook-Seite Ihres Gesprächspartners gelesen haben. Wenn aber genau dieselben Informationen in einem Blog veröffentlicht wurden, dann können Sie diese getrost verwenden und sich darauf beziehen.

„Suzie, ich habe auf Ihrer privaten Facebook-Seite gelesen, dass Sie auf *Star Wars* stehen. Ich auch."

Klingt irgendwie unheimlich.

„In Ihrem Blog ist mir aufgefallen, dass Sie oft die *Star-Wars*-Filme erwähnen. Ich habe auch eine Schwäche für diese Filme!"

Klingt keineswegs unheimlich.

Doch was bleibt Ihnen letztlich übrig, wenn Sie nicht so genau wissen, welche Hobbys Ihr Gesprächspartner hat? Halten Sie sich einfach an „unverfängliche" Themen (wie zum Beispiel das Wetter, Sport oder Reisen) und vermeiden Sie unbedingt Themen, die stark polarisieren (wie zum Beispiel Politik, Religion und Ethik).

Schritt Nr. 5: Signalisieren Sie Selbstbewusstsein

Damit jedes erste Kennenlernen erfolgreich verläuft, ist es unerlässlich, Selbstbewusstsein zu signalisieren. Wenn Sie die ersten Worte an Ihren Gesprächspartner richten und seine Hand schütteln, sollten Sie sich darüber im Klaren sein, dass der Tonfall Ihrer Stimme und Ihre Körpersprache maßgeblich darüber entscheiden, welchen Eindruck er von Ihnen gewinnt.

Reden Sie flüssig und zügig, lächeln Sie, halten Sie Blickkontakt und sprechen Sie in einem positiven, heiteren Tonfall, denn so zeigen Sie Ihre Begeisterungsfähigkeit.

In manchen Dienstleistungsberufen, so zum Beispiel bei Ärzten oder Rechtsanwälten, geht es bei der ersten Kontaktaufnahme hauptsächlich darum, das Vertrauen des Gesprächspartners zu gewinnen, indem sie ihn von ihrer Fachkompetenz überzeugen und ihm das Gefühl geben, dass er

 DOCH VORSICHT

Bei geschäftlichen Begegnungen sollten Sie zwar stets darauf bedacht sein, möglichst selbstbewusst aufzutreten, aber keinesfalls ein übertriebenes Selbstbewusstsein an den Tag legen. Denn dadurch könnten Ihre Gesprächspartner den Eindruck gewinnen, dass Sie überheblich und unsympathisch sind.

bei ihnen in guten Händen ist. Auch hier muss die Vorgehensweise bei der Begrüßung an die jeweilige Kommunikationssituation angepasst werden. Für einen Dienstleistungsanbieter heißt das konkret:

Anstatt beim ersten Gespräch gemeinsame Berührungspunkte mit dem Gegenüber zu suchen, sollte er sich sinnvollerweise darauf konzentrieren, seine Qualifikation und Erfahrung in den Mittelpunkt zu stellen, um dadurch mögliche Ängste oder Bedenken beim Gesprächspartner zu zerstreuen.

Ein Beispiel: Angenommen, Sie würden als Patient in die Notaufnahme gebracht und der behandelnde Arzt würde sich Ihnen vorstellen. Welche Selbstpräsentation würden Sie bevorzugen?

„Hallo, ich bin Dr. Flowe. Ich wandere gern und stehe auf den Komiker Jon Stewart."

Oder:

„Hallo, ich bin Dr. Flowe. Ich bin der leitende Arzt der Notaufnahme. Diesen Job mache ich schon seit sechzehn Jahren und bin von der Ärztekammer speziell in Notfallmedizin zertifiziert. Bei mir und meinem Team sind Sie in guten Händen, wir werden uns sehr gewissenhaft um Sie kümmern."

Wenn Sie sich einer Gruppe von Personen vorstellen, sollten Sie nur zwei oder drei Fakten zu Ihrer Person nennen

Es gibt Gelegenheiten, bei denen eine Begrüßung einseitig verläuft – zum Beispiel wenn Seminarteilnehmer gebeten werden, aufzustehen und sich den anderen vorzustellen. In diesem Fall werden Sie vermutlich aufgefordert, bestimmte Informationen wie Name, Beruf oder Studiengang und eine besondere Vorliebe oder ein ausgefallenes Hobby zu nennen; bei anderen Gelegenheiten können Sie hingegen meistens frei entscheiden, wie Sie sich präsentieren und welche Informationen Sie von sich preisgeben wollen. Im erstgenannten Fall ist die Vorgehensweise einfach: Sie brauchen einfach nur alle gewünschten Daten zu nennen und sich nicht von den Antworten Ihrer Vorredner aus dem Konzept bringen zu lassen.

Wenn Sie dagegen selbst entscheiden können, wie Sie sich vorstellen, empfehle ich Ihnen, (höchstens) drei Punkte zu nennen, die Ihrer Meinung nach für die anderen in der Gruppe von Interesse sein könnten.

Das heißt, Sie sollten *stets* sechs oder sieben prägnante Standardsätze zu Ihrer Person – einprägsame Informationen, die Sie gern mit Fremden teilen möchten und aus dem Effeff beherrschen – parat und in Ihrem Mobilgerät abgespeichert haben. Dabei sollten diese Standardsätze am besten eine Mischung aus beruflichen und privaten Informationen enthalten.

Überlegen Sie ganz genau, wie Sie sich präsentieren und in Szene setzen wollen. Schließlich wollen Sie ja eine Beziehung aufbauen.

Beschränken Sie sich auf zwei oder drei wesentliche Punkte zu Ihrer Person, denn das bleibt beim Zuhörer leichter im Gedächtnis haften. Außerdem können Sie Ihre Selbstpräsentation nicht nur jederzeit kürzer gestalten, sondern auch ausführlicher, indem Sie etwa Beispiele oder Einzelheiten zu jedem der genannten Punkte anführen.

Wenn ich mich im privaten Umfeld ganz kurz vorstellen muss, könnte das beispielsweise so aussehen:

„Hallo zusammen. Ich bin Lisa, Lisa Marshall. Meine Töchter gehen in die zweite Klasse."

Bei einer etwas ausführlicheren Vorstellung im privaten Rahmen könnte ich sagen:

„Hallo zusammen. Ich bin Lisa. Ich bin Mutter, Autorin und Vortragsrednerin. Ich tanze sehr gern, auch wenn ich es nicht besonders gut kann."

Im beruflichen Umfeld dagegen konzentriere ich mich im Allgemeinen auf drei berufsbezogene Aspekte:

„Hallo zusammen. Ich bin Lisa, Lisa B. Marshall. Ich bin professionelle Vortragsrednerin, Buchautorin und produziere meinen eigenen Podcast."

Eine etwas ausführlichere berufliche Selbstpräsentation könnte zum Beispiel so ausfallen:

„Hallo zusammen, ich bin Lisa, Lisa B. Marshall. Ich bin professionelle Vortragsrednerin und Autorin. Viele kennen mich auch als *The Public Speaker*, denn ich betreibe einen Podcast mit dem Namen *The Public Speaker*, in dem ich wertvolle Tipps und Anleitungen gebe, wie man seine kommunikativen Fähigkeiten verbessern kann. Ich freue mich riesig, dass mein zweites Buch mit dem Titel *Sei SMART!* es gerade auf die Bestsellerliste der *New York Times* geschafft hat!" (Davon träumen darf man doch wohl, oder?)

So stellen Sie sich am Telefon vor

Da die Gesprächssituation am Telefon etwas anders ist, bin ich bestrebt, mich immer ganz kurz vorzustellen. Ich nenne nur meinen Namen und eine weitere Information, die meinem Gesprächspartner bekannt sein dürfte. Zum Beispiel: „Hallo Jen, ich bin Lisa. Meine Tochter geht in Emilys Klasse."

In einer geschäftlichen Situation würde ich dagegen sagen: „Hallo Eli, ich bin Lisa, Lisa Marshall. Vielleicht erkennen Sie mich ja an der Stimme. Ich bin *The Public Speaker*." Denn mein Ziel ist es, rasch zum Grund meines Anrufs zu kommen und nicht etwa lang und breit über meine Person zu erzählen.

Wenn ich jemandem eine Nachricht auf dem Anrufbeantworter hinterlasse, dem ich zuvor noch nicht persönlich begegnet bin, füge ich gewöhnlich am Ende meiner Nachricht noch hinzu: „Ach ja, falls Sie mögen, können Sie, bevor Sie mich zurückrufen, gern <Lächeln> unter www.lisabmarshall.com vorbeischauen, damit Sie einen Eindruck davon bekommen, wer ich bin." (Ja, ich lächle, auch wenn ich nur mit einem Anrufbeantworter spreche. Natürlich kann die andere Person mein Lächeln nicht sehen, aber dennoch kann man ein Lächeln am Tonfall hören.) Wenn Sie sich jemandem am Telefon vorstellen, haben Sie den Vorteil, dass Sie Notizen benutzen können. Dabei sollten Sie aber auf gar keinen Fall alle Informationen über Ihre Person, die Sie Ihrem Gesprächspartner gern mitteilen möchten, in komplett ausformulierte, lange Satzkonstruktionen packen.

Mein Tipp: Notieren Sie sich lieber ein paar kurze Sätze oder Stichworte, die Ihnen als Gedächtnisstütze dienen, damit Sie den Faden nicht verlieren. Auf diese Weise verleihen Sie Ihrer Botschaft Gesprächscharakter und sie klingt nicht hölzern und einstudiert.

So stellen Sie sich via E-Mail oder Internet vor

Wenn ich mich jemandem via E-Mail vorstelle, fasse ich mich ebenfalls kurz und beschränke mich auf drei wesentliche Punkte. Dabei füge ich immer Links ein, damit die betreffende Person mehr über mich erfahren kann. Besteht Interesse kann sie die Links anklicken oder ansonsten einfach weiterlesen. Ich kann zum Beispiel einen Link auf meine Website setzen oder auf den „*The Public Speaker*"-Podcast oder auf mein LinkedIn-Profil oder auf irgendein anderes Internetprofil, das ich eingerichtet habe.

VIP-BONUS

Das rasante Wachstum sozialer Netzwerke hat dazu geführt, dass die erste Kontaktaufnahme heute kaum noch persönlich, sondern überwiegend online erfolgt. Registrieren Sie sich auf meiner kostenlosen VIP-Website unter www.smarttalksuccess.com/VIP und laden Sie sich dort „The Best Social Media Introductions" sowie eine Vielzahl weiterführender Informationen und exklusives Bonusmaterial herunter.

Außerdem achte ich darauf, gezielt Links auszuwählen, von denen ich annehme, dass Sie für die betreffende Person, der ich mich vorstelle, möglichst aufschlussreich sind. In aller Regel versuche ich auch, der jeweiligen Person etwas Gutes zu tun, indem ich ihr zum Beispiel kostenlos Zugriff auf Informationsmaterial anbiete.

Bei der Selbstpräsentation via Internet gelten ganz ähnliche Regeln wie bei E-Mail und Telefonat: Fassen Sie sich kurz und fügen Sie Links ein, unter denen man mehr über Sie erfahren kann. Wenn Sie ernsthaft die Aufmerksamkeit der betreffenden Person gewinnen wollen, bieten Sie ihr etwas an, was für sie von Nutzen ist, damit die Kontaktaufnahme für beide Seiten erquicklich ist.

Stellen Sie sich vor, Sie stellen sich mal nicht vor

Wenn ich mit einer mir gänzlich fremden Person in Kontakt treten möchte, bevorzuge ich eine kurze Frage in einem lockeren Plauderton. Ich verzichte also auf die typische Selbstpräsentation und stelle stattdessen eine interessante Frage, mit der ich mein Gegenüber mühelos in ein Gespräch verwickeln kann. Erst später erwähne ich dann, was ich beruflich mache. In einem gesellschaftlichen Rahmen ist das recht einfach. Dazu muss man nur eine offene Frage stellen.

„Welche Kongressbeiträge fanden Sie eigentlich besonders wertvoll/ interessant/hilfreich? … Ich bin übrigens Lisa."

„Was machen Sie eigentlich beruflich, wenn Sie nicht gerade Kongresse besuchen?"

In beruflichen Situationen (vielleicht mit Ausnahme eines Vorstellungsgesprächs, bei dem es in aller Regel besser ist, wenn Sie dem Personalchef die Gesprächsführung überlassen) können Sie bei der ersten Kontaktaufnahme meistens sehr viel erfolgreicher ein Gespräch in Gang bringen, indem Sie Ihrem Gegenüber eine wohlüberlegte Frage stellen, anstatt irgendwelche Informationen über Ihre Person herunterzubeten.

Genau das ist auch der Grund, warum ich diese ungewöhnliche Art der Kontaktaufnahme so liebe. Diese eher untypische Vorgehensweise, um schnell miteinander ins Gespräch zu kommen, habe ich auf der Grundlage einer Übung entwickelt, auf die ich in Jeffrey Gitomers *Little Black Book of Connections*[6] gestoßen bin. Denn Jeffrey empfiehlt, sich seine Gesprächspartner beim Networking im geschäftlichen Umfeld auf der Grundlage ihrer Position, die auf dem Namensschild vermerkt ist, auszusuchen. Dazu schlägt er vor, zuerst seinen eigenen Namen zu nennen und danach eine direkte Frage zu stellen. Hier können Sie an einem Beispiel verfolgen, wie ich diese Technik konkret anwende:

„Hallo, ich bin Lisa. Verraten Sie mir, was ab morgen anders wäre, wenn Sie das größte Kommunikationsproblem in Ihrem Unternehmen quasi wie von Zauberhand über Nacht lösen könnten?"

Selbstverständlich habe ich auch zusätzliche Fragen vorbereitet, um weiter nachzuhaken:

„Wenn Sie schätzen müssten, was glauben Sie, wie hoch die Kosten sind, die Ihrem Unternehmen durch schlechte Kommunikation entstehen?"

„Was haben Sie bisher unternommen, um die Kommunikationsprobleme in Ihrem Unternehmen in den Griff zu bekommen?"

„Haben Sie schon konkrete Pläne zur Lösung des Problems erarbeitet?"

Beim nächsten Schritt unterscheidet sich Jeffreys Vorgehensweise von meiner. Ich lege mir nicht nur eine Vielzahl von Zusatzfragen zurecht, sondern habe auch anschauliche Kundengeschichten vorbereitet, die ich einfließen lasse. Wenn mein Gesprächspartner mich dann irgendwann fragt, was ich beruflich mache (und das fragt mich jeder), sage ich: „Ich bin Kommunikationstrainerin und helfe Menschen wie Ihnen. Zum Beispiel ..." Dann erzähle ich die Geschichte von einem Unternehmen, dem ich geholfen habe, die gleichen oder ganz ähnliche Probleme zu meistern, wie sie mir gerade von meinem Gesprächspartner bei der Beantwortung meiner eingangs gestellten Fragen geschildert wurden.

Wenn ich meine Kundengeschichte zu Ende erzählt habe, sage ich meistens: „Es klingt für mich ganz danach, als ob Sie ein interessantes und sehr spezielles Kommunikationsproblem zu bewältigen haben. Ich würde gern mehr darüber erfahren, mit welchen Schwierigkeiten Sie zu kämpfen haben. Wäre es Ihnen recht, wenn wir einen Termin vereinbaren, um diese Angelegenheit genauer zu beleuchten? Falls ich Ihnen bei der Lösung dieses Problems helfen kann, werde ich Sie das auf jeden Fall wissen lassen, und falls nicht, werde ich Ihnen dabei behilflich sein, jemanden zu finden, der es kann." Natürlich ist schon ein gewisses Maß an Selbstbewusstsein, Vorbereitung und Übung erforderlich, um diese Vorgehensweise zu perfektionieren. Allerdings bietet sie auch eine sehr effiziente und effektive Möglichkeit, wie Sie Ihren Gesprächspartner schon im Vorfeld auf ein Verkaufsgespräch einstimmen und Ihre beruflichen Kontakte weiter ausbauen können.

Nach 25 Jahren arbeite ich noch immer daran, wie ich mich perfekt in Szene setzen kann

Am Ende des bekannten Kinderliedes „The Farmer in the Dell"* habe ich immer Mitleid mit dem Käse. Alle anderen – der Bauer, die Ehefrau, der Hund, die Katze und die Ratte – hatten am Ende jemanden oder etwas vorzuweisen. Nur der Käse, der steht am Ende des fröhlichen Liedes ganz alleine da, und das, obwohl er doch eine so wichtige Rolle auf dem Bauernhof spielt.

Machen Sie nicht den gleichen Fehler wie ich in der folgenden Geschichte. Sehen Sie zu, dass Sie nicht wie der Käse enden.

---

*) Der Liedtext lautet in stark verkürzter Form:
The farmer in the dell …; Hi-ho, the derry-o [Refrain], the farmer in the dell.
The farmer takes a wife …; The wife takes a child …; The child takes a nurse …; The nurse takes a cow …;
The cow takes a dog …; The dog takes a cat …; The cat takes a rat …; The rat takes the cheese …; The cheese
stands alone … the cheese stands alone. http://www.mamalisa.com/?t=es&p=2288&c=23 (abgerufen am
07. Januar 2013); Anm. d. Übers.

Vor Kurzem hatte ich an einer Konferenz für Autoren teilgenommen, die sich zum professionellen Vortragsredner weiterbilden wollten. Auf der Zugfahrt nach Hause merkte ich auf einmal, dass mir ein gravierender Fehler unterlaufen war. Denn im Grunde hatte ich kaum Kontakte zu anderen Konferenzteilnehmern geknüpft, so wie ich das sonst immer mache, und wie es schien, hatte sich das auch im weiteren Verlauf der Konferenz nicht geändert, eher im Gegenteil. Als ich dann später über mein Verhalten nachdachte, wurde mir klar, dass dies wohl an der von mir gewählten Selbstpräsentation gelegen hatte, denn ich hatte meine eigenen Ratschläge nicht beherzigt!

Ich hatte mich nämlich als „professionelle Vortragsrednerin" vorgestellt. Jetzt könnten Sie natürlich einwenden: „Na und, was ist denn schon falsch daran. Sie *sind* doch auch eine professionelle Vortragsrednerin, oder etwa nicht?"

Ja, das ist schon richtig, aber in diesem Fall war meine Äußerung nicht gerade optimal gewählt. In jenem Augenblick habe ich mir einfach nicht bewusst gemacht, dass die anderen Konferenzteilnehmer sich erst zum professionellen Vortragsredner weiterbilden wollten. Eine bessere und ebenso richtige Antwort wäre gewesen, wenn ich gesagt hätte: „Ich bin Autorin und möchte versuchen, mir als Vortragsrednerin ein zweites Standbein zu sichern." Oder etwa: „Ich bin Kommunikationstrainerin und möchte versuchen, mir als Vortragsrednerin ein zweites Standbein zu sichern."

Durch meine Wortwahl habe ich mich faktisch von den übrigen Konferenzteilnehmern abgegrenzt, denn während ich unbewusst mein eigenes Ego schützte, schuf ich gleichzeitig eine Distanz zwischen mir und meinen Kollegen. Außerdem stellte ich im Nachhinein fest – auch wenn ich es höchst ungern zugebe –, dass ich es vorgezogen hatte, mit bestimmten Teilnehmern aufgrund der von ihnen gewählten Buchthemen lieber keinen Kontakt zu knüpfen. Ich will ehrlich sein, ich habe diese Personen nach dem ersten äußeren Eindruck beurteilt.

DOCH VORSICHT

Selbst wenn Sie von Natur aus dazu neigen, auf den ersten Blick negative Eigenschaften bei einem Menschen zu erkennen, sollten Sie sich dennoch stets bewusst machen, dass es beim Kontakteknüpfen vor allem darum geht, Gemeinsamkeiten und Berührungspunkte zu finden.

Wenn ich deren Buchthema für „faulen Zauber" hielt, ließ ich sie einfach links liegen. Das war ein Fehler. Dadurch brachte ich mich um die Chance, neue Auftraggeber zu gewinnen.

Tappen Sie bloß nicht in die gleiche Falle, denn das ist der größte Fehler, den Sie beim Kontakteknüpfen machen können. Die wichtigste Voraussetzung beim ersten Kennenlernen ist, dass Sie aufgeschlossen sind, Fragen stellen und zuhören.

In seinem Buch *Love Is the Killer App: How to Win Business and Influence Friends*[7] rät Autor Tim Sanders:

Grenzen Sie niemanden aus. Denn manchmal entpuppen sich gerade diejenigen, die uns zunächst unscheinbar oder unbedeutend erscheinen mögen, als potenzielle Glücksgriffe, die sich eines Tages als wichtiger Knotenpunkt in Ihrem Netzwerk erweisen können; und sie werden sich daran erinnern, dass Sie sie schon unterstützt haben, lange bevor sie so groß und erfolgreich wurden!

Sie können schließlich nie wissen, wem Sie begegnen und welchen Einfluss diese Begegnung auf Ihr Unternehmen oder Ihr Leben hat. Kontakte, die Sie knüpfen, können Ihnen entweder überhaupt nichts bringen oder Sie möglicherweise einen kleinen Schritt nach vorn bringen oder aber möglicherweise sogar die Wende in Ihrem Unternehmen oder Ihrem Leben bedeuten.

Ich habe Ihnen hier eine praxiserprobte Anleitung mit nützlichen Tipps, klaren Regeln und Übungen an die Hand gegeben, die Ihnen dabei helfen soll, sich richtig vorzustellen und eindrucksvoll in Szene zu setzen. Jetzt liegt es an Ihnen, dieses Wissen in die Praxis umzusetzen. Ergreifen Sie die Initiative und knüpfen Sie Kontakte! Als kleine Starthilfe habe ich drei Übungsaufgaben für Sie zusammengestellt.

ZUSAMMENFASSUNG:
So setzen Sie sich mit Ihrer Selbstpräsentation eindrucksvoll in Szene

Der erste Eindruck, den Sie aufgrund Ihrer Selbstpräsentation hinterlassen, entscheidet nicht nur maßgeblich darüber, ob diese erste Kontaktaufnahme zum Aufbau einer Beziehung führt, sondern kann sogar nachhaltig Ihr künftiges Leben verändern.

Für den ersten Eindruck gibt es keine zweite Chance. Deshalb ist es eminent wichtig, dass Sie sich mit Ihrer Selbstpräsentation wirkungsvoll in Szene setzen. Denn der erste Eindruck hält sich nicht nur hartnäckig, sondern beeinflusst auch, wie beziehungsweise ob sich eine Beziehung entwickelt. Ihre Selbstpräsentation muss für Ihren jeweiligen Gesprächspartner immer von Bedeutung sein, wenn Sie mit ihm ins Gespräch kommen wollen.

Die allgemein übliche Begrüßung im Geschäftsumfeld besteht aus einem festen Händedruck, direktem Augenkontakt und einer offenen Körperhaltung.

Die erste Kontaktaufnahme gelingt am besten, wenn Sie bei der Selbstpräsentation Berührungspunkte in Form von gemeinsamen Interessen, Zielen, Aktivitäten und Aufgabenbereichen erkennen.

Beim ersten Kennenlernen sollten Sie selbstbewusst auftreten, keinesfalls jedoch ein übersteigertes Selbstbewusstsein an den Tag legen.

Wenn Sie sich einer Gruppe von Personen vorstellen, sollten Sie sich auf die Nennung einer Tätigkeit, Funktion oder Aktivität beschränken – maximal auf zwei oder drei.

Am Telefon sollten Sie lediglich eine kurze Information zu Ihrer Person geben, um damit den situativen Kontext für Ihren Anruf zu schaffen.

Bei einer Selbstpräsentation via E-Mail oder Internet sollten Sie sich auf drei wesentliche Fakten zu Ihrer Person beschränken und Links einfügen, die detaillierte Informationen enthalten.

Verzichten Sie bei der ersten Kontaktaufnahme auf die typische Selbstpräsentation und nutzen Sie stattdessen eine Frage als Aufhänger, um das Gespräch in Gang zu bringen und möglichst schnell Berührungspunkte und Gemeinsamkeiten zutage zu fördern.

Übungsaufgabe Nr. 1

Treten Sie eine Woche lang jeden Tag mit mindestens einer fremden Person in Kontakt. Versuchen Sie dabei, jedes Mal eine andere Art der Selbstpräsentation zu wählen. Gehen Sie das Ganze spielerisch an. (Falls es Ihnen schwerfällt, mit fremden Menschen in Kontakt zu treten, lächeln Sie ihnen für den Anfang doch einfach nur zu. Leicht Fortgeschrittene können diese Übung abwandeln, indem sie gezielt eine Kommunikationssituation wählen, in der sie sich unbehaglich fühlen.)

Übungsaufgabe Nr. 2

Schauen Sie sich nach einer Veranstaltung um, bei der Personen zusammentreffen, die Sie gern kennenlernen möchten, und nehmen Sie an diesem Event teil. Knüpfen Sie dabei so viele Kontakte wie nur möglich. Gehen Sie das Ganze spielerisch an. Sinn und Zweck dieser Aufgabe ist es, jedes Mal eine andere Art der Selbstpräsentation zu üben. Leicht Fortgeschrittene können diese Übung abwandeln, indem sie sich gezielt eine Veranstaltung aussuchen, bei der Personen zusammenkommen, mit denen sie auf den ersten Blick gar keine Gemeinsamkeiten haben.

Übungsaufgabe Nr. 3

Gehen Sie auf www.smarttalksuccess.com/intros, stellen Sie sich kurz vor und knüpfen Sie Kontakte zu anderen Lesern. Na, kommen Sie schon, nur keine Hemmungen! Je mehr Sie üben, desto besser und sicherer werden Sie bei der Selbstpräsentation. Und außerdem: Wo sonst bekommen Sie schon Feedback zu Ihrer Selbstpräsentation und können gleichzeitig noch andere kennenlernen, die das gleiche Buch lesen wie Sie? Ist doch echt cool, oder etwa nicht?

Fallbeispiel: Allison P.

Am Ende eines Seminars kam Allison auf mich zu und erzählte mir, dass es ihr unbeschreiblich schwerfalle, mit jemandem in Kontakt zu treten und ein persönliches Gespräch von Angesicht zu Angesicht zu führen. Sie habe den Eindruck, ihre Gesprächspartner würden meist ziemlich schnell das Interesse an dem Gespräch verlieren und sie auch nicht wirklich ernst nehmen.

Das war in der Tat ein sehr gravierendes Problem, das sich bei den Vorstellungsgesprächen, zu denen Allison eingeladen wurde, sehr nachteilig für sie auswirkte. Sie führte zwar eine Reihe von Bewerbungsgesprächen am Telefon, aber sie schaffte es einfach nicht, nach dem ersten persönlichen Vorstellungstermin als mögliche Kandidatin weiter im Gespräch zu bleiben. Ich erkannte sofort, woran es lag. Denn Allison hatte Schwierigkeiten, während des Gesprächs zumindest ansatzweise Blickkontakt zu halten. Als sie sich mit mir unterhielt, glitt ihr Blick regelrecht an mir vorbei, nach oben und nach rechts – ganz so, als würde sie ihn auf etwas richten, was sich hinter mir befand. Ich erklärte ihr, dass es für den Aufbau einer Beziehung in unserem Kulturkreis wichtig ist, Augenkontakt herzustellen, und dass man meist als nicht vertrauenswürdig eingestuft wird, wenn man dem Blick des anderen nicht standhalten kann.

Der mangelnde Blickkontakt war letztlich die Ursache für die Fehleinschätzung ihrer Person. Ich zeigte ihr, wie sie es besser machen kann, und übte direkt im Seminarraum noch ein paar Minuten mit ihr. Außerdem gab ich ihr noch ein paar „Hausaufgaben" in Form von Videoübungen mit auf den Weg, damit sie ihre Fortschritte überprüfen konnte.

Etwa ein Jahr später besuchte sie mich noch einmal bei einem öffentlichen Workshop, nur um sich bei mir zu bedanken. Ich konnte den Unterschied sofort erkennen. Voller Begeisterung erzählte sie mir, dass diese kleine Veränderung nicht nur in ihrem Berufs-, sondern auch in ihrem Privatleben einen unglaublichen Wandel nach sich gezogen habe. Denn mittlerweile meistere sie nicht nur Gesprächssituationen ganz entspannt, sondern sie habe auch einen fantastischen Job an Land gezogen und sei überrascht, wie viele Menschen sie im vergangenen Jahr darauf angesprochen haben, wie außerordentlich selbstbewusst sie in ihrem Auftreten geworden sei.

💬💬💬

Ich habe meine Podcast-Hörer und -Leser gebeten, mir ihre Selbstpräsentationen zuzuschicken. Hier sind einige Beispiele, die mir besonders gut gefallen haben:

„Hallo Lisa, ich heiße Samantha. Ich arbeite freiberuflich als Ghostwriterin und Werbetexterin. In meiner Freizeit treibe ich gern Sport und verbringe Zeit mit meiner Familie. Vielen Dank für diese sehr aufschlussreiche Lektion zum Thema Selbstpräsentation."

„Hallo, meine lieben, angehenden Geschichtsforscher! Ich bin Frau MacDonald, eure neue Geschichtslehrerin! Mittlerweile unterrichte ich das Fach Weltgeschichte für die Oberstufe im dritten Jahr online – ein faszinierendes Thema! Ich habe alle Bände der Twilight-Saga gelesen und diese Woche habe ich nun endlich mit dem ersten *Harry-Potter*-Band angefangen. Ich lebe im Zentrum von Seattle und besuche gern Museen und Konzerte. Letzten Monat habe ich mir das Konzert der Rockband *30 Seconds to Mars* angeschaut. Wo wohnt ihr? Worauf steht ihr denn so?"

(Diese Selbstpräsentation richtet sich an ein Diskussionsforum. Die Internetschüler von Sherri Morgan MacDonald sind über den gesamten US-Bundesstaat Washington verstreut.)

„Hallo Lisa, mein Name ist Ian Williams und ich teile leider nicht dieselbe Leidenschaft für Fotografie wie Sie. Allerdings fahre ich gern mit meinem Motorrad durch die Gegend und genieße dabei die gleiche Ruhe und Gelassenheit, wie sie auch ein Foto vermitteln kann. Wenn ich nicht mit dem Motorrad unterwegs bin, arbeite ich als Lernprozessbegleiter und Coach für ein großes Pharmaunternehmen."

„Mein Name ist Tina, Tina Clark. Ich gehöre zur Gruppe der sogenannten ‚nicht-traditionellen Studierenden' und strebe einen Studienabschluss in Betriebswirtschaft mit Schwerpunkt Rechnungswesen an. Ich bin Mutter von vier erwachsenen Jungs und am liebsten gehe ich mit meinem frisch angetrauten Ehemann wandern, auch wenn es meine Zeit leider nicht allzu oft erlaubt."

„Ich heiße Soumia. Ich bin fünfzehn Jahre alt, komme aus Algerien und gehe aufs Gymnasium."

„Ich Tarzan. Du Jane."

(Das letzte Beispiel stammt von Lee Tsao, der früher einmal mein Manager war.)

2.
EFFEKTIVE KOMMUNIKATION IST DER SCHLÜSSEL ZUM ERFOLG

So verbessern Sie Ihre kommunikative Kompetenz

Du beginnst ein Gespräch, doch du kannst es noch nicht mal beenden. Du redest viel, aber eigentlich sagst du überhaupt nichts.

– aus dem Song „Psycho Killer"
von der Rockband *Talking Heads*

Ich erinnere mich noch, dass meine Mutter mich als junges Mädchen so manches Mal in Verlegenheit gebracht hat – insbesondere wenn wir in der Öffentlichkeit unterwegs waren. Aber nicht etwa, weil sie komische Klamotten angehabt hätte (denn eigentlich war sie stets tadellos gekleidet) oder Tabak gekaut oder sonst irgendetwas völlig Außergewöhnliches getan hätte. Sondern vielmehr, weil Sie ihrer Leidenschaft frönte und ständig mit wildfremden Leuten ein Gespräch anfing! (Eine echte Horrorvorstellung, oder?)

Sie kam überall mit Leuten ins Gespräch – an der Kasse im Supermarkt, im Postamt, im Kaufhaus, einfach überall. Ich kann mich noch gut an eine Begebenheit erinnern, als meine Geschwister und ich zusammen mit meiner Mutter und den Nachbarskindern in den Park gingen.

Das bedeutete, meine Mutter war mit neun Kindern unterwegs. Während unseres Ausflugs sagte dann eine Frau zu meiner Mutter: „Ich hoffe, Sie haben einen wunderschönen Tag im Park. Na, das sind aber hübsche Kinder! Sind das alle Ihre eigenen oder machen Sie nur zusammen einen vergnüglichen Ausflug?" Daraufhin antwortete meine Mutter mit leicht sarkastischem Unterton: „Ja, das sind alle meine und das ist wahrlich *kein* Vergnügen!" Ich habe noch heute den völlig entsetzten Gesichtsausdruck dieser Frau vor Augen und das breite Grinsen auf Mamas Gesicht, als sie uns anschaute, ganz so, als wolle sie sagen: „Sch, lasst uns einfach diesen Augenblick genießen."

Meine Mutter ließ die andere Frau für einen kurzen Moment in ihrer Fassungslosigkeit verharren, doch dann lachte sie und klärte die Situation auf. Das war nicht nur eine großartige Möglichkeit, das Eis zu brechen, sondern die beiden wurden am Ende sogar Freundinnen.

Bei dieser Gelegenheit und auch bei zahllosen weiteren Begegnungen mit Fremden hat meine Mutter mir gezeigt, wie man ganz leicht mit jemandem ins Gespräch kommt. Doch das Wichtigste, was ich von meiner Mutter gelernt habe, ist, dass Fremde einem nicht länger fremd sind, sobald man die ersten Worte mit ihnen gewechselt hat. (Hm, ich frage mich,

KURZ NACHGEFRAGT

Wie fühlen Sie sich bei dem Gedanken, mit fremden Menschen ein Gespräch anzufangen? Haben Sie eventuell ein paar Standardfragen griffbereit, mit denen Sie mühelos ein Gespräch in Gang bringen können?

ob das wohl der Grund dafür ist, dass ich jede Woche einen Podcast aufzeichne, was im Prinzip mit einem Gespräch vergleichbar ist, das ich mit Tausenden fremder Menschen gleichzeitig führe?)

Leider gibt es viele Menschen, die sich ziemlich schwer damit tun, ein ungezwungenes Gespräch zu führen – sie fühlen sich unbeholfen und unsicher. Und es scheint, als hätte die heutige Generation der Simser die hohe Kunst des direkten persönlichen Gesprächs nahezu völlig verlernt.

Auf einen einfachen Nenner gebracht: Small Talk ist der ideale „Türöffner", um zwischenmenschliche Kontakte zu knüpfen und Beziehungen aufzubauen. Indem wir miteinander reden, lernen wir andere Menschen näher kennen, empfinden sie als sympathisch und lernen, Vertrauen und Glaubwürdigkeit aufzubauen. Daher ist es wichtig, dass Sie in der Lage sind, ganz unbefangen und spontan mit *jedem*, dem Sie begegnen, ein lockeres Gespräch anzufangen. Diese Fähigkeit wird Ihnen in nahezu jeder persönlichen und beruflichen Situation helfen, denn sie ist wahrscheinlich der wichtigste und damit ausschlaggebende Faktor, der über Ihren Erfolg (oder Misserfolg) entscheidet.

Nehmen Sie sich einen Augenblick Zeit und überlegen Sie, wer die erfolgreichsten Menschen sind, die Sie kennen. Ich wette mit Ihnen, dass sie alle etwas gemeinsam haben – sie sind redegewandt und nicht auf den Mund gefallen. Erfolgreiche Menschen besitzen nämlich nicht nur die Fähigkeit, ihre Mitmenschen in ein Gespräch zu verwickeln, sondern sind auch in der Lage, ihren Gesprächspartnern kontinuierlich ein gutes

Gefühl zu vermitteln und so innerhalb kürzester Zeit eine Beziehung zu ihnen aufzubauen.

Die gute Nachricht: Diese Fähigkeit kann man erlernen, auch wenn man extrem schüchtern ist. Selbst diejenigen unter Ihnen, die der Meinung sind, dass Sie diese Fähigkeit schon ganz gut beherrschen, können sie dennoch stetig weiter verbessern und perfektionieren.

Lassen Sie mich vorab die wichtigsten Grundregeln zwischenmenschlicher Kommunikation näher beleuchten. Denn wenn Sie im persönlichen Gespräch erfolgreich Kontakte knüpfen wollen, sollten Sie unbedingt die folgenden sechs Schritte beherzigen:

Schritt Nr. 1: Nehmen Sie eine offene, einladende Körperhaltung ein.

Schritt Nr. 2: Schenken Sie allem und jedem in Ihrer Umgebung Ihre Aufmerksamkeit.

Schritt Nr. 3: Zeigen Sie echte Neugier und aufrichtiges Interesse an anderen Menschen.

Schritt Nr. 4: Hören Sie zu und spüren Sie gemeinsame Interessen und Berührungspunkte auf.

Schritt Nr. 5: Stellen Sie offene und weiterführende Fragen.

Schritt Nr. 6: Steuern Sie eigene Geschichten bei und begegnen Sie Ihrem Gesprächspartner mit Respekt.

Schritt Nr. 1: Nehmen Sie eine offene, einladende Körperhaltung ein

Was bedeutet, eine offene, einladende Körperhaltung einnehmen? Es bedeutet, dass Sie Ihrem Gesprächspartner vorurteilsfrei und unbefangen begegnen sollten. Zerbrechen Sie sich nicht den Kopf darüber, was Sie sagen werden, wie Sie aussehen oder wie Sie vielleicht auf den anderen wirken. Konzentrieren Sie sich nur auf Ihr Gegenüber. Seien Sie aufmerksam, hören Sie gut zu und ermuntern Sie Ihren Gesprächspartner dazu, über Dinge zu sprechen, die für ihn von Bedeutung sind. Zeigen Sie Ihrem Gesprächspartner, dass Sie sich aufrichtig für ihn interessieren, indem Sie ihm Ihre volle Aufmerksamkeit schenken. Denken Sie daran, dass sich die meisten Menschen sehr gern an einer Unterhaltung beteiligen und froh sind, wenn jemand anderer die Gesprächsführung übernimmt.

Sie könnten sich aber auch an Sam Waltons berühmter 3-Meter-Regel für Wal-Mart-Mitarbeiter orientieren: Wenn Sie sich einer Person auf eine Distanz von drei Metern nähern, schauen Sie ihr in die Augen und begrüßen Sie sie. Auf der Wal-Mart-Website[1] erklärt Firmengründer Sam Walton, dass er diese Regel damals im College gelernt und zeitlebens praktiziert hat:

Ich habe immer den Blick nach vorn gerichtet und die Person angesprochen, die auf mich zukam. Wenn ich sie kannte, habe ich sie natürlich mit Namen angesprochen, doch auch wenn ich sie nicht kannte, habe ich trotzdem mit ihr gesprochen. Es dauerte nicht lange und ich kannte wahrscheinlich mehr Studenten als irgendjemand sonst auf dem Universitätsgelände und dafür zollten mir meine Kommilitonen Respekt und betrachteten mich als ihren Freund.

Diese Regel half Walton dabei, nicht nur als Student, sondern auch als Geschäftsmann erfolgreich zu sein.

Offen und einladend aufzutreten, bedeutet allerdings auch, dass Sie andere Menschen nicht einfach aufgrund von Äußerlichkeiten ablehnen. Lassen Sie sich nicht von der Art der Kleidung oder der Größe des Büros (oder gar von Buchtiteln) zu einer Fehleinschätzung verleiten. Wenn Steve Jobs früher auf Partys auftauchte, war er stets der Sonderling, ein komischer Kauz, der immer einen ausgeleierten Rollkragenpulli trug und Sätze wie „Also, ich hab da in meiner Garage so ein Ding zusammengebastelt ... " von sich gab. Jeder Mensch hat eine Geschichte zu erzählen. Ergreifen Sie doch die Initiative und finden Sie heraus, wer die tollsten Geschichten zu erzählen hat.

Im vorigen Kapitel habe ich bereits erwähnt, dass ich auf einer Fachkonferenz für Autoren den Fehler gemacht habe, bestimmte Teilnehmer auf der Grundlage ihrer Buchthemen zu beurteilen. Noch nicht erwähnt habe ich in diesem Zusammenhang, dass ich es aber auch vermieden habe, mit einigen anderen Konferenzteilnehmern ins Gespräch zu kommen, weil mir irgendwie der Mut fehlte, sie anzusprechen. In beiden Fällen habe ich die Chance vertan, neue Kontakte zu knüpfen und potenzielle Geschäftspartner kennenzulernen. Letzten Endes habe ich meine unbewusst getroffene Entscheidung, mit bestimmten Personen lieber nicht zu interagieren, jedoch bedauert. Hin und wieder macht jeder einmal diesen Fehler.

Mit einem offenen und einladenden Auftreten signalisieren Sie nicht nur Gesprächsbereitschaft, sondern machen es jedem leicht, mit Ihnen ins Gespräch zu kommen. Doch manchmal sind wir abgespannt und schaffen es geistig einfach nicht mehr, die nötige Konzentration aufzubringen, um einen weiteren Kontakt zu knüpfen. In einer solchen Situation erwische ich mich dann meist dabei, dass ich vorgebe, auf einmal dringend meine E-Mails checken, auf eine Mail antworten oder einen Anruf machen zu müssen. Das ist meine Art, mich in so einem Fall geschickt aus der Affäre zu ziehen – aber genau genommen habe ich damit wieder eine Chance verspielt, neue Kontakte zu knüpfen, weil ich die Gelegenheit nicht beim Schopf gepackt habe.

Machen Sie nicht den gleichen Fehler. Achten Sie stets darauf, aufgeschlossen und sympathisch aufzutreten, auch wenn Ihnen manchmal vielleicht nicht danach ist. Denken Sie immer daran: Ob höflicher Small Talk oder aufschlussreiches Gespräch – eine effektive Kommunikation ist der Schlüssel zum Erfolg, denn sie öffnet Ihnen beruflich wie privat Tür und Tor.

KURZ NACHGEFRAGT

Begrüßen Sie regelmäßig alle Personen in Ihrem Umfeld? Haben Sie es schon einmal bewusst vermieden, bei einer Veranstaltung neue Kontakte zu knüpfen? Wieso eigentlich? Ist das etwa ein typisches Verhaltensmuster von Ihnen?

Schritt Nr. 2: Schenken Sie allem und jedem in Ihrer Umgebung Ihre Aufmerksamkeit

Nachdem Sie gelernt haben, eine offene und einladende Körperhaltung einzunehmen, lernen Sie im nächsten Schritt, wie Sie alle Personen und Details in Ihrer Umgebung bewusst wahrnehmen. Wenn Sie zu einer Veranstaltung gehen, googeln Sie im Vorfeld die Personen auf der Teilnehmerliste. Ist jemand dabei, der eine interessante Geschichte zu erzählen hat? Ist jemand dabei, der Sie mit der Person bekannt machen kann, die Sie *eigentlich* gern kennenlernen möchten?

Außerdem ist es immer von Vorteil, wenn man die Schlagzeilen im Auge behält. Verfolgen Sie nicht nur die Regionalnachrichten, sondern auch die Nachrichten im In- und Ausland. Sie müssen nicht zum Nachrichtenexperten werden, sondern lediglich gut informiert sein. Wer oder was dominiert die Schlagzeilen in den Regionalnachrichten? Was spielt sich aktuell in Ihrer Branche ab?

Was gibt es Neues in der Popkultur? (Sie wären überrascht, wie ausgesprochen lebhaft Diskussionen über die neueste Folge einer TV-Realityshow ausfallen können!)

Denken Sie daran, dass sich hinter jedem Namensschild nicht nur ein potenzieller Verehrer der Sängerin Adele verbergen kann, sondern zum Beispiel auch ein verhinderter Chefkoch oder etwa ein begeisterter Football-Anhänger, der eine Wackelkopf-Figur von seinem Idol Tim Tebow auf seinem Schreibtisch stehen hat.

Wenn Sie auf der Veranstaltung eintreffen, schauen Sie sich aufmerksam in Ihrer unmittelbaren Umgebung um. Achten Sie auf den Verkehr, den Parkplatz, den Veranstaltungsort, das Ambiente, die Thematik, das Essen … einfach auf alles. Fällt Ihnen etwas Ungewöhnliches auf? Extravagante Kleidungsstücke oder Accessoires sind echte Hingucker. Und Personen, die sich damit schmücken, wollen ganz bewusst die Blicke auf sich ziehen und freuen sich immer, wenn sie darauf angesprochen werden. Alles Mögliche kann zu einem Hingucker werden. Sehen Sie die Dame dort in dem knallroten Blazer? Es ist eher unwahrscheinlich, dass sie ihn rein zufällig angezogen hat, also machen Sie ihr ein Kompliment, wie todschick sie darin aussieht. Verwendet Ihr Bereichsleiter GoodReader auf seinem neuesten iPad? Dann stehen die Chancen gut, dass er von dieser Multifunktions-App begeistert ist – also fragen Sie ihn, warum er GoodReader so toll findet.

Schritt Nr. 3: Zeigen Sie echte Neugier und aufrichtiges Interesse an anderen Menschen

Sobald Sie erst einmal alle „Hintergrundinformationen" zusammengetragen haben, fällt der nächste Schritt nicht schwer. Seien Sie neugierig! Außerdem ist es von Vorteil, wenn Sie aktiv und energiegeladen sind, offen für neue Erfahrungen und wirklich Spaß daran haben, neue Leute kennenzulernen (aber dies ist nicht zwingend Voraussetzung).

Dale Carnegie, der Autor des ultimativen Standardwerks *How To Win Friends And Influence People**, hat dies folgendermaßen auf den Punkt gebracht: „Wenn Sie sich für andere Menschen interessieren, können Sie in nur zwei Monaten mehr Freunde gewinnen, als wenn Sie sich zwei Jahre darum bemühen, dass andere Menschen sich für Sie interessieren."

Die meisten Menschen führen durchaus gern ein nettes Gespräch, allerdings fällt es ihnen oft schwer, den Anfang zu machen. Also sollten

---

* Auf Deutsch erschienen: *Wie man Freunde gewinnt: Die Kunst, beliebt und einflussreich zu werden*, Fischer Taschenbuch, 2011; Anm. d. Übers.

Sie den Gesprächseinstieg übernehmen, indem Sie eine freundliche Bemerkung machen oder Ihrem Gesprächspartner eine Frage stellen (allerdings ohne ihn auszufragen). Wichtig ist, dass Sie dabei aufrichtiges Interesse an der Person zeigen und mehr über sie erfahren wollen. Nutzen Sie die Informationen, die Sie zusammengetragen haben, um aufschlussreiche, informative Fragen zu stellen.

Halten Sie auf der Veranstaltung zum Beispiel Ausschau nach einer Person, die ganz alleine steht und ihren Blickkontakt erwidert. Oder gesellen Sie sich zu einer Gruppe von Personen, in der es hoch hergeht, weil sich alle angeregt miteinander unterhalten. Wahrscheinlich finden Sie mit Ihrer sympathischen Art schnell Anschluss.

Üben Sie sich in der Kunst des Small Talks, indem Sie jede sich bietende Gelegenheit dazu nutzen, mit fremden Personen ins Gespräch zu kommen – zum Beispiel in der Warteschlange an der Supermarktkasse, an der Bushaltestelle, während der Zugfahrt, im Flieger oder im Wartezimmer beim Arzt. Denn es ist tatsächlich so: Je mehr Sie üben, desto leichter fällt es Ihnen, Kontakte zu knüpfen. Allerdings sollten Sie genau auf die Reaktion Ihres Gegenübers achten, damit Sie auch sicher sein können, dass Ihre Kontaktbemühung willkommen ist.

Normalerweise verwende ich immer dieselben Fragen als Gesprächsaufhänger, und zwar aus dem einfachen Grund, weil ich sie gut finde und nicht lange überlegen muss. Im beruflichen Umfeld greife ich meistens auf die drei folgenden Fragen zurück:

- Was hat Sie dazu bewogen, … [Beruf einfügen] zu werden/in der … [Branche einfügen] zu arbeiten?
- Was gefällt Ihnen an Ihrer Arbeit am meisten?
- Welchen Rat würden Sie jemandem geben, der ein … [Projekt einfügen] übernehmen/als … [Beruf einfügen] arbeiten möchte?

Sobald ich über berufliche Berührungspunkte einen Draht zu meinem Gesprächspartner aufgebaut habe, stelle ich im Allgemeinen gern Fragen, mit denen ich das Gespräch auf eine persönliche Ebene lenken kann. Hier sind meine drei Lieblingsfragen, die sich als ideale Gesprächsaufhänger „für jede Situation" bewährt haben:

- Was machen Sie eigentlich in Ihrer Freizeit?
- Was sind Ihre Hobbys?
- Haben Sie schon Pläne fürs Wochenende? / Wie haben Sie denn das Wochenende verbracht?

Keine Angst, Sie brauchen sich keine lange Liste von Fragen zu merken, wählen Sie einfach ein oder zwei Fragen aus, die Ihnen am besten gefallen. Allerdings haben Sie auch die Möglichkeit, sich eine größere Auswahl an Fragen auf Ihrem Mobilgerät zu speichern, damit Sie unmittelbar vor einem Networking-Event Ihr Gedächtnis auffrischen können.

Manchmal kommt es natürlich vor, dass die andere Person das Gespräch beginnt, indem sie Ihnen eine Frage stellt. In diesem Fall ist es relativ leicht, das Gespräch fortzuführen, indem Sie zuerst auf die Frage antworten und im Anschluss die Frage an Ihren Gesprächspartner zurückgeben. Zum Beispiel könnten Sie Ihre Antwort mit den Gegenfragen „Und wie denken *Sie* darüber?" oder „Was ist Ihre Meinung dazu?" beenden.

Eine andere Möglichkeit, Kontakte zu knüpfen, besteht darin, sich nicht auf zufällige Begegnungen zu verlassen, sondern ganz gezielt die Person, die eine großartige Bereicherung für das eigene Netzwerk wäre, zu einem Gespräch einzuladen. Schicken Sie ihr eine E-Mail; in die Betreffzeile könnten Sie zum Beispiel „Ich möchte Sie gern kennenlernen" oder „Einladung auf eine Tasse Kaffee" schreiben. Allerdings können Sie mit einer individuell auf die jeweilige Person zugeschnittenen Betreffzeile sicherlich mehr punkten, zum Beispiel „Von Eishockeyfan zu Eishockeyfan" (sofern Sie beide Fans sind) oder „Ich möchte Ihnen gern meine Hilfe anbieten". Noch

VIP-BONUS

Registrieren Sie sich einfach auf meiner kostenlosen VIP-Website unter www.smarttalksuccess.com/VIP. Dann können Sie sich gleich eine Liste mit 25 Varianten für einen gelungenen Gesprächseinstieg im beruflichen und privaten Umfeld herunterladen und sich außerdem den Zugriff auf eine Vielzahl anderer Informationen sowie exklusives Bonusmaterial sichern.

besser ist es jedoch, wenn Sie jemanden aus Ihrem Netzwerk bitten, Sie miteinander bekannt zu machen.

Erklären Sie dem Empfänger Ihrer E-Mail, warum Sie ihn angeschrieben haben. Sie sollten in der Mail Ihren beruflichen Hintergrund kurz skizzieren und erläutern, was Sie für die betreffende Person tun können; außerdem sollten Sie genau begründen, warum Sie an einem persönlichen Kennenlernen interessiert sind. Sofern Sie diese Person um ihre Meinung oder um Rat fragen, sollten Sie sich auf Fragen beschränken, die schnell zu beantworten sind. Dabei sollten Sie auf jeden Fall vermeiden, dass Ihr Ansprechpartner den Eindruck gewinnt, Sie wollten ihn eine Stunde lang mit Beschlag belegen oder seine Dienste und seinen fachlichen Rat zum Nulltarif in Anspruch nehmen. Bitten Sie ihn um einen konkreten Gesprächstermin (denn ein „Wir sollten uns mal auf eine Tasse Kaffee treffen" ist zu unverbindlich). Zum Schluss sollten Sie sich noch herzlich für die freundliche Beachtung Ihres Anliegens bedanken.

Eine solche E-Mail könnte zum Beispiel folgendermaßen aussehen:

Sehr geehrter Herr Brown,
mein Name ist Joe Smith und ich leite die Metropolitan Historical Library. Vor Kurzem habe ich Ihren Artikel „Historische Bibliotheken finden

ungewöhnliche Wege, ihre Finanzmittel aufzustocken" gelesen und auf Ihrer Website gesehen, dass Sie demnächst einige Wochen in unserer Stadt zu Gast sein werden. Ich würde Sie sehr gern persönlich kennenlernen, um Ihnen zu zeigen, wie wir hier in der Metropolitan Library arbeiten. Es wäre schön, wenn ich Ihnen erläutern dürfte, wie wir Ihre Ideen bei uns umsetzen, und natürlich würde ich auch gern Ihren Rat hören, was wir an unserer Vorgehensweise noch verbessern können. Wäre es Ihnen möglich, am Freitag, den 15. September um 9:00 Uhr zu einem Kaffee bei uns vorbeizuschauen? Wir haben ein Café in der Bibliothek und ich würde mich freuen, wenn Sie mein Gast wären.

Herzlichen Dank für Ihr Entgegenkommen. Ich freue mich auf Ihre Nachricht und verbleibe

mit freundlichen Grüßen
Joe Smith
Leitender Bibliotheksdirektor
Metropolitan Historical Library

Das Wichtigste ist jedoch, dass Sie sich bei dem Wunsch, die andere Person kennenzulernen, von dem richtigen Motiv leiten lassen – nämlich davon, dass Sie *gegenseitig* von dieser Beziehung und dem Wissensaustausch *profitieren* können. Höhere Erwartungen sollten Sie nicht mit dieser E-Mail verknüpfen.

Sobald Sie bei einem persönlichen Zusammentreffen Ihren Gesprächspartner begrüßt oder ihm Ihre Lieblingsfrage zum Gesprächseinstieg gestellt haben, sollten Sie sich bloß nicht den Kopf darüber zerbrechen, was Sie als Nächstes sagen werden. Lassen Sie ganz einfach das Gespräch seinen Lauf nehmen und sich entwickeln.

Schritt Nr. 4: Hören Sie zu und spüren Sie gemeinsame Interessen und Berührungspunkte auf

Was ich gerade gesagt habe, ist so wichtig, dass ich es gleich noch einmal wiederhole: Bitte zerbrechen Sie sich bloß nicht den Kopf darüber, was Sie als Nächstes sagen werden! Nachdem Sie eine Frage gestellt oder einen anderen Gesprächseinstieg gefunden haben, müssen Sie einfach nur *zuhören*. Hören Sie sehr genau zu. Denn Zuhören ist eine der wichtigsten Fähigkeiten, um erfolgreich miteinander kommunizieren zu können.

Denn wenn Sie ständig darüber nachdenken, was Sie als Nächstes sagen werden, sind Sie nicht in der Lage, aufmerksam zuzuhören und sich auf Ihren Gesprächspartner zu konzentrieren. Das hat zur Folge, dass Sie nicht nur verpassen, was dem anderen wichtig ist, sondern dass Ihnen auch feine verbale Nuancen oder nonverbale Signale entgehen, die Ihr Gesprächspartner möglicherweise aussendet. Indem Sie Ihrem Gegenüber aufmerksam zuhören, zeigen Sie Interesse und sind damit auf dem besten Weg, das Gespräch weiter fortzuführen.

Worauf kommt es also beim Zuhören an? Sie müssen nicht nur darauf achten, *was* Ihr Gesprächspartner sagt, sondern auch darauf, *wie* er es sagt. Sie müssen versuchen, aus dem Gesagten herauszuhören, ob Sie Berührungspunkte haben – etwa kulturelle oder regionale Gemeinsamkeiten, ähnliche Freizeitaktivitäten oder Interessen, Aufgabenbereiche, Ziele, Standpunkte, Wertvorstellungen und Überzeugungen. Achten Sie auf den Klang seiner Stimme. Achten Sie auf seine Körperhaltung. Achten Sie darauf, ob seine Augen strahlen oder ob er lächelt. Halten Sie Ausschau nach nonverbalen Signalen für seine emotionale Beteiligung: Was verraten seine Augen, sein Mund und seine Augenbrauen? Ein konstant starrer Blick mit regloser Miene signalisiert zum Beispiel Kälte, während ein natürliches Duchenne-Lächeln (kein aufgesetztes, sondern ein echtes Lächeln – zu erkennen an den Augenfältchen und den leicht angehobenen Wangen) Freude signalisiert. Ungeachtet kultureller Unterschiede ist es

REINSCHAUEN LOHNT SICH

Wie gut können Sie ein aufgesetztes Lächeln von einem echten unterscheiden. Machen Sie den Test und gehen Sie dazu auf www.smarttalksuccess.com/extras.

beim Lächeln in der Tat so, dass die meisten Menschen ein natürliches Lächeln erkennen und es als echtes Interesse deuten.

Ihr Ziel ist es, mithilfe dieser Hinweise herauszufinden, was für Ihren Gesprächspartner wichtig und fesselnd ist. Was sagt seine Wortwahl über seinen Standpunkt, seine Überzeugungen und Wertvorstellungen aus? Die Einstiegsfrage berührt nur die Oberfläche, während die Anschlussfragen tiefer gehen.

Schritt Nr. 5: Stellen Sie offene und weiterführende Fragen

Ein Hauptgrund, warum Gespräche ins Stocken geraten oder der Gesprächsfaden ganz abreißt, ist einfach, dass keiner der Gesprächspartner über etwas spricht, was für den anderen wirklich von Interesse ist. Sie können diese unangenehme und peinliche Gesprächssituation vermeiden, indem Sie die andere Person aus der Reserve locken. Das geht am besten mit offenen und weiterführenden Fragen, denn so halten Sie das Gespräch in Gang. Knüpfen Sie mit Ihrer Frage direkt an die Aussage Ihres Gesprächspartners an und haken Sie nach. Falls Sie nicht genau wissen, wie Sie am geschicktesten vorgehen sollen, schauen Sie sich die nachfolgenden Standardfragen an – sie funktionieren immer:

- „Tatsächlich? Das ist ja fantastisch.
  Können Sie mir dazu ein Beispiel nennen?"
- „Hm, ich bin nicht ganz sicher, ob ich Sie richtig
  verstehe. Was meinen Sie damit, wenn Sie sagen, …?"

- „Können Sie das bitte näher ausführen?"
- „Was ist dann passiert?"
- „Ich würde gern mehr darüber erfahren."
- „Wie sind Sie denn darauf gekommen?"

Mit dieser Fragetechnik machen Sie es Ihrem Gesprächspartner leicht, die Unterhaltung weiter fortzuführen. Um detaillierter nachzuhaken und das Gespräch weiter zu vertiefen, können Sie eine andere Fragetechnik nutzen:

- „Was haben Sie denn davon gehalten, als …
  [Thema einfügen, über das Sie gerade gesprochen
  haben]?"
- „Warum ist das wichtig für Sie?"
- „Das ist ja interessant. Denken Sie, Sie hätten
  das vor fünf Jahren genauso gesehen?"
- „Warum ist das so?"

Schritt Nr. 6: Steuern Sie eigene Geschichten bei und begegnen Sie Ihrem Gesprächspartner mit Respekt

Außerdem sollten Sie Fragen vermeiden, die sich mit einem einfachen Ja oder Nein beantworten lassen (geschlossene Fragen). Wenn Sie eine Frage gestellt bekommen, die sich mit nur einem einzigen Wort beantworten lässt, beantworten Sie diese nicht einsilbig, sondern erwähnen Sie weitere Einzelheiten, indem Sie auf eigene Erfahrungen in Form einer Geschichte verweisen. Nennen Sie ein Beispiel oder erläutern Sie Ihren Standpunkt ausführlicher. Sie müssen unbedingt Ihre eigenen Geschichten beisteuern, damit Ihr Gesprächspartner erkennt und spürt, wie sich Ihre und seine „Kreise" überschneiden. Denn gerade durch unsere persönlichen Geschichten übermitteln wir einander unsere Wertvorstellungen, Überzeugungen und Standpunkte, geben wir

DOCH VORSICHT

Achten Sie unbedingt darauf, dass Sie nicht nur Fragen stellen und zuhören. Ihr Gesprächspartner könnte sonst den Eindruck gewinnen, dass Sie ein Verhör mit ihm führen und kein Gespräch. Denn ein Gespräch ist immer ein gegenseitiges Geben und Nehmen.

Auskunft über unsere Aufgabenbereiche, Ziele, Freizeitaktivitäten oder Interessen sowie unsere Herkunft und unseren kulturellen Hintergrund. Es sind unsere Geschichten, über die wir eine Beziehung zueinander aufbauen.

Einer Studie[2] zufolge ist die Bereitschaft, persönliche Informationen preiszugeben, eine wesentliche Voraussetzung für die Entstehung, Entwicklung und Pflege persönlicher Beziehungen. Kommunikationspsychologen[3, 4] haben herausgefunden, dass die Reziprozität bei der Preisgabe persönlicher Daten eine wichtige Rolle spielt – der sogenannte Reziprozitätseffekt – oder anders ausgedrückt: Die Interaktionspartner lassen sich in ihrer Bereitschaft, persönliche Informationen zu offenbaren (Selbstoffenbarung), jeweils vom Grad der wahrgenommenen Privatsphäre leiten, die der andere von sich preisgegeben hat.

Genau genommen fühlen sich Gesprächspartner nahezu gezwungen oder verpflichtet, denselben Grad an Privatsphäre zu erwidern und ihrem Gegenüber ähnlich persönliche Informationen anzuvertrauen. Auf diese Weise vertiefen wir unsere Beziehungen. Wenn einer der beiden Gesprächspartner etwas Persönliches erwähnt, ermutigt er den anderen damit, dies ebenfalls zu tun, was wiederum den ersten dazu veranlasst, noch mehr Persönliches zu erzählen, und so weiter. So lernen wir einander näher kennen und entwickeln eine enge Beziehung.

Wenn Sie jemanden kennenlernen und mit ihm ins Gespräch kommen, ist es wichtig, dass die Geschichten, die Sie erzählen, interessant und unterhaltsam sind. Ihr Ziel muss dabei sein, das Gespräch immer weiter zu vertiefen und sich langsam zur nächsten Kommunikationsebene – das heißt von der Sachebene zur Beziehungsebene – vorzutasten. Das entscheidende Wort in diesem Zusammenhang heißt „langsam". Ihr letzter Arztbesuch, der Streit mit Ihrem Ehepartner und dieser hässliche Hautausschlag haben eines gemeinsam: zu privat und zu viel an Information. Wenn Sie Ihrem Gesprächspartner schon beim ersten Kennenlernen allzu private Dinge erzählen, kann das dazu führen, dass er dies als unangenehm empfindet und lieber keine Beziehung zu Ihnen aufbauen möchte.

Sinn und Zweck zwischenmenschlicher Kommunikation ist schließlich, dass Sie und Ihr Gesprächspartner einander besser kennenlernen, indem jeder von Ihnen nach und nach etwas mehr Informationen über seine Person preisgibt. Im Verlauf eines Gesprächs sollten Sie hin und wieder nicken, natürlich Blickkontakt halten und lächeln.

Um das Gespräch in Gang zu halten, können Sie zu Ihrem Gesprächspartner zum Beispiel sagen: „Erzählen Sie mir doch ausführlicher ..." Oder aber Sie wiederholen einige Punkte, indem Sie das Gesagte mit Ihren eigenen Worten kurz zusammenfassen: „Wenn ich Sie also richtig verstehe, dann empfehlen Sie ..."

DOCH VORSICHT

Die erste Kontaktaufnahme ist nicht der richtige Zeitpunkt, um Ihrem Gesprächspartner Ihre komplette Autobiografie herunterzubeten oder um mit ihm Ihre grundlegenden Überzeugungen und Wertvorstellungen oder etwa sehr persönliche und private Dinge zu erörtern.

Wie die Analyse umfangreicher Studien[5] gezeigt hat, nimmt die Intensität der Selbstoffenbarung im Laufe einer Beziehung immer weiter zu, und zwar sowohl an Tiefe (Vertraulichkeit der Informationen) als auch an Breite (Vielfalt der Gesprächsthemen). Sie werden Menschen kennenlernen, bei denen es Ihnen sehr leicht fällt, das Gespräch relativ schnell auf eine (tiefere und breitere) persönliche Ebene zu lenken, aber es werden auch Menschen dabei sein, bei denen Sie lieber etwas zurückhaltender vorgehen.

Ihre Bereitschaft, persönliche Informationen preiszugeben, ist von einer Vielzahl grundlegender Faktoren abhängig,[6] wie zum Beispiel von Ihrem kulturellen Hintergrund, Ihrem sozialen Netzwerk und Ihrer Persönlichkeit. Außerdem spielt auch Ihre Einschätzung der jeweiligen Gesprächssituation eine wichtige Rolle. Wie lässt sich zum Beispiel diese persönliche Information in den Gesprächsfluss integrieren? Können Sie einschätzen, wie Ihr Gesprächspartner auf diese Neuigkeit reagieren wird? Ist diese Information nicht doch zu persönlich für dieses Gespräch oder zu vertraulich für die Art der Beziehung? Selbstverständlich hängt die Antwort auf diese Frage auch davon ab, wie Ihr Gesprächspartner bei anderer Gelegenheit auf derart persönliche Äußerungen von Ihnen reagiert hat.

Die eigentliche Kunst erfolgreicher zwischenmenschlicher Kommunikation besteht demnach darin, das jeweils richtige Maß an Selbstoffenbarung und Vertrautheit zu finden. Denn wir geben nur Menschen Einblick in unser Privatleben, die wir mögen, Menschen, die uns selbst Privates anvertrauen, und Menschen, denen wir schon zuvor persönliche Dinge anvertraut haben.[7] Es handelt sich also um einen sich ständig wiederholenden Prozess, bei dem es um den Aufbau einer starken und von Vertrauen getragenen Beziehung geht. Die vielleicht wichtigste Erkenntnis für Geschäftsleute und Marketingexperten lautet demnach: Menschen kaufen von Menschen, die sie kennen, die sie mögen und denen sie vertrauen.

Letztendlich sollten Sie sich auch unbedingt darüber im Klaren sein, dass nicht jedes persönliche Gespräch angenehm verläuft. Sie werden beim Kontakteknüpfen höchstwahrscheinlich nicht Ihrer künftigen besten Freundin oder Ihrem besten Freund begegnen. Dennoch sollten Sie darauf bedacht sein, immer freundlich und neugierig zu bleiben, und falls sich aus einem Kontakt keine echte Beziehung entwickelt, ist das auch in Ordnung.

Allerdings beginnt nicht jede erste Kontaktaufnahme mit einem persönlichen Gespräch. Durch die rasant wachsende Zahl sozialer Netzwerke findet gerade heutzutage die erste Kontaktaufnahme meistens übers Internet statt. (Als ich vor Kurzem an einer Konferenz teilnahm, war ich angenehm überrascht, sieben Teilnehmer, die ich bisher nur von unseren Online-Gesprächen her „kannte", endlich einmal persönlich kennenlernen zu können.)

Ich habe festgestellt, dass das Thema Internetkommunikation inzwischen immer mehr ins Zentrum des allgemeinen Interesses rückt, denn meine Kunden beschäftigt immer häufiger die Frage, wie sie im Internet am besten Kontakte knüpfen und ihre Online-Gespräche weiter vertiefen können. Sie wollen lernen, wie sie mit ihrer Zielgruppe ins Gespräch kommen und ihre Eigenmarke im Internet aufbauen können. Die Grundvoraussetzungen sind dabei dieselben wie in der realen Welt, denn die offizielle Währung im Internet heißt Vertrauen. Allerdings will die erfolgreiche Interaktion und Kommunikation via Internet gelernt sein, denn sie ist durchaus eine Kunst für sich.

So knüpfen Sie im Internet Kontakte

Ein wichtiger Hinweis vorweg: Die Informationen, die ich Ihnen hier vermittle, basieren ausschließlich auf meiner persönlichen Erfahrung. Daher sind Sie selbst gefordert, durch Ausprobieren verschiedener Kommunikationsformen und Interaktionsmöglichkeiten herauszufinden, was in Ihrer speziellen Situation gut funktioniert und was nicht.

Beschränken Sie sich bei der ersten Kontaktaufnahme nur auf das Nötigste

Wenn Sie im Internet zu jemandem Kontakt aufnehmen, müssen (oder wollen) Sie in aller Regel nicht gleich allzu viele Informationen über sich preisgeben. Normalerweise reicht es aus, wenn Sie Ihren Namen, den Grund für die Kontaktaufnahme und einen Link zu Ihrer Homepage oder Ihrem Internetprofil angeben. Auf diese Weise kann die betreffende Person mit einem einfachen Klick mehr über Sie erfahren, sofern sie das möchte. Natürlich ist es Ihr Ziel, nach einer ersten Kontaktaufnahme auch ein Gespräch in Gang zu bringen und am Laufen zu halten.

Suchen Sie stets die Interaktion

Es mag zwar ebenso selbstverständlich wie offensichtlich sein, aber es gibt dennoch viele Menschen, die bei Online-Gesprächen anscheinend das Grundprinzip zwischenmenschlicher Kommunikation vergessen – nämlich dass ein Gespräch ein gegenseitiges Geben und Nehmen ist. In sozialen Netzwerken *interagieren* die Menschen miteinander; hier geht es nicht darum, möglichst viele Freunde zu sammeln. Selbstverständlich ist es wichtig, Links einzufügen (Push-Marketing), um damit mehr Besucher auf Ihre Website zu lotsen und mehr Traffic zu generieren; doch es ist genauso wichtig – wenn nicht sogar viel wichtiger –, dass Sie zuhören, Fragen stellen, andere um ihre Meinung bitten und dazu veranlassen, Ihre Kernbotschaft weiterzuleiten.

Sie müssen reagieren, interagieren, präsent sein. Das geht am leichtesten, wenn Sie in sozialen Netzwerken Kommentare zu aktuellen Beiträgen anderer Personen verfassen oder sich an Diskussionen in Internetforen beteiligen und Fragen beantworten.

Bitten Sie andere um ihre Meinung

Die Facebook-Fanseite der Basketball-Profiliga NBA ist ein mustergültiges Beispiel dafür, wie gut eine Organisation ihre Internetkommunikation im Griff hat. Auch wenn Sie kein Basketballfan sind, so lege ich Ihnen dennoch ans Herz, dass Ihnen diese Fanseite „gefällt", weil Sie sich dort eine Menge nützlicher Techniken abschauen können, wie man im Internet erfolgreich kommuniziert und sein Publikum stets aufs Neue fesselt. Hierzu ein geniales Beispiel. Die Website-Manager der NBA haben folgenden Text auf der Fanseite gepostet: „Besser geht's nicht! Heute Abend geht's ums Ganze. Wer gewinnt wohl Spiel 7?" Dann haben sie mithilfe einer Facebook-App eine Umfrage gestartet, um „Meinungsforschung" unter den Fans zu betreiben.

Obwohl sich Hunderte von Fans an der Umfrage beteiligt haben, fand ich es höchst interessant, dass sehr viel mehr Fans auf Kommentare geantwortet haben. Mit dieser simplen Frage hat die NBA-Fanseite eine riesige Fangemeinde mobilisiert und dadurch einen enormen Besucherstrom generiert. Und was lernen wir daraus? Im Internet antworten Menschen sehr bereitwillig auf Fragen, für die es kein Richtig oder Falsch als Antwort gibt – insbesondere, wenn es dabei um etwas geht, das sie leidenschaftlich interessiert. Mithilfe dieser Umfrage haben die Website-Manager sich die Bereitschaft der Fans zunutze gemacht, ihre Meinung kundzutun, denn diese haben nicht nur auf die ursprünglich gestellte Frage geantwortet, sondern auch einen regen Meinungsaustausch mit anderen Fans geführt.

Posten Sie Videos oder Fotos

Eine weitere Möglichkeit, wie Sie die Kommunikations- und Interaktionsbereitschaft im Internet weiter ankurbeln können, besteht darin, Videos und Fotos hochzuladen, und zwar insbesondere auf Facebook, Google+, YouTube und Pinterest. Auch hier möchte ich die NBA-Fanseite noch einmal als Paradebeispiel anführen. Die Website-Manager haben eine Fotomontage eingefügt, wobei jedes Foto mit einem entsprechenden Videoclip verlinkt ist, zu dem man sofort weitergeleitet wird, sobald man das Foto anklickt.

Wie es scheint, nimmt unsere Aufmerksamkeitsspanne immer weiter ab. Machen Sie sich doch diese Tatsache zunutze. Denn der Großteil der Internetnutzer schaut sich viel lieber ein Video an, als einen Artikel zu lesen. Kurze, unterhaltsame Videos (nicht länger als drei Minuten), die direkt mit Ihrem Fachgebiet zu tun haben, sind hervorragend geeignet, um damit unterschwellig Marketing in eigener Sache zu betreiben.

Belohnen Sie jede Interaktion mit Ihrer Marke

Eine offenkundig sehr ergiebige Methode, wie Sie speziell in sozialen Netzwerken noch mehr Interaktionsbereitschaft generieren können, besteht darin, dass Sie sich für jede Interaktion mit Ihrer Marke erkenntlich zeigen. Das heißt, Sie belohnen Ihre Interaktionspartner mit kostenlosen Mustern, Produktproben oder Gutscheinen für Dienstleistungen, die ausschließlich über soziale Netzwerke erhältlich sind.

Schließlich ist das der eigentliche Beweggrund, warum die meisten Menschen am Anfang überhaupt Kontakt zu Ihnen aufnehmen: Weil sie in den Genuss von weiterführendem Informationsmaterial und Werbegeschenken kommen wollen und weil sie übers Internet mit Ihrer Marke in einer Weise interagieren können, wie dies über traditionelle Kommunikationskanäle gar nicht möglich ist.

Zum Beispiel hat das Basketballteam der Philadelphia 76ers, das in der NBA-Profiliga spielt, einen Wettbewerb veranstaltet, um ein neues, knuffiges Team-Maskottchen zu finden. Dazu gab es seinen Fans drei Optionen zur Auswahl: Big Ben (Benjamin Franklin), B. Franklin Dogg (ein Hund) und Phil E. Moose (ein Elch). Die Fans Jerry Rizzo und Hunter Coleman haben sich an der Diskussion beteiligt, indem sie für jedes der potenziellen Team-Maskottchen einen Twitter-Account angelegt haben.

Im Twitter-Profil für Phil E. Moose stand zu lesen: „Hi Leute, hier ist Moose. Beim Slam Dunking stopf' ich euch fast jeden Ball in den Korb und wäre in der City of Brotherly Love gern das neue Maskottchen der

@Sixers." Die Twitter-Profile, die Rizzo und Coleman für die beiden anderen Figuren gepostet haben, waren ähnlich originell.

Als mit der Zeit dann immer mehr Fans auf diese Profile aufmerksam wurden, schickte das 76ers-Team Rizzo eine E-Mail, in der es ihn darum bat, seine Twitter-Aktionen einzustellen. Doch der Chef der 76ers, Adam Aron, begriff diese Situation als einmalige Gelegenheit, um sich für Rizzos Engagement als Markenbotschafter erkenntlich zu zeigen und diesen begeisterten und kreativen Fan der 76ers zu unterstützen. Aron sah sich Rizzos Online-Portfolio an, führte persönliche Gespräche mit ihm und bot ihm schließlich eine Stelle als Social Media Koordinator für das 76ers-Team an.

Das ist in der Tat eine beeindruckende Gegenleistung für eine gleichermaßen beeindruckende Interaktion mit einer Marke. Darüber hinaus verdeutlicht dieses Beispiel aber einen weiteren wichtigen Aspekt der Internetkommunikation: Es ist nicht immer möglich, die Kommunikation im Internet zu steuern; deshalb sollten Sie darauf gefasst sein, sich permanent auf neue Gesprächssituationen einzustellen.

Veranstalten Sie Wettbewerbe

Die gerade erwähnte Geschichte ist ein guter Beweis dafür, dass man mit der Veranstaltung eines Wettbewerbs nicht nur Begeisterung für die Marke wecken, sondern auch Diskussionen anstoßen kann. Im Juni 2010 veranstaltete Oprah Winfrey auf ihrem Kabelkanal OWN einen Videowettbewerb unter dem Motto „Your OWN Show". Die Gewinner durften anschließend in einer Reality-Serie mitspielen und bekamen die Chance, sich für ihre eigene Show auf OWN zu qualifizieren. Möglicherweise haben Sie ja damals von diesem Videowettbewerb gehört – entweder weil jemand Sie gebeten hat, für ihn abzustimmen, oder weil Sie einen entsprechenden Beitrag auf jemandes Facebook-Seite gesehen haben oder weil in den Nachrichten oder vielleicht in einem Podcast davon die Rede war.

Denn Tatsache ist, dass Wettbewerbe im Internet sehr viel Diskussionsstoff liefern, und zwar nicht nur unter den Teilnehmern selbst, sondern *ebenfalls* in deren Freundes- und Familienkreis. Um die Abstimmungsbereitschaft unter den Zuschauern zu erhöhen, plaudern die Teilnehmer in ihren Blog-Beiträgen, Status-Updates und Kommentaren ganz ungezwungen über den Wettbewerb, wodurch sie die Diskussion noch weiter anheizen und damit indirekt mehr Menschen mit der Marke in Kontakt bringen. Und was noch viel wichtiger ist: Diese Online-Diskussionen sorgen für jede Menge Mundpropaganda!

Geben Sie eine Kostprobe Ihres Könnens und halten Sie kostenlos Seminare ab

Um ein größeres Interesse an Ihrem Produkt oder Ihrer Dienstleistung zu wecken, können Sie auch (sowohl via Internet als auch in der realen Welt) einen öffentlichen Vortrag oder eine Präsentation über Ihre Arbeit halten. Mithilfe von Online-Seminaren oder Teleseminaren haben Sie zum Beispiel die Möglichkeit, Ihren Bekanntheitsgrad weiter zu erhöhen und außerdem eine starke Beziehung zu Ihren aktuellen und potenziellen Kunden aufzubauen. Wenn Sie öffentlich zeigen, wie viel Herzblut Sie in Ihre Arbeit stecken, kann Ihr Publikum sich persönlich davon überzeugen, mit welcher Leidenschaft und Fachkompetenz Sie Ihren Beruf ausüben. Das kann schon ein wichtiges Alleinstellungsmerkmal sein, mit dem Sie sich nicht nur deutlich von der Konkurrenz abheben können, sondern das Ihnen auch jede Menge positive Mundpropaganda beschert. Wenn Sie durch Ihr öffentliches Auftreten und Ihre Selbstpräsentation einen hervorragenden ersten Eindruck hinterlassen, sind Sie auf dem besten Weg, Vertrauen aufzubauen. Schließlich ist es in den meisten Branchen so, dass man zuerst ein Vertrauensverhältnis zu einem potenziellen Kunden aufbauen muss, bevor man den Auftrag bekommt. In meinem Fall ist es so, dass ich häufig mit Partnerunternehmen zusammenarbeite, um kostenlose Online-Seminare abzuhalten, zumal diese mit einem sehr geringen Kosten- und Organisationsaufwand verbunden sind. Indem ich gezielt Partnerunternehmen auswähle, die über einen großen Kundenstamm verfügen, hat das für mich den Vorteil, dass ich mit meinen Online-Seminaren Kontakt zu einer großen Anzahl potenzieller Kunden aufnehmen kann, während das Partnerunternehmen diese Gelegenheit dazu nutzen kann, um seine bestehenden Kundenbeziehungen weiter zu vertiefen, indem es seinen Kunden durch die Seminare exklusiv Zugang zu wertvollen Informationen bietet. Wir haben uns für diese Form der Zusammenarbeit entschieden, um einen intensiven Kundenkontakt zu pflegen und Sympathie und Vertrauen aufzubauen.

Es gibt aber auch die Möglichkeit, dass Sie nach Unternehmen oder Einzelpersonen Ausschau halten, die bereits regelmäßig Online-Seminare abhalten oder Podcasts produzieren. Orientieren Sie sich am besten an Vorträgen oder Präsentationen, die Ihnen gefallen und die dazu geeignet sind, die jeweiligen Zielgruppen in Ihrer Branche oder Dienstleistungsnische anzusprechen. Dann sollten Sie Kontakt zu diesen Seminar- und Podcast-Anbietern aufnehmen und sie davon überzeugen, warum gerade Ihr Content für deren Kunden besonders hilfreich wäre.

Dabei sollten Sie aber nicht vergessen, dass Ihr Vortrag oder Ihre Präsentation im Grunde nur ein Schritt auf einem langen Weg ist. Das eigentliche Ziel ist, möglichst viele Kontaktdaten zu bekommen, damit Sie vor und auch nach Ihrer Veranstaltung individuell auf Ihre Teilnehmer eingehen können.

Veranstalten Sie eine Twitter-Party oder ein Meet-and-Greet-Event via E-Mail

Keine Angst, ich weiß, was Sie jetzt denken: „Moment mal, ich soll was? Was bitte schön ist denn eine Twitter-Party?"

Twitter-Partys sind nichts anderes als ein Online-Event, mit dem Sie zum Beispiel potenzielle Neukunden gewinnen, ein neues Produkt lancieren, eine neue Dienstleistung bewerben, Kunden treffen oder einfach nur dafür sorgen können, dass die Leute etwas zum Reden haben. Solche

Partys sind nicht nur sehr billig und schnell organisiert, sondern sorgen auch für jede Menge Aufmerksamkeit im Internet. Die Teilnehmer sind begeistert, denn diese Events machen richtig Spaß: Sie sind völlig zwanglos, niemand muss sich in Schale werfen oder etwa seine Frisur in Form bringen. Das Einzige, worauf Sie jedoch unbedingt achten sollten, ist, dass diese Events Spaß machen, informativ sind, eine rege Diskussion in Gang bringen und dass Sie auch ein kleines Geschenk für die Teilnehmer parat haben.

Die Rede ist hier von einem fest vereinbarten Termin zum Chatten, der über Twitter-Updates (oder Tweets) erfolgt, die ein bestimmtes Stichwort (auch Hashtag genannt) aufweisen, damit die einzelnen Tweets in der virtuellen Kommunikation miteinander verlinkt werden. Eine solche Diskussionsrunde wird auch TweetChat oder TwitterChat genannt; normalerweise gibt es einen Diskussionsleiter und einen Gast-„Redner".

Meine Freundin Melinda Emerson, auch bekannt unter dem Namen Small Biz Lady, befragt zum Beispiel jeden Mittwochabend um 20 Uhr EST auf Twitter Experten zum Thema kleine und mittelständische Unternehmen @SmallBizChat. Mithilfe von Tweets stellt Melinda den eingeladenen Experten eine Reihe von Fragen, die diese wiederum in Form von Tweets beantworten. Als gemeinsame Kommunikationsplattform erlaubt Twitter jedem Teilnehmer, die laufende Diskussion zu verfolgen und selbst Fragen zu stellen.

Ich gebe ja zu, dass man sich zuerst ein wenig mit diesem telegrammähnlichen Kurznachrichtenstil anfreunden muss. Die Information fließt sehr schnell und umfasst gerade mal 140 Zeichen oder weniger, aber dennoch bietet diese Plattform eine tolle Möglichkeit, mit vielen Menschen gleichzeitig zu kommunizieren. Melinda sorgt in ihren Chats außerdem für eine nette Gesprächsatmosphäre, indem Sie am Ende jeder Gesprächsrunde die Diskussionsteilnehmer bittet, sich vorzustellen, und sie dazu ermuntert, jenen Personen zu „folgen", die sie interessant fanden, um das Gespräch weiter fortzuführen.

REINSCHAUEN LOHNT SICH

Gehen Sie auf www.smarttalksuccess.com/extras und laden Sie sich den kostenlosen Leitfaden zum Thema Kommunikation im Internet herunter; außerdem können Sie zum ermäßigten Preis an meinem Online-Seminar „Making Money Through Online Conversations" teilnehmen.

ZUSAMMENFASSUNG:
So verbessern Sie Ihre kommunikative Kompetenz

Kommunikative Kompetenz ist die Voraussetzung, um soziale Kontakte zu knüpfen und zu pflegen. Wenn wir miteinander kommunizieren, geben wir persönliche Informationen preis, bauen Vertrauen und eine Beziehung auf.

Folgende Grundregeln sollten Sie zur Kontaktaufnahme im persönlichen Gespräch beachten:

- Nehmen Sie eine offene, einladende Körperhaltung ein.
- Schenken Sie allem und jedem in Ihrer Umgebung Ihre Aufmerksamkeit.
- Zeigen Sie echte Neugier und aufrichtiges Interesse an anderen Menschen.
- Hören Sie zu und spüren Sie gemeinsame Interessen und Berührungspunkte auf.

- Stellen Sie offene und weiterführende Fragen.
- Steuern Sie eigene Geschichten bei und begegnen Sie Ihrem Gesprächspartner mit Respekt.

Folgende Grundregeln sollten Sie zur Kontaktaufnahme im Internet beachten:

- Beschränken Sie sich bei der ersten Kontaktaufnahme nur auf das Nötigste.
- Suchen Sie stets die Interaktion.
- Bitten Sie andere um ihre Meinung.
- Posten Sie Videos und Fotos.
- Belohnen Sie jede Interaktion mit Ihrer Marke.
- Veranstalten Sie Wettbewerbe.
- Geben Sie eine Kostprobe Ihres Könnens und halten Sie kostenlos Seminare ab.
- Veranstalten Sie eine Twitter-Party.

In diesem Kapitel habe ich Ihnen eine Fülle sofort anwendbarer Tipps und Ratschläge an die Hand gegeben, wie Sie lernen, Kontakte zu knüpfen und interessante Gespräche zu führen. Allerdings müssen Sie unermüdlich üben, bis Sie die hohe Kunst der zwischenmenschlichen Kommunikation beherrschen. Jetzt liegt es an Ihnen, Ihr Wissen umzusetzen und neue Kontakte zu knüpfen.

Übungsaufgabe Nr. 1

Überlegen Sie sich zwei Fragen, die Sie in jeder beliebigen Situation als Gesprächseinstieg nutzen können. Überlegen Sie sich zwei Fragen, die Sie im beruflichen Umfeld einsetzen können, um ein Gespräch in Gang zu bringen. Testen Sie diese Fragen in der Praxis und verändern Sie sie je nach Bedarf.

Übungsaufgabe Nr. 2

Suchen Sie sich einen Ort, wo viele Menschen aufeinandertreffen – zum Beispiel einen Coffeeshop, einen Unterrichtsraum oder eine Veranstaltung –, und probieren Sie einmal aus, wie viele neue Kontakte Sie an einem Tag knüpfen können. Wenn Sie jeden Tag fleißig trainieren, mit fremden Menschen ins Gespräch zu kommen, werden Sie feststellen, dass Ihnen das mit der Zeit immer leichter fällt.

Übungsaufgabe Nr. 3

Probieren Sie eine oder zwei der oben beschriebenen Kommunikationsformen und Interaktionsmöglichkeiten im Internet aus, um neue Kontakte zu knüpfen. Experimentieren Sie dabei mit verschiedenen Methoden und Tools, damit Sie herausfinden, was in welcher Kommunikationssituation am besten funktioniert.

Fallbeispiel: Angela Lauria

Angela Lauria hatte ein Manuskript für ein Teleseminar erstellt, um sich selbst, ihren Geschäftspartner und ihr neues Produkt vorzustellen. Angela übernahm die Rolle des Moderators und Gastgebers, wobei sie jedoch nicht sehr viele Informationen über sich selbst preisgab, sondern sich stattdessen auf ihren Geschäftspartner und ihr Produkt konzentrierte.

Sie bat mich, ihr bei der Überarbeitung des Manuskripts zu helfen, weil sie an der Reaktion ihres Publikums gemerkt hatte, dass viele sich fragten, wer Angela eigentlich war und was sie überhaupt mit diesem Seminar zu tun hatte. Fazit: Ihre Zuhörer hatten kein Vertrauen zu ihr aufgebaut. Für mich war klar, dass Angela unbedingt mehr Informationen über ihre Person (Stichwort Selbstoffenbarung) einfließen lassen musste. Daher schlug ich Angela vor, mit echter emotionaler Beteiligung über die Wertvorstellungen und Ziele zu sprechen, die sie mit ihrem Publikum gemeinsam hat.

Speziell zu diesem Zweck empfahl ich ihr, eine Geschichte zu ihrem Thema zu erzählen, die deutlich macht, dass sich ihre Wertvorstellungen und Überzeugungen exakt mit denen ihrer Seminarteilnehmer decken. Sie müsste – so mein Rat – eine Geschichte erzählen, die allen Teilnehmern unmissverständlich vor Augen führt, dass sie „eine von ihnen" ist. Im Wesentlichen sollte sie sich dabei auf jene Themenbereiche konzentrieren, die nach meiner Einschätzung gemeinsame Berührungspunkte mit ihrem Publikum aufwiesen. Sie können auf meiner VIP-Website nachlesen, welche Änderungen sie an ihrem Manuskript vorgenommen hat, damit sie leichter eine Beziehung zu ihrem Publikum aufbauen konnte. Was für ein Unterschied zu vorher!

 VIP-BONUS

Registrieren Sie sich einfach auf meiner kostenlosen VIP-Website unter www.smarttalksuccess.com/VIP und laden Sie sich dort die ursprüngliche und überarbeitete Fassung des Manuskripts sowie weitere exklusive Informationen und zusätzliches Bonusmaterial herunter.

3.
HAT ES IHNEN ETWA DIE SPRACHE VERSCHLAGEN?

So finden Sie in jeder Situation die richtigen Worte ...

Für gewöhnlich brauche ich mindestens drei Wochen, um eine gute Stegreifrede vorzubereiten.

– Mark Twain (US-amerikanischer Schriftsteller)

Als Vincenza ihren Mann verlor, kamen viele Menschen und brachten ihr Essen, schickten ihr Blumen und halfen ihr bei der Erledigung aller anfallenden Formalitäten. Später wollte sie sich dann bei jedem Einzelnen für seine Unterstützung bedanken, wusste aber einfach nicht, was sie genau sagen sollte.

Lorraines Freundin machte gerade eine Scheidung durch. Aber jedes Mal, wenn Lorraine an ihre Freundin dachte, hatte sie ein schlechtes Gewissen, weil sie einfach nicht wusste, was sie zu ihr sagen sollte.

Mallory wurde gebeten, auf der Hochzeit ihrer Schwester einen Trinkspruch auf ihren Schwager auszubringen. Sie liebt ihre Schwester zwar sehr, aber sie kennt deren zukünftigen Mann nicht. Daher bereitet ihr diese Rede großes Kopfzerbrechen, weil sie einfach unsicher ist, was sie überhaupt sagen soll.

Die vielen Hundert E-Mails, die ich im Laufe der Jahre von meinen Hörern und Lesern bekommen habe, haben mir gezeigt, dass es hin und wieder bestimmte Kommunikationssituationen gibt, mit denen anscheinend viele Menschen überfordert sind und in denen sie verzweifelt nach den richtigen Worten ringen. Daher habe ich beschlossen, den fünf am häufigsten gestellten Fragen „Wie finde ich die richtigen Worte, wenn …" ein komplettes Kapitel zu widmen.

 KURZ NACHGEFRAGT

Waren Sie schon jemals in einer Situation, in der Sie einfach nicht so recht wussten, was Sie sagen sollten? Was haben Sie unternommen, um Ihre Gedanken zu sortieren? Haben Sie, als Sie dann endlich etwas gesagt haben, die richtigen Worte gefunden, um Ihre Gefühle zum Ausdruck zu bringen?

- Wie finde ich die richtigen Worte,
  wenn jemand eine sehr schwere Zeit durchmacht?
- Wie finde ich die richtigen Worte,
  wenn ich einen Trinkspruch ausbringen muss?
- Wie finde ich die richtigen Worte,
  wenn ich an einer Betriebsfeier teilnehmen muss?
- Wie finde ich die richtigen Worte,
  wenn ich jemanden vorstellen muss?
- Wie finde ich die richtigen Worte,
  wenn ich einen Dankesbrief schreiben muss?

Bevor ich jedoch auf die Besonderheiten der jeweiligen Kommunikationssituation eingehe, möchte ich Ihnen folgenden Rat geben: Wenn Sie in einer Situation nicht ganz sicher sind, was Sie sagen sollen, ist das oberste Gebot, dass Sie sich nicht verrückt machen und krampfhaft versuchen, die richtigen Worte zu finden.

In so einem Fall sollten Sie sich am besten ganz auf die andere Person konzentrieren und ihr aufmerksam zuhören. Denn dadurch sind Sie in der Lage, unbefangen und aufrichtig auf sie einzugehen. Schon indem Sie zuhören, Verständnis zeigen und Rücksicht nehmen, vermitteln Sie der betreffenden Person das Gefühl, dass sie Ihnen wichtig ist und Ihnen am Herzen liegt.

In diesem Sinne werde ich nun jede einzelne der oben genannten Kommunikationssituationen detailliert erläutern.

... wenn jemand eine schwere Zeit durchmacht?

Wenn jemand eine wirklich sehr schwere Zeit durchmacht (zum Beispiel bei Krankheit, Scheidung oder einem Todesfall in der Familie), fühlen sich die Menschen im unmittelbaren persönlichen Umfeld – das weiß ich aus eigener Erfahrung – mit einer solchen Situation oft überfordert. 1995 habe ich meinen geliebten Mann verloren, 2000 meine Mutter und 2011 meinen Vater. Dadurch konnte ich am eigenen Leib erfahren, dass gerade Trauerfälle normalerweise gesprächige Menschen völlig sprachlos oder hilflos machen. Viele haben mir erzählt, dass sie überhaupt keine Ahnung hatten, was sie zu mir sagen sollten, was sie tun sollten oder wie sie mir hätten helfen können.

Daher mein Tipp: In einer solchen Kommunikationssituation ist es am allerwichtigsten, dass Sie auf die andere Person eingehen. Was Sie genau sagen oder tun, ist nicht so wichtig, denn alles ist besser, als sprachlos oder untätig zu verharren. Verschwinden Sie vor allem nicht einfach. Denn manche Menschen, die mit einer tragischen Situation konfrontiert werden, sind damit derart überfordert, dass sie überhaupt nichts sagen – entweder sie ignorieren die Situation einfach oder aber sie ziehen sich völlig aus der Freundschaft zurück und gehen auf Abstand.

Doch mit der Zeit wird die Situation für diese Menschen immer unerträglicher, weil sie sich dafür schämen, dass sie sich zurückgezogen haben, und mit einem Mal sind sie dann ganz verschwunden. Dieses Verhalten ist zwar durchaus nachvollziehbar, aber letztlich ist damit niemand geholfen. Denken Sie stets daran, dass Sie bestrebt sein sollten, Ihre Beziehungen weiter zu vertiefen, indem Sie Verständnis zeigen, wenn jemand in Ihrem Umfeld eine schwierige Zeit durchmacht, und Rücksicht auf seine Gefühle nehmen – ganz gleich, welche das sein mögen.

Seien Sie einfach nur da

Es wird Sie vielleicht überraschen, wenn ich Ihnen jetzt sage, dass es im Grunde gar nicht so schwer ist, Verständnis für den Schmerz des anderen zu zeigen: Seien Sie einfach nur da. Sie müssen keine Ratschläge geben und auch nicht überlegen, was Sie Geistreiches sagen könnten, um den anderen zum Lächeln zu bringen. Sie müssen nicht über Gefühle sprechen.

Es erwartet auch niemand von Ihnen, dass Sie Antworten auf alle Fragen parat haben. Denn mitunter reicht es schon aus, dass Sie einfach nur da sind und zuhören – mehr brauchen Sie nicht zu tun.

Manchmal ist es auch so, dass die andere Person überhaupt nicht reden möchte. Das ist vollkommen in Ordnung. Laden Sie sie doch irgendwo nett zum Mittag- oder zum Abendessen ein oder zu sich nach Hause. Setzen Sie sich hin und schweigen Sie miteinander. Rufen Sie sie alle zwei Wochen an und hinterlassen Sie ihr eine Nachricht, damit sie weiß, dass Sie an sie denken. Selbst wenn die andere Person niemals zurückruft, so weiß sie dennoch, dass sie Ihnen wichtig ist. Lassen Sie sie auf ihre Art trauern. Seien Sie für sie da. Ziehen Sie sich nicht zurück. Lassen Sie sie nicht allein.

Hören Sie aufmerksam zu und gehen Sie gezielt auf die Person ein

Wenn die Zeit für ein Gespräch gekommen ist, gehen Sie ganz gezielt auf die Worte und Gefühle ein, die die Person äußert. Jeder Mensch geht mit dem Verlust eines Familienmitglieds, mit einer schweren Krankheit oder mit einer Scheidung anders um. Es kann auch gut möglich sein, dass die betreffende Person den Schmerz und die Trauer von einem Tag auf den anderen ganz unterschiedlich empfindet; manchmal sogar von einem Augenblick auf den nächsten. Daher sollten Sie aufmerksam zuhören und darauf eingehen, was dieser Mensch im jeweiligen Augenblick empfindet.

Natürlich gibt es keine allgemeingültige Vorgehensweise, wie man mit einem Menschen spricht, der gerade einen Trauerprozess durchlebt. Und damit wir uns richtig verstehen, in jeder der oben genannten Situationen wird ein Verlust betrauert, der das Leben der betroffenen Person nachhaltig verändert – sei es der Verlust eines geliebten Menschen, der Verlust bestimmter Fähigkeiten aufgrund einer Krankheit oder der Verlust des Ehepartners bei einer Scheidung. Jede dieser Verlustsituationen kann die betroffene Person komplett aus der Bahn werfen.

Bringen Sie Ihr Mitgefühl über den Verlust zum Ausdruck

Für jeden Menschen, der einen schmerzlichen Verlust erleidet, ist es enorm wichtig, dass seine Mitmenschen verstehen, wie schwer ihn dieser Verlust trifft. Sie könnten zum Beispiel einfach sagen: „Es tut mir so leid, dass Sie ... durchmachen müssen – das ist einfach schrecklich. Wie geht es Ihnen denn?" Falls es Ihnen schwerfällt, im direkten persönlichen Kontakt die richtigen Worte zu finden, dann schicken Sie doch eine handgeschriebene Karte oder ein Buch, um einem anderen Menschen in seiner Trauer beizustehen, oder vielleicht auch einfach nur eine Fotokopie von Ihrem Lieblingszitat. Es ist immer eine gute Idee, einen Brief, eine Karte oder ein Buch zu schicken, zumal Sie damit in einer Weise Trost spenden, wie Sie dies persönlich mit Ihren eigenen Worten möglicherweise gar nicht zum Ausdruck bringen können. Außerdem sind Ihre tröstenden Worte so jederzeit, auch wenn Sie nicht da sind, griffbereit – und das möglicherweise für viele Jahre.

Aber lassen Sie es nicht bei einem einzelnen Zeichen Ihres Mitgefühls bewenden. Sie sollten der trauernden Person im Laufe der Zeit durchaus öfter etwas zuschicken, damit sie auch wirklich spürt, dass Sie genau wissen, wie schwer dieser Verlust sie getroffen hat, dass Sie sie nicht vergessen haben und dass sie Ihnen am Herzen liegt.

Bieten Sie ehrlich gemeinte Unterstützung an

Es ist in Ordnung, wenn Sie ganz allgemein Ihre Hilfsbereitschaft zum Ausdruck bringen. „Sagen Sie mir bitte, ob ich Ihnen irgendwie unter die Arme greifen kann." Oder: „Es tut mir leid, dass Sie diese schwere Zeit durchmachen müssen. Sagen Sie mir einfach, wie ich Ihnen helfen kann."

Doch es ist vielleicht eine noch viel bessere Idee, wenn Sie ganz gezielt Hilfe anbieten. Wenn Sie mit der betreffenden Person befreundet sind, könnten Sie zum Beispiel sagen: „Wenn es dir recht ist, kann ich dir ein paar Fertiggerichte vorbeibringen oder ein paar Besorgungen für dich erledigen." Ein Arbeitskollege könnte eventuell fragen, ob er etwas für die

DOCH VORSICHT

Im Fall einer Scheidung sollten Sie sich unbedingt davor hüten, negative Geschichten über den Ehepartner zu erzählen. Denn jetzt ist nicht der richtige Zeitpunkt, Ihrer Freundin/Ihrem Freund mitzuteilen, dass Sie ihren Partner/seine Partnerin ohnehin nie besonders gut haben leiden können.

Mittagspause mitbringen kann. Drängen Sie sich nicht auf; versuchen Sie einfach nur behilflich zu sein, so gut Sie können.

Wenn Sie nach Worten ringen, sagen Sie doch einfach „Ich weiß nicht recht, was ich sagen soll" oder „Ich habe keine Vorstellung davon, was Sie gerade durchmachen müssen" oder „Es muss schrecklich für Sie sein". Übrigens ist es keine gute Idee zu sagen, dass Sie wüssten, was der andere Mensch gerade durchmacht (selbst wenn Sie etwas Ähnliches erlebt haben). Jede Situation ist anders und jeder Mensch trauert anders. Denn wenn Sie Ihre Trauer mit seiner Trauer vergleichen, sorgen Sie möglicherweise dafür, dass er sich noch einsamer und verlassener fühlt.

Erzählen Sie von lieb gewordenen Erinnerungen

Wenn erst einmal ein Monat oder zwei nach diesem Schicksalsschlag vergangen sind, scheuen viele Menschen davor zurück, dieses Thema „anzuschneiden". Sie haben Angst davor, die Wunden wieder aufzureißen und dadurch alles noch schlimmer zu machen. In Wirklichkeit ist es aber so, dass derart tragische und einschneidende Ereignisse ohnehin in unseren Gedanken präsent sind. Daher sollten Sie keine Angst davor haben, den Verlust anzusprechen und die Person zu fragen, wie es ihr inzwischen geht.

So sollten Sie nach einem Todesfall trotz allem den Mut aufbringen und von Ihren lieb gewordenen Erinnerungen erzählen. Ich habe zum Beispiel sehr viele Dinge über meine Angehörigen erfahren, die ich sonst niemals erfahren hätte: Dinge, die mich mit Stolz erfüllt haben, die mich zum Lachen gebracht haben und die mir dabei geholfen haben, mich noch enger mit ihnen verbunden zu fühlen, auch wenn sie nicht mehr bei mir waren. Diese Erinnerungen sind ein kostbares Geschenk.

Wenn also jemand in Ihrem Umfeld einen schweren Verlust verkraften muss, ist es in erster Linie wichtig, dass Sie ihm zuhören. Hören Sie aufmerksam zu, damit Sie direkt auf die Gedanken, Gefühle und Empfindungen eingehen können, die Ihr Gesprächspartner Ihnen anvertraut. Zeigen Sie immer Verständnis und Mitgefühl für seinen Verlust, bieten Sie ehrlich gemeinte Unterstützung an und haben Sie keine Angst davor, von lieb gewordenen Erinnerungen zu erzählen.

Genau genommen tut es nicht nur in Zeiten der Trauer gut, in lieb gewordenen Erinnerungen zu schwelgen, sondern auch in Zeiten der Freude. Doch interessanterweise sind wir auch bei freudigen Anlässen meistens um die richtigen Worte verlegen.

... wenn ich einen Trinkspruch ausbringen muss?

Wenn es darum geht, einen Trinkspruch auszubringen, tun sich manche Menschen ziemlich schwer.

Bevor Sie überhaupt anfangen können, einen Entwurf für einen Trinkspruch zu schreiben, müssen Sie zuerst fleißig Ideen sammeln, damit Sie genügend Material zur Auswahl haben. Notieren Sie sich ein paar positive Eigenschaften, die Sie an der betreffenden Person besonders schätzen. Außerdem sollten Sie unbedingt ein paar Anekdoten beisteuern können, die diese positiven Charaktereigenschaften beispielhaft unterstreichen. Am Schluss schreiben Sie alle gemeinsamen Erinnerungen auf, die zu Herzen gehen oder lustig sind. Sobald Sie eine kleine Ideenauswahl zusammengetragen haben, picken Sie sich die besten Ideen heraus und entwerfen auf dieser Grundlage Ihren Trinkspruch. Beginnen Sie immer damit, dass Sie sich selbst kurz vorstellen und erklären, in welcher Beziehung Sie zu der betreffenden Person stehen. Im Anschluss erzählen Sie eine kleine Anekdote oder eine gemeinsame Erinnerung. Falls Sie weder über das eine noch über das andere verfügen, gehen Sie direkt dazu über, zwei oder drei Charaktereigenschaften zu beschreiben, die Sie an der Person bewundern. Dazu sollten Sie unbedingt eine kleine Geschichte parat haben, die jede dieser Charaktereigenschaften anschaulich belegt. Danach kommen Sie zur Sache, indem Sie Ihren Trinkspruch mit einem Wunsch oder Glückwunsch beenden.

Ist es sinnvoll, Notizen zu verwenden?

Natürlich ist es immer eine gute Idee, seinen Trinkspruch vorher einzustudieren. Falls Sie jedoch Angst haben, Sie könnten vielleicht vergessen, was Sie sagen wollten, ist es durchaus in Ordnung, wenn Sie ein paar Karteikärtchen als Gedächtnisstütze dabeihaben. Wenn Sie dann trotzdem noch ein wenig aufgeregt sind, denken Sie daran, dass Sie unbedingt nüchtern sein sollten, wenn Sie Ihren Trinkspruch ausbringen.

Bevor Sie das tun, vergewissern Sie sich, dass jeder ein volles Glas hat. Klopfen Sie nicht mit einem Besteckteil an Ihr Glas, um die Aufmerksamkeit auf sich zu lenken; erheben Sie stattdessen einfach Ihr Glas und sagen, dass es an der Zeit ist, einen Trinkspruch auszubringen. Sobald Sie die ersten Worte gesagt haben, können Sie Ihr Glas wieder auf den Tisch stellen.

So bringen Sie Ihren Trinkspruch aus

Es ist wichtig, dass Sie in diesem Augenblick selbstbewusst auftreten und handeln – auch wenn Sie noch so aufgeregt sind. Nehmen Sie eine aufrechte Körperhaltung ein und sprechen Sie mit fester Stimme. Schauen Sie der Person, der zu Ehren Sie diesen Trinkspruch ausbringen, zu Beginn Ihrer Rede direkt in die Augen. Natürlich müssen Sie auch mit jedem der anderen Gäste kurz Augenkontakt herstellen, insbesondere dann, wenn Sie erklären, wer Sie sind. Doch sobald Sie Ihre Anekdoten

DOCH VORSICHT

Die Erinnerungen sollten lustig sein, keinesfalls jedoch peinlich. Sie wollen ja auf jemandes Wohl trinken und ihn nicht durch den Kakao ziehen. Jetzt ist nicht der richtige Zeitpunkt, um peinliche oder verletzende Erinnerungen auszugraben. Denn damit würden Sie todsicher einen schönen Augenblick ruinieren.

zum Besten geben, müssen Sie wieder Blickkontakt zur Hauptperson herstellen. Während Sie Ihren Trinkspruch aufsagen, dürfen Sie zwar hin und wieder kurz in die Runde schauen, doch die meiste Zeit über sollten Sie Blickkontakt mit der Hauptperson halten.

Ihr Trinkspruch sollte höflich, persönlich, leicht verständlich und aufrichtig sein

Achten Sie darauf, Ihren Trinkspruch kurz zu halten, maximal drei bis vier Minuten, insbesondere dann, wenn andere ebenfalls noch einen Trinkspruch ausbringen wollen. Denn wenn Sie länger als ein paar Minuten reden, verlagert sich das Hauptaugenmerk des Trinkspruchs auf Sie. Wichtig ist außerdem, Ihren Trinkspruch immer so zu gestalten, dass er höflich, persönlich, leicht verständlich und aufrichtig klingt.

Seien Sie einfach Sie selbst. Oder wollen Sie miterleben, wie ein Raum voller Menschen wie auf Kommando zusammenzuckt? Dann müssen Sie nur versuchen, jemand zu sein, der Sie nicht sind. Sind Sie ein lustiger Mensch? Dann fällt es Ihnen auch leicht, einen lustigen Trinkspruch auszubringen, und die Person, die Sie hochleben lassen wollen, wird sich darüber freuen. Wenn Sie aber von Natur aus nicht ganz so lustig veranlagt sind und krampfhaft versuchen, etwas Lustiges zu sagen ... einfach grauenhaft! Können Sie gut dichten? Wunderbar. Dann dichten Sie doch einen originellen Trinkspruch und die gefeierte Person wird gerührt sein. Falls nicht, sollten Sie besser nicht versuchen, auf den Spuren eines Henry David Thoreau zu wandeln, und lieber auf das Ausbringen eines holprigen „Reim dich oder ich fress dich"-Trinkspruchs verzichten.

Wenn Sie einen Trinkspruch wählen, bei dem Sie schon vorher das Gefühl haben, dass Sie sich regelrecht verbiegen müssen, dann ist das vermutlich auch so. Wenn Sie sich hingegen für einen Trinkspruch entscheiden, der aus tiefstem Herzen kommt, werden Sie alle damit begeistern. Bringen Sie auf jeden Fall Taschentücher mit. Denn es könnte sein, dass Sie welche brauchen, wenn Sie Ihre Sache gut machen und eine herzerwärmende Geschichte zum Besten geben.

So beenden Sie Ihren Trinkspruch

Sobald Sie Ihren Trinkspruch zu Ende aufgesagt haben, sollten Sie noch einmal Ihr Glas erheben und mit einem Kopfnicken zuerst dem Publikum zuprosten und anschließend der Hauptperson. Es ist nicht immer angebracht, mit den Gläsern anzustoßen. Wenn zum Beispiel in einer größeren Gesellschaft die Tische sehr weit auseinanderstehen oder die Gäste weit auseinandersitzen, ist es durchaus angemessen, wenn Sie nur Ihr Glas erheben und zu allen Gästen Blickkontakt herstellen.

Sobald Sie also der Hauptperson, auf deren Wohl Sie trinken, zugenickt haben, nehmen Sie einen Schluck aus Ihrem Glas.

Ich sage es noch einmal: In diesem Augenblick geht es einzig und allein darum, jemanden zu ehren (nicht darum, jemanden zu blamieren). Geben

 DOCH VORSICHT

Die Hauptperson sollte nicht trinken. Denn das wäre so, als würde Sie sich selbst Beifall klatschen.

Sie lustige, herzerwärmende Geschichten zum Besten, die auf besondere Weise die Charaktereigenschaften unterstreichen, die Sie an der Hauptperson schätzen. Das Wichtigste, worauf Sie achten sollten: Seien Sie ganz Sie selbst. Sprechen Sie selbstbewusst und ohne Schnörkel, denn schließlich hat man Sie aus gutem Grund darum gebeten, einen Trinkspruch auf die betreffende Person auszubringen.

... wenn ich an einer Betriebsfeier teilnehmen muss?

Wenn Sie so gestrickt sind wie ich, kommen Sie leicht in Versuchung, Ihre Teilnahme an einer Betriebsfeier abzusagen.

Machen Sie das bloß nicht.

Denn wenn Sie Betriebsfeiern verpassen, ist das ungefähr so, als würden Sie wichtige Teambesprechungen verpassen. Ich weiß, ich weiß, Sie werden zwar für Ihre Teilnahme nicht bezahlt, aber sie kann sich trotzdem für Sie auszahlen.

Schließlich kann die Teilnahme an einer Betriebsfeier für Sie von großem Vorteil sein, vorausgesetzt, Sie wissen dieses Event clever zu nutzen. Auf Betriebsfeiern bietet sich Ihnen nämlich die Chance, mit Menschen ins Gespräch zu kommen, zu denen Sie normalerweise keinen Kontakt haben. Auf diese Weise können Sie ein paar wichtige Kontakte knüpfen und sich als Teamplayer präsentieren. Außerdem sind Betriebsfeiern eine gute Gelegenheit, um Ihre kommunikative Kompetenz zu trainieren und zu perfektionieren, indem Sie fleißig neue Kontakte knüpfen.

Das vielleicht Wichtigste, worauf Sie unbedingt achten sollten: Denken Sie stets daran, dass diese Veranstaltung eine *Betriebs*feier ist und keine Betriebs*feier*. Auch wenn es sich – schon klar – um ein fröhlich-geselliges Beisammensein handelt, kann ich Ihnen dennoch nur wärmstens empfehlen, einen klaren Kopf zu behalten und sich nicht kopflos

REINSCHAUEN LOHNT SICH

Gehen Sie doch auf www.smarttalksuccess.com/extras und staunen Sie, welche echten Horrorstorys sich schon auf so mancher Betriebsweihnachtsfeier abgespielt haben.

der Feierlaune zu ergeben, denn das könnte Ihre Karrierechancen erheblich beeinträchtigen. In einer vom Personaldienstleistungsunternehmen Adecco 2010 durchgeführten Umfrage[1] gaben 14 Prozent der befragten Arbeitnehmer an, dass sie jemand kennen, dem im Anschluss an eine Betriebsweihnachtsfeier aufgrund von schlechtem Benehmen gekündigt wurde; 40 Prozent erklärten, dass sie schon einmal eine grobe Taktlosigkeit auf einer Betriebsweihnachtsfeier mitbekommen beziehungsweise selbst erlebt haben. Folglich sollten Sie auf jeder Betriebsfeier ganz gezielt Ihr Augenmerk darauf richten, Ihr internes Netzwerk weiter auszubauen und bestehende berufliche Beziehungen weiter zu vertiefen, indem Sie Ihren Alkoholkonsum bewusst einschränken, damit Sie nicht aus der Rolle fallen, denn zu viel Alkohol wirkt sich in aller Regel negativ auf das Denkvermögen aus.

Legen Sie Ihre Networking-Ziele fest

Betriebsfeiern sind ja nicht nur dazu da, um sich angeregt mit seinen Lieblingskollegen zu unterhalten, sondern sie bieten außerdem die einmalige Gelegenheit, Mitarbeiter aus anderen Abteilungen kennenzulernen, mit denen man sonst nur sporadisch Kontakt hat. Selbst wenn man in der Kreativabteilung arbeitet, kann es im Prinzip nicht schaden, wenn man einen guten Draht zum Rechnungswesen oder zur technischen Abteilung hat!

Allerdings sollten Sie im Vorfeld der Veranstaltung Ihre Ziele genau definieren. Das könnte zum Beispiel so aussehen: „Ich würde gern meine

Beziehung zu George und Sally aus dem Rechnungswesen weiter ausbauen" oder „Ich würde gern acht neue Kollegen kennenlernen" oder „Ich würde gern ein paar Leute aus der Grafikabteilung näher kennenlernen".

Zeigen Sie aufrichtiges Interesse

Sie können mit jemandem, den Sie nicht so gut kennen, ganz einfach ins Gespräch kommen, indem Sie ihn bitten, Ihnen ausführlicher zu erzählen, was er beruflich im Unternehmen oder privat in seiner Freizeit so macht. Achten Sie darauf, dass Sie immer einen Teil Ihrer Zeit mit einer Handvoll Personen verbringen, die Sie noch nicht kennen. Auf diese Weise nehmen Sie von jeder Feier immer ein schönes Geschenk mit – ein paar neue Kontakte!

Bei Personen, die Sie bereits kennen, bietet sich als Gesprächsaufhänger in aller Regel die Frage „Wie läuft eigentlich Ihr neuestes Projekt?" an. Aber Sie können natürlich den geselligen Rahmen der Betriebsfeier auch dazu nutzen, um über ein völlig anderes Thema zu plaudern. Da auf jeder Feier normalerweise auch für das leibliche Wohl gesorgt ist, können Sie über das Thema Essen ganz leicht miteinander ins Gespräch kommen, indem Sie Fragen stellen wie etwa „Wie finden Sie eigentlich diese Crab Cakes?" oder „Kochen Sie oft selbst?" oder „Welches sind denn Ihre Lieblingsgerichte?".

Sie können einer Person aber auch ein *ernst gemeintes* Kompliment machen – das ist eine weitere Möglichkeit, um miteinander ins Gespräch zu kommen. Beziehen Sie sich auf eine bestimmte Situation, in der diese Person etwas gemacht hat, was Sie hilfreich fanden. Zum Beispiel: „Charlie, ich finde Ihren Sinn für Humor einfach köstlich. Sie lockern mit Ihrer Art immer die Stimmung auf, wenn wir extrem unter Hochspannung stehen. Dafür möchte ich Ihnen gern einmal danken."

Achten Sie einfach darauf, immer positive Aussagen zu machen. Sagen Sie zum Beispiel nicht öffentlich, dass Sie das Essen in Wirklichkeit fade finden oder das Lokal wenig attraktiv. Es ist außerdem definitiv

DOCH VORSICHT

Es ist wichtig, dass Sie Ihr Kompliment auch wirklich ernst meinen, ansonsten wirken Sie herablassend – und diesen Eindruck wollen Sie doch sicher nicht erwecken.

der falsche Zeitpunkt für Klatsch und Tratsch und erst recht der falsche Zeitpunkt, um über Kollegen herzuziehen, die aus dem Unternehmen ausgeschieden sind. Beim geselligen Beisammensein im Kollegenkreis geht es vielmehr darum, über eher belanglose Themen miteinander in Kontakt zu kommen, um danach das Gespräch ganz automatisch auf andere Themen auszudehnen. Lassen Sie sich dabei von Ihrer Neugier und Ihrem aufrichtigen Interesse leiten, um das Gespräch in eine positive Richtung zu lenken.

Außerdem sollten Sie es auf einer Betriebsfeier um keinen Preis versäumen, mit Ihrem/Ihrer Vorgesetzten und auch mit einem Mitglied der Geschäftsleitung zu sprechen, und sei es nur, um sich zu verabschieden und sich für den schönen Abend zu bedanken.

Kontaktpflege betreiben

Auf einer Betriebsfeier knüpfen Sie ja nur den ersten Kontakt für den Aufbau neuer Beziehungen. Sie müssen diese Kontakte schon pflegen, damit sich daraus eine Beziehung entwickeln kann.

Doch bei vielen Menschen herrscht nach der ersten Kontaktaufnahme meist Funkstille, weil sie schlichtweg nicht wissen, was sie tun müssen, um ihre neuen Kontakte zu pflegen. Denn oft sind sie der Meinung, sie müssten bei der nächsten Kontaktaufnahme etwas besonders Interessantes zu erzählen haben, doch in Wirklichkeit ist nur eines wichtig:

Sie müssen diese Kontakte aufrechterhalten, indem sie kontinuierlich und konsequent die Interaktion suchen. Sie können zum Beispiel eine einfache Grußkarte schicken, auf der steht: „Ich habe mich sehr gefreut, dass ich Sie näher kennenlernen durfte. Besonders gefallen hat mir, was Sie mir über XYZ erzählt haben."

Mithilfe dieser Tipps können Sie jede unliebsame Betriebsfeier in eine effektive berufliche Kontaktbörse verwandeln. Legen Sie dazu vor diesem Event Ihre Networking-Ziele fest, zeigen Sie aufrichtiges Interesse und betreiben Sie danach intensiv Kontaktpflege.

... wenn ich jemanden vorstellen muss?

Niemand findet es toll, wenn man ihn mitten in einem Gespräch plötzlich in der Luft hängen lässt – „Social Limbo" nenne ich das. Dabei geht es um folgende Situation: Sie befinden sich im Gespräch mit einer Kollegin oder Freundin und auf einmal kommt eine andere Person hinzu und verwickelt Ihre Freundin in eine angeregte Unterhaltung. Da Sie nicht die leiseste Ahnung haben, wer diese Person ist oder in welcher Beziehung Sie zu Ihrer Freundin steht, können Sie nichts weiter tun, als wortlos danebenzustehen und betreten zu schweigen. Natürlich könnten Sie das Problem lösen, indem Sie sich selbst vorstellen, allerdings hätte die Situation sehr viel angenehmer verlaufen können, wenn Ihre Freundin Ihnen korrekterweise zuerst die fremde Person vorgestellt und Sie miteinander bekannt gemacht hätte.

Die wichtigsten Etikette-Regeln, wie Sie andere korrekt vorstellen und miteinander bekannt machen

Im täglichen Miteinander gebietet es die Höflichkeit, dass man fremde Personen einander vorstellt. Vor allem im beruflichen Umfeld geht es darum, dass man seinen Gesprächspartnern nicht nur seine Wertschätzung zeigt, sondern auch eine Gesprächsatmosphäre schafft, in der sich alle wohlfühlen. Für das Vorstellen im privaten Rahmen gilt: Sie stellen immer den Herrn der Dame vor, den Jüngeren dem Älteren und Haushaltsmitglieder den Gästen.

Beim Vorstellen im beruflichen Rahmen ist die Unternehmenshierarchie maßgebend. Das heißt, Sie stellen immer die jeweils rangniedere Person der ranghöheren oder gleichrangigen Person vor; die Person, die Sie nicht so gut kennen, der Person, die Sie besser kennen.

Die korrekte Reihenfolge beim Vorstellen – eine Anleitung in vier Schritten

1. Nennen Sie zuerst *den Namen der ranghöheren Person*, der Sie eine fremde Person vorstellen wollen, und sagen Sie so etwas wie „George, ich möchte Ihnen gern Herrn/Frau ... vorstellen" oder „... ich möchte gern, dass Sie Herrn/Frau ... kennenlernen" oder „Darf ich vorstellen, das ist Herr/Frau ...". (Falls Sie den Namen der ranghöheren Person nicht kennen oder vergessen haben, können Sie auch so etwas wie „Haben Sie schon meine neue Kollegin ... kennengelernt?" sagen.)

2. Danach nennen Sie *den Namen der rangniederen Person*, die Sie vorstellen wollen. „Herr Smith, haben Sie schon Jeff Walker kennengelernt?" (Übrigens: Merken Sie sich als einfache Faustregel, dass Sie jemanden mit Namen so vorstellen, wie Sie diese Person auch sonst ansprechen.)

3. In einer beruflichen Situation sollten Sie außerdem kurz die Funktion oder Position der vorgestellten Person angeben. „Herr Smith, haben Sie schon meinen Klienten Jeff Walker kennengelernt? Er ist der Unternehmenschef von Advanta."

4. Letztendlich ist es auch eine schöne Geste, wenn Sie noch kurz ein Thema nennen können, das für beide Seiten von Interesse ist. Allerdings sollten Sie dabei nicht ins Detail gehen. Ihre Aufgabe ist nur, dafür zu sorgen, dass die beiden Personen schnell einen Draht zueinander finden, um ein interessantes Gespräch in Gang zu bringen.

Ein paar konkrete Beispiele

- So stellen Sie eine jüngere Person einer älteren vor:
- „Oma Vincenza, ich möchte gern, dass du Linda und Larissa kennenlernst; sie gehen beide in Danielas Klasse."
- So stellen Sie einen angehenden Nachwuchsmanager einem Mitglied der Geschäftsleitung vor:
- „Herr Kaplin, ich würde Ihnen gern Lou Crocetto vorstellen, er ist der neue Praktikant."
- So stellen Sie einem Kunden einen Mitarbeiter vor:
- „Frau Marshall, ich möchte Ihnen gern die Mitarbeiterinnen unseres Prozessteams Vertrieb vorstellen: Sue Charles, Jessie Rios und Zoe Ogilvie. Sie alle haben letzte Woche an der Telefonkonferenz teilgenommen, in der es um unser bevorstehendes Seminar ging."
- So stellen Sie einem Gast den Gastgeber vor:
- „Lee, ich glaube, Sie haben meine Schwester Debbie noch nicht kennengelernt. Debbie lebt in Washington, D. C., schaut aber sehr oft hier vorbei. Lee hat gerade die Leitung für unseren Bereich *Operations* übernommen."
- So stellen Sie einer gleichrangigen Person eines fremden Unternehmens eine gleichrangige Person des eigenen Unternehmens vor:
- „Armando, ich möchte Sie gern mit Hilmer Rivera bekannt machen, unserem Bereichsleiter Vertrieb. Hilmer, Armando Velasquez ist Leiter des Bereichs Logistik bei TA Instruments."

So machen Sie jemanden mit einem Experten bekannt

Wenn Sie jemanden mit einem Experten bekannt machen, der seine Dienste gegen Honorar anbietet, verfolgen Sie mit dieser Art des Bekanntmachens eine ganz andere Absicht. Selbstverständlich ist noch immer eine Geste der Wertschätzung damit verbunden, doch in allererster Linie geht es Ihnen darum, speziell die Glaubwürdigkeit und Sympathie dieses Experten hervorzuheben, um damit der Person, die Sie mit dem Experten bekannt machen, das Gefühl zu vermitteln, dass sie in guten Händen ist. Dr. Ken Flowe – er arbeitet als Arzt in der Notaufnahme – hat im nachfolgenden Beispiel anschaulich dargelegt, wie er einem Patienten vermittelt, dass er stationär aufgenommen werden muss:

„Ich habe gerade mit Dr. Park gesprochen und auch er ist der Meinung, dass eine stationäre Aufnahme in Ihrem Fall unumgänglich ist. Er wird Sie gern auf seiner Station aufnehmen. Wir beide haben schon oft zusammengearbeitet und viele Patienten behandelt, die die gleiche Erkrankung hatten wie Sie. Er ist wirklich tüchtig, sehr einfühlsam und macht einen hervorragenden Job. Sie werden ihn bestimmt mögen."

Als Nächstes möchte ich auf die letzte Kommunikationssituation eingehen, in der ich häufig um Rat gefragt werde – es geht um die Formulierung von Dankesbriefen.

... wenn ich einen Dankesbrief schreiben muss?

Wenn Sie jemandem einen Dankesbrief schreiben, tun Sie das natürlich in erster Linie, um damit Ihre Dankbarkeit zum Ausdruck zu bringen. Anerkennung und Dankbarkeit spielen in jeder Art von Beziehung eine wichtige Rolle. Mit einem aufrichtigen Dankeschön, das aus tiefstem Herzen kommt, können Sie nicht nur Ihre beruflichen Beziehungen vertiefen, sondern auch Ihre privaten. Außerdem gehört es einfach zum guten Ton, dass Sie zu würdigen wissen und sich in gebührender Weise dafür bedanken, wenn Ihnen jemand ein Geschenk macht, seine Hilfe anbietet oder seine Zeit opfert.

Die wichtigsten Regeln für das Verfassen eines Dankesbriefes
Wann ist es angebracht, einen Dankesbrief zu schreiben? Ausführliche Informationen, wie Sie höflich, stilvoll und korrekt Danke sagen, erhalten Sie vom *Modern Manners Guy*, dem Knigge-Experten für moderne Umgangsformen, auf der „*Quick and Dirty Tips*"-Website (http://manners.quickanddirtytips.com/). Vom Standpunkt einer Kommunikationsexpertin

aus plädiere ich allerdings dafür, dass Sie immer einen handgeschriebenen Dankesgruß schicken, wenn Ihnen jemand seine Zeit oder Gastfreundschaft geschenkt hat.

Wichtig ist letztlich, dass Sie Ihren Dankesbrief unverzüglich abschicken. Normalerweise sollten Sie ihn also innerhalb einer Woche nach Erhalt des Geschenkes oder spätestens eine Woche nach dem Event, auf dem Sie zu Gast waren, auf den Weg bringen; keinesfalls jedoch sollten Sie länger als zwei Monate damit warten. Manche Menschen, so glaube ich, schieben diese Angelegenheit nur deshalb auf die lange Bank, weil sie so viele Briefe schreiben müssen, dass sie schlichtweg damit überfordert sind und gar nicht wissen, wo sie anfangen sollen. Andere dagegen zögern es hinaus, weil sie unsicher sind, was sie denn genau schreiben sollen.

Falls Sie viele Dankesbriefe verschicken müssen, empfehle ich Ihnen, diese nicht alle auf einmal zu schreiben, sondern stattdessen in Etappen. Denn so können Sie ein gut überschaubares Pensum bewältigen und fühlen sich von dieser Aufgabe nicht gleich überfordert. Richten Sie sich doch ein gemütliches Eckchen ein, wo Sie dunkelblaue Stifte, Blankokarten, Postkarten und Briefmarken deponieren. Bei diesem Anblick werden Sie jedes Mal sofort daran erinnert, dass Sie noch einige Dankesbriefe zu schreiben haben und außerdem liegt alles Nötige parat – Ausreden zwecklos.

DOCH VORSICHT

Wenn möglich, sollten Sie eine handgeschriebene Karte schicken, keine E-Mail. Auch wenn Sie keine schöne Handschrift haben (so wie ich), sollten Sie dennoch versuchen, zu Stift und Papier zu greifen. Denn die Zeit, die Sie brauchen, um Ihr Dankeschön zu Papier zu bringen, ist ein Zeichen Ihrer Wertschätzung.

Nachfolgend werde ich in fünf Schritten erläutern, wie Sie einen Dankesbrief aufsetzen. Am besten, Sie haben stets eine Kopie dieser Anleitung griffbereit, denn so sind Sie jederzeit motiviert und gut gerüstet, damit Sie auch ja keine Gelegenheit verpassen, jemandem Ihre Wertschätzung zu zeigen.

So schreiben Sie einen Dankesbrief in fünf Schritten

Schritt Nr. 1: Grüßen Sie den Schenkenden

Der erste Schritt ist der leichteste. Wählen Sie eine Grußformel und begrüßen Sie die Person mit Namen: „Guten Tag Marty", „Hi Susan", „Hallo Herr Velasquez", „Hey Sis".

**Schritt Nr. 2: Bedanken Sie sich bei der Person
ganz allgemein für die freundliche Geste**

Der zweite Schritt liegt im Prinzip auf der Hand: Bedanken Sie sich für das Geschenk. Vielleicht hat diese Person Ihnen einen nützlichen Rat gegeben, vielleicht ein Geldgeschenk oder vielleicht hat sie Zeit mit Ihnen verbracht (zum Beispiel bei einem Vorstellungsgespräch). Sie sollten explizit zum Ausdruck bringen, was Sie im Einzelnen geschätzt haben. Dieser Teil des Briefes ist sehr allgemein gehalten. Dazu einige Beispiele:

Guten Tag Marty,

   vielen Dank, dass Sie mir am Dienstag die Gelegenheit gegeben haben, mich persönlich bei Ihnen vorzustellen.

Hi Susan,

   ich kann Dir gar nicht sagen, wie sehr ich mich über die mit Schokolade überzogenen Erdbeeren gefreut habe, die Du mir geschickt hast.

Hallo Herr Velasquez,

   herzlichen Dank für die Gehaltserhöhung.

Schritt Nr. 3: Erläutern Sie ganz genau, wofür Sie dankbar sind
Im dritten Schritt geht es um den persönlichsten Teil des Briefes und daher sollten Sie Ihre Dankesworte auch für jeden Dankesbrief individuell wählen. Sagen Sie der Person nun in zwei oder drei Sätzen ganz konkret, wofür Sie ihr dankbar sind. Erwähnen Sie zum Beispiel ein bestimmtes Detail, das Sie während des gemeinsamen Gesprächs erfahren haben, oder nennen Sie vielleicht ein paar ganz konkrete Gründe, warum Sie gern Danke sagen möchten. Das ist die Kernaussage Ihres Dankesbriefs; sie sollte nicht übersprungen werden.

[Dankesbrief Marty] *Die Tatsache, dass Sie und Joe sich ein Büro teilen, zeigt eindrucksvoll, wie eng Ihre Geschäftsbeziehung ist und wie intensiv Sie beide zusammenarbeiten. Außerdem haben mich Ihr ausgeprägter Unternehmergeist, Ihre offene und kommunikative Art und Ihre Professionalität sehr beeindruckt.*

[Dankesbrief Susan] *Die waren goldrichtig, um mich wieder aufzumuntern. Die Mädchen haben sich besonders darüber gefreut, dass sie mitnaschen durften.*

[Dankesbrief Herr Velasquez] *Dadurch haben Sie mir das Gefühl vermittelt, dass Sie meine Arbeit wirklich schätzen, und das bedeutet mir sehr viel.*

 DOCH VORSICHT

Falls Sie Dankesbriefe quasi auf Vorrat schreiben, überspringen Sie diesen äußerst wichtigen Schritt. Und wenn Sie das dargebotene Geschenk nicht in gebührender Weise würdigen, werden Sie mit Ihren Dankesworten den Empfänger auch nicht besonders beeindrucken.

Schritt Nr. 4: Sagen Sie, wie Sie das Geschenk nutzen werden

In diesem Schritt geht es darum, dass Sie angeben, wie Sie das Geschenk nutzen werden beziehungsweise es genutzt haben. Bei einem Geldgeschenk müssen Sie nicht detailliert erwähnen, was Sie sich davon kaufen werden. Es reicht, wenn Sie sagen: „Ihr/Dein großzügiges Geschenk wird uns eine große Hilfe sein, wenn wir uns ein neues Auto/Haus/Küchengerät anschaffen." Wenn Ihnen jemand seine Zeit geschenkt hat, sagen Sie einfach, was Sie an dieser gemeinsam verbrachten Zeit besonders geschätzt haben.

[Dankesbrief Marty] *Wie wir bereits erörtert haben, bin ich fest davon überzeugt, dass sich der Vertriebsprozess durch eine strategische Vertriebsplanung optimieren lässt. Ich bin sehr zuversichtlich, dass ich meine bisherige strategische Erfahrung wirksam einsetzen kann, um mit Ihrem Team konsequent kreative und effektive Lösungen zu erarbeiten, mit denen wir den Absatz ankurbeln können.*

[Dankesbrief Susan] *Wir haben die Erdbeeren so schnell verputzt, dass Tim absolut keine Chance hatte, überhaupt noch etwas davon abzubekommen. Denn als er von der Arbeit nach Hause kam, war die Schachtel schon ratzeputz leer.*

[Dankesbrief Herr Velasquez] *Das zusätzliche Geld können wir wirklich sehr gut gebrauchen, um unsere Haushaltskasse aufzubessern, zumal sich jetzt Nachwuchs angekündigt hat und unsere Familie größer wird.*

Schritt Nr. 5: Bekunden Sie Ihr Interesse an einer Fortführung der Beziehung und bedanken Sie sich ein weiteres Mal

Zum Schluss sollten Sie auf jeden Fall noch erwähnen, dass Sie die Beziehung zu dieser Person auch in Zukunft gern fortsetzen möchten.

Machen Sie sich aber keine Gedanken, falls Sie einander nicht ganz so häufig sehen.

[Dankesbrief Marty] *Ich hoffe, dass ich Sie von meiner Qualifikation überzeugen konnte und Sie meine Bewerbung entsprechend berücksichtigen. Ich würde sehr gern für Sie arbeiten. Nochmals herzlichen Dank für das angenehme Gespräch.*

[Dankesbrief Susan] *Ich rufe Dich demnächst an. Noch einmal ganz lieben Dank für die süße Leckerei.*

[Dankesbrief Herr Velasquez] *Ich arbeite sehr gern für Sie und freue mich schon jetzt auf weitere aufregende Herausforderungen. Nochmals ganz herzlichen Dank für die Gehaltserhöhung.*

Wenn Sie sich an diese fünf Schritte halten, dürfte es Ihnen nicht schwerfallen, einen wirkungsvollen Dankesbrief zu schreiben: Zuerst grüßen Sie den Adressaten und bringen ganz allgemein Ihre Dankbarkeit zum Ausdruck. Dann erläutern Sie ganz konkret, wofür Sie sich bedanken und wie Sie das Geschenk nutzen werden. Zum Schluss bekunden Sie Ihr Interesse, die Beziehung mit dieser Person weiter fortzuführen, und bedanken sich noch ein weiteres Mal.

ZUSAMMENFASSUNG:

So finden Sie in jeder Situation die richtigen Worte

Wenn jemand eine schwere Zeit durchmacht:
- Ignorieren Sie die Situation nicht, sondern zeigen Sie in irgendeiner Weise Verständnis für die Person.
- Seien Sie einfach nur da.
- Hören Sie aufmerksam zu und gehen Sie gezielt auf die Person ein.
- Bringen Sie Ihr Mitgefühl über den Verlust zum Ausdruck.
- Bieten Sie ehrlich gemeinte Unterstützung an.
- Erzählen Sie von lieb gewordenen Erinnerungen.

Wenn Sie einen Trinkspruch ausbringen müssen:
- Benutzen Sie Notizen, wenn Sie sich unsicher fühlen.
- Nehmen Sie eine selbstbewusste Körperhaltung ein und sprechen Sie mit fester Stimme.
- Seien Sie höflich, persönlich, leicht zu verstehen und aufrichtig.
- Erheben Sie am Ende Ihrer Rede das Glas.

Wenn Sie an einer Betriebsfeier teilnehmen müssen:
- Gehen Sie hin.
- Behalten Sie einen klaren Kopf und ergeben Sie sich nicht kopflos der Feierlaune.
- Legen Sie Ihre Networking-Ziele fest.
- Zeigen Sie aufrichtiges Interesse für Ihre Kollegen.
- Betreiben Sie Kontaktpflege nach der Feier.

Wenn Sie jemanden vorstellen müssen:

- Sorgen Sie dafür, dass sich alle wohlfühlen, und zeigen Sie Respekt.
- Beachten Sie beim Vorstellen im beruflichen Umfeld die korrekte Reihenfolge, indem Sie mit der ranghöheren Person beginnen.

Wenn Sie einen Dankesbrief schreiben müssen:

- Schicken Sie unverzüglich ein handgeschriebenes Dankeschön.
- Grüßen Sie den Schenkenden.
- Bedanken Sie sich bei ihm für seine freundliche Geste.
- Erklären Sie, wofür Sie sich bedanken.
- Sagen Sie, wie Sie das Geschenk nutzen werden.
- Bekunden Sie Ihr Interesse, die Beziehung auch in Zukunft weiter fortzuführen, und bedanken Sie sich zum Schluss ein weiteres Mal.

4.
IMMER SCHÖN AM BALL BLEIBEN

So betreiben Sie richtig Kontaktpflege für ein effektives Networking

*Wenn du einen Obstbaum
nicht richtig hegst und pflegst,
kannst du auch nicht erwarten,
dass er dir eine reiche Ernte beschert.*

– Martin Johnson

Vor ungefähr einem Jahr arbeitete George mit einer Reihe von Kunden zusammen. Eigentlich wollte er mit ihnen in Verbindung bleiben, schob die Kontaktaufnahme dann aber immer wieder auf, weil er der Meinung war, er hätte ohnehin nichts wirklich Interessantes zu berichten. Außerdem war George im sozialen Miteinander ziemlich unbeholfen und hatte daher Hemmungen, eine E-Mail zu schreiben oder gar ein persönliches Gespräch zu führen. Folglich nahm er nie wieder Kontakt mit seinen Kunden auf. Irgendwann fragte er sich dann, ob inzwischen nicht schon viel zu viel Zeit vergangen war, um sie noch zu kontaktieren.

Gary ist auf der Suche nach einem neuen Job. Er startet seine Networking-Aktivitäten, indem er seinen Lebenslauf ins Internet stellt, sein Profil in den jeweiligen sozialen Netzwerken aktualisiert und neue Kontakte hinzufügt. Außerdem beschließt er, einen Blog anzulegen. Da er weiß, dass die meisten Jobangebote über Networking-Kontakte zustande kommen, kann er überhaupt nicht verstehen, warum seine Networking-Aktivitäten nicht den gewünschten Erfolg bringen.

Sue nimmt an einer Konferenz teil, auf der sie ein paar interessante Leute kennenlernt. Sie ist fest entschlossen, mit ihnen in Verbindung zu bleiben, tauscht eifrig Visitenkarten aus und verspricht, dass sie sich meldet. Zwei Wochen später sieht Sue den Stapel Visitenkarten auf ihrem Schreibtisch liegen und fragt sich, wann sie wohl dazu kommt, ihr Versprechen einzulösen und sich zu melden. Drei Monate später liegt der Stapel Karten noch immer da. Sie nimmt eine Karte, dreht sie um und versucht mühsam, die Notizen zu entziffern, die sie auf die Rückseite gekritzelt hat, allerdings ohne Erfolg. Sue hat keine Ahnung, was sie jetzt bloß machen soll.

Vielleicht haben Sie ja schon einmal den Ausspruch „Gute Kontakte wollen gehegt und gepflegt sein" gehört. Das ist gerade heutzutage sehr wichtig, wo wir doch alle viel zu beschäftigt sind und unsere Aufmerksamkeitsspanne viel zu gering ist, als dass wir uns noch groß an irgendetwas erinnern könnten, was wir nur ein- oder zweimal gesehen haben. Ganz gleich, für wie genial Sie sich halten oder wie nützlich Ihre Dienste für jemanden sein

KURZ NACHGEFRAGT

Wie oft nutzen Sie eigentlich die Visitenkarten, die Sie sich geben lassen? Was hindert Sie daran, diese Kontakte konsequent zu pflegen?

könnten – wenn Sie diesen Kontakt nicht richtig pflegen, wird dieser Jemand sich schlichtweg nicht mehr an Sie erinnern und Ihre Beziehung stagniert oder der Kontakt reißt ganz ab.

Solide Beziehungen entstehen nur durch Interaktion – das heißt, mithilfe kleiner Gesten, mit denen Sie konsequent und beständig Kontaktpflege betreiben. Beim Networking (beziehungsweise der Kontaktpflege) ist es wichtig, dass Sie stets Interesse an Ihren Netzwerk-Kontakten zeigen und immer bereit sind, etwas zu geben. Die Interaktion muss also auf ehrlichem Interesse und ehrlicher Freigiebigkeit basieren. Denn eine Beziehung wird immer nur so lange Bestand haben, wie beide Parteien einen Nutzen aus der Interaktion ziehen. Bildhaft gesprochen: Kontaktpflege ist ein Marathon, kein Sprint.

Viele von uns meinen, sie hätten bereits alles Notwendige getan, wenn sie sehr viel Zeit und Mühe investieren, um ständig neue Kontakte zu knüpfen oder um nach einer ersten Kontaktaufnahme noch einmal nachzufassen. Doch es ist ebenso wichtig, wenn nicht sogar *weitaus wichtiger*, unsere Kontakte geduldig, kontinuierlich und professionell zu pflegen, indem wir ständig miteinander interagieren. Denn erst durch kontinuierliche Interaktion entwickelt sich aus der zunächst belanglosen Plauderei bei der ersten Kontaktaufnahme nach und nach eine stabile Verbindung, die ihrerseits die Basis bildet für den Aufbau einer beruflichen Beziehung. Das braucht natürlich Zeit, denn Beziehungen entstehen nicht über Nacht.

In der Tat wissen Marketingexperten ganz genau, dass kleine Gesten oder kurze Interaktionen mit dem Kunden darüber entscheiden, wie dieser auf emotionaler Ebene, also aus dem „Bauch" heraus, auf eine Marke reagiert. Glaubt man der Werbeforschung, müssen die meisten Menschen eine Werbebotschaft mindestens neunmal hören, bevor sie sich zum Kauf entschließen – allerdings kann es genauso gut sein, dass sie diese Botschaft auch elf-, 15- oder sogar 27-mal hören müssen![1] Denn je öfter wir etwas hören, desto besser können wir uns diese Sache einprägen. Und je öfter wir etwas hören, desto besser bleibt uns diese Sache auch im Gedächtnis haften.

Dieses Prinzip lässt sich im Grunde auf alle möglichen Situationen anwenden, in denen jemand etwas anzubieten oder zu verkaufen hat – es spielt also keine Rolle, ob Sie Produkte oder Dienstleistungen verkaufen, einen Job suchen oder jemanden um ein Rendezvous bitten. Denn nur durch konsequente und geduldige professionelle Kontaktpflege gelangen Sie ans Ziel. Und nur diejenigen, die geduldig und unermüdlich am Ball bleiben, werden am Ende reich belohnt; doch leider schaffen das nur die wenigsten.

Folglich stellt sich die Frage, warum so viele von uns keine Kontaktpflege betreiben, wenn sie doch so Erfolg versprechend ist. Vielleicht spielt die Angst vor Zurückweisung eine Rolle; vielleicht wollen wir auch nicht den Eindruck erwecken, wir wären aufdringlich; oder vielleicht denken wir, dass die Leute schon von sich aus mit uns Kontakt aufnehmen, wenn sie interessiert sind.

Wenn ich jedoch von den Teilnehmern meiner Networking-Seminare ausgehe, scheint es vielmehr so zu sein, dass viele Menschen einfach nicht genau wissen, wie erfolgreiche Kontaktpflege funktioniert. Möglicherweise ist das auch der Grund, warum viele Leute sagen: „Ich habe das mit dem Networking mal ausprobiert, aber das ist reine Zeitverschwendung. Das hat mir noch nie etwas gebracht."

Die wichtigsten Regeln für ein effektives Networking

Damit Ihre Networking-Bemühungen auch tatsächlich von Erfolg gekrönt sind, sollten Sie unbedingt die folgenden sieben einfachen, aber grundlegenden Verhaltensregeln beherzigen.

KURZ NACHGEFRAGT

Schreiben Sie doch einmal auf, welche Networking-Aktivitäten (geschäftlich und privat) Sie in den letzten drei Monaten konkret unternommen haben, um intensiv Kontaktpflege zu betreiben. Waren Sie beständig? Waren Sie geduldig? Waren Sie konsequent? Welche Aktivitäten haben Ihnen dabei am meisten genützt? Welche am wenigsten? Haben Sie Ihre Kontaktpflege-Aktivitäten sorgfältig geplant? Betreiben Sie eigentlich regelmäßig Kontaktpflege?

Regel Nr. 1: Erst geben, dann nehmen

Beim Networking geht es insbesondere am Anfang darum, dass Sie bereit sind, zu geben, und zwar ohne gegeneinander aufzurechnen oder genau Buch zu führen. Hier geht es nicht darum, was Sie von anderen bekommen können. Es geht nicht darum, welchen Vorteil Sie daraus ziehen können. Denn viele Menschen machen einen Riesenfehler: Sie warten erst, bis sie selbst etwas brauchen, bevor sie mit den Personen in ihrem Netzwerk Kontakt aufnehmen.

Doch bevor Sie Ihre Ressourcen anzapfen können, müssen Sie zuerst einmal einen Grundstock schaffen, indem Sie selbst in Vorlage treten. Denken Sie einmal darüber nach: Mit wem würden Sie lieber in Kontakt treten, mit Mark oder mit Clark?

Mark: „Ich habe gerade meinen Job verloren und überlege, ob Sie mir vielleicht helfen könnten und irgendeinen Job für mich haben?"

Clark: „Wie kann ich Ihnen dabei helfen, noch erfolgreicher zu werden?"

Denn wenn Sie erst dann mit jemandem Kontakt aufnehmen, wenn Sie in einer Notlage sind, erwecken Sie den Anschein, als wären Sie nur daran interessiert, sich selbst zu helfen. Dieses Geschäftsmodell nennt man gemeinhin auch betteln. Meiner Meinung nach ist das der eigentliche Grund, warum sich die meisten Menschen bei ihren Networking-Bemühungen so unwohl fühlen: Weil sie sich dabei vorkommen, als wollten sie sich kostenlose Unterstützung erbetteln. Doch wenn Sie stattdessen frühzeitig in Beziehungen investieren und mit der eindeutigen Absicht an das Networking herangehen, einer anderen Person wirklich behilflich zu sein, können Sie sich leicht ausmalen, um wie viel aufgeschlossener sich diese Person Ihnen gegenüber verhalten dürfte und um wie viel wohler Sie sich fühlen würden, falls Sie in Zukunft diese Person um einen Gefallen bitten müssten.

Wenn Sie fleißig in Kontaktpflege investieren und großzügig geben, ohne Gegenleistungen zu erwarten, werden Sie mit Ihrem Verhalten langfristig Vertrauen schaffen. Und wenn Sie dann irgendwann einmal Ihre Ressourcen anzapfen müssen, werden die Leute in Ihrem Netzwerk auch gern bereit sein, sich zu revanchieren. Die meisten Menschen helfen ohnehin sehr gern jemandem, der sich in der Vergangenheit selbst als hilfsbereit erwiesen hat.

Regel Nr. 2: Handeln Sie nach dem Glücksprinzip

Manchmal ist es im Leben jedoch so, dass nicht diejenigen Menschen, denen wir einen Gefallen getan haben, sich bei uns mit einer Gefälligkeit revanchieren. Denn möglicherweise sind sie nicht in der Lage, uns in dieser Situation zu helfen. Deshalb empfehle ich Ihnen, sich bei Ihren Kontaktpflege-Aktivitäten am Glücksprinzip zu orientieren. Bieten Sie bereitwillig Ihre Unterstützung an und erwarten Sie keinerlei Gegenleistung. Natürlich versteht jeder unter Unterstützung etwas anderes; im Allgemeinen ist damit jedoch Hilfe in Form von Geld, Informationen, Beziehungen oder Zeit gemeint.

Interessanterweise war Benjamin Franklin – ein großer Staatsmann und Erfinder – nicht nur der ursprüngliche Erfinder des Glücksprinzips, sondern er praktizierte es auch zeitlebens, denn sein Handeln war stets auf das Gemeinwohl ausgerichtet. In einem Brief an Benjamin Webb beschrieb er es als simplen „Trick, wie ich mit einem kleinen Geldbetrag sehr viel Gutes bewirken kann". Der Grundgedanke beim Glücksprinzip ist, dass die Person sich für die erwiesene Hilfe nicht direkt bei einem selbst erkenntlich zeigt, sondern vielmehr im Gegenzug jemand anderem hilft. Ein Beispiel: Als ich Guy Kawasaki gefragt habe, wie er strategisch vorgegangen ist, um mit seinem Buch *Enchantment* die Bestsellerlisten zu stürmen, erwähnte er, dass Dr. Robert Cialdini (der Autor des Bestsellers *Influence: The Psychology of Persuasion**) sich bereit erklärt hatte, das Buch auf seiner Website zu promoten. Robert Cialdini hatte Guy damit einen Gefallen getan. Guy zeigte sich dann auf die gleiche Weise gefällig, indem er mir anbot, mein Buch auf seiner Website zu bewerben. Im Grunde hat er also nichts anderes getan, als mir den gleichen Gefallen zu tun, den Robert ihm zuvor erwiesen hatte. Er nannte das „Karma", aber das Prinzip ist dasselbe.

Helfen Sie anderen, ohne eine direkte Gegenleistung für Ihre Hilfe zu erwarten. Nutzen Sie die erste Kontaktaufnahme, um herauszufinden, wie Sie Ihrem Gesprächspartner aufgrund Ihrer Fähigkeiten am besten helfen können. Bieten Sie dann großzügig Ihre Hilfe an, ohne dafür eine Gegenleistung zu erwarten. Je besser Sie das Glücksprinzip beherrschen, desto leichter wird es Ihnen fallen, erfolgreich Kontaktpflege zu betreiben.

Regel Nr. 3: Schieben Sie nichts auf die lange Bank

Meistens haben wir gute Vorsätze. Doch sobald wir wieder arbeiten oder zu Hause sind, kriegen wir offensichtlich nie so recht die Kurve, selbst wenn wir uns nach der ersten Kontaktaufnahme noch so sehr

---

* Auf Deutsch erschienen: *Die Psychologie des Überzeugens. Ein Lehrbuch für alle, die ihren Mitmenschen und sich selbst auf die Schliche kommen wollen*, Huber Bern, 2009; Anm. d. Übers.

vornehmen, diesen Kontakt zu pflegen. Stattdessen kümmern wir uns um all die Probleme, die während unserer Abwesenheit aufgetaucht sind, und unsere Networking-Aktivitäten rutschen auf unserer Prioritätenliste immer weiter nach unten. Oder schlimmer noch: Wir planen zwar Zeit für die Kontaktpflege ein, doch da wir nichts wirklich Interessantes zu berichten haben oder wir keinen speziellen Anlass haben, uns zu melden, verschieben wir die erneute Kontaktaufnahme auf einen anderen Tag. Das Problem ist nur, dass Beziehungen darunter leiden, wenn man nicht regelmäßig Kontakt hält.

Daher sollte es Ihnen wichtig sein, möglichst schnell zu Ihrem neuen Kontakt eine Beziehung aufzubauen, selbst wenn Sie nur Zeit für eine kurze E-Mail haben. („Hi, wie geht es Ihnen so? Hoffe, das Projekt, an dem Sie gerade arbeiten, läuft gut.") Schieben Sie es nicht auf die lange Bank.

Regel Nr. 4: Seien Sie beständig

Das Zauberwort für erfolgreiche Kontaktpflege heißt Beständigkeit, denn nur so können Sie die Personen in Ihrem Netzwerk davon überzeugen, dass sie sich auf Sie verlassen können. Und wenn Sie beständig am Ball bleiben, erwarten Ihre Netzwerk-Kontakte mit der Zeit auch, dass Sie sich in regelmäßigen Abständen bei Ihnen melden. Stellen Sie dazu Ihre eigenen Regeln auf: Mit einigen Personen in Ihrem Netzwerk nehmen Sie alle drei Monate Kontakt auf; mit anderen alle sechs Monate, mit wieder anderen in noch längeren oder kürzeren Zeitabschnitten.

Wenn Sie jemandem versprechen, dass Sie ihn in zwei Wochen anrufen, dann sollten Sie auch Wort halten. Wenn der andere vorschlägt, dass Sie sich erst in einem halben Jahr wieder melden, dann melden Sie sich eben in einem halben Jahr wieder.

Es ist wichtig, dass Sie sich stets gewissenhaft an vereinbarte Termine für eine erneute Kontaktaufnahme halten. Planen Sie dafür feste Zeiten ein. Reservieren Sie sich doch zum Beispiel jeden Freitagnachmittag eine

Stunde, um Networking-Telefonate zu führen; eine halbe Stunde pro Tag, um Ihre Kontakte in sozialen Netzwerken zu pflegen; und nehmen Sie sich auch vor, zwei wichtige Projekte pro Monat abzuschließen. Denn Beständigkeit führt zu besseren Resultaten.

Regel Nr. 5: Seien Sie beharrlich, aber geduldig

Unabhängig von der Beständigkeit spielt auch die Wiederholung bei der Kontaktpflege eine wichtige Rolle. Denn mithilfe von Wiederholungen etablieren Sie Glaubwürdigkeit und Vertrautheit. Genauso ist es mit Werbebotschaften – dank der ständigen Wiederholung bleibt die Botschaft im Gedächtnis haften und falls ein Kunde ein Produkt oder eine Dienstleistung benötigt, wird er sich zuerst an Sie oder Ihr Unternehmen erinnern.

Doch nur, weil Sie ein einziges Mal etwas geschickt oder gepostet haben, sollten Sie lieber nicht davon ausgehen, dass der intendierte Empfängerkreis Ihre Botschaft gesehen hat und sich auch prompt daran erinnern wird. Und nur, weil Sie von einer Person keine Rückmeldung erhalten,

DOCH VORSICHT

Der Übergang zwischen nachhaken und den anderen bedrängen ist fließend. Sie sollten daher unbedingt vermeiden, dass Ihre Kontaktaufnahme als Spam empfunden wird. Es ist ganz normal, dass sich die Prioritäten und Interessen unserer Mitmenschen ständig verändern. Deshalb ist es am besten, wenn Sie fragen, ob nähere Informationen gewünscht werden oder wann Sie wieder Kontakt aufnehmen sollen. Denn wenn Sie jemanden mit unerwünschten Mitteilungen bombardieren, schaden Sie der Beziehung nur.

sollten Sie nicht automatisch davon ausgehen, dass sie Ihre Informationen nicht hilfreich findet oder etwa kein Interesse mehr hat. Denken Sie daran: Jeder von uns ist sehr beschäftigt und erhält eine Flut an Nachrichten. Ihre Nachricht ist vermutlich einfach in der Masse untergegangen. Sie müssen daher so lange am Ball bleiben und nachhaken, bis Sie von der betreffenden Person eine eindeutige Antwort bekommen. Denn letztlich können Sie nur aufgrund dieser Antwort entscheiden, wie Sie künftig am besten bei einer erneuten Kontaktaufnahme vorgehen. Wiederholung ist der Schlüssel für erfolgreiches Networking.

Regel Nr. 6: Vertiefen Sie das Gespräch

Bei der Planung Ihrer Networking-Aktivitäten sollten Sie unbedingt darauf achten, die Interaktionsbereitschaft anzuregen. Das funktioniert zum Beispiel ganz gut, indem Sie Fragen stellen. Denn Fragen machen es Ihren Mitmenschen nicht nur leicht, mit Ihnen ins Gespräch zu kommen, sondern tragen auch dazu bei, dass die Anzahl Ihrer Interaktionen steigt. Das Thema ist dabei im Prinzip gar nicht so wichtig; wichtiger ist vielmehr, dass Sie eine Frage stellen, um das Gespräch so weiter voranzubringen.

Es gibt aber noch eine weitere Möglichkeit, wie Sie die Interaktionsbereitschaft wunderbar ankurbeln können: Bitten Sie andere um ihre Meinung. Denn wenn Sie andere nach ihrer Meinung fragen, bringen Sie damit Ihre Wertschätzung für diese Personen zum Ausdruck. Ich ermuntere meine Kunden zum Beispiel dazu, sich Feedback zu Ihren Präsentationen zu holen. Dabei sollen sie speziell nach einer Sache fragen, die sie gut gemacht haben, und nach einer Sache, die verbesserungswürdig ist. Indem sie gezielt um Feedback zu einem positiven und einen negativen Punkt bitten, ist es sehr viel wahrscheinlicher, dass sie auch wertvolle Informationen bekommen, anstatt nur ein „Ach ja, das war doch ganz in Ordnung!". Indem Sie Ihren Gesprächspartner also nach seiner Meinung fragen, geben Sie ihm damit nicht nur die Gelegenheit,

Ihnen einen Dienst zu erweisen, sondern vertiefen damit gleichzeitig das Gespräch. In Kapitel 6 finden Sie ausführliche Informationen zum Thema Feedback.

Regel Nr. 7: Planen Sie Ihre Kontaktpflege-Aktivitäten

Wenn Sie Beziehungen zu den richtigen Leuten aufbauen wollen, müssen Sie sich natürlich dort aufhalten, wo diese Leute sich aufhalten. Dazu müssen Sie aber zuerst einmal wissen, wer die richtigen Leute sind. Das heißt, Sie müssen sich zunächst Gedanken darüber machen, wer Sie möglicherweise dabei unterstützen könnte, Ihre Lebensziele zu erreichen, und dann eine Strategie entwickeln, wie Sie Ihre Beziehung zu diesem ausgewählten Personenkreis vertiefen können.

Zeigen Sie Fantasie und lassen Sie sich etwas einfallen. Wählen Sie Events aus, die genau für jene Personen von Interesse sein könnten, die Sie gern kennenlernen möchten, und merken Sie sich das Datum in Ihrem Kalender vor. Es spielt keine Rolle, ob es sich dabei um geschäftliche, gesellschaftliche oder kulturelle Veranstaltungen handelt. Allerdings sollten Sie sich bereits im Voraus Gedanken darüber machen, wie Sie den an dem Event teilnehmenden Personen behilflich sein können, und – sofern möglich – vorab einen Termin für ein persönliches Treffen auf dieser Veranstaltung vereinbaren.

So setzen Sie diese Regeln in die Praxis um

Nachdem ich Sie nun mit den sieben wichtigsten Verhaltensregeln beim Networking vertraut gemacht habe, zeige ich Ihnen im nächsten Schritt, wie Sie anhand dieser Regeln eine Networking-Strategie entwickeln. Wie oft wollen Sie Kontakt halten? Mit wem wollen Sie Kontakt halten? Und zuletzt, wie wollen Sie überhaupt Kontakt halten? Die nachfolgenden Tipps sollen Ihnen als Anregung dienen, wie Sie diese Regeln im Einzelnen in die Praxis umsetzen können.

Tipp Nr. 1: Pflegen Sie Kontakte per E-Mail

Aktuell zählen Facebook, Twitter und SMS zu den bevorzugten Kommunikationsmitteln, wenn es um die Kontaktpflege im privaten Bereich geht; im beruflichen Umfeld dagegen – also beim professionellen Networking – nutzt man überwiegend die E-Mail. Die Kommunikationsmittel mögen sich vielleicht ändern, aber eins bleibt für das Networking von entscheidender Bedeutung: Die Kontaktaufnahme muss kurz und unverbindlich formuliert sein.

Für mich ist es ganz normal, eine E-Mail zu verschicken, in der so etwas steht wie „Ich will nur kurz Hallo sagen. Wie geht's denn so?" oder „Wir haben eine Weile nichts voneinander gehört. Deshalb wollte ich mich erkundigen, wie es Ihnen geht?" oder „Ich habe gerade an Sie gedacht. Gibt es bei Ihnen etwas Neues zu berichten?". Ich habe die Erfahrung gemacht, dass man auf kurze Nachrichten wie diese mit großer Wahrscheinlichkeit auch eine Antwort erhält. Es kann vielleicht etwas dauern, aber es ist ziemlich sicher, dass diese Person Ihnen irgendwann eine Rückmeldung gibt.

Falls Sie mehr Zeit investieren können oder falls diese Beziehung für Sie von strategischer Bedeutung ist, sollten Sie vielleicht in Erwägung ziehen, sich in den sozialen Netzwerken die Profile dieser Person oder ihre Blogs genau anzuschauen, um herauszufinden, was es Neues bei ihr gibt. Hat sie einen neuen Job? Hat sie eine Auszeichnung erhalten? Nimmt diese Person an einem Wettbewerb teil, bei dem Sie die Möglichkeit haben, für sie abzustimmen? Ganz gleich, auf welche Neuigkeiten Sie gestoßen sind, Sie können einen entsprechenden Kommentar dazu hinterlassen.

Andererseits gibt es auch Menschen, die gern vierteljährliche, monatliche oder wöchentliche E-Mail-Updates verschicken. Das könnte durchaus eine gute Lösung sein für Personen aus Ihrem Netzwerk, zu denen Sie nur sporadisch Kontakt pflegen. Doch was mich angeht, ich bin kein großer Fan von E-Mail-Newsletters, weil sie irgendwie zu unpersönlich sind. Doch falls Ihrer gut geschrieben ist oder hervorragenden Content enthält, dann ist das sicher eine Überlegung wert.

Ich freue mich zum Beispiel immer, wenn ich Updates von dem „Social Media"-Marketing-Guru Chris Brogan bekomme. Seine Updates sind meist ziemlich kurz und in einem lockeren Plauderton geschrieben. Außerdem lese ich auch gern den „Out of Date"-Newsletter von dem Bestsellerautor und „Digital Marketing"-Experten Christopher S. Penn, denn er schafft es, jeden Monat die wichtigsten Marketing-Informationen so übersichtlich zusammenzufassen, dass sie in eine einzige E-Mail passen. Allerdings werde ich jetzt nicht die vielen Newsletter namentlich aufzählen, die direkt in meinem Spam-Ordner landen! Denn auch für die E-Mail-Kommunikation via Newsletter gilt nach wie vor das Motto: „Content ist König!"

Tipp Nr. 2: Geben Sie Ihren Kontaktanfragen in sozialen Netzwerken eine persönliche Note

Wenn Sie Kontaktanfragen in sozialen Netzwerken verschicken, sollten Sie unbedingt darauf achten, dass Sie Ihren Anfragen eine persönliche Note geben. Ich erinnere zum Beispiel den Empfänger gern daran, wie wir uns kennengelernt haben, und wenn möglich lasse ich auch ein nettes Kompliment und eine kurze Frage einfließen. Am einfachsten ist es, ein oder zwei Fragen zu stellen, die die betreffende Person ganz leicht beantworten kann. Dabei hoffe ich natürlich immer, dass die Person nicht nur auf meine Frage(n) antwortet, sondern ihrerseits auch ein paar Fragen an mich richtet, damit ein Gespräch in Gang kommt.

Hierzu einige Beispiele aus der Praxis:

- „Ihr Blog gefällt mir wirklich sehr gut. Welches war denn Ihr bisher schwierigstes/beliebtestes/interessantestes Thema?"
- „Ich finde es großartig, dass wir uns auf der Konferenz kennengelernt haben. Unseren Gedankenaustausch, wie man die Interaktionsbereitschaft beim Networking steigern kann, habe ich sehr genossen. Es wäre sicher eine gute Idee, wenn wir uns hier

gegenseitig als Kontakt hinzufügen könnten, denn so können wir unseren Gedankenaustausch jederzeit fortführen. Woran arbeiten Sie gerade?"

- „Ich hoffe, Sie nehmen meine Kontaktanfrage an. Die Konferenz hat mir wirklich gut gefallen, aber das Beste daran war Ihr Vortrag. Er war sehr aufschlussreich. Welcher Vortrag hat Ihnen am besten gefallen?"

Wenn Sie neue Kontakte knüpfen wollen, müssen Sie zuerst nach gemeinsamen Interessen oder Berührungspunkten Ausschau halten. Schauen Sie sich dazu die jeweiligen Online-Profile der betreffenden Personen genau an, vielleicht stoßen Sie auf irgendeine Gemeinsamkeit – einen gemeinsamen Netzwerk-Kontakt, dieselbe Schule oder dasselbe Hobby. Nutzen Sie dann diese Informationen, um das Gespräch weiter zu vertiefen.

Tipp Nr. 3: Antworten Sie auf eingehende Kontaktanfragen

Durch meinen „*Public Speaker*"-Podcast und aufgrund der Tatsache, dass ich zu großen Gruppen spreche, bekomme ich recht oft Kontaktanfragen in sozialen Netzwerken von Menschen, denen ich zwar bestens bekannt bin, die ich aber nicht persönlich kenne. Ich nehme immer alle eingehenden Kontaktanfragen an und beantworte sie mit einer kurzen Nachricht.

Wenn ich eine Kontaktanfrage von jemandem erhalte, von dem ich glaube, dass er eine gute Ergänzung für mein Netzwerk und ein potenzieller Geschäftspartner sein könnte, antworte ich nicht sofort, sondern versuche zunächst, mehr über diese Person zu erfahren, damit ich für meine erste Kontaktaufnahme möglichst viele Anknüpfungspunkte habe und das Gespräch vertiefen kann. Dazu schaue ich mir meistens die Online-Profile der betreffenden Person an, vielleicht gehe ich auf ihre Website oder lese einige Fachbeiträge, die sie verfasst hat. Im Allgemeinen bedanke ich mich dann dafür, dass sie mit mir Kontakt aufgenommen hat, lasse ein paar Informationen einfließen und stelle vielleicht noch eine Frage, denn so kann ich das Gespräch in Gang halten. Erhalte ich daraufhin eine Antwort auf meine Nachricht (was sehr oft der Fall ist), nutze ich die Chance, diese Person etwas näher kennenzulernen. Auf diese Weise konnte ich schon sehr viele gute Geschäftskontakte gewinnen. Deshalb sollten Sie immer auf jede Kontaktanfrage antworten.

Tipp Nr. 4: Greifen Sie zum Telefon oder organisieren Sie eine Videokonferenz

Die oben genannten Methoden bringen zwar gute Ergebnisse, doch wenn ich eine Beziehung möglichst schnell vertiefen oder eine Beziehung wieder neu beleben möchte, die scheinbar eingeschlafen ist, organisiere ich eine Telefon- oder Videokonferenz. Einer Videokonferenz gebe ich allerdings den Vorzug, weil ich dann die Person sehen kann und die Interaktion doch irgendwie persönlicher ist. Denn ich spreche und lache nun mal gern mit jemandem von Angesicht zu Angesicht – auf diese Weise kann ich den anderen viel ungezwungener kennenlernen. Voraussetzung ist natürlich, dass beide Parteien sich vorab auf einen gemeinsamen Gesprächstermin verständigen können. Schließlich lässt sich eine Beziehung durch ein direktes persönliches Gespräch viel schneller vertiefen oder auch wiederbeleben, falls sie eingeschlafen sein sollte. Denken Sie bloß nicht, dass es zu lange her ist, seit Sie das letzte Mal miteinander gesprochen haben. Schließlich sind die meisten Menschen derart im Stress, dass sie einfach froh sind, wenn sie an eine Beziehung wieder anknüpfen können, ganz egal, wie viel Zeit inzwischen vergangen ist.

Tipp Nr. 5: Planen Sie ein interessantes persönliches Kennenlern-Event

Als Teenager träumte ich davon, eine Lerngemeinschaft für das Fach Weltgeschichte im Schwimmbad ins Leben zu rufen. Ich verbrachte sehr

viel Zeit mit dem Versuch, meine Eltern von meinem Lernprojekt zu überzeugen: Im Sommer könnte ich mich doch im Schwimmbad viel besser
auf meine Prüfungen vorbereiten, weil ich mir Abkühlung verschaffen
könnte, daneben noch braun würde und außerdem mit meinen Freunden
zusammen sein könnte, die ebenfalls das Bedürfnis nach Abkühlung und
Bräune hätten und auch bis Montag dringend an der Vertiefung ihres
Wissens über die Bedeutung des Mittelalters arbeiten müssten. Seltsa-
merweise haben meine Eltern meinen Standpunkt nie nachvollziehen
können.

Als Erwachsene habe ich natürlich eingesehen, dass ich meinen Einser
in Geschichte zum Teil meinen Eltern zu verdanken habe, die meine Idee
nicht so gut fanden und mich von dieser Schwimmbadaktion abgehalten
haben. Doch es gab noch etwas, was mir später als Erwachsene aufgefallen
ist: Im Grunde genommen hatte ich – rein theoretisch betrachtet – eine
prima Idee gehabt. Immerhin sind im beruflichen Umfeld Projektgrup-
pen, in denen alle Mitarbeiter sehr erfolgreich und effektiv zusammenarbeiten, an der Tagesordnung.

Es gibt eine hervorragende Methode, wie Sie zwischenmenschliche Beziehungen vertiefen können: Verbringen Sie Zeit mit den betreffenden
Personen. Ich selbst nehme gern an Konferenzen teil, wo ich mit Sicherheit Leute treffe, die ich gern näher kennenlernen möchte. Dabei versuche
ich meinen Tag so zu planen, dass ich am Ende mit einer dieser Personen
entweder gemeinsam beim Essen sitze oder zusammen in einer Veranstaltung.

Bevor Sie jemanden um ein persönliches Gespräch bitten und damit
seine Zeit in Anspruch nehmen, sollten Sie jedoch gut überlegen, ob dies
überhaupt notwendig ist, und außerdem sollten sie klare und sehr konkrete Vorstellungen haben, was Sie von diesem Treffen erwarten. Denn
für Menschen mit einem extrem engen Zeitplan ist ein „Ich würde gern
mehr über Sie erfahren" oder ein „Damit wir uns besser kennenlernen"
einfach zu unspezifisch.

DOCH VORSICHT

Wenn Sie jemanden um einen Gefallen bitten wollen, insbesondere wenn dieser Jemand sehr erfolgreich ist, sollten Sie dies am besten frühzeitig und ganz offen ansprechen. Auf keinen Fall sollten Sie um den heißen Brei herumreden. Das mag vielleicht auf den ersten Blick etwas unhöflich erscheinen, doch erfolgreiche Menschen haben keine Zeit zu verschenken. Formulieren Sie Ihr Anliegen so konkret wie möglich, dann werden die meisten ganz spontan wissen, ob Sie Ihnen helfen können oder nicht. Ohne Vorwand, ohne Umschweife.

Tipp Nr. 6: Werden Sie in sozialen Netzwerken und Blogs aktiv

Um stärker mit anderen in Interaktion zu treten, sollten Sie Kommentare auf den Profilseiten der jeweiligen Personen in sozialen Netzwerken hinterlassen. Tun Sie das auf einigen ausgewählten Plattformen (zum Beispiel Google+, Facebook, Twitter oder YouTube), damit Ihr Name und Ihr Gesicht dort präsent sind und ihr Bekanntheitsgrad steigt. Wählen Sie Personen aus, die für Ihren Erfolg von strategischer Bedeutung sein könnten, und halten Sie außerdem nach Personen Ausschau, die sich bereits aktiv an Diskussionen in Ihrem Fachbereich beteiligen. Falls die Person, mit der Sie interagieren möchten, einen Blog hat, dann lesen sie ihn, schreiben Sie Kommentare und interagieren Sie mit der Online-Community dieser Person. Allerdings sollten Sie darauf bedacht sein, wohlüberlegte und intelligente Beiträge zu hinterlassen, denn es geht schließlich nicht um Interaktion nur um der Interaktion willen.

Ein Beispiel: Unternehmer und Weinexperte Gary Vaynerchuk hat seine Online-Marke aufgebaut, indem er am Anfang mit jeder Person in Kontakt getreten ist, die sich über das Thema Wein geäußert hat. Dabei hat er kostenlos seine Meinung und seinen Rat als Weinkenner angeboten. Und weil er beim Aufbau seiner Marke alle wichtigen Networking-Regeln beherzigt hat und stets mit großem Engagement und Begeisterung am Ball geblieben ist, steht sein Name heute nicht nur für eine Marke mit hohem Wiedererkennungswert, sondern er kann wahrscheinlich auch alle möglichen Leute (darunter Prominente, Medienleute und sogar Politiker) über soziale Netzwerke kontaktieren und bekommt ziemlich prompt eine Antwort.

Tipp Nr. 7: Schicken Sie Informationen, die von Interesse sein könnten

Behalten Sie immer im Hinterkopf, welche Informationen für Ihre Netzwerk-Kontakte interessant sein könnten. Wenn Sie dann während Ihres normalen Tagesablaufs auf etwas Wichtiges stoßen oder wenn Sie etwas Interessantes lesen oder hören, sollten Sie sofort denken: „Für wen könnte diese Information sonst noch wichtig sein?" Sie können diese Information entweder sofort weitergeben oder Sie markieren sie sich als Networking-Material. Im Prinzip kommt es nur darauf an, dass Sie sich immer fragen: „Für wen ist diese Information sonst noch von Interesse?" Wenn ich auf eine vielversprechende Informationsquelle stoße, dann teile ich das direkt mindestens drei Leuten aus meinem Netzwerk mit. Falls es sich dabei um Informationen handelt, die direkt mit meinen Fachgebieten unter der Rubrik „Kommunikation am Arbeitsplatz" zu tun haben, dann versuche ich auch, diese in Form eines Status-Updates in meinen sozialen Netzwerk-Profilen zu posten.

Ein Beispiel: Mein Podcast-Kollege Stever Robbins vom „*Quick and Dirty Tips*"-Blog – auch bekannt als der *Get-It-Done Guy* – nahm vor einiger Zeit übers Wochenende an einem Kongress zum Thema Social Media teil. Und jedes Mal, wenn er etwas Interessantes erfuhr, von dem er meinte, dass diese Informationen auch für mich und einige meiner anderen „*Quick and Dirty Tips*"-Kollegen von Nutzen sein könnten, schickte er uns eine E-Mail. Und wissen Sie was? Wir fanden sie überaus nützlich!

Einer meiner Kunden besuchte eine Fachtagung und verschickte während der gesamten Zeit fleißig Twitter-Nachrichten. Letzten Endes hielt er mit seinen Twitter-Nachrichten aber nicht nur seine Mitarbeiter auf dem Laufenden, die nicht an dieser Veranstaltung teilnehmen konnten, sondern sorgte mit seinen Tweets auch dafür, dass die Medienexperten, die an diesem Event teilnahmen, auf ihn aufmerksam wurden und ihn ausfindig machten. Ein schöner Nebeneffekt dieser außergewöhnlichen Kontaktaufnahme war, dass über seine Arbeit in einer großen Fachzeitschrift ausführlich berichtet wurde.

Ich freue mich immer, wenn mir jemand nützliches Informationsmaterial zukommen lässt, insbesondere dann, wenn der Absender mich darauf aufmerksam macht, warum diese Information für mich nützlich sein könnte. Denn einfach zu schreiben „Dachte, das könnte Ihnen gefallen" oder „Dachte, Sie finden das vielleicht hilfreich" ist zu wenig. Ich möchte, dass der Absender sich schon die Mühe macht, mir zu erklären, warum ich etwas lesen sollte, damit ich schnell erkenne, wie wichtig diese Nachricht ist.

Tipp Nr. 8: Behalten Sie Ihre Netzwerk-Kontakte im Auge und bieten Sie Ihre Hilfe an

Es gibt eine wesentliche Voraussetzung beim Networking, die leider oft übersehen wird: Sie müssen Ihre Netzwerk-Kontakte immer im Auge behalten und gut zuhören, damit Sie wissen, was um Sie herum passiert. Sie sollten demnach nicht nur Ihre wichtigsten Beziehungen genau verfolgen, sondern auch ein Ohr dafür haben, worüber die einflussreichen Größen in Ihrer Branche reden. Damit Sie merken oder besser gesagt vorausahnen, wie Sie die Personen in Ihrem Netzwerk am besten unterstützen könnten, ist es unerlässlich, dass Sie die Aktivitäten in Ihrem Netzwerk ganz genau verfolgen. Falls sich herausstellt, dass Sie jemandem behilflich sein könnten, erklären Sie aufrichtig, was Sie konkret für die jeweilige Person tun können. Bieten Sie Ihre Hilfe an und helfen Sie. Achten Sie darauf, dass Sie dabei immer Ihr Bestes geben – nur Qualität zählt.

Den Leuten in meinem Netzwerk könnte ich zum Beispiel anbieten, ihnen beim Aufbau von Geschäftsbeziehungen behilflich zu sein. Ich könnte ein Buch oder einen Blog rezensieren. Ich könnte moralische Unterstützung anbieten. Ich könnte meinen Rat anbieten oder jemandem eine Empfehlung geben oder jemanden an jemand anderen verweisen, indem ich den Kontakt vermittle. Ich könnte sogar anbieten, einen Vortrag auf einem Event zu halten. Wir alle haben schließlich unsere Stärken, und ein ernst gemeintes Hilfsangebot kann sich sehr positiv auf die Entwicklung einer Beziehung auswirken.

Vor Kurzem habe ich an einem Vortrag von Garr Reynolds – dem Großmeister der Präsentation – teilgenommen und war überrascht, als er im Anschluss daran unbedingt mehr über sein Publikum erfahren wollte. Da Garr ganz oben auf meiner „Will ich unbedingt kennenlernen"-Liste stand, wollte ich mir diese Gelegenheit nicht entgehen lassen und war nur allzu gern bereit, seiner Bitte nachzukommen. An jenem Abend habe ich mich kurz vorgestellt und ihm meine Unterstützung angeboten. Außerdem habe ich mir zuvor die Mühe gemacht, Berührungspunkte und gemeinsame Interessen herauszufinden. In seinem Blog hatte ich gelesen, dass er eine Tochter im ungefähr gleichen Alter wie meine beiden Mädchen hat. Bei der allerersten Kontaktaufnahme wollte ich sowohl auf der beruflichen als auch auf der privaten Ebene einen Draht zu ihm aufbauen und ihm gleichzeitig meine Hilfe anbieten, sofern er sie denn wollte.

In seiner Antwort ging er zunächst kurz auf seine Tochter ein und bat mich dann, ihm ein paar Arbeitsproben zuzuschicken. Als ich wieder zu Hause war, schickte ich ihm dann ein paar allgemeine Video- und Audiodateien zu und bot außerdem an, ihm eine spezielle Präsentation über meine Arbeit zuzusenden. Am Anfang unserer Beziehung bin ich ganz bewusst *nicht* auf seine sehr konkrete Bitte eingegangen. Denn ich wollte zuerst Glaubwürdigkeit und Vertrauen aufbauen, bevor ich dieser Bitte nachkomme. Denn meine Absicht war, unsere Beziehung zuerst zu vertiefen.

Tipp Nr. 9: Nutzen Sie gemeinsame Beziehungen, um Ihre Glaubwürdigkeit zu unterstreichen

Übrigens: Bei meinem ersten Zusammentreffen mit Garr habe ich mich ganz bewusst auf eine Unterhaltung bezogen, die ich mich Guy Kawasaki geführt hatte. Ich wusste, dass die beiden sich kennen und dass Garr Guy sehr schätzt, daher hoffte ich, dass die gemeinsame Beziehung zu Guy mir dabei helfen würde, ebenfalls eine starke Beziehung zu Garr aufzubauen.

Allerdings ist es noch besser, wenn Ihr gemeinsamer Netzwerk-Kontakt bereit ist, Sie und Ihre Dienste weiterzuempfehlen. Das nennt man dann Empfehlungsmarketing. Denken Sie einmal darüber nach, dann werden Sie feststellen, dass heutzutage die meisten von uns ihre Kaufentscheidungen auf der Grundlage von Empfehlungen treffen. Entweder wir fragen unsere Freunde, mit was oder wem sie gute Erfahrungen gemacht haben, oder wir gehen im Internet auf ein Bewertungsportal und lesen dort die Kundenbewertungen oder aber wir fragen die Leute in unseren sozialen Netzwerken, ob sie uns jemanden/etwas empfehlen können. Unser Netzwerk für berufliche Kontakte funktioniert da nicht anders.

Tipp Nr. 10: Empfehlen Sie jemanden weiter

Schreiben Sie eine Empfehlung für ein Produkt oder eine Dienstleistung und posten Sie diese auf einer Vielzahl relevanter Websites. Zum Beispiel könnten Sie jemanden aus Ihrem Netzwerk einer anderen Person in Ihrem Netzwerk weiterempfehlen. Sie könnten jemanden eine Empfehlung schreiben und diese auf seinen beruflichen Networking-Seiten (zum Beispiel LinkedIn oder Xing) posten. Sie könnten auf Facebook,

Google+, in Ihrem Blog oder Newsletter einen kurzen Kommentar darüber schreiben, welche Erfahrungen Sie mit einer Person, einem Produkt oder einer Dienstleistung gemacht haben. Sie könnten auf einer Shopping-Website eine positive öffentliche Bewertung für ein Produkt schreiben (zum Beispiel für ein Buch, einen Toaster oder ein Online-Seminar). Denken Sie daran: Wenn Sie jemanden an andere Personen in Ihrem Netzwerk weiterempfehlen, schlagen Sie zwei Fliegen mit einer Klappe – sie helfen nicht nur beiden Seiten, sondern vertiefen gleichzeitig auch zwei Beziehungen.

Tipp Nr. 11: Feiern Sie Erfolge

Es gibt eine weitere Möglichkeit, wie Sie Beziehungen ganz leicht vertiefen können: Feiern Sie Erfolge – Ihre eigenen und die anderer. Angenommen, ich bekomme mit, dass jemand ein Forschungsstipendium erhalten oder einen neuen Job angetreten hat, oder aber ich erfahre, dass er jetzt endlich einen Käufer für sein Haus gefunden hat, dann schicke ich sofort eine „Herzlichen Glückwunsch, gut gemacht!"-Botschaft.

Wenn mir etwas Gutes widerfährt, schicke ich auch schon mal eine E-Mail herum, in der dann steht: „Es gibt gute Neuigkeiten. Ich freue mich riesig, denn ich habe gerade einen Artikel veröffentlicht. Was gibt's bei Ihnen Neues?" Mit meiner Nachricht ermutige ich meine Netzwerk-Kontakte quasi dazu, ruhig auch ein wenig auf den Putz zu hauen. Und ich lese mit Freuden ihre Antworten, denn sie verraten mir, was der jeweiligen Person wichtig ist.

Tipp Nr. 12: Nehmen Sie Kontakt mit jemandem auf, von dem Sie lange nichts gehört haben

Wenn wir den Job wechseln, werden wir oft dazu verleitet, unsere alten Bürofreundschaften zu vernachlässigen. Doch wenn es irgendwie möglich ist, sollten Sie versuchen, sich hin und wieder mit Ihren ehemaligen Kollegen über E-Mail oder soziale Netzwerke in Verbindung zu setzen.

Wenn ich mich mal lange nicht bei jemandem gemeldet habe, sage ich einfach: „Hey, ich habe mich gefragt, was Sie wohl in der Zwischenzeit gemacht haben, seit wir uns das letzte Mal gesprochen haben. Ich würde mich freuen, wenn Sie sich melden, sobald Sie Zeit haben."

Bleibt nur zu hoffen, dass Sie bei Ihrem Jobwechsel nicht alle Brücken hinter sich abgebrochen haben, sondern immer noch einen freundschaftlichen, wenn vielleicht auch nicht sehr intensiven Kontakt zu Ihrem früheren Arbeitgeber pflegen. Warum sollten Sie sich denn nicht einmal mit Ihrem früheren Chef oder Ihrer Chefin treffen, um zu erfahren, wie es ihm/ihr so geht? Schließlich weiß man nie, wofür das letztlich gut sein kann.

Tipp Nr. 13: Schlagen Sie ein „Lunch and Learn"-Programm vor

Ein „Lunch and Learn"-Programm ist im Prinzip nichts anderes als eine Art Informations- und Wissensaustausch im Rahmen eines gemeinsamen Mittagessens. Ein solches Programm ermöglicht Mitarbeitern, Beziehungen zu anderen Kollegen im Unternehmen aufzubauen und bestehende Beziehungen weiter zu vertiefen. Vielleicht können Sie – je nach Themenschwerpunkt – sogar Mitarbeiter für dieses Programm gewinnen, die normalerweise aufgrund ihrer Tätigkeit nicht miteinander kommunizieren. Die Veranstaltung selbst bietet nicht nur angenehme Rahmenbedingungen, um neue Kontakte zu knüpfen, sondern gibt den Mitarbeitern gleichzeitig die Chance, ihre berufliche Weiterentwicklung voranzutreiben, was im Gegenzug ihre Beziehung zum Unternehmen noch enger werden lässt. Einige meiner Kunden haben mir sogar gesagt, dass sie exakt aus diesem Grund von meinen „Lunch and Learn"-Programmen so begeistert sind.

Dieses Programm lässt sich aber genauso auf eine persönliche Verabredung zum gemeinsamen Mittagessen anwenden. Denn meist verabreden wir uns aus purer Gewohnheit jeden Tag oder jede Woche mit denselben Leuten zum Essen. Oder schlimmer noch, wir essen allein an unserem Schreibtisch. Verabreden Sie sich doch mit Kollegen einer anderen Abteilung zum Essen, damit Sie Kontakte zu anderen Mitarbeitern im Unternehmen knüpfen können. Besser noch: Vereinbaren Sie einmal im Monat einen Termin zum Mittagessen mit Fachleuten aus Ihrer Branche. Bei dieser Art von „Lunch and Learn" geht es normalerweise darum, soziale Kontakte zu knüpfen. Es gibt keine Fachleute in Ihrer unmittelbaren Umgebung? Sie arbeiten von zu Hause aus? Kein Problem, dann organisieren Sie eben eine Video- oder Telefonkonferenz. Sich mit jemandem zum Essen zu verabreden, ist nicht nur eine hervorragende, sondern auch eine überaus effiziente Methode, um Vertrauen und Teamgeist aufzubauen. Denn etwas essen müssen Sie schließlich sowieso.

Tipp Nr. 14: Werden Sie Mitglied in Berufsverbänden

Für viele Branchen gibt es Berufsverbände, deren Mitglieder sich regelmäßig zu Weiterbildungszwecken und zur Kontaktpflege treffen (und mitunter auch, um sich gegenseitig ihr Leid zu klagen). Suchen Sie sich eine Organisation, die Ihre Karriereziele unterstützt, oder werden Sie Mitglied in einem Fachverband. Zum Beispiel könnten Sie Mitglied werden bei Toastmasters International, einer gemeinnützigen Organisation zur Förderung der Kunst des öffentlichen Redens, oder bei der IAAP, der International Association of Administrative Professionals, die mit einer Fülle an Veranstaltungen Fachleute unterschiedlicher Tätigkeitsschwerpunkte im Bereich Office Management unterstützt. Keine dieser Organisationen schneidet ihr Programm auf eine bestimmte Branche zu, sondern unterstützt vielmehr all jene Personen, die aufgrund ihres Berufs- oder Privatlebens über bestimmte Fertigkeiten verfügen müssen.

Tipp Nr. 15: Nehmen Sie an Ehemaligentreffen teil

Wenn Sie einen Hochschulabschluss haben, wird Ihre Schule sicher regelmäßig zum Ehemaligentreffen einladen. Solche Treffen sind eine prima

Möglichkeit, um wieder mit ehemaligen Studienkollegen in Kontakt zu treten oder mit anderen Absolventen Erfahrungen auszutauschen, die möglicherweise in einem anderen Fachgebiet tätig sind als Sie. Kehren Sie Ihrer Alma Mater nicht den Rücken!

Tipp Nr. 16: Bieten Sie an, einen Gastvortrag zu halten

Sind Sie in einem bestimmten Fachgebiet tätig oder verfügen Sie über eine besondere Fähigkeit? Dann bieten Sie doch an, einen Gastvortrag bei Berufsverbänden, in gemeinnützigen und kirchlichen Vereinen oder in Schulen zu halten. Auch wenn Sie vor kleinem Publikum reden, können Sie dennoch einen bleibenden Eindruck hinterlassen, sodass Ihre Zuhörer Sie auch künftig als potenziellen Ansprechpartner in Erinnerung behalten. Nehmen Sie Kontakt zu Ihrer Handelskammer auf oder melden Sie sich auf entsprechenden Internetportalen an, um sich als Vortragsredner zur Verfügung zu stellen; oder aber halten Sie Ausschau nach Themen, zu denen gemeinnützige Vereine in aller Regel Informationsbedarf haben, sodass diese Sie vielleicht gern als Redner buchen würden.

Falls es nicht Ihr Ding ist, ganz allein vor Publikum zu stehen und einen Vortrag zu halten, schließen Sie sich doch einem Diskussionsforum an. Während Sie Ihr Netzwerk weiter ausbauen, können Sie vielleicht sogar dafür sorgen, dass mehrere Netzwerkmitglieder sich an dieser Diskussionsrunde beteiligen, um eine Organisation zu unterstützen, die noch ganz am Anfang steht.

Tipp Nr. 17: Schreiben Sie Artikel, Bücher oder Podcasts

Veröffentlichen Sie Artikel in Fachpublikationen. Schreiben Sie einen Blog über Ihr Fachgebiet. Geben Sie Tipps und Ratschläge in sozialen Netzwerken oder schreiben Sie doch ein Buch. Machen Sie sich in Ihrem speziellen Fachgebiet einen Namen als kompetenter „Ansprechpartner", der stets durch erstklassige Ratschläge und hervorragenden Content beeindruckt.

Dazu ein Beispiel: Im Dezember 2011 wurde Clara Shih im Alter von nur 29 Jahren in den Aufsichtsrat von Starbucks berufen. Wie hat sie das nur geschafft? Ganz offensichtlich ist sie clever, aber das sind viele andere Leute auch. Doch es gab etwas, wodurch sie sich auf einzigartige Weise von der Masse abhob: Während sie beim CRM-Anbieter salesforce.com als Leiterin der Produktlinie „AppExchange" arbeitete, schrieb sie das Buch *The Facebook Era*, das zu einem Bestseller wurde. Dadurch erlangte sie einen großen Bekanntheitsgrad, wodurch sich ihr viele neue Möglichkeiten eröffneten. Claras Buch ist zwar in einem großen Verlag erschienen, aber das sollte Sie nicht davon abhalten, selbst ein Buch zu schreiben. Denn heute ist es leichter denn je, selbstständig ein Buch zu veröffentlichen, mit dem Sie ein sehr großes Netzwerk von Fachleuten erreichen, die davon profitieren können. Ich bin fest davon überzeugt, dass jeder von uns eine Geschichte zu erzählen hat und gern seine Ideen mit anderen teilen würde. Überlegen Sie, was Sie zu erzählen haben, und fangen Sie an zu schreiben.

Tipp Nr. 18: Erwerben Sie ein Produkt oder eine Dienstleistung der Person, die Sie kennenlernen wollen

Sie schreiben nicht so gern, lesen dafür umso lieber? Dann kaufen Sie doch einfach das Buch von jemand aus Ihrem Netzwerk und verschenken Sie es an eine andere Person aus Ihrem Netzwerk, für die dieses Buch möglicherweise sehr aufschlussreich sein könnte. Versehen Sie jedes Buch mit einer persönlichen Botschaft, dann wird der Beschenkte jedes Mal an Sie erinnert, wenn er das Buch aufschlägt.

Nehmen Sie an einer Konferenz teil oder besuchen Sie eine Vortragsreihe, wenn jemand spricht, den Sie gern kennenlernen würden. Indem Sie für das Produkt oder die Dienstleistung der betreffenden Person bezahlen, zeigen Sie damit (durch Taten und nicht nur mit Worten), dass Sie diese Person unterstützen beziehungsweise an sie und ihr Produkt/ihre Dienstleistung glauben.

Tipp Nr. 19: Schicken Sie einen Brief per Post

Schicken Sie einen handgeschriebenen Brief als Zeichen Ihrer Wertschätzung. Jawohl, Sie haben richtig gelesen: Kramen Sie Ihr Briefpapier hervor und schreiben Sie schnell ein paar Zeilen. (Aber schnell, bevor die Post den Laden wegen Arbeitsmangel ganz dichtmacht!) Denn es ist einfach wunderbar, wenn man einen handgeschriebenen Brief bekommt. Ich habe mir im Geschäftsleben angewöhnt, handgeschriebene Dankeschön-Karten zu verschicken, weil diese bei meinen Kunden einen viel stärkeren und vor allem bleibenden Eindruck hinterlassen.

Tipp Nr. 20: Üben Sie sich in Geduld

Das mag vielleicht komisch klingen, aber mein letzter Networking-Tipp heißt: Üben Sie sich in Geduld. Das soll jetzt nicht heißen, dass Sie die Kontaktpflege auf die lange Bank schieben sollen. Ich meine nur, dass es manchmal eben besser ist, wenn man die Sache langsam angeht, damit sich die Beziehung nach und nach entwickeln kann. In diesem Fall wäre es am besten, wenn Sie eine erneute Kontaktaufnahme für einen späteren Zeitpunkt einplanen. Denn wenn Sie innerhalb kurzer Zeit immer wieder nachhaken, besteht die Gefahr, dass Ihre Kontaktaufnahme als lästig oder aufdringlich empfunden wird, wodurch sich die Beziehung eher verschlechtert. Jeder braucht eine gewisse Zeit, um über Dinge nachzudenken und Informationen zu verarbeiten. Damit Sie niemanden unter Druck setzen, sollten Sie daher am besten nachfragen, wann und wie Sie die betreffende Person noch einmal kontaktieren sollen.

ZUSAMMENFASSUNG:
So betreiben Sie richtig Kontaktpflege für
ein effektives Networking

- Intensive Kontaktpflege ist das A und O für den Aufbau einer guten und stabilen Beziehung.
- Beständigkeit, Konsequenz und Geduld sind bei der Kontaktpflege unverzichtbar, um eine Beziehung weiter auszubauen und zu vertiefen.
- Erst geben, dann nehmen: Investieren Sie zuerst in den Aufbau und die Vertiefung Ihrer Netzwerk-Beziehungen, bevor Sie andere um etwas bitten.
- Bieten Sie großzügig Ihre Unterstützung an, ohne eine Gegenleistung zu erwarten (oder zu verlangen).
- Verschieben Sie die nächste Kontaktaufnahme nicht auf später oder gar auf die lange Bank. Es gibt immer eine Möglichkeit, um wieder Kontakt aufzunehmen.
- Seien Sie konsequent präsent, damit Ihre Netzwerk-Kontakte merken, dass sie auf Sie zählen können.
- Seien Sie beharrlich, aber geduldig. Setzen Sie auf Wiederholung, um Ihre Marke so stark im Bewusstsein Ihrer Netzwerk-Kontakte zu verankern, dass diese Ihnen bei künftigen Kaufentscheidungen spontan den Vorzug geben (Stichwort: Top-of-Mind Awareness).
- Vertiefen Sie Ihre Beziehungen, indem Sie Ihrem Gesprächspartner Fragen stellen.
- Planen Sie Ihre Networking-Aktivitäten, damit Sie Ihr Netzwerk zielgerichtet erweitern können.

**20 praktische Tipps und Anregungen
für eine effektive Kontaktpflege:**

1. Schreiben Sie E-Mails.
2. Geben Sie Ihrer Kontaktanfrage in sozialen Netzwerken eine persönliche Note.
3. Antworten Sie immer auf eingehende Kontaktanfragen.
4. Organisieren Sie Telefon- und Videokonferenzen.
5. Planen Sie ein persönliches Treffen.
6. Werden Sie in sozialen Netzwerken und Blogs aktiv; treten Sie in Interaktion.
7. Leiten Sie Informationen weiter, die für andere nützlich sein könnten.
8. Verfolgen Sie aufmerksam die Aktivitäten Ihrer Netzwerk-Kontakte und bieten Sie Ihre Unterstützung an.
9. Nutzen Sie gemeinsame Beziehungen, um Ihre Glaubwürdigkeit zu unterstreichen.
10. Empfehlen Sie andere weiter.
11. Feiern Sie Erfolge.
12. Nehmen Sie Kontakt zu jemandem auf, den Sie aus den Augen verloren haben.
13. Schlagen Sie ein „Lunch and Learn"-Programm vor.
14. Werden Sie Mitglied in Berufsverbänden.
15. Nehmen Sie an Ehemaligentreffen teil.
16. Stellen Sie sich als Vortragsredner/in zur Verfügung.
17. Schreiben Sie Artikel, Bücher oder Podcasts.
18. Erwerben Sie ein Produkt/eine Dienstleistung von einer Person, die Sie gern kennenlernen würden.
19. Schicken Sie einen Brief per Post
20. Üben Sie sich in Geduld.

Übungsaufgabe Nr. 1:

Suchen Sie sich eine Person aus Ihrem privaten oder beruflichen Netzwerk aus und setzen Sie sich jetzt sofort mit ihr in Verbindung. Nutzen Sie dazu eine Möglichkeit zur Kontaktaufnahme, die Sie bisher noch nicht ausprobiert haben. Nur zu! Worauf warten Sie noch?

Übungsaufgabe Nr. 2:

Suchen Sie sich drei Personen aus Ihrem aktuellen Netzwerk aus, die für Sie am wertvollsten sind, und überlegen Sie, was Sie tun könnten, um Ihre Beziehung zu diesen Personen zu verbessern. Planen Sie jetzt sofort und ganz konkret, welche Maßnahmen Sie zu welchem Termin ergreifen wollen, um Ihre Kontakte zu pflegen. Planen Sie mindestens drei Aktivitäten für jede Person ein. Tragen Sie diese Aktivitäten jetzt sofort in Ihren Terminkalender ein.

Übungsaufgabe Nr. 3:

Überlegen Sie sich ein Thema, das für Ihre potenziellen Geschäftspartner von Interesse sein könnte. Schreiben Sie darüber einen Artikel mit einem Textumfang von etwa 500 Wörtern. Sie sind nicht gut im Schreiben? Dann heuern Sie doch einen Ghostwriter an, der das für Sie übernimmt. Verschicken Sie diesen Artikel anschließend an die betreffenden Personen in Ihrem Netzwerk.

Fallbeispiel: Mac Smith

„2005 hatte ich gerade meinen Magisterabschluss in der Tasche und begann gleich im Anschluss mit meinem Doktoratsstudium. Meine Universität organisiert jedes Jahr eine Jobmesse, auf der sich verschiedene Unternehmen präsentieren. In jenem Jahr lernte ich nicht nur Vertreter aus Forschung und Entwicklung aus dem Bereich Softwaretechnologie kennen, sondern auch Studenten, die den gleichen fachlichen Hintergrund

VIP-BONUS

Jetzt könnten Sie natürlich sagen: „Also Lisa, diese Aktivitäten sind aber ganz schön zeitintensiv!" Der springende Punkt dabei ist, dass Sie sich die Technologie zunutze machen müssen, um Ihre Arbeit schnell und effizient zu bewältigen. Heute gibt es doch für alles die entsprechende Software: Es gibt Tools, mit denen Sie Textpassagen ausschneiden und einfügen können; Tools, mit denen Sie Kontakte verwalten und sich an Gesprächstermine erinnern lassen können; Tools, mit denen Sie Visitenkarten und Kontaktdaten verwalten können; und es gibt spezielle Tools zur Überwachung, Analyse und Verwaltung von Aktivitäten und Inhalten in Ihren sozialen Netzwerken; und außerdem gibt es auch Websites, auf denen Sie Ihre freien Termine als Vortragsredner posten können. Ich wäre unmöglich dazu in der Lage, effektives und effizientes Networking zu betreiben, wenn ich nicht auf diese Tools zurückgreifen könnte. Eine Liste meiner Lieblings-Tools finden Sie unter www. smarttalksuccess.com/VIP.

hatten wie ich und sich auf die Spieleprogrammierung spezialisiert hatten. Ich hatte ja überhaupt keine Ahnung, dass jemand mit meiner Ausbildung auch Videospiele programmieren konnte. Mir war zwar klar, dass bis zu meinem Abschluss noch drei Jahre ins Land gehen würden, aber auf der Messe gewann ich den Eindruck, dass ein Job im Bereich Spieleprogrammierung echt klasse ist. Allerdings konnte ich an der langen Schlange an dem betreffenden Messestand auch ablesen, wie groß die Konkurrenz war.

Also nahm ich als Erstes Kontakt mit dem maßgeblichen Chefentwickler am Stand dieses Softwareunternehmens auf. In einem informellen Gespräch sagte ich ihm, dass es zwar noch eine ganze Weile dauern würde, bis ich mein Studium abgeschlossen hätte, dass ich mich allerdings sehr für sein Unternehmen und die Spieleentwicklung interessiere. Ich wollte wissen, was ich tun könnte, um nach meinem Abschluss gute Chancen auf einen Job in seinem Unternehmen zu haben, und ließ durchblicken, dass ich in der Zwischenzeit gern Kontakt mit ihm halten würde. Er war damit einverstanden und so schrieb ich ihm unmittelbar nach der Messe eine E-Mail, in der ich noch einmal meinen Wunsch zum Ausdruck brachte, mit ihm in Kontakt zu bleiben. ,Das ist großartig', lautete seine Antwort.

Ungefähr vier Monate später nahm ich wieder Kontakt zu ihm auf; dieses Mal unter dem Vorwand, ihn nach einem Praktikum zu fragen. Ich schrieb: ,Ich wollte mich kurz bei Ihnen melden, um nachzufragen, ob Sie vielleicht im Herbst eine Praktikumsstelle für mich hätten. Falls nicht, möchte ich Ihnen vorab gern ein paar wirklich coole Arbeiten von mir zeigen.' Zusätzlich zu den entsprechenden Unterlagen und Arbeitsproben fügte ich noch einen Link auf meine Studenten-Website ein. Das machte ich dann regelmäßig alle vier bis sechs Monate, nur damit ich ihm im Gedächtnis blieb. Dieselbe Strategie verfolgte ich auch bei zehn bis 15 weiteren Unternehmen aus der Spielebranche, die mich interessierten.

In meinem letzten Studienjahr intensivierte ich dann meine Bemühungen bei der Jobsuche. Ich kam ins Grübeln: ,Also gut, ich habe Kontakte geknüpft und einen Eindruck von meiner Person vermittelt. Aber habe ich auch den Eindruck vermittelt, warum gerade ich besser für den Job geeignet bin als irgendein anderer Bewerber?' Ich war durch meine Ausbildung zwar gut qualifiziert, doch jeder andere, der mit mehr Praxiserfahrung in der Spieleprogrammierung aufwarten konnte, würde meine Fachkenntnisse bei der Entwicklung von Videospielen bei Weitem übertreffen. Aus diesem Grund arbeitete ich in meinem letzten Studienjahr nebenher an ein paar kleineren Entwicklungsprojekten für Videospiele. Außerdem veröffentlichte ich ein paar meiner Ideen und Projektarbeiten samt Analysedaten und schickte diese in kürzeren Zeitabständen an Microsoft [etwa alle ein bis zwei Monate]. Irgendwann fragte ich dann bei Microsoft nach, ob ich ihnen zuarbeiten könnte, indem ich ein kleines Projekt für sie übernehme. Auf diese Weise konnte ich im letzten Studienjahr dieses wirklich aussagekräftige Profil auf die Beine stellen, aus dem nicht nur hervorging, wer ich war, sondern das auch anhand sehr konkreter Beispiele deutlich machte, wie ich mit meiner Arbeit auf sehr spezifische und einzigartige Weise ein Entwicklerteam bei Microsoft unterstützt hatte.

Ungefähr sechs Monate vor meinen Abschlussprüfungen fing ich dann an, zielgerichtete E-Mails zu verschicken: ‚Ich werde in sechs Monaten meinen Abschluss machen und würde sehr gern in Ihrem Unternehmen arbeiten. Bitte denken Sie an mich, wenn Sie eine Stelle zu vergeben haben.' Dann schickte ich jeden Monat ein Update über meine Arbeit und teilte auch mit, ab wann ich verfügbar wäre. Außerdem richtete ich eine neue Website mit all meinen Projekten ein.

Als ich endlich meinen Abschluss in der Tasche hatte, konnte man mir leider keine Stelle anbieten. Allerdings rief man mich an und sagte mir: ‚Wir haben zwar im Moment keine offenen Stellen, aber wir sind sehr an Ihnen interessiert. Halten Sie Kontakt mit uns.' Ein gutes halbes Jahr später wurde ich dann telefonisch zum Vorstellungsgespräch eingeladen, woraufhin meine Website extrem viele Zugriffe verzeichnete. Anhand der Seitenaufrufe konnte ich sehen, dass man sehr an mir interessiert war.

All die Jahre, die ich an Vorarbeit investiert hatte, um dieses Vorstellungsgespräch anzubahnen, erleichterten mir nun den Einstieg, weil mein künftiger Arbeitgeber sich dadurch bereits vorab von der Qualität meiner Arbeit hatte überzeugen können. Der für mich entscheidende Vorteil war jedoch, dass ich durch diese lange Zeit, in der ich mit meinem Ansprechpartner in regem Kontakt stand, auch wusste, worauf das Unternehmen besonders Wert legt. Folglich konnte ich mich als Bewerber gezielt so präsentieren, wie man es von mir erwartete. Letzten Endes hat mir das eine Stelle in diesem

Unternehmen beschert. Denn etwas mehr als drei Jahre später wurde ich von demselben Chefentwickler eingestellt, mit dem ich das erste Gespräch auf der Jobmesse meiner Universität geführt hatte."

Auf diese eine Stelle hatten sich mehr als 10.000 Bewerber gemeldet. Wie Sie also sehen können, zahlt es sich aus, wenn man bei der Kontaktpflege beständig und konsequent am Ball bleibt. Einige Jahre später wurde Mac Smith von Google angeworben, wo er zurzeit als Informationsdesigner im Bereich User Experience Research arbeitet.

 VIP-BONUS

Registrieren Sie sich doch kostenlos auf meiner Website www.smarttalksuccess.com/VIP. Dann können Sie sich als VIP-Mitglied das vollständige Audio-Interview herunterladen und sich exklusiv zusätzliches Informationsmaterial sowie weitere Vorteile sichern.

5.
DER TON MACHT DIE MUSIK

Mit diplomatischer Gesprächsführung kommt man schneller und leichter zum Ziel

Mit 'nem Teelöffel Zucker
schluckt man jede Medizin.

– „A Spoonful of Sugar",
Lied aus dem Muscial *Mary Poppins*

Stellen Sie sich folgende Situation vor: Sie wollen neue Aufträge an Land ziehen und setzen sich deshalb mit Ihren Kunden in Verbindung. Den ganzen Nachmittag über haben Sie herumtelefoniert und fleißig Kontaktpflege betrieben, indem Sie mit Ihren Kunden über das gestrige Baseballspiel diskutiert oder mögliche Pläne für das bevorstehende Wochenende erörtert haben. Einer Ihrer Kollegen bekommt beim Vorbeigehen an Ihrem Büro ganz zufällig mit, wie ausgesprochen angeregt Sie sich am Telefon unterhalten, und deutet diese Telefonate – aus seiner Perspektive – als Privatgespräche.

Jetzt stellen Sie sich bitte vor, Sie sitzen zusammen mit diesem Kollegen und Ihrer Chefin beim Mittagessen. Im Laufe des gemeinsamen Gesprächs sagt Ihre Chefin dann zu Ihnen, dass sie mit Ihrer Arbeit an einem kürzlich abgeschlossenen Projekt sehr zufrieden ist. Ihr Kollege klinkt sich spontan ein und kommentiert mit einem leichten Unterton: „Oh ja, sie arbeitet wirklich sehr hart – wenn sie nicht gerade ihre Zeit mit Telefonieren verplempert!", womit er natürlich ganz klar darauf anspielt, dass Sie während Ihrer Arbeitszeit zu viele Privatgespräche führen und nicht genügend Zeit auf Ihre Arbeit verwenden.

Ihr Kollege hat nicht mitbekommen, dass Sie diese Telefonate geführt haben, um die Kundenbeziehungen weiter auszubauen, zu stärken und zu vertiefen, und das ausschließlich zur Generierung von neuen Aufträgen. Doch es war nicht das erste Mal, dass dieser Kollege eine abfällige Bemerkung über Sie gemacht hat. Tatsächlich hat er das schon öfter getan, und zwar öffentlich und privat.

Vielleicht hat sich dieser Kollege ja nur einen Spaß erlaubt und wollte Sie foppen. Vielleicht hat er diese Bemerkung aus purem Neid oder vielleicht aus falschem Ehrgeiz gemacht oder vielleicht, weil er Sie einfach nicht ausstehen kann. Was auch immer davon zutrifft, Ihr Kollege hat gerade Ihrer Chefin zu verstehen gegeben, dass Sie Ihren Job nicht richtig machen. Er hat damit angedeutet, dass Sie Ihre Arbeitszeit für Privatangelegenheiten nutzen.

KURZ NACHGEFRAGT

Wann wurden Sie das letzte Mal von jemandem in eine peinliche Situation gebracht? Hatten Sie den Eindruck, dass es nur zwei Alternativen gab, wie Sie darauf reagieren können – entweder es mit Fassung zu tragen oder aber zu riskieren, dass Sie die Gefühle des anderen verletzen beziehungsweise seinem Ansehen schaden?

Wie gehen Sie nun mit dieser Situation um? Wie können Sie diese heikle Situation mit Ihrem Kollegen und mit Ihrer Chefin bereinigen und dennoch in Zukunft weiterhin zu beiden eine gute Arbeitsbeziehung pflegen?

Der amerikanische Schriftsteller und Literaturkritiker Isaac Goldberg hat einmal gesagt: „Diplomatie ist die Kunst, die garstigsten Dinge auf die netteste Weise zu tun oder zu sagen." Ich formuliere das gern so: Diplomatie ist die Fähigkeit, einem Menschen Dinge zu sagen, die er nicht gern hört, und zwar auf eine Art und Weise, dass er einem am Ende sogar noch dankbar dafür ist. In anderen Worten: Denken Sie immer daran, dass niemand gern als Idiot betitelt wird.

Für mich bedeutet diplomatisches Vorgehen im *Geschäftsleben*, dass man seine Ziele erreicht, indem man Informationen und Ideen miteinander austauscht, und zwar auf eine für beide Seiten angenehme und nützliche Art und Weise. Es ist eben ein großer Unterschied, ob ich eine Botschaft auf einen Zettel kritzele, diesen um einen Backstein wickle und den Stein dann durch das Fenster werfe oder ob ich einen höflichen und nett geschriebenen Brief verschicke, für den ich ein edles, duftendes Briefpapier verwendet habe. Der Inhalt der Botschaft mag in beiden Fällen der gleiche sein, doch es besteht ein himmelweiter Unterschied in der Art und Weise, wie er verpackt und übermittelt wurde. Denn bei einer diplomatischen Gesprächsführung kommt es einzig und allein darauf an, wie eine Botschaft verpackt und übermittelt wird.

Diplomatisches Geschick ist die Grundvoraussetzung, um im geschäftlichen Miteinander erfolgreich zu bestehen. Denn die große Kunst der Diplomatie besteht darin, seine Gedanken, Meinungen und Ideen so zu formulieren, dass man anderen Menschen dabei nicht auf die Füße tritt. Kurz, Diplomatie ist die praktische Umsetzung des bekannten Sprichwortes „Der Ton macht die Musik".

Warum spielt Diplomatie eine so große Rolle?

Jede Art der Kommunikation im geschäftlichen Umfeld verfolgt letzten Endes die Zielsetzung, etwas zu verändern. Denken Sie einmal darüber nach. Selbst im Vertrieb versuchen Sie doch letztlich die Menschen dazu zu bewegen, ihr Verhalten zu ändern, indem sie Ihr Produkt kaufen oder Ihre Dienstleistung in Anspruch nehmen. Das Problem ist nur, wenn wir Menschen sagen, dass sie sich ändern müssen, sagen wir ihnen implizit – quasi durch die Blume –, dass sie etwas falsch machen!

Insbesondere wenn bei Geschäften von Verhandlungen und Diplomatie die Rede ist, assoziieren viele Menschen den harten Wettbewerb in der Geschäftswelt gern mit Krieg. Wenn jedoch auf der politischen Bühne die Diplomatie versagt, sind die Konsequenzen – nämlich Krieg – sehr real für alle spürbar. Dann begreift jeder, was passiert, wenn diplomatische Bemü-

KURZ NACHGEFRAGT

Ist es schon einmal vorgekommen, dass Sie durch eine undiplomatische Äußerung jemanden verprellt haben? Was hätten Sie stattdessen sagen oder tun können?

hungen scheitern, und warum der Stellenwert der Diplomatie gar nicht hoch genug angesetzt werden kann.

In der Geschäftswelt dagegen treten die Konsequenzen mangelnder Diplomatie nicht ganz so offensichtlich zutage. Wir erkennen sie nicht auf den ersten Blick, obwohl sie dennoch genauso real sind. Wer gut im Geschäft sein will, braucht gute Beziehungen, auch zur Konkurrenz. Allerdings können sich auch gute Beziehungen bei mangelndem Fingerspitzengefühl verschlechtern – und zwar rapide.

Sie müssen tagtäglich im Job mit Menschen kommunizieren. Wahrscheinlich stehen Sie ständig mit Ihrem Vorgesetzten in Verbindung, mit rangniederen Mitarbeitern und mit gleichrangigen Kollegen. Und jeder von ihnen hat seine typischen Eigenarten und Marotten, seine ganz individuelle Art, die Dinge anzugehen.

Manchmal müssen Sie vielleicht mit einem problematischen Kollegen oder einem schwierigen Chef zurechtkommen. Daher sollten Sie lernen, wie Sie diesen Personen mitteilen können, dass ihr Verhalten dem Arbeitsklima und der Produktivität schadet, ohne dass Sie dadurch Ihre beruflichen Beziehungen beeinträchtigen. Das gelingt Ihnen im Geschäftsleben nur mit diplomatischem Geschick – es ist der einzige Weg, wie Sie Ihre Gefühle zum Ausdruck bringen und Veränderungen im Konsens herbeiführen können.

Demnach ist es nicht nur von elementarer Bedeutung, Beziehungen aufzubauen, sondern es ist ebenso wichtig, sie aufrechtzuerhalten – am besten gelingt Ihnen das mit Diplomatie. Solange Sie Ihren Mitmenschen das Gefühl vermitteln, dass Sie nur das Beste für sie wollen, werden sie sehr wahrscheinlich auch gern bereit sein, mit Ihnen zusammenzuarbeiten. Denn wenn wir mit Fingerspitzengefühl und Wohlwollen vorgehen, bauen wir Vertrauen auf. Wenn wir jedoch mit unseren Worten und unserer Vorgehensweise andere verletzen, zerstören wir Beziehungen und verlieren Kunden.

Wie nutzt man die Kunst der Diplomatie im Geschäftsleben?

In politischen Beziehungen spielt diplomatisches Fingerspitzengefühl eine sehr entscheidende Rolle. Ein Beispiel: Zwischen den beiden Nachbarstaaten Indien und Pakistan herrscht seit Jahrzehnten eine erbitterte Feindschaft. Seit der Teilung des Subkontinents im Jahr 1947 haben die kriegerischen Auseinandersetzungen zwischen den beiden Ländern praktisch kein Ende genommen. Zu Beginn des Jahres 2011 waren die Friedensgespräche zwischen beiden Staaten seit nahezu einem Jahr festgefahren.

Dann lieferten sich die Teams der beiden verfeindeten Nationen während des Cricket World Cup 2011 im Halbfinale ein Kopf-an-Kopf-Rennen. Der indische Premierminister Manmohan Singh sorgte weltweit für Aufsehen, als er seinen pakistanischen Amtskollegen mit einer freundlichen Geste dazu einlud, das Spiel mit ihm gemeinsam anzuschauen. Mit diesem diplomatischen Schachzug trug der indische Premier nicht nur maßgeblich dazu bei, dass beide Staaten erneut die Friedensgespräche aufnahmen, sondern bewies auch, dass er ein Mann der Tat ist.

Auch in geschäftlichen Beziehungen ist diplomatisches Fingerspitzengefühl unverzichtbar – die Ziele mögen zwar andere sein, aber das Grundprinzip ist dasselbe. Um diplomatisch vorzugehen, müssen Sie lernen, Ihre

DOCH VORSICHT

Diplomatie bedeutet nicht, dass Sie Ihren Standpunkt aufgeben müssen. Sie können trotzdem uneingeschränkt an den Punkten festhalten, die Ihnen wichtig sind, allerdings sollten Sie dies auf höfliche und respektvolle Weise zum Ausdruck bringen. Außerdem sollten Sie sich in die Lage der anderen Partei versetzen und Verständnis für deren Standpunkt zeigen.

Botschaft sachlich, freundlich und einfühlsam zu kommunizieren. Sie müssen die Menschen davon überzeugen, dass Sie sie unterstützen und ihnen keineswegs schaden wollen. Diplomatisches Fingerspitzengefühl im Geschäftsleben heißt seinem Gegenüber mit Respekt zu begegnen – ganz genau so, wie dies der indische Premierminister mit seiner Geste gegenüber seinem pakistanischen Amtskollegen zum Ausdruck gebracht hat.

Mithilfe einer diplomatischen Gesprächsführung können Sie einerseits Ihrem Gesprächspartner zeigen, dass Sie seine Gedanken, Gefühle oder Ideen verstehen und respektieren, andererseits aber dennoch Ihren Standpunkt behutsam deutlich machen. Nur wer seine Botschaft diplomatisch geschickt formuliert, wird bei seinem Gesprächspartner Gehör finden und ihn davon überzeugen können, etwas zu ändern, ohne dabei Gefahr zu laufen, dass die Beziehung Schaden nimmt. Das folgende Zitat bringt dies ganz treffend auf den Punkt: „Diplomatie ist die Kunst, sich mit einem Stachelschwein anzulegen, ohne Bekanntschaft mit seinen Stacheln zu machen."

Wie bei jeder Art zwischenmenschlicher Kommunikation ist es auch bei einer diplomatischen Gesprächsführung wichtig, dass sie auf Ehrlichkeit beruht. Denn im Grunde genommen ist Diplomatie ohnehin überflüssig, wenn man nicht ehrlich ist. Wenn Sie sich also in Diplomatie üben wollen, müssen Sie ehrlich sein – allerdings nicht schonungslos ehrlich! Das heißt jedoch nicht, dass Sie die Tatsachen verdrehen sollen; es heißt nur, dass die andere Person am Ende des Gesprächs nicht deprimiert sein sollte, sondern vielmehr ein gutes Gefühl auf der Beziehungsebene hat. Oder anders ausgedrückt: Die andere Partei sollte den Verhandlungstisch stets mit einem Gefühl der Wertschätzung verlassen.

Die drei wichtigsten Regeln diplomatischer Gesprächsführung

Wenn Sie im Geschäftsleben erfolgreich sein wollen, tun Sie gut daran, die folgenden drei einfachen Grundregeln diplomatischer Gesprächsführung zu beherzigen. Diese Regeln sind nicht nur im Umgang mit Geschäftspartnern absolut unerlässlich, sondern auch für ein gutes Miteinander im Allgemeinen, denn sie gehören zweifellos zu den grundlegenden Umgangsformen für ein korrektes Auftreten! Dale Carnegie hat diese Regeln in seinem berühmten Bestseller *How to Win Friends and Influence People** leidenschaftlich propagiert.

Grundregel Nr. 1: Kritisieren Sie nicht

Carnegie sagt: „Kritik ist zwecklos, weil man einen Menschen damit in die Defensive drängt und im Prinzip nur dazu veranlasst, sich zu rechtfertigen. Kritik ist gefährlich, weil man damit den Stolz und das Selbstwertgefühl eines Menschen verletzt und Verärgerung hervorruft."[1]

Versetzen Sie sich noch einmal in das Beispiel am Anfang des Kapitels. Sie sollten sich ein Szenario vorstellen, in dem Sie von einem Kollegen in die Defensive gedrängt wurden. Und nun überlegen Sie, welche Emotionen es bei Ihnen hervorrufen würde, wenn Sie mit einem ähnlichen Szenario im richtigen Leben konfrontiert würden. Vermutlich hätten Sie das Gefühl, dass Ihre harte Arbeit überhaupt nicht gewürdigt wird, und da der Kommentar in Anwesenheit Ihres Chefs gemacht wurde, wären Sie zweifellos in Ihrem Stolz gekränkt und sicherlich auch wütend.

In gewisser Weise wurde schließlich all die Zeit und Mühe, die Sie in den Aufbau Ihrer Kundenbeziehungen investiert haben, durch eine einzige abfällige Bemerkung eines Kollegen herabgewürdigt. Sie hätten sich bestimmt nicht nur über die Bemerkung geärgert, sondern auch über den Kollegen. Entsprechend würden Sie beide sich vielleicht nicht mehr so gut ergänzen, wenn Sie bei künftigen Projekten zusammenarbeiten müssten.

Carnegies Feststellung trifft aber nicht nur auf Kritik zu, die Sie an anderen üben, sondern gilt gleichermaßen auch für Selbstkritik. Machen

---

*Auf Deutsch erschienen: *Wie man Freunde gewinnt: Die Kunst, beliebt und einflussreich zu werden*, Fischer Verlag, 2011; Anm. d. Übers.

Sie also weder andere noch sich selbst fertig. Denn negative Kritik bewirkt nur eins: dass man sich schlecht fühlt – und damit ist niemand geholfen.

Lassen Sie mich diesen letzten Punkt noch einmal mit Nachdruck betonen. Ihr Ziel ist es, Bereiche aufzuzeigen, die verbesserungswürdig sind. Wenn Sie also sehen, dass irgendwo etwas schiefläuft, dann zeigen Sie nicht nur mit dem Finger auf den Fehler, sondern machen Sie konkrete Vorschläge, wie man das Problem lösen kann. Eigentlich sollten Sie auch vermeiden von einem Fehler zu sprechen. Versuchen Sie am besten, eine neutrale Formulierung zu wählen – etwa so: „Hey, ich habe gesehen, dass Sie … auf diese Weise machen. Haben Sie schon einmal überlegt, eine andere Methode auszuprobieren? Vielleicht wäre das einfacher und effizienter."

Formulieren Sie immer positiv, nie negativ. Seien Sie konstruktiv, nicht destruktiv. Sprechen Sie kein Problem an, ohne mit Lösungsvorschlägen aufwarten zu können. Ja, Sie haben richtig gelesen, Lösungsvorschläge – Mehrzahl! Falls möglich, sollten Sie immer eine Alternative parat haben. Auf diese Weise vermitteln Sie der betreffenden Person das Gefühl, dass sie selbst das Heft in der Hand hat und letzten Endes selbst die Entscheidung trifft.

Denken Sie dabei immer an das alte Sprichwort „Mit einem Tropfen Honig fängt man mehr Fliegen als mit einem Fass Essig". Menschen reagieren sehr viel eher auf sanfte Überzeugung als auf plumpe Überrumpelungstaktiken. Außerdem werden sie sich Ihnen gegenüber im Endeffekt sogar dankbar zeigen und Sie noch mehr respektieren als zuvor. Denn indem Sie Lösungen anbieten, anstatt nur auf Probleme hinzuweisen, erkennen Ihre Mitmenschen, dass Sie sich aufrichtig für sie interessieren, und dann werden sie auch mit Ihnen zusammenarbeiten.

Grundregel Nr. 2: Zeigen Sie Ihre Wertschätzung

Keiner von uns mag es, wenn seine Arbeit beanstandet wird, und meistens nehmen wir das persönlich. Aber jeder von uns mag es, wenn sie gewürdigt wird. Selbst wenn Sie ein Konzept ablehnen müssen, sollten Sie dennoch die Zeit und Mühe würdigend anerkennen, die die betreffende Person in die Ausarbeitung dieses Konzepts investiert hat. Es ist doch so einfach, seine Anerkennung zum Ausdruck zu bringen – ein schlichtes „Danke" reicht schon. Im Sinne eines guten Arbeitsklimas sollte man anderen regelmäßig Anerkennung zollen. Um Ihrer Anerkennung größtmögliches Gewicht zu verleihen, sollten Sie diese sowohl im öffentlichen als auch im privaten Rahmen äußern. Im öffentlichen Rahmen, weil Sie damit Menschen die Anerkennung zuteilwerden lassen, die sie verdienen, und im privaten Rahmen, weil Sie damit der Ernsthaftigkeit Rechnung tragen, die mit echter Wertschätzung verbunden ist.

Ich hatte einmal einen Chef – genau genommen war es der Chef von meinem Chef –, den werde ich wohl nie vergessen, denn er ist für mich bis heute der unangefochtene Meister in der Königsdisziplin, seinen Mitarbeitern Anerkennung zu zollen. Er hieß Fred Dewey und ich kann mich noch gut daran erinnern, dass er regelmäßig kurze und ernst gemeinte „Gut gemacht!"-E-Mails herumschickte. Fred bekam immer sehr schnell mit und wusste zu schätzen, wenn jemand hart gearbeitet und sich über die Maßen engagiert hatte, und deshalb legte er großen Wert darauf, dass im Verteiler dieser E-Mails auch ja alle Vorgesetzten und Kollegen erfasst waren und erfuhren, dass man dieses Lob erhalten hatte.

Diese E-Mails kosteten ihn nicht mehr als eine Minute, allerdings zahlte sich dieser minimale Zeitaufwand für ihn langfristig ganz enorm aus. Denn diese kleine Geste führte nicht nur zu einem massiven Anstieg der Leistungsbereitschaft seiner Mitarbeiter, sondern er konnte auch für sich persönlich Kapital daraus schlagen. Durch sein regelmäßiges und kontinuierlich sowohl öffentlich als auch privat ausgesprochenes Lob stärkte Fred mein Selbstbewusstsein und verdiente sich darüber hinaus meinen allergrößten Respekt. Außerdem – und das dürfte von weitaus größerer Bedeutung für den Unternehmensgewinn gewesen sein (schließlich reden

DOCH VORSICHT

Tragen Sie nicht zu dick auf und hüten Sie sich vor Schmeicheleien. Jeder durchschaut das sofort und Ihre Lobesworte werden als das erkannt, was sie sind: bedeutungslos. Anerkennung sollte aufrichtig und ehrlich sein.

wir hier vom Geschäft) – motivierte Fred mich sogar dazu, noch härter zu arbeiten und noch mehr zu leisten. Ich weiß, dass dies auf meine Kollegen ebenfalls zutraf.

Alle Mitarbeiter liebten Fred. Und wenn er mal auf jemanden zukam und ihn bat, sich bei einer bestimmten Aufgabe oder einem Projekt ganz besonders viel Mühe zu geben oder etwa eine Aufgabe zu übernehmen, die nicht explizit in seiner Tätigkeitsbeschreibung genannt war, was glauben Sie: Hat er wohl jemals ein „Nein" zu hören bekommen? Natürlich nicht!

Da Fred immer so prompt Anerkennung zollte, reagierten seine Mitarbeiter stets positiv, wenn er ihnen verschiedene Lösungsvorschläge für ein Problem machte oder wenn er eine neue oder bessere Vorgehensweise vorschlug. Meinen Sie etwa, dass wir seine Anregungen als Kritik empfunden haben? Keineswegs. Denn wir wussten ja, dass Fred wirklich nur das Beste für uns und das Unternehmen wollte. Und da es für ihn wichtig war, dass wir wussten, dass er an uns glaubt, war es eben auch für uns wichtig, dass er wusste, dass wir bereit sind, für ihn auch 150 Prozent zu geben.

Bei einer diplomatischen Gesprächsführung geht es in erster Linie darum, dass Sie Ihrem Gegenüber Ihre Wertschätzung bezeigen. Diese Grundregel sollten Sie auf alle Fälle auch dann beherzigen, wenn jemand etwas gemacht oder gesagt hat, womit Sie nicht einverstanden sind, oder

Ihnen etwas geschenkt hat, das Ihnen nicht gefällt. Anlässlich einer Australienreise demonstrierte US-Außenministerin Hillary Clinton während eines Radiointerviews mit einem Komiker-Duo, wie man selbst dann seine Wertschätzung zum Ausdruck bringt, wenn man ein unschönes Geschenk überreicht bekommt. Das Komiker-Duo schenkte ihr eine Tüte Kartoffelchips, deren Haltbarkeitsdatum schon seit zwei Jahren abgelaufen war. Sie bedankte sich mit den Worten: „Ich kann Ihnen gar nicht sagen, wie sehr ich mich darüber freue. Ich liebe Kartoffelchips." Als sie dann darauf angesprochen wurde, dass sie angesichts so vieler Auslandsreisen doch sehr gut darin sein müsse, sich selbst für solche Geschenke freundlich zu bedanken, die sie nicht mag, antwortete sie: „Dafür gibt es extra einen speziellen Kurs, in dem man genau das lernt."[2]

Die Kernbotschaft ist: Ein Wort der Anerkennung kostet Sie so gut wie nichts, zahlt sich aber langfristig in hohem Maße für Sie aus. Mit einem ehrlichen Lob oder einem aufrichtigen Dankeschön können Sie im Geschäftsleben einen großen Beitrag für eine effektive Zusammenarbeit leisten.

Grundregel Nr. 3: Zeigen Sie Verständnis für den Standpunkt des anderen

Der amerikanische Unternehmer Henry Ford hat einmal gesagt: „Falls es überhaupt ein Erfolgsgeheimnis gibt, dann ist es die Fähigkeit, die Ansicht des anderen zu hören und die Dinge aus seinem wie auch dem eigenen Blickwinkel zu sehen."

Wenn Sie sich die Zeit nehmen, um sich in die Situation des anderen hineinzuversetzen, eröffnet sich Ihnen vielleicht eine ganz neue Sichtweise auf die Dinge. Dadurch sind Sie nicht nur in der Lage, das große Ganze zu erkennen, sondern das Problem auch aus einem anderen Blickwinkel zu betrachten. Außerdem bekommen Sie ein viel besseres Gespür dafür, mit welcher Lösung der anderen Partei am besten gedient ist, anstatt sich nur darauf zu konzentrieren, welche Lösung für Sie die beste ist. Erst, wenn Sie den Standpunkt des anderen verstanden haben, werden Sie in der Lage sein, echte Anteilnahme zu zeigen. Ich kann nicht oft genug betonen, wie extrem wichtig das ist. Und wenn Sie den Menschen zeigen, dass Sie zuhören und sich für ihre Gedanken und Gefühle interessieren, werden sie Ihnen auch abnehmen, dass Sie sich ernsthaft bemühen, ihren Standpunkt zu verstehen. Denn in den meisten Fällen wollen die Menschen einfach nur das Gefühl haben, dass man sie versteht.

Wie lassen sich diese Regeln konkret in der Praxis umsetzen?

Nachdem ich die drei wichtigsten Regeln für eine diplomatische Gesprächsführung zusammengestellt hatte, wusste ich zunächst nicht so recht, wie ich im Einzelnen vorgehen sollte, um sie in der Praxis umzusetzen. „Wie befolge ich diese Regeln im Job? Was kann ich konkret tun, um Kritik zu vermeiden? Wie kann ich am besten meine Wertschätzung zum Ausdruck bringen? Und wie in aller Welt kann ich lernen, die Dinge aus der Sichtweise einer anderen Person zu betrachten?"

Wie schon gesagt: Das das alte Sprichwort „Der Ton macht die Musik" bringt das Grundprinzip der Diplomatie sehr treffend auf den Punkt, denn für eine erfolgreiche Kommunikation kommt es nicht darauf an, was man sagt, sondern wie man es sagt. Allerdings ist nicht immer so ganz offensichtlich, wie man am besten vorgeht, um diplomatisch geschickt zu kommunizieren. Zu diesem Zweck habe ich fünf nützliche Tipps zusammengestellt, die Ihnen dabei helfen sollen, die drei Grundregeln diplomatischer Gesprächsführung in der täglichen Praxis umzusetzen.

Tipp Nr. 1: Beobachten Sie das Verhalten Ihrer Gesprächspartner, damit Sie sich besser auf sie einstellen können

Wie sagte Sun Tsu in *The Art of War*[3]: „Halte engen Kontakt zu deinen Freunden, aber einen noch engeren zu deinen Feinden." Auf das Geschäftsleben übertragen heißt das: Machen Sie sich doch die Mühe, das

Verhalten Ihrer Geschäftspartner aufmerksam zu beobachten und zu verstehen.

Das Gleiche gilt für Ihre Kollegen. Was treibt sie an? Wie reden sie miteinander – welcher Kommunikationsstil überwiegt? Wie sieht ihre Körpersprache aus? Welche kommunikativen Konfliktlösestrategien benutzen sie? Welche Interessen verfolgen sie? Wie gehen sie an Probleme heran? Welchen kulturellen Hintergrund haben sie? Wenn Sie diese Informationen zusammengetragen haben, können Sie viel besser auf die Bedürfnisse Ihrer Kollegen eingehen.

Tipp Nr. 2: Lernen Sie, sich an den Kommunikationsstil Ihres Gesprächspartners anzupassen

Jeder kommuniziert anders – nicht schlechter und nicht besser, sondern eben anders. Viele angehende Führungskräfte machen den Fehler, dass sie denken, ihr eigener Kommunikationsstil wäre der beste (oder der einzige, der zum Erfolg führt). Ein erfahrener Kommunikator erkennt, welche Kommunikationsstile seine Gesprächspartner bevorzugen und passt seinen eigenen Stil entsprechend an.

In der gängigen Fachliteratur[4, 5, 6] gibt es verschiedene Definitionsansätze zur Klassifikation von Kommunikationsstilen beziehungsweise von kommunikativem Verhalten, was sich allerdings in einer verwirrenden Vielzahl von Kategorien und Bezeichnungen niederschlägt. Deshalb

VIP-BONUS

Wollen Sie mehr über Ihren Kommunikationsstil erfahren? Dann gehen Sie auf www.smarttalksuccess.com/VIP, dort können Sie Ihren Kommunikationsstil in einem Frage-Antwort-Quiz testen.

habe ich mir auf der Grundlage dieser Ansätze meine eigene Klassifizierung zusammengestellt, weil ich mir die Einteilung in vier übersichtliche Kategorien kommunikativen Verhaltens viel besser merken und dementsprechend den Kommunikationsstil einer Person schnell bestimmen kann, während ich mich mit ihr unterhalte.

Die nachfolgende Typologie können Sie wunderbar als Werkzeug nutzen, um schnell einen Draht zu jemandem aufzubauen, indem Sie Ihren eigenen Kommunikationsstil an den Ihres Gesprächspartners anpassen:

Der systematisch-analytische Typ

Ein Mensch, der diesen Kommunikationsstil bevorzugt, verwendet viele Zahlen und Fakten. Er legt nicht nur größten Wert auf Einzelheiten und Genauigkeit, sondern ist auch sehr gewissenhaft; er ist gern bereit, zusätzlich Zeit aufzuwenden, um dafür zu sorgen, dass alles reibungslos läuft. Wenn Sie mit so einem Menschen reden, sollten Sie am besten ausführlich und differenziert, präzise, systematisch und taktvoll sein.

Der Teamplayer-Typ

Ein Mensch, der diesen Kommunikationsstil bevorzugt, ist darauf bedacht, Beziehungen zu pflegen und das Gefühl von Zusammengehörigkeit und Geborgenheit zu fördern. Er ist in aller Regel gelassen, gut strukturiert und organisiert und steht nicht gern im Mittelpunkt. Wenn Sie mit einem Teamplayer reden, sollten Sie positiv, geduldig und entgegenkommend sein. Achten Sie auch darauf, dass Sie Zeit für ein Schwätzchen einplanen und seine Leistungen würdigen.

Der temperamentvolle Typ

Ein Mensch, der diesen Kommunikationsstil bevorzugt, ist kontaktfreudig, extravagant, energiegeladen und spontan. Wenn Sie mit einem temperamentvollen Menschen reden, müssen Sie ein erhebliches Maß an Begeisterung aufbieten, um mit seiner Begeisterung mithalten zu können. Nur so können Sie Ihre Botschaft für diesen Typ ansprechend verpacken.

Der pragmatische Typ

Ein Mensch, der diesen Kommunikationsstil bevorzugt, ist sehr direkt, praxisbezogen, fordernd und sachlich-nüchtern. Viele empfinden diesen Kommunikationsstil als brüsk oder „schwierig". Das Entscheidende, worauf es bei der Kommunikation mit dem pragmatischen Typ ankommt, ist, dass Sie vorbereitet sind und prägnant, zielgerichtet und selbstbewusst zur Sache kommen.

Denn wenn Sie nicht nur Ihren eigenen Kommunikationsstil kennen, sondern auch die Kommunikationsstile Ihrer Mitmenschen, können Sie sehr viel effektiver kommunizieren. Allerdings ist es wichtig, dass Sie sich auch bewusst machen, dass Menschen in verschiedenen Kommunikationssituationen verschiedene Kommunikationsstile benutzen. Meist ist es so, dass wir in Stresssituationen einen anderen Kommunikationsstil bevorzugen als in Situationen, in denen wir nicht unter Stress stehen.

Nehmen wir zum Beispiel einmal an, Sie bevorzugen normalerweise den pragmatischen Kommunikationsstil, müssen aber jemandem Informationen geben, der normalerweise einen systematisch-analytischen Kommunikationsstil bevorzugt. Wenn Sie das wissen, dann wissen Sie auch, dass es wichtig ist, dass Sie nicht sofort auf den Punkt kommen und dem Betreffenden in wenigen Worten eine kurze Zusammenfassung geben dürfen, sondern dass Sie auch alle Einzelheiten mitliefern müssen. Achten Sie auch darauf, dem systematisch-analytischen Typ genügend Zeit zu geben, damit er sich die Informationen durch den Kopf gehen lassen kann, bevor Sie ihn um eine Antwort bitten.

Oder nehmen wir an, Sie bevorzugen einen temperamentvollen Kommunikationsstil und müssen mit einem Teamplayer-Typ kommunizieren.

Dann sollten Sie Ihrem Gesprächspartner unbedingt vorher mitteilen, dass Sie mit ihm sprechen wollen. Zügeln Sie Ihr Temperament und sprechen Sie etwas leiser als sonst. Achten Sie auch darauf, dass Sie zu Beginn des Gesprächs über Beziehungen sprechen, die der anderen Person wichtig sind.

Ein guter Kommunikator weiß, wie er seinen Kommunikationsstil verändern muss, um ihn bestmöglich an die Kommunikationsstile seiner Gesprächspartner anzupassen. Indem Sie also Ihren Kommunikationsstil variieren, sind Sie in der Lage, viel effektiver mit anderen zu kommunizieren und folglich bessere Ergebnisse zu erzielen. Nicht dass Sie mich jetzt falsch verstehen, Sie sollen nicht etwa Ihre Persönlichkeit ändern, sondern nur vorübergehend Ihr kommunikatives Verhalten, damit Sie Ihre Ziele besser erreichen können.

Im Laufe meiner Karriere hatte ich das Vergnügen, für verschiedene Unternehmen und Mitarbeiterteams Schulungen zum besseren Verständnis von Kommunikationsstilen abzuhalten. Dabei hat sich meine Einteilung in vier verschiedene Kategorien kommunikativen Verhaltens als ausgesprochen wertvolles Management-Tool erwiesen, denn sie erleichtert nicht nur das Verständnis grundlegender Zusammenhänge, sondern trägt auch maßgeblich zu einer effektiveren (weil einfühlsameren) Kommunikation im Geschäftsleben bei.

Tipp Nr. 3: Wählen Sie Ihre Worte mit Bedacht

Wir haben eingangs bereits festgestellt, dass niemand es gern hat, wenn seine Arbeit oder seine Vorschläge abgelehnt werden. Doch leider gibt es Situationen, in denen wir diese schlechte Nachricht dennoch überbringen oder wir jemandem sagen müssen, dass wir mit etwas nicht einverstanden sind. Wie können wir das formulieren, ohne dass sich der Betreffende danach deprimiert oder zurückgewiesen fühlt?

Das vielleicht allerwichtigste Element bei einem diplomatisch-einfühlsamen Vorgehen ist, seine Worte mit Bedacht zu wählen – mit viel Bedacht.

Mein Vater sagte früher immer zu mir: „Lisa, du musst nicht sagen, es ist weiß, wenn du stattdessen ebenso gut sagen kannst, es ist nicht schwarz." Was er mir damit eigentlich sagen wollte, war, dass die Wortwahl sehr maßgeblich dazu beiträgt, wie wir eine Botschaft wahrnehmen und empfinden. Wenn Sie sich also nicht den Mund verbrennen wollen, sollten Sie lernen, Negatives immer hübsch zu umschreiben.

Es versteht sich von selbst, dass Politiker diese Methode aus dem Effeff beherrschen. Nehmen wir doch zum Beispiel die Erdölförderung in den USA. Einige amerikanische Politiker formulieren das etwas präziser, indem sie sagen „Erdölbohrungen"; andere dagegen formulieren es noch sehr viel beschönigender und nennen es stattdessen „Erschließung von Energiequellen". Manche rügen uns, weil wir „Schwarzarbeitern keine medizinische Notfallversorgung gewähren", während andere dafür eintreten, dass wir „illegalen Einwanderern die Inanspruchnahme von Gesundheitsleistungen verweigern".

Auch wenn die verschiedenen Formulierungen zwar im Grunde alle dasselbe meinen, so haben sie dennoch verschiedene Konnotationen, das heißt, sie rufen beim Empfänger der Botschaft bestimmte Emotionen und Assoziationen hervor. In seinem Buch *Words That Work*[7] hat Dr. Frank Luntz, politischer Berater und Autor, diese Art der Umschreibung sehr schön auf den Punkt gebracht: „Es kommt nicht darauf an, was Sie sagen, sondern was die Leute hören."

Demnach sollten Sie bei der Wahl Ihrer Worte Ihr Augenmerk nicht nur auf die Bedeutung richten, die diese Worte Ihrer Meinung nach haben, sondern auch mögliche Konnotationen berücksichtigen. Außerdem sollten Sie sich Gedanken darüber machen, wie Ihre Worte auf andere Menschen wirken. Schließlich können Sie nicht einfach davon ausgehen, dass jeder Ihrer Zuhörer Ihre Botschaft automatisch genauso versteht, wie Sie sie letztlich gemeint haben.

Darüber hinaus sollten Sie unbedingt Sätze mit „Sie müssen ...", „Sie sind immer ..." oder „Sie haben nie ..." vermeiden. Diese könnten als aggressiv empfunden werden. Außerdem wirken sie verallgemeinernd. Denn so etwas wie „immer", „müssen" oder „nie" gibt es in den seltensten Fällen. Vielmehr ist es so, dass stark verallgemeinernde, pauschalisierende Wörter keinen Spielraum für Fehler lassen. Für jedes „immer", das Sie sagen, wird die andere Person mit ziemlicher Sicherheit eine Ausnahme finden können. Auf diese Weise verlieren Sie nicht nur die Aufmerksamkeit Ihres Gesprächspartners, sondern büßen gleichzeitig auch an Glaubwürdigkeit ein, weil er vermutlich beweisen kann, dass Sie unrecht haben.

Stattdessen sollten Sie versuchen, mit Formulierungen wie „Vielleicht überlegen Sie einmal …", „Ich denke, es wäre vielleicht aussagekräftiger, wenn …" oder „Es sieht so aus, als ob …" eher anzudeuten, als zu behaupten. Denken Sie einmal darüber nach. Denn diese Sätze klingen einerseits nicht so anklagend und vorwurfsvoll wie ein „Sie sind immer …" und andererseits lassen sie Ihnen und Ihrem Gegenüber weitaus mehr Spielraum, um alle potenziellen Probleme miteinander zu klären.

Ein einfühlsamer Kommunikator denkt nicht nur einmal, sondern mehrere Male gründlich über die Wahl seiner Worte nach, bevor er seine Botschaft kommuniziert. Denn er weiß nur zu gut, dass das falsche Wort am falschen Ort zur falschen Person einer Beziehung oder einem Ruf dauerhaft Schaden zufügen kann. Ihre Wortwahl ist sehr wichtig, denn Worte haben eine unglaubliche Macht.

Tipp Nr. 4: Seien Sie offen für Fragen, hören Sie Ihrem Gesprächspartner zu und versetzen Sie sich in seine Situation

Als frischgebackene Mutter hatte ich mir geschworen, dass ich zu meinen Kindern, falls sie je eine Anweisung von mir hinterfragen sollten, niemals den Satz „Weil ich es gesagt habe, deshalb!" sagen würde. Denn als Kind konnte ich es nicht ausstehen, wenn meine Eltern das zu mir sagten. Jede Wette, dass es Ihnen genauso erging. Ich wusste ganz genau, woran ich bei meinen Eltern war; ich wusste, sie hatten das Sagen. Das Einzige, was ich wollte, war zu wissen, aus welchem Grund ich etwas tun

KURZ NACHGEFRAGT

Waren Sie schon einmal in der Situation, dass Sie eine Anweisung befolgen mussten, nur weil diese Anweisung von einer Person kam, die in der Hierarchie über Ihnen stand und am längeren Hebel saß? Wie haben Sie sich dabei gefühlt? Wie haben Sie darauf reagiert? Möchten Sie wieder für diese Person arbeiten?

oder lassen sollte. Doch sobald der Satz „Weil ich es gesagt habe" fiel, habe ich auf stur geschaltet und sah überhaupt nicht ein, warum ich mir ihren Standpunkt anhören sollte. Im Geschäftsleben funktioniert das im Prinzip auch nicht anders. Als frischgebackene Abteilungsleiterin manövrierte ich mich einmal in eine äußerst unangenehme Situation, die ich nie vergessen werde. Einer meiner Mitarbeiter, er hieß Tom, wollte zuerst von mir den Grund wissen, warum er eine bestimmte Aufgabe, die ich ihm aufgetragen hatte, erledigen sollte. In meiner Verärgerung sagte ich doch tatsächlich zu ihm: „Sie müssen das deshalb machen, weil ich Ihre Vorgesetzte bin und weil ich es Ihnen gesagt habe." Toms Gesichtsausdruck hat sich auf ewig in mein Gedächtnis eingebrannt. Sofort war mir klar, dass ich einen Fehler gemacht hatte. Ich hatte ihm nicht zugehört, denn bis zu diesem Zeitpunkt hatte ich weder seine Bedürfnisse, Wünsche und Gefühle berücksichtigt noch hatte ich erkannt, dass er eine andere Sichtweise auf die Dinge hatte als ich.

Auch wenn ich wusste, dass ich kurzfristig mein angestrebtes Ziel erreicht hatte und er die Aufgabe erledigen würde, so war mir allerdings auch klar, dass ich unserer Beziehung ernsthaft geschadet hatte. Ich hatte mir nicht die Zeit genommen, seine Sichtweise zu verstehen oder ihm zu erklären, warum ich ausgerechnet ihm diese Aufgabe übertragen hatte. Stattdessen ließ ich mich von meinen Emotionen leiten und platzte unvermittelt mit dem ersten Gedanken heraus, der mir durch den Kopf schoss. Es sah nicht danach aus, als würde Tom sich für mich irgendwann in naher Zukunft über Gebühr ins Zeug legen. Genau genommen war er vermutlich verärgert über die Art und Weise, wie ich in dieser Situation reagiert hatte, und quittierte mir das von da an mit einem passiv-aggressivem Verhalten auf der Beziehungsebene.

Dieser Zwischenfall hatte mir gezeigt, dass ich lernen musste, meinem Gegenüber zuzuhören, mich in seine Situation hineinzuversetzen und offen für Fragen zu sein. Denn ein einfühlsamer Kommunikator wählt seine Worte sehr sorgfältig, bevor er etwas sagt. Er hat seine Emotionen stets unter Kontrolle und vermeidet unter allen Umständen, damit herauszuplatzen, was ihm als Erstes durch den Kopf schießt.

Außerdem wägt ein einfühlsamer Kommunikator ganz bewusst ab, wann, wie und wo er es für angebracht hält, darauf hinzuweisen, dass er eine andere Meinung vertritt. Er lässt sich nicht auf einen Streit um des Kaisers Bart ein, denn ihm geht es nur darum, seine Kraft und Energie für wichtige Dinge einzusetzen und sich nicht in belanglosem Kleinkram zu verzetteln.

Wie aber reagieren Sie, wenn Sie beleidigt oder verärgert sind? Das Wichtigste vorweg: Atmen Sie einmal tief durch. Ich bin ein begeisterter Anhänger von Entspannungsübungen durch Tiefenatmung. In Situationen, die mich verletzen oder wütend machen, habe ich mir deshalb auch angewöhnt zu sagen: „Lisa, atme. Atme einfach tief durch." Wenn das nicht funktioniert, schlage ich vor, eine kurze Pause zu machen, damit ich meine Gedanken sortieren und besser überlegen kann, was ich als Nächstes sage.

Sobald sich Ihre erste Aufregung wieder etwas gelegt hat, sollten Sie sich einen Augenblick Zeit nehmen, um die Situation so objektiv wie möglich zu betrachten. Versuchen Sie dabei, die Dinge nicht nur aus dem Blickwinkel der anderen Person zu betrachten, sondern auch aus der Sicht eines unbeteiligten Dritten, eines neutralen Beobachters. Beurteilen Sie die Situation so objektiv wie möglich und handeln sie entsprechend, wobei Sie darauf achten sollten, nichts zu tun oder zu sagen, was Sie später bereuen könnten.

Tipp Nr. 5: Achten Sie auf eine entspannte Körpersprache und Mimik

Tragen Sie etwa Ihr Herz auf der Zunge? Dann lassen Sie das sein! Denn wenn Sie als einfühlsamer Kommunikator mit diplomatischem Geschick wahrgenommen werden wollen, müssen Sie in der Lage sein, gelassen und entspannt zu wirken, auch wenn Sie nicht entspannt sind. Denn wir Menschen sind im Großen und Ganzen visuelle Wesen. Und da wir bis zu 90 Prozent aller Informationen, die wir erhalten, mit den Augen aufnehmen, spielt unsere Körpersprache bei der Kommunikation eine entscheidende Rolle.

Ihr Gesichtsausdruck, Ihre Handbewegungen und Ihre Körperhaltung sagen sehr viel über Sie und Ihre Gedanken aus. Folglich ist es wichtig, dass Sie beherrscht und ruhig auftreten und Ihr Tonfall stets freundlich bleibt. Falls Sie zu jenen Menschen gehören, in deren Gesicht man wie in einem Buch lesen kann, sollten Sie sich darin üben, mit einem neutralen, aber freundlichen Gesichtsausdruck Augenkontakt zu halten.

Entspannen Sie bewusst alle Muskeln in Ihrem Körper, die Sie vielleicht während eines schwierigen Gesprächs unbewusst angespannt haben – Hände, Schultern, Augenbrauen und Stirn. Außerdem – und das ist vielleicht noch weitaus wichtiger – sollten Sie unbedingt darauf verzichten, mit Ihren Händen zu gestikulieren oder mit dem Finger zu zeigen. Bestenfalls wirkt das nur störend, schlimmstenfalls kann es als aggressiv empfunden werden, wodurch Sie sich nicht gerade als Gesprächspartner mit diplomatischem Fingerspitzengefühl hervortun.

Die gute Nachricht ist, dass man diplomatisches Fingerspitzengefühl lernen kann und dass es in nahezu jeder Situation angebracht ist. Natürlich erfordert das einige Übung. Doch glücklicherweise sind die

Grundregeln diplomatischer Gesprächsführung nicht nur im Geschäftsleben von Nutzen, sondern auch in unserem täglichen Miteinander, und zwar sowohl in der Familie als auch im Freundeskreis. Daher sollten Sie in all Ihren Beziehungen darauf achten, einen höflichen und rücksichtsvollen Umgangston zu pflegen. Ihre Familie und Ihre Freunde werden es Ihnen am Ende danken. Und denken Sie daran: Übung macht den Meister, und deshalb werden Sie mit der Zeit auch im Geschäftsleben ganz automatisch jede Kommunikationssituation mit diplomatischem Fingerspitzengefühl meistern.

KURZ NACHGEFRAGT

Rufen Sie sich noch einmal das Szenario am Anfang des Kapitels in Erinnerung. Wie würden Sie die drei Grundregeln in dieser Situation anwenden? Wie würden Sie jetzt in dieser Situation reagieren, wo Sie über viele nützliche Tipps verfügen, wie Sie diese Regeln konkret in die Praxis umsetzen können?

ZUSAMMENFASSUNG:
So meistern Sie jede Gesprächssituation
mit diplomatischem Geschick

Mit diplomatischem Geschick hat man es im Geschäftsleben leichter, seine Ziele auf eine für beide Seiten angenehme Weise zu erreichen. Undiplomatisches, unfreundliches Auftreten hat zwangsläufig Konsequenzen.
Eine diplomatische Gesprächsführung ist aufrichtig, aber dennoch höflich und respektvoll.

Die drei Grundregeln diplomatischer Gesprächsführung:
1. Kritisieren Sie nicht.
2. Zeigen Sie Ihre Wertschätzung.
3. Zeigen Sie Verständnis für den Standpunkt des anderen.

Nützliche Tipps für die praktische Umsetzung dieser Regeln:
1. Beobachten Sie das Verhalten Ihrer Gesprächspartner, damit Sie sich besser auf sie einstellen können.
2. Lernen Sie, sich an den Kommunikationsstil Ihres Gesprächspartners anzupassen.
3. Wählen Sie Ihre Worte mit Bedacht.
4. Seien Sie offen für Fragen, hören Sie Ihrem Gesprächspartner zu und versetzen Sie sich in seine Situation.
5. Achten Sie auf eine entspannte Körpersprache und Mimik.

Übungsaufgabe Nr. 1

Hatten Sie kürzlich eine ernste Auseinandersetzung oder eine schwierige Gesprächssituation mit einem Geschäftspartner oder einem Kollegen, die nicht so gut gelaufen ist? Dann überlegen Sie einmal, was Sie hätten besser machen können. Wie hätten Sie Ihren Kommunikationsstil verändern und an den des anderen anpassen können? Bitte geben Sie hierzu konkrete Beispiele. Wie hätten Sie durch eine andere Wortwahl die Gesprächssituation beeinflussen können?

Übungsaufgabe Nr. 2

Stellen Sie sich vor den Spiegel und reden Sie über ein Thema, das Sie emotional sehr berührt oder zu dem Sie ein sehr ambivalentes Verhältnis haben. Beobachten Sie dabei Ihren Gesichtsausdruck ganz genau. Steht Ihnen der Ärger ins Gesicht geschrieben? Sehen Sie irgendwelche Anzeichen negativer Gefühle? Lassen Sie nun eine Videokamera mitlaufen, während Sie über dasselbe schwierige Thema sprechen. Schwingen in Ihrem Tonfall negative Untertöne mit? Wiederholen Sie die Übung noch einmal, indem Sie versuchen, nicht nur Ihren Gesichtsausdruck, sondern auch Ihre Stimmlage zu kontrollieren, um möglichst alle Verhaltensweisen zu vermeiden, die Ihre negative Einstellung nach außen hin erkennen lassen.

Übungsaufgabe Nr. 3

Nehmen Sie sich vor, einen ganzen Tag lang Ihre Wertschätzung für andere zum Ausdruck zu bringen. Achten Sie darauf, dass Ihre Wertschätzung ehrlich und aufrichtig gemeint ist. Geben Sie sich besonders viel Mühe, Ihre Wertschätzung kundzutun. Sagen Sie Ihren Familienmitgliedern, was Sie besonders an ihnen schätzen. Sagen Sie zu jedem Ihrer Mitarbeiter/innen, welche Charaktereigenschaften Sie an ihm/ihr schätzen. Sagen Sie Ihrem Chef/Ihrer Chefin, was Sie an ihm/ihr schätzen. Und am Ende dieses „Wertschätzungstages" sagen Sie dann, was Sie an sich selbst schätzen. Wenn Sie sich ernsthaft bemühen, garantiere ich Ihnen, dass Sie einen wunderbaren Tag haben werden.

Fallbeispiel: Trisha Liu

Das Unternehmen XYZ für E-Mail-Marketing entwickelt im Auftrag seiner Kunden nicht nur effektive E-Mail-Kampagnen, sondern sorgt auch dafür, dass sie stets im Einklang mit den Vorschriften des amerikanischen Anti-Spam-Gesetzes sind. XYZ muss also einerseits seine Kunden zufriedenstellen, andererseits aber auch gleichzeitig deren Marketingaktionen überwachen. Da sich diese Aufgabe ausgesprochen schwierig gestaltet, hat das Team von XYZ darum gebeten, dass es für jeden Kundenstandort nur einen Hauptansprechpartner gibt, der als alleinige Kontaktperson für die Innenrevision fungiert.

Das Unternehmen ABC erteilte XYZ den Auftrag zur Überwachung seines E-Mail-Marketings. ABC ernannte daraufhin Sue zur Kontaktperson für die Innenrevision. Alle Marketing-Mitarbeiter von ABC mussten also ab sofort ihre E-Mail-Kampagnen in Absprache mit Sue organisieren. Doch jeden Monat kam es zwischen Sue und Joe – einem Marketingexperten bei ABC, der nur hin und wieder E-Mail-Kampagnen machte – immer wieder zu Unstimmigkeiten. Denn Joe verstand die grundlegenden Elemente dieses Prozesses nicht, der ihn dazu zwang, seine Mailings zu reduzieren. Die Vorschriften und Regeln, die Sue immer wieder erläuterte, leuchteten ihm nicht ein.

Von Sues Standpunkt aus betrachtet, war sie es leid, dieselben Vorschriften und Regeln Monat für Monat aufs Neue erläutern zu müssen, und ihre Verärgerung darüber war ihr allmählich auch äußerlich anzumerken. Sie beschloss daher, Trisha, die für sie zuständige Kontaktperson bei XYZ, anzurufen und um Hilfe zu bitten. Sue wusste, dass Trisha in der Vergangenheit schon öfter Kontakt mit Joe gehabt hatte, und erkannte folgerichtig, wie wertvoll sich die bereits bestehende Beziehung in diesem Fall erweisen könnte.

Trisha war extrem gut in diplomatischer Gesprächsführung ausgebildet. Ihr Ziel war es, Joe das Gefühl zu vermitteln, dass er natürlich seine Mailings durchführen kann, dass er aber gleichzeitig die Vorgehensweise bei diesem Prozess verstehen und akzeptieren muss, die Sue ihm schon etliche Male erläutert hatte. Trisha wusste, dass es bei der diplomatischen Gesprächsführung einzig und allein darauf ankommt, wie man seine Botschaft am besten verpackt, und dass es wichtig ist, dass sowohl Sue als auch vor allem Joe sich respektiert fühlen.

Trisha begann das Gespräch, indem sie Joe zuerst versicherte, dass es ihr in erster Linie darauf ankomme, dass er bestmögliche Ergebnisse erziele. Sie wolle, dass er Erfolg habe. Danach schlüsselte sie die Vorgehensweise bei diesem Prozess, den Sue vergeblich versucht hatte, ihm zu erklären, nacheinander Schritt für Schritt auf, wobei sie sich immer wieder vergewisserte, ob Joe ihr folgen konnte oder ob sie noch weitere Einzelheiten zum besseren Verständnis einfließen lassen musste.

Trisha wusste auch, dass sie Fachbegriffe unbedingt vermeiden und stattdessen den Sachverhalt in einfachen und verständlichen Worten erklären musste. Sie musste Geduld zeigen und Joe auf seinem Kenntnisstand abholen. Außerdem musste sie darauf achten, besänftigend und ruhig mit ihm zu reden und, am allerwichtigsten, sie durfte auf gar keinen Fall herablassend klingen.

Am Ende des Gesprächs bedankte sich Joe bei Trisha für ihre Geduld und die kompetente Erklärung.

Ich fragte Trisha, warum sie sich gerade an dieses bestimmte Gespräch erinnert, das schon so viele Jahre zurückliegt. Ihre Antwort: „Weil ich bei diesem Gespräch erkannt habe, dass es sich doch tatsächlich auszahlt, wenn man sich in diplomatischer Gesprächsführung auskennt."

Trisha Liu ist eine hoch qualifizierte Kommunikationsexpertin; sie ist Enterprise Community Manager bei HP ArcSight.

6.

VON DER SCHWIERIGEN KUNST, RICHTIG FEEDBACK ZU GEBEN

So geben Sie erfolgreich konstruktives Feedback

Feedback ist das Frühstück der Champions.

– Ken Blanchard (Management-Trainer)

KURZ NACHGEFRAGT

Handelt es sich bei der folgenden Szene um Feedback oder um Kritik? Denken Sie an eine Situation, in der Sie Kritik einstecken mussten. Wie haben Sie sich gefühlt? Wie haben Sie darauf reagiert?

Lou: Hier ist der Bericht, den Sie haben wollten!

Sue: Na endlich!

Lou: Ich habe ihn so schnell fertiggestellt, wie ich konnte.

Sue: Sie müssen mir den Bericht schon termingerecht vorlegen. Das nächste Mal sollte er besser rechtzeitig da sein!

Kritik versus Feedback

Winston Churchill hat einmal gesagt: „Kritik mag unangenehm sein, aber sie ist notwendig. Sie hat dieselbe Aufgabe wie der Schmerz im menschlichen Körper – die Aufmerksamkeit auf einen ungesunden Zustand zu lenken." Da bin ich anderer Meinung. Kritik ist nicht notwendig. Kritik stinkt. Denn in aller Regel ist sie allgemein, unspezifisch und auf die Person gerichtet anstatt auf das Verhalten; außerdem basiert sie auf Meinungen und Gefühlen. Kritik ist nichts anderes als eine negative Bewertung.

Wir alle mussten schon einmal, genauso wie Lou, harsche Kritik einstecken (besser gesagt, wir sind angebrüllt worden). Vielleicht fühlen Sie sich ja besser, nachdem Sie jemanden in den Senkel gestellt haben, aber ganz gewiss wirkt diese Art von „Feedback" nicht gerade motivierend auf denjenigen, der es abbekommt. Folglich ist es eher unwahrscheinlich, dass sich durch Kritik eine Verhaltensänderung bewirken lässt.

Um aber eine Verhaltensänderung herbeizuführen, müssen wir der betreffenden Person entsprechende Hilfestellung geben oder – wie ich es formuliere – *konstruktives Feedback*. Ich vergleiche das gern mit der Durchführung von plastisch-rekonstruktiven Eingriffen in der Chirurgie, die auf eine bestmögliche Wiederherstellung der ursprünglichen Funktion abzielen. Mit genau dieser Zielsetzung sollten Manager im Unternehmen vorgehen.

Warum?

Weil wir alle Feedback wollen und brauchen, um uns weiterzuentwickeln und stärker und besser zu werden. Ich will Feedback von meinen Kunden (und von Ihnen, meinen Lesern), damit ich weiß, wie ich weitermachen und was ich besser machen kann. Meine Mitarbeiter wollen Feedback, damit sie wissen, was ich von ihnen erwarte. Meine Kunden bezahlen für mein Feedback, damit sie daraus lernen und sich weiterentwickeln können.

Feedback von anderen zu bekommen, ist eine der besten Möglichkeiten, wie Sie sich schnell verbessern und Ihre Produktivität entscheidend steigern können. Konstruktives Feedback ist die Grundlage für alle Lern- und Entwicklungsprozesse. Doch die meisten Menschen geben oder bekommen nicht regelmäßig Feedback. Eine Gallup-Studie zur Arbeitszufriedenheit vom April 2011, in der 47.000 Arbeitnehmer weltweit befragt wurden, zeigte, dass in der Kategorie Feedback am seltensten hohe Bewertungen vergeben wurden. In dem Bericht heißt es weiter: „Diese niedrige Bewertung deutet darauf hin, dass Arbeitgeber und Führungskräfte ihren Mitarbeitern nicht regelmäßig individuelles Feedback geben.“[1]

Warum wird eigentlich kein Feedback gegeben?

Wenn Sie an einem lauen Sommerabend auf der Veranda sitzen und die letzten warmen Sonnenstrahlen genießen, wirkt das Zirpen der Grillen wunderbar beruhigend. Doch wenn Sie die Grillen schon in den Fluren zu Ihrem Büro zirpen hören, weil Ihr total gestresster Chef beängstigend wortkarg ist, löst das selbst unter den tüchtigsten und selbstbewusstesten

KURZ NACHGEFRAGT

Wann haben Sie das letzte Mal in irgendeiner Weise Feedback oder Anerkennung und Lob gegeben? Haben Sie in der letzten Woche überhaupt jemandem Feedback gegeben? Warum oder warum nicht?

Mitarbeitern eher Paranoia und verzweifeltes Kopfschütteln aus. Ihre Mitarbeiter brauchen Feedback. Reden Sie endlich mit ihnen.

Ich weiß aus Erfahrung, dass Führungskräfte in vielen Unternehmen meist nur widerwillig Feedback geben. Sie drücken sich gern davor und sagen so etwas wie „Dafür habe ich keine Zeit" oder „Es ist mir unangenehm, Feedback zu geben". Sie haben Angst, sie könnten dadurch Beziehungen gefährden oder produktive Teammitglieder demotivieren. Mitunter sind sie skeptisch, ob das Feedback überhaupt die gewünschte Verhaltensänderung bewirkt oder die anvisierten Ergebnisse bringt.

Manche Führungskräfte sind der Ansicht, sie gäben genügend Feedback. Andere dagegen meinen, sie brauchten gar kein Feedback zu geben, da die meisten Mitarbeiter entweder ihre Leistung von allein einschätzen könnten oder ohnehin wüssten, dass sie gute Arbeit ablieferten. Doch ohne effektives beziehungsweise *konstruktives* Feedback können Unternehmen keine signifikante Produktivitätssteigerung erzielen.

Was also ist konstruktives Feedback?

Genauso wie rekonstruktive Verfahren in der Chirurgie auf eine Wiederherstellung eines optimalen Funktionszustands abzielen oder Täter-Opfer-Ausgleichprogramme in der Strafverfolgung auf eine Wiedergutmachung und gesellschaftliche Reintegration des Täters, so geht es auch bei *konstruktivem* Feedback um die Wiederherstellung einer starken und gesunden Arbeitsbeziehung. Konstruktives Feedback ist respektvoll, wertfrei und auf Zusammenarbeit ausgelegt. Es erfordert aktives Zuhören, Gesprächsbereitschaft, Problemlösungsfähigkeiten und Verantwortungsgefühl.

Mithilfe von konstruktivem Feedback können Sie auf zuvorkommende Weise auf Schwachpunkte aufmerksam machen. („Oh, das war mir ja gar nicht bewusst! Danke, dass Sie mir das gesagt haben.") Mithilfe von konstruktivem Feedback bestärken und motivieren Sie jemanden, seine Arbeit gut zu machen. Mithilfe von konstruktivem Feedback vermitteln Sie Selbstvertrauen und Selbstwertgefühl. Fehlt konstruktives Feedback, können Mitarbeiter nicht lernen und sich auch nicht weiterentwickeln.

Feedback liefert die Motivation zur Verhaltensänderung

Feedback ist eines der wichtigsten Motivationswerkzeuge in der Mitarbeiterführung, um Mitarbeiter dazu zu veranlassen, in bestimmten Situationen auf spezielle Art und Weise zu reagieren oder zu handeln. Während ein Mitarbeiter durch positives Feedback darin bestärkt wird, bestimmte Verhaltensweisen beizubehalten, wird er durch konstruktives Feedback dazu motiviert, unter bestimmten Voraussetzungen anders zu handeln oder zu reagieren.

Um es noch einmal deutlich zu sagen: Beim konstruktiven Feedback geht es nicht darum, jemanden zu verbiegen. Ein Vorgesetzter hat eine ähnliche Aufgabe wie ein Sporttrainer: Er muss seinen Mitarbeitern sagen, was sie gut machen, wie sie ihre Leistung weiter steigern können oder wie sie etwas auf eine ganz andere Weise tun können.

Die Gottman-Konstante: Die ultimative Zauberformel für effektives Interaktionsverhalten

Stellen Sie sie sich einmal vor, ein Sporttrainer würde sich *nur ein einziges Mal im Jahr* mit jedem Spieler in seiner Mannschaft zusammensetzen, um ihm Feedback zu geben. Wie nützlich wäre ein solches Feedback? Oder stellen Sie sich einen Trainer vor, der fast ausschließlich negatives Feedback gibt und nur selten Anerkennung für gute Leistung zollt. Glauben Sie, die Spieler würden weiterhin gute Leistungen erbringen? Wie würden sich die Spieler unter so einem Trainer wohl fühlen? Was wäre, wenn der Trainer ein Riesenbohei veranstalten würde, wenn ein normalerweise schlechter Spieler gerade so die an ihn gestellten Anforderungen erfüllt? Wie würden sich die anderen Spieler dabei wohl fühlen? Vermutlich ahnen Sie rein gefühlsmäßig, zu welchem Ergebnis die Wissenschaftler kamen, die diesen Fragen detailliert auf den Grund gegangen sind.

Wenn Sie erreichen wollen, dass Menschen ihre Leistung steigern, müssen Sie Feedback in einem Positiv-Negativ-Verhältnis von 5 : 1 geben. Das heißt fünfmal „Gut gemacht" und einmal „Das war wohl nix". Wissenschaftler haben herausgefunden, dass dieses Positiv-Negativ-Verhältnis interessanterweise dazu herangezogen werden kann, um in einer Vielzahl von Beziehungen mit bemerkenswerter Genauigkeit vorherzusagen, wie diese sich entwickeln werden – darunter zum Beispiel die Leistungsfähigkeit am Arbeitsplatz[2] und die Stabilität einer Ehe[3].

Der Psychologe und Scheidungsforscher John Gottman untersuchte zunächst das Verhältnis von positivem zu negativem Interaktionsverhalten in einer Ehe, indem er bei 700 frisch verheirateten Paaren die Anzahl positiver und negativer Äußerungen im Verlauf eines 15-minütigen Gesprächs ermittelte. Auf der Grundlage eines Positiv-Negativ-Verhältnisses von 5 : 1 – auch bekannt als Gottman-Konstante – konnte er dann in Zusammenarbeit mit seinen Kollegen vorhersagen, ob diese Paare zusammenbleiben oder sich scheiden lassen würden. Die erneute Kontaktaufnahme zu den Probanden zehn Jahre später ergab, dass die Wissenschaftler die Scheidungswahrscheinlichkeit mit 87-prozentiger Genauigkeit vorhergesagt hatten.[4, 5]

Verpflichten Sie sich, beständig und konsequent konstruktives Feedback zu geben

Führungskräfte müssen nicht nur festlegen, welche Leistungen sie auf jeden Fall von ihren Mitarbeitern erwarten, sondern auch konkrete Zielvorgaben definieren, die sich beliebig erweitern lassen und die Mitarbeiter motivieren; außerdem müssen sie Feedback geben, wenn Zielvorgaben nicht erreicht oder Leistungsanforderungen nicht erfüllt werden. Führungskräfte sollten ihr Mitarbeiterteam kontinuierlich anhand von Zielvorgaben und Leistungsanforderungen beurteilen, also nicht nur zu bestimmten Zeiten im Jahr oder wenn etwas schiefläuft. Darüber hinaus sollten Führungskräfte die individuellen Zielvorgaben und Leistungsanforderungen jeweils konsequent als Beurteilungsgrundlage nutzen. Ein Beispiel: Wenn also ein Mitarbeiter, der normalerweise erstklassige Leistungen abliefert, eine Zielvorgabe nicht erreicht, muss der Vorgesetzte dieses Problem auf dieselbe Weise kommunizieren wie bei jedem anderen Mitarbeiter auch.

Denn wenn Sie wollen, dass Ihre Mitarbeiter und Teammitglieder sich weiterentwickeln, sollten Sie in der Lage sein, beständig und konsequent Feedback zu geben und entgegenzunehmen. Dazu müssen Sie ein Arbeitsklima schaffen, in dem Feedback geschätzt wird. Unterstreichen Sie ganz bewusst, dass jeder auf Feedback angewiesen ist und dass es zur vorrangigen Aufgabe von Führungspersonen oder Vorgesetzten gehört, Feedback zu vermitteln.

Der beste Nebeneffekt von beständig und konsequent vermitteltem konstruktiven Feedback ist, dass dadurch ein Arbeitsumfeld entsteht, welches auf gegenseitiger Unterstützung und Vertrauen basiert. Und in einem solchen Umfeld steigt nicht nur die Produktivität, sondern in hohem Maße auch die Arbeitszufriedenheit Ihrer Mitarbeiter, weil sie vermittelt bekommen, wie sie noch erfolgreicher sein können. Indem Sie also konstruktives Feedback geben, signalisieren Sie, dass Sie Verantwortung übernehmen und daran interessiert sind, Ihren Mitarbeitern zu helfen. Darüber hinaus beweisen Sie, dass Sie eine Führungskraft mit Weitblick sind.

Wenn Sie regelmäßig Feedback geben, kostet Sie das nicht mehr als ein paar Minuten, und Sie brauchen auch keine Angst zu haben, dass das schlecht ankommt oder verletzend wäre. Solange Sie sich an die Gottman-Konstante halten und die Regeln für konstruktives Feedback beachten, geht das recht schnell und leicht über die Bühne, und oft freuen sich die Mitarbeiter sogar darüber.

Wann und wo sollte konstruktives Feedback gegeben werden?

Bevor ich jedoch im Einzelnen darauf eingehe, wie man konstruktives Feedback gibt, möchte ich zunächst zwei allgemeine Fragen zum Thema Feedback-Geben klären:

Wann geben Sie positives Feedback, wann konstruktives Feedback oder Handlungsempfehlungen?

Wo geben Sie positives Feedback, wo konstruktives Feedback oder Handlungsempfehlungen?

Die erste Frage ist leicht zu beantworten, denn im Prinzip sollten Sie immer so zeitnah wie möglich auf das jeweilige Verhalten reagieren, damit allen Beteiligten die Einzelheiten der Situation noch frisch in Erinnerung sind. Denn je länger Sie damit warten, desto weniger kann das Feedback mit dem entsprechenden Verhalten in Zusammenhang gebracht werden. Daher ist es am besten, wenn man Probleme sofort zur Sprache bringt und positive Verhaltensweisen unverzüglich lobt, damit die Leute wissen, dass sie genau so weitermachen sollen.

Wenn Sie also schnell, sachlich, direkt und *respektvoll* konstruktives Feedback geben, motivieren Sie den Betreffenden damit höchstwahrscheinlich zu einer Verhaltensänderung. Doch falls Sie das Gefühl haben, in diesem Moment kein umsichtiges und respektvolles konstruktives Feedback geben zu können, sollten Sie am besten warten, bis Sie sich

DOCH VORSICHT

Je länger Sie mit Ihrem Feedback warten, desto eher entsteht bei dem Betreffenden der Eindruck, dass er etwas falsch gemacht hat oder dass seine Leistung nicht gewürdigt wird.

wieder beruhigt haben und ihre Worte mit Bedacht wählen können, auch wenn das heißt, erst am nächsten Tag Feedback geben zu können.

Versuchen Sie sehr viel öfter, die Gelegenheit zu nutzen, Ihre Mitarbeiter zu loben, wenn sie ihre Arbeit gut gemacht haben, als sie darauf anzusprechen, dass sie einen Fehler gemacht haben – und bitte, bitte, bitte loben Sie gute Arbeit vor allem nicht nur ein- oder zweimal im Jahr anlässlich der üblichen Leistungsbeurteilung!

Die zweite Frage ist etwas schwieriger zu beantworten. Meiner Meinung nach wird das Feedback-Geben im Allgemeinen gern hinausgeschoben, weil viele der Ansicht sind, dass man das hinter verschlossenen Türen besprechen müsste. Doch sowohl positives (Lob) als auch konstruktives Feedback (mit dem Sie auf ein bestimmtes Verhalten aufmerksam machen oder ein Problembewusstsein schaffen wollen) kann direkt und zügig erfolgen, vorausgesetzt dass es halbwegs vertraulich vermittelt wird. Sie sollten den jeweiligen Mitarbeiter zur Seite nehmen und ihn entsprechend ins Bild setzen. Das kann zum Beispiel direkt im Anschluss an eine Besprechung sein, nachdem alle anderen den Raum verlassen haben. Oder aber Sie geben Ihrem Mitarbeiter konstruktives Feedback, während Sie sich auf der Rückfahrt von einem Kundentermin befinden oder auf dem Weg zu einem gemeinsamen Mittagessen mit Kollegen. Konstruktives Feedback sollten Sie immer so geben, dass Dritte es nicht mitbekommen; es muss aber nicht zwingend hinter verschlossenen Türen sein.

Zum Schluss sollten Sie Ihren direkten Mitarbeitern auch zu verstehen geben, dass es ganz normal ist, dass sie im Rahmen ihrer beruflichen Entwicklung regelmäßig Feedback von Ihnen erhalten. Auf diese Weise kommt es für Ihre Mitarbeiter nicht überraschend, wenn Sie sie beiseite nehmen und ihnen ein paar wohlwollende Worte sagen.

Vielen angehenden Führungskräften bereitet es Schwierigkeiten, sich mit verschiedenen Feedback-Methoden vertraut zu machen und diese auch anzuwenden. Mitarbeitern richtig Feedback zu geben ist jedoch weder eine Begabung noch eine angeborene Fähigkeit. Es ist vielmehr eine Fertigkeit, die man erlernen kann, die aber sehr viel Übung unter kompetenter Anleitung erfordert. (Ich vermittle diese Fertigkeit gern mithilfe von Rollenspielen und die meisten meiner Seminarteilnehmer kapieren schnell, worauf es ankommt.) Die richtige Kommunikationsstrategie, gepaart mit beständigem und konsequentem Feedback, das ist es, was man braucht, um routiniert und erfolgreich zu kommunizieren.

Konstruktives Feedback geben: Auf die richtige Kommunikationsstrategie kommt es an

Gehen Sie nicht nach der sogenannten „Sandwich-Methode" vor, bei der zuerst Lob kommt, in der Mitte konstruktive Kritik und zum Abschluss noch einmal Lob. Auch wenn die Sandwich-Methode allgemein empfohlen wird, ist sie trotzdem kein wirkungsvolles Mittel, um Feedback zu kommunizieren. Sie suggeriert vielmehr ein kräftiges, anerkennendes Schulterklopfen, gefolgt von einem unerwarteten Schlag in die Magengrube, kaschiert durch ein nochmaliges, nicht ernst gemeintes Schulterklopfen. Diese Feedback-Methode hat für den Empfänger keinen Nutzen, denn das Lob verwässert das Feedback derart, dass die Kernbotschaft nicht mehr klar erkennbar ist. Nachfolgend habe ich in neun Schritten skizziert, wie Sie auf effektive Weise konstruktives Feedback geben.

Schritt Nr. 1: Überlegen Sie, was Sie mit Ihrem Feedback bezwecken wollen

Bevor Sie etwas sagen, sollten Sie sich zuerst fragen: Was will ich mit meinem Feedback erreichen? Wollen Sie die Gründe für ein bestimmtes Verhalten in Erfahrung bringen, ein Problembewusstsein schaffen oder aufzeigen, welche Konsequenzen ein Verhalten hat? „Ich habe festgestellt, dass Sie sich weniger in die Diskussion einbringen, wenn Suzanne an unseren Besprechungen teilnimmt. Warum ist das so?" Oder wollen Sie einen herben Rückschlag, eine letzte Abmahnung vor der Kündigung oder eine schwerwiegende Anschuldigung kommunizieren? „Gestern Abend war die Tür nicht abgeschlossen und es wurde eingebrochen. Sie haben als Letzter das Büro verlassen." Wenn Sie sich darüber im Klaren sind, was Sie mit Ihrem Feedback bezwecken wollen, fällt es Ihnen leichter, die richtigen Worte zu finden.

Schritt Nr. 2: Bitten Sie um Erlaubnis, Feedback geben zu dürfen (oder bereiten Sie den anderen darauf vor, Feedback zu erhalten)

Falls Ihr Feedback in erster Linie darauf abzielt, jemanden auf etwas aufmerksam zu machen oder ihm Möglichkeiten zur Weiterentwicklung aufzuzeigen, sollten Sie sich zuerst vergewissern, ob diese Person überhaupt an Ihrem Feedback interessiert ist. Voraussetzung hierfür ist, dass Sie auf der Beziehungsebene bereits den Grundstein für eine vertrauensvolle Zusammenarbeit gelegt haben. Insbesondere wenn die betreffende Person Sie nicht ausdrücklich um Ihr Feedback gebeten hat, sind Sie immer gut beraten, vorab um Erlaubnis zu fragen. „Wären Sie an Feedback zu diesem Meeting interessiert und daran, wie ich Ihren Beitrag zu unserem Projekt einschätze. Vielleicht könnten wir uns demnächst einmal zusammensetzen?" „Würden Sie gern wissen, was mir aufgefallen ist?" Sollte das Feedback heikel oder unter Umständen schwer zu verkraften sein, ist es hilfreich, wenn Sie die betreffende Person darauf vorbereiten. „Ich habe sehr großen Respekt vor Ihnen und Ihrer Arbeit.

KURZ NACHGEFRAGT

Wissen Sie noch, wann Sie das letzte Mal Feedback gegeben haben? Haben Sie die Person zuvor um Erlaubnis gefragt, ob sie Ihr Feedback hören will? Hat man Sie zuvor um Erlaubnis gefragt, als Sie das letzte Mal Feedback bekommen haben? Wie haben Sie sich dabei gefühlt?

Deshalb würde ich Ihnen sehr gern etwas mitteilen, was Ihnen sicherlich dabei helfen wird, noch besser zu werden."

Schritt Nr. 3: Konzentrieren Sie sich auf beeinflussbare und wiederholt auftretende Verhaltensweisen

Konzentrieren Sie Ihr Feedback auf Verhaltensweisen, die der Mitarbeiter selbst steuern kann. Denken Sie daran, dass das Feedback ihn motivieren soll, bestimmte Verhaltensweisen künftig zu ändern. Folglich hat es keinen Sinn, Feedback zu einem Sachverhalt zu geben, den der Mitarbeiter nicht beeinflussen kann oder der wahrscheinlich nie wieder auftreten wird. Denn damit würden Sie nur die Vertrauensbasis beeinträchtigen.

Schritt Nr. 4: Seien Sie direkt, aber dennoch respektvoll

Wenn Sie Feedback geben, sollten Sie stets direkt sein. Bringen Sie Ihre Botschaft auf den Punkt und reden Sie nicht um den heißen Brei.

DOCH VORSICHT

Beschönigen Sie unangenehme Botschaften nicht. Die meisten Menschen werden Ihre Aufrichtigkeit zu schätzen wissen, und das schafft wiederum Vertrauen.

Nicht nur eine positive, sondern auch eine negative Rückmeldung sollte unumwunden ausgesprochen werden, und zwar ehrlich und aufrichtig. Aufrichtigkeit bedeutet, dass Sie auch meinen, was Sie mit umsichtigen und respektvollen Worten sagen.

Zum Beispiel könnte die klassische negative Rückmeldung, die Lou von seiner Vorgesetzten erhält, folgendermaßen aussehen:

Lou, ich weiß zwar, dass Sie sehr intensiv an diesem Projekt gearbeitet haben, aber ich bin es leid, auf Ihren Wochenbericht zu warten. Hören Sie endlich auf mit Ihrer Bummelei. Sie müssen sich daran gewöhnen, Ihre Berichte fristgerecht einzureichen! Sie rechnen doch bestimmt mit einer Gehaltserhöhung beim nächsten Beurteilungsgespräch, oder?

Keine dieser Aussagen ist hilfreich oder nützlich für Lou, denn das „aber" am Anfang signalisiert eine widersprüchliche Botschaft. Die meisten Menschen wissen sehr wohl, dass sobald ein „aber" (oder ein „doch" oder „obwohl") in einem Satz fällt, dies ein klares Signal dafür ist, dass man dem ersten Teil der Aussage besser keinen Glauben schenken sollte. Und selbst wenn der erste Teil des Satzes tatsächlich ehrlich gemeint ist, schränkt ein nachfolgendes „aber" die Kernbotschaft ein und sorgt damit für Verwirrung. Daher ist es besser, ganz direkt zu sagen, was man meint.

Anstatt Lou zu sagen, was er nicht tun soll (Bummelei), sollte seine Vorgesetzte ihm vielmehr ganz konkret sagen, was er anders machen sollte.

Außerdem ist die Formulierung mit „Sie müssen sich daran gewöhnen" nicht sehr hilfreich. Denn die Aussage, dass Lou sich an etwas gewöhnen muss, vermittelt ihm keine genauen Informationen, wie er sein Verhalten denn ändern kann. Und der letzte Satz ist natürlich einfach nur kleinkariert.

Schritt Nr. 5: Beschreiben Sie konkrete Verhaltensweisen

Sprechen Sie nicht persönliche Einstellungen oder Eigenarten an, sondern erläutern Sie konkrete Verhaltensweisen. Beginnen Sie Ihre Stellungnahme immer mit einer „Ich-Botschaft": „Ich habe festgestellt, dass …", „Ich habe beobachtet, dass …", „Ich habe gesehen, dass …". Sie könnten so etwas sagen wie „Ich habe festgestellt, dass der Bericht in den letzten zwei Wochen mit einem Tag Verspätung eingereicht wurde" oder „Ich habe festgestellt, dass Sie bei Ihren E-Mails keine Signaturlinie mit Ihren Kontaktdaten einfügen" oder „Mir ist aufgefallen, dass Sie mitunter in unseren Gesprächsrunden auf einmal völlig vom Thema abkommen".

In dieser Phase des Gesprächs ist es Ihr Ziel, Ihrem Gegenüber quasi den Spiegel vorzuhalten, sein Verhalten einfach widerzuspiegeln. Daher sollten Sie nur kurz beschreiben, was Sie beobachtet haben, damit die betreffende Person versteht, auf welche Verhaltensweise Sie sich beziehen.

Wenn Sie das Gespräch suchen, um bei der anderen Person ein Problembewusstsein zu schaffen, sollten Sie unbedingt eine Pause machen, nachdem Sie Ihre Beobachtungen geschildert haben. Ich würde Ihnen sogar empfehlen, drei bis fünf Sekunden abzuwarten, bevor Sie weiterreden. Denn damit geben Sie Ihrem Gegenüber indirekt die Gelegenheit, Stellung zu beziehen.

Falls die andere Person sich nicht äußert, sollten Sie sie bitten, die Situation aus ihrer Sichtweise zu schildern, indem Sie in einem sachlichen Ton

DOCH VORSICHT

Stützen Sie sich nicht auf Schilderungen Dritter, und zwar insbesondere nicht in Fällen, in denen es um Feedback geht, bei dem sehr viel Feingefühl gefragt ist. Beziehen Sie sich stets auf Ihre eigenen Beobachtungen.

fragen, wie es dazu gekommen ist. Das gibt Ihnen die Chance, die Situation eingehend zu erörtern und zu ergründen. In der Schulmedizin bezeichnet man ein solches informelles Gespräch mit der Zielsetzung, Problembewusstsein zu schaffen, auch gern als ein Gespräch „bei einer Tasse Kaffee"[6] – was den zwanglosen Rahmen dieser Unterhaltung sehr gut charakterisiert.

In dieser informellen Gesprächsatmosphäre hat die betreffende Person Gelegenheit, ihr eigenes Verhalten nicht nur zu reflektieren und zu bewerten, sondern auch selbst zu erkennen, in welchen Bereichen sie sich noch verbessern sollte – und dies, ohne dass der Vorgesetzte seine Beobachtungen einbringen muss. Auf diese Weise kann er viel unbefangener zustimmen und/oder seine speziellen Empfehlungen für ein professionell einwandfreies Verhalten zum Ausdruck bringen.

Schritt Nr. 6: Erläutern Sie die Auswirkungen der betreffenden Verhaltensweise

Es gibt Situationen, in denen es mitunter sehr hilfreich ist, ganz klar die Auswirkungen oder Konsequenzen der betreffenden Verhaltensweise aufzuzeigen, bevor man spezielle Handlungsempfehlungen ausspricht. „Wenn Sie Ihren Bericht verspätet einreichen, kann ich meinen Bericht nicht fristgerecht fertigstellen; oder schlimmer noch, manchmal bin ich sogar gezwungen, meinen Bericht vorzulegen, ohne Ihre Informationen berücksichtigen zu können. Wir schätzen Ihre umsichtigen Anmerkungen sehr, denn ohne sie ist der Abteilungsbericht nicht vollständig und erschwert Dave eine optimale Entscheidungsfindung." Oder: „Wenn Sie Ihre Kontaktdaten nicht einfügen, haben die Kunden es schwer, auf die Schnelle Ihre Telefonnummer zu finden." Seien Sie bei Ihrem Feedback so detailliert, konkret und präzise wie möglich. Definieren Sie Ihre Leistungsanforderungen klar und eindeutig. Und denken Sie daran: Beobachtungen sind weitaus sachlicher und neutraler als Meinungsäußerungen oder eine kritische Beurteilung dessen, was Sie gesehen haben.

Schritt Nr. 7: Bringen Sie Ihre Wertschätzung oder Besorgnis zum Ausdruck

Wenn Sie positives Feedback geben, sollten Sie damit unbedingt auch Ihre Wertschätzung zum Ausdruck bringen. Bedenken Sie dabei aber, dass Ihre anerkennenden Worte ohne spezifisches Feedback nichts weiter sind als ein recht unpräzises, allgemein gehaltenes Lob. Wenn Sie jedoch Ihre Wertschätzung in Verbindung mit einem positiven Feedback aussprechen, ist diese Wertschätzung um einiges aussagekräftiger.

„Lou, ich weiß, wie schwer es ist, diesen Bericht so schnell fertigzustellen. Vielen Dank, dass Sie ihn diese Woche pünktlich abgegeben haben. Ich schätze Ihr Engagement wirklich sehr und auch Ihre umsichtigen Anmerkungen, die Sie diese Woche eingefügt haben."

Wenn Sie konstruktives Feedback geben, sollten Sie damit unbedingt auch Ihre Besorgnis zum Ausdruck bringen. Ich betone noch einmal, dass ein guter Kommunikator seine Botschaft stets aufrichtig und ehrlich vermittelt. Denn wenn in Ihrer Stimme Besorgnis mitschwingt, signalisieren Sie Ihrem Gesprächspartner gleichzeitig, dass Sie Verantwortung zeigen und dass das Feedback wichtig ist. Sie wollen als Problemlöser wahrgenommen werden und nicht als Angreifer.

„Lou, ich überlege, was ich tun könnte, um zu gewährleisten, dass Sie genügend Zeit zur Verfügung haben, den Bericht fristgerecht fertigzustellen. Wie es aussieht, ist Montag Ihr arbeitsreichster Tag. Würde es Ihnen die Arbeit erleichtern, wenn Sie den Bericht freitags statt montags abgeben könnten?"

Es spielt keine Rolle, wie sachlich Sie Ihre Beobachtungen geschildert haben, denn manchmal kann es durchaus vorkommen, dass die betreffende Person, die das Feedback erhält, versucht, die beanstandete Verhaltensweise anderen anzulasten. In so einem Fall sollten Sie diese Person unbedingt daran erinnern, dass sie auf professionelle Art und Weise reagieren sollte, und zwar unabhängig davon, welche Fehler andere gemacht haben. Sofern möglich, sollten Sie außerdem betonen, dass einzig und allein diese bestimmte Verhaltensweise oder dieses störende Ereignis zur Diskussion steht und dass Sie ansonsten die übrige Arbeit, die die betreffende Person für das Unternehmen leistet, sehr schätzen.

Schritt Nr. 8: Erläutern Sie die nächsten Schritte

Der letzte Schritt beim Feedback-Geben ist etwas knifflig. Sie könnten es schlichtweg damit bewenden lassen und die betreffende Person selbst entscheiden lassen, was zu tun ist. Denn wenn Sie einfach eine ausreichend lange Pause machen, nachdem Sie die Auswirkungen der beanstandeten Verhaltensweise beschrieben haben, werden die Leute in aller Regel schon von sich aus mit einem konstruktiven Vorschlag aufwarten, um diese Situation zu bereinigen. Falls dem nicht so ist, sollten Sie fragen, ob sie vielleicht eine Idee haben, wie sie ihr Verhalten ändern beziehungsweise die Situation verbessern können.

„Lou, haben Sie sich vielleicht schon einmal überlegt, wie Sie es bewerkstelligen könnten, den Bericht künftig fristgerecht fertigzustellen?"

Als Vorgesetzte/r müssen Sie in der Lage sein, konkrete Verbesserungsvorschläge zu machen und deren Umsetzung zu verlangen. Dazu müssen Sie eine präzise Vorgehensweise anvisieren, damit der Betreffende weiß, wie er sich künftig verhalten soll. Diese Vorgehensweise kann subtil vermittelt werden („Würden Sie bitte daran denken, eine Signaturlinie einzufügen?" „Wäre es Ihnen lieber, Sie könnten den Bericht freitags abgeben?"), aber auch eine sehr direkte Vorgehensweise ist möglich („Bitte fügen Sie eine Signaturlinie in Ihre E-Mails ein!" „Bitte schicken Sie mir den Bericht bis heute Abend!").

Schritt Nr. 9: Führen Sie Buch – dokumentieren Sie Mitarbeitergespräche

Vorgesetzte sollten sich auf jeden Fall Notizen zu allen Leistungsproblemen machen, die sie mit ihren Mitarbeitern erörtert haben. Dazu sollten sie unter Angabe des Datums nicht nur die jeweiligen

Probleme notieren, sondern auch genau dokumentieren, welche Leistungsanforderungen mit dem Mitarbeiter im Einzelnen besprochen wurden. Natürlich kann auch je nach Situation ein offizieller Zeitplan für die Beurteilung von Mitarbeiterleistungen erstellt und mit dem Mitarbeiter besprochen werden. Ermuntern Sie Ihre Mitarbeiter dazu, ebenfalls Buch zu führen über die Feedback-Gespräche, die mit ihnen geführt wurden, wobei sie auch aufschreiben sollten, welche konkreten Informationen und Lehren sie aus den jeweiligen Gesprächen gezogen haben.

Hier ein Beispiel, wie sich das insgesamt anhören könnte:

„Hey, wären Sie daran interessiert, Feedback zu bekommen? Ich habe festgestellt, dass Sie in Ihren E-Mails keine Signaturlinie einfügen. Doch wenn Ihre Mails keine Signaturlinie mit Ihren Kontaktdaten enthalten, ist es für Kunden schwierig, Sie telefonisch zu erreichen, weil sie erst Ihre Telefonnummer ausfindig machen müssen. Das kann ziemlich frustrierend sein, gerade wenn man es eilig hat. Wären Sie also bitte so freundlich, eine Signaturlinie einzufügen?"

Hier das Beispiel für den Fall Lou:

„Würden Sie gern erfahren, was mir aufgefallen ist?"

[„Ja."]

„In den letzten beiden Wochen haben Sie den Bericht mit einem Tag Verspätung abgegeben. Wenn Sie Ihren Bericht verspätet einreichen, kann ich meinen Bericht nicht fristgerecht fertigstellen. Schlimmer noch, manchmal bin ich sogar gezwungen, meinen Bericht vorzulegen, ohne Ihre Informationen berücksichtigen zu können. Wir schätzen Ihre umsichtigen Anmerkungen sehr, denn ohne sie ist der Abteilungsbericht nicht vollständig und erschwert Dave eine optimale Entscheidungsfindung.

Ich überlege, was ich tun könnte, um zu gewährleisten, dass Sie genügend Zeit zur Verfügung haben, den Bericht fristgerecht fertigzustellen. Wie es aussieht, ist Montag Ihr arbeitsreichster Tag. Würde es Ihnen die Arbeit erleichtern, wenn Sie den Bericht freitags statt montags abgeben könnten? Oder vielleicht haben Sie ja einen besseren Vorschlag, der es Ihnen ermöglicht, den Bericht fristgerecht fertigzustellen?"

Am Ende sollte die betreffende Person das Gespräch verlassen und genau wissen, worauf es ankommt und was sie künftig anders machen muss.

Wenn es Ihr vorrangiges Ziel ist, durch Ihr aufrichtiges Feedback eine Verhaltensänderung zu bewirken, sollte Ihnen das nicht länger ein unangenehmes Gefühl bereiten. Und wenn Sie regelmäßig Feedback geben, kostet Sie das letztlich nicht mehr als ein paar Minuten.

Jetzt werden Sie wohl sicher denken: „Konstruktive Kritik – hoppla, ich meine natürlich *konstruktives Feedback* – ist aber ganz schön kompliziert. Es ist ein schwieriges Unterfangen und bedeutet zusätzliche Arbeit für mich." Ja, das stimmt.

Aber dennoch ist es wichtig, zu begreifen, dass Mitarbeiter oder Kollegen sich oftmals ihrer Verhaltensweisen nicht wirklich bewusst sind beziehungsweise nicht wissen, welche Konsequenzen diese Verhaltensweisen haben können. Daher ist es die Aufgabe eines Vorgesetzten, frühzeitig mithilfe von konstruktiven Feedback-Gesprächen zu intervenieren, um seine Mitarbeiter zu lenken und zu leiten und nachhaltig dafür zu sorgen, dass unerwünschte Verhaltensmuster nicht zur täglichen Routine werden.

Wenn Sie Ihre Mitmenschen und auch sich selbst wertschätzen, werden Sie feststellen, dass Feedback zu geben sehr wichtig und wertvoll ist, auch wenn Sie das Risiko und die Wahrscheinlichkeit in Kauf nehmen müssen, möglicherweise ein paar Menschen auf die Füße zu treten, während Sie an Ihrer Feedback-Strategie arbeiten.

Denn durch ein effektives und erfolgreich vermitteltes konstruktives Feedback werden Sie und alle um Sie herum letzten Endes eine beträchtliche Steigerung ihrer Produktivität und inneren Zufriedenheit erfahren.

REINSCHAUEN LOHNT SICH

Schauen Sie sich an, wie Sie besser *nicht* vorgehen sollten, um Feedback zu geben! Gehen Sie auf www.smarttalksuccess.com/extras und klicken Sie auf den Kurzfilm *Feedback*, der auf dem Slamdance Film Festival 2008 gezeigt wurde.

ZUSAMMENFASSUNG:
So geben Sie erfolgreich konstruktives Feedback

Kritik ist pauschal, unspezifisch und auf die Person gerichtet (anstatt auf das Verhalten).

Führungskräfte geben oft nur widerwillig Feedback, obwohl es die beste Möglichkeit ist, die Produktivität der Mitarbeiter zu steigern.

Konstruktives Feedback am Arbeitsplatz ist ein kontinuierlicher, systematischer Prozess, der Mitarbeiter in die Lage versetzt, ein Höchstmaß an Produktivität zu erreichen.

Konstruktives Feedback ist respektvoll, wertfrei, auf Zusammenarbeit ausgelegt und erfordert aktives Zuhören, Gesprächsbereitschaft, Problemlösungsfähigkeiten und Verantwortungsgefühl.

Um erfolgreich konstruktives Feedback zu vermitteln, sollten Sie die Gottman-Konstante beachten und positives und negatives Feedback jeweils im Verhältnis 5 : 1 geben.

Durch konstruktives Feedback entsteht ein Arbeitsumfeld, das auf gegenseitiger Unterstützung und Vertrauen basiert.

Achten Sie darauf, immer individuell und so zeitnah wie möglich Feedback zu einem Verhalten zu geben, damit die Einzelheiten der Situation noch frisch in Erinnerung sind.

Achten Sie darauf, Ihr Feedback so zu geben, dass Dritte es nicht mitbekommen; das muss jedoch nicht zwingend hinter verschlossenen Türen sein.

Die richtige Vorgehensweise, um konstruktives Feedback zu geben:

1. Überlegen Sie, was Sie mit Ihrem Feedback erreichen wollen.
2. Bitten Sie um Erlaubnis, Feedback geben zu dürfen (oder bereiten Sie den anderen darauf vor, Feedback zu erhalten).
3. Konzentrieren Sie sich auf beeinflussbare und wiederholt auftretende Verhaltensweisen.
4. Seien Sie direkt, aber dennoch respektvoll.
5. Beschreiben Sie konkrete Verhaltensweisen.
6. Erläutern Sie, welche Auswirkungen die beanstandete Verhaltensweise hat.
7. Bringen Sie Ihre Wertschätzung oder Besorgnis zum Ausdruck.
8. Erläutern Sie die nächsten Schritte.
9. Führen Sie Buch – dokumentieren Sie Mitarbeitergespräche.

Übungsaufgabe Nr. 1

Bevor Sie das nächste Mal Feedback geben, überlegen Sie sich zwei verschiedene Varianten, wie Sie die betreffende Person zuvor um ihre Erlaubnis für das Feedback bitten könnten.

Übungsaufgabe Nr. 2

Fällt Ihnen eine Verhaltensweise von einem Kollegen oder Mitarbeiter ein, die Ihnen wirklich Probleme macht. Können Sie diese Handlungsweise oder dieses Verhalten objektiv und respektvoll beschreiben?

Übungsaufgabe Nr. 3

Entwickeln Sie auf der Grundlage der Situation aus Aufgabe Nr. 2 einen konstruktiven Dialog, mit dem Sie die betreffende Person dazu motivieren könnten, ihr Verhalten zu ändern. Halten Sie Ihren Gesprächsentwurf schriftlich fest. Machen Sie eine Videoaufzeichnung davon, wie Sie Ihr Feedback vermitteln, und zwar ohne dabei Ihre Notizen zu Hilfe zu nehmen. Schauen Sie sich danach das Video an und beurteilen Sie selbst, wie Ihr Feedback klingt. Wie würden Sie sich fühlen, wenn dieses Feedback an Sie gerichtet wäre?

Fallbeispiel: Andrall Pearson

Andrall Pearson war von 1971 bis 1984 Chef von PepsiCo. Im Rahmen einer Coverstory über die „zehn unbeugsamsten Manager Amerikas" erschien im *Fortune Magazine* 1980 ein Porträt von ihm. Andrew Parker, Leiter der Abteilung Marketing und Kommunikation bei Zenger Folkman, einem Beratungsunternehmen für Führungskräfteentwicklung, schrieb in einem Artikel zum Thema Feedback im Unternehmensblog: „Pearson betrachtete die Arbeit seiner Mitarbeiter mit einer gewissen Geringschätzung; nahm sie hart ran, um die anvisierten Ziele zu erreichen, und motivierte ansonsten durch Angst."[7] Unter seiner Führung stieg der Jahresumsatz des Unternehmens von 1,1 Milliarden US-Dollar auf fast 8 Milliarden US-Dollar.

Im Alter von 72 Jahren wurde Pearson dann aus dem Ruhestand zurückbeordert, um PepsiCo bei der Umstrukturierung der erworbenen Fastfood-Restaurantketten Taco Bell, Pizza Hut und KFC zu unterstützen, die später unter dem Label Yum Brands! Inc. firmierten. Er fungierte zunächst als Chef und Aufsichtsratsvorsitzender dieser Dachmarke, während ihm David Novak als Thronanwärter und künftiger Chef dieser Konzernsparte zur Seite gestellt wurde.

Novak wurde als eine dynamische und charismatische Führungspersönlichkeit beschrieben. Er interessierte sich sehr intensiv für seine Mitarbeiter und wollte sie dabei unterstützen, ihr volles Potenzial zu entfalten. In einem Interview mit der *New York Times* sagte David Novak wörtlich: „Was meiner Meinung nach einen großartigen Chef ausmacht, einen großartigen Trainer ausmacht, ist die Tatsache, dass er genau weiß, welche Talente in seinen Mitarbeitern schlummern, und dass er ihnen dabei hilft, diese

Talente einzusetzen, um Erfolge zu erzielen, die sie sich zuvor niemals zugetraut hätten. Es gibt nur einen Weg, wie man das erreichen kann: Indem man sich für die Menschen interessiert, die für einen arbeiten. Keiner Ihrer Mitarbeiter wird sich je für Sie interessieren, solange Sie sich nicht für ihn interessieren. Doch wenn Sie sich ernsthaft und aufrichtig für Ihre Mitarbeiter interessieren, werden diese sich auch für Sie interessieren, weil Sie Verantwortung für sie übernehmen und in sie investieren.

Zeigen Sie Ihren Mitarbeitern, dass sie Ihnen wichtig sind, indem Sie sich ernsthaft für sie interessieren und indem Sie ihnen direktes Feedback geben. Die meisten Mitarbeiter sind regelrecht ausgehungert nach direktem Feedback. Sie wollen einfach wissen, wie sie ihre Arbeit noch besser machen können. Doch viel zu viele Führungskräfte geben ihren Mitarbeitern überhaupt kein Feedback. Wenn Sie sich also ernsthaft für jemanden interessieren, sollte es Ihnen auch ernsthaft am Herzen liegen, dieser Person eine entsprechende Rückmeldung zu geben, damit sie weiß, wie sie ihre Leistung verbessern kann."[8]

Das Interessante an dieser Geschichte ist jedoch, dass Andrall Pearson David Novaks Führungsstil so sehr bewunderte, dass er beschloss, seinem Vorbild nachzueifern. Andrew Parker schreibt dazu in seinem Artikel: „Was dann passierte, war ein bemerkenswerter Wandel [in Pearsons Führungsstil], der noch heute Gesprächsthema ist. Pearson verwandelte sich von einem barschen, extrem fordernden Chef in einen Vorgesetzten, der wertvolles Feedback gab und seinen direkten Mitarbeitern aufmerksam zuhörte, um sie zu Höchstleistungen anzuspornen."[9]

Ich finde es unglaublich beeindruckend, dass ein so erfolgreicher Mann wie Andrall Pearson nicht nur willens, sondern auch in der Lage war, sich in einen umsichtigen und erfolgreichen Kommunikator zu verwandeln, und das im Alter von 72 Jahren.

7.
AUTSCH!
DAS TUT WEH!

So gehen Sie
richtig mit Kritik um

*Jede gute Kritik
sollte bewertet werden wie ein Kunstwerk.
Sie sollte keinesfalls gelesen werden wie eine
geschichtliche oder wissenschaftliche
Abhandlung.*

– Leslie Fiedler
(US-amerikanischer Literatur-
wissenschaftler und -kritiker)

Sie haben gerade ein Projekt zum Abschluss gebracht. Sie haben eine Menge Zeit und Energie hineingesteckt und sind stolz auf Ihre Arbeit. Einen Tag später bekommen Sie eine E-Mail von Ihrem Chef, in der steht, dass Sie seiner Meinung nach nicht Ihr Bestes gegeben haben. Er bemängelt eine Vielzahl von Fehlern und eine im Großen und Ganzen nachlässige Arbeitsweise.

 KURZ NACHGEFRAGT

Wie würden Sie sich fühlen, wenn Sie so eine E-Mail bekämen? Was würden Sie tun? Wie würden Sie mit dieser Situation umgehen?

Niemand hört gern Kritik, insbesondere dann nicht, wenn sie in einem barschen Ton geäußert wird oder völlig überraschend kommt. Aber ganz gleich, ob wir sie gern hören oder nicht, Kritik ist unausweichlich. Vor allem dann, wenn wir große soziale Netzwerke aufbauen, öffentlich Vorträge und Präsentationen halten oder in Führungspositionen agieren. Denn je mehr Menschen uns kennen, desto mehr können uns gut finden – aber desto mehr können uns auch kritisieren.

Den richtigen Umgang mit Kritik kann man lernen

Manchmal wird man ganz unvorbereitet mit einer kritischen Bemerkung konfrontiert. Da ist es völlig normal, dass man zunächst verärgert reagiert und sich verteidigen oder sogar um sich schlagen möchte. Doch wenn Sie sich ein paar professionelle Reaktionsmöglichkeiten antrainieren, stehen die Chancen sehr viel besser, besonnen und beherrscht mit einer derartigen Situation umgehen zu können.

DOCH VORSICHT

Reagieren Sie nicht sofort. Denn ein versierter
Kommunikator reagiert weder defensiv noch emotional.

Allerdings sollten Sie vorab unbedingt wissen, welches Verhalten Ihnen in einer Stresssituation am besten hilft. Vielleicht sollten Sie Ihren Blick kurz abwenden, einmal tief durchatmen oder bis zehn zählen. Tun Sie einfach alles, was nötig ist, um einen Augenblick innezuhalten.

Falls die Person, die Sie kritisiert, nicht direkt vor Ihnen steht (wenn die Kritik zum Beispiel per E-Mail geäußert wird), müssen Sie nicht spontan darauf reagieren. Wenn möglich, kehren Sie der Kritik den Rücken und versuchen Sie zur Ruhe zu kommen, indem Sie eine Runde spazieren gehen, Yoga machen oder mit einer Freundin reden. Lassen Sie eine solche Mail ruhig einen ganzen Tag in ihrem Posteingang dümpeln, bevor Sie darauf antworten.

Üben Sie immer wieder, wie Sie besonnen und planvoll mit kritischen Bemerkungen umgehen können, damit Sie jederzeit ruhig, konsequent und ohne zu überlegen reagieren können, wo immer Sie mit Kritik konfrontiert werden. Sie können sagen: „Danke, dass Sie sich die Zeit genommen haben, mir das mitzuteilen. Ich bin wirklich dankbar für dieses Feedback." Das Letzte, was Sie jedoch tun sollten, ist, sich über die andere Person (und über sich selbst) zu ärgern, weil Sie mit der Situation nicht angemessen umgehen können.

Es fällt uns sehr viel leichter, Kritik zu akzeptieren, wenn wir uns vor Augen führen, dass jeder von uns Fehler macht und wir stets dazulernen und uns verbessern können. Auch ich mache mir immer wieder gern bewusst, dass andere Menschen nun einmal eine andere Meinung vertreten können als ich. Auch wenn es vielleicht im jeweiligen Augenblick schwerfallen mag, Kritik einzustecken, so ist sie doch bei genauerer Betrachtung eigentlich ein Geschenk, denn sie ermöglicht uns eine Weiterentwicklung, weil sie uns unsere Schattenseiten aufzeigt. Schließlich zielt Kritik – insbesondere am Arbeitsplatz – in aller Regel darauf ab, uns dabei zu unterstützen, unser Arbeitsergebnis zu verbessern. Normalerweise ist Kritik ja nicht als Erbsenzählerei gedacht, sondern soll uns helfen, eine bessere Arbeitsleistung zu erbringen, auch wenn sie mitunter nicht in angemessener Weise vermittelt wird. (Siehe Kapitel 6. Hier finden Sie ausführliche Informationen dazu, wie man konstruktives Feedback gibt.)

Seien Sie stets offen für die Sichtweise von anderen. Damit meine ich nicht, dass Sie den Standpunkt eines anderen Menschen automatisch akzeptieren sollen, sondern Sie sollen vielmehr ernsthaft und gründlich darüber nachdenken, egal wie negativ die Kritik formuliert wurde. Mir ist klar, das ist leichter gesagt als getan.

Mit Schweigen verschaffen Sie sich eine Atempause

Sie können zwar nicht steuern, was die andere Person zu Ihnen sagt, aber Sie können sehr wohl durch Ihre Reaktion auf das Gesagte auf sie einwirken. Steht die Person, die Sie kritisiert, direkt vor Ihnen, können Sie sich eine Atempause verschaffen – die vielleicht auch Ihrem Kritiker zugutekommt –, indem Sie entweder nichts sagen, sich kurz abwenden oder einmal tief durchatmen. Mit einem stummen, regungslosen und neutralen Gesichtsausdruck können Sie den Fluss negativer Energie blockieren und ihn manchmal sogar umleiten, weil Sie Ihr Gegenüber damit meist verwirren. Sie brauchen sich also keinen Kopf zu machen, wenn der andere dann fragt: „Warum sagen Sie denn nichts?" Denn Sie können ernsthaft behaupten: „Ich höre Ihnen aufmerksam zu."

Da wir in den seltensten Fällen alle Lebensumstände eines Menschen kennen, sollten wir ihm Zeit geben, damit er seine Worte noch einmal Revue passieren lassen kann. Denken Sie stets daran, dass jeder Kritiker auch ein Mensch ist. Vielleicht hat er sich gerade mit jemandem gestritten, ist in finanziellen Schwierigkeiten oder hat mit einem plötzlichen

Auftreten von Akne im Erwachsenenalter zu kämpfen. Manche Menschen sind einfach ziemlich unsensibel anderen gegenüber, doch ich gehe davon aus, dass die meisten Menschen nicht bösartig sind. Geben Sie ihnen einen Augenblick, um ihre Worte möglicherweise wieder zurückzunehmen – oder um sich zumindest darüber klar zu werden, in welchem Ton sie diese geäußert haben.

Es gibt aber noch einen anderen Grund, warum Sie unbedingt vermeiden sollten, sofort eine defensive Haltung einzunehmen: Weil sich dadurch die Situation nur noch weiter zuspitzt. Denn meiner Meinung nach ist eine solche Verteidigungshaltung sehr stark emotional gefärbt und trägt meistens nur dazu bei, dass eine ohnehin angespannte Situation noch weiter eskaliert. Eine kurze Verschnaufpause, in der Sie sich sammeln, ermöglicht Ihnen, die erste negative emotionale Reaktion hinter sich zu lassen und mit mehr Umsicht zu reagieren.

Insbesondere wenn Kritik öffentlich geäußert wird, haben wir das Bedürfnis, uns zu verteidigen. Wir würden den Angriff am liebsten erwidern und verbal zurückschlagen. Wenn Sie es jedoch schaffen, über diesem verbalen Angriff zu stehen und angesichts der unschön gewählten Worte konstruktiv zu bleiben, werden andere das merken und Sie dafür bewundern. (Ich habe sehr viele Zuschriften von Leuten erhalten, die mich dazu beglückwünscht haben, wie ich mit öffentlich geäußerter

? KURZ NACHGEFRAGT

Können Sie sich an eine Situation erinnern, in der Sie öffentlich harsche Kritik einstecken mussten? Wie sind Sie damit umgegangen? Haben Sie Anerkennung dafür bekommen, wie professionell Sie diese Situation letztlich gemeistert haben? Warum oder warum nicht?

Kritik umgegangen bin.) Was unter Umständen aber noch weitaus wichtiger ist: Sie haben sich nicht auf dasselbe Niveau unsachlicher Kritik und Polemik herabgelassen.

Entschärfen Sie Kritik mit einem Dankeschön

Es gibt eine einfache Möglichkeit, Kritik rasch zu entschärfen: Sagen Sie einfach „Danke". Denn normalerweise wird ein Dankeschön für Kritik nicht erwartet, erstaunlicherweise aber durchaus geschätzt. Ein Dankeschön hilft mir dabei, jegliche Kritik immer auch als Chance zu begreifen, mich weiterzuentwickeln. Außerdem hilft es mir dabei, Kritik nicht als Angriff auf meine Person oder als Beleidigung aufzufassen. Ich betrachte Kritik vielmehr als eine Spiegelung meines Verhaltens, wodurch sich mir die einmalige Chance eröffnet, mein Verhalten mit ganz anderen Augen zu sehen.

Im nächsten Schritt geht es darum, die erhaltene Kritik als konstruktives Feedback zu paraphrasieren. Für den Fall, dass Sie Ihre Emotionen im Griff haben, können Sie der Kritik auch mit Neugier begegnen: „Vielen Dank, dass Sie mir das gesagt haben. Können Sie das näher ausführen, damit ich besser verstehen kann, was Sie genau meinen?"

Gehen Sie nie automatisch davon aus, dass Sie die Sichtweisen oder Absichten der anderen Person verstehen. Es ist immer am besten, wenn Sie direkt nachfragen, falls die Person ihre Ansichten nicht näher erläutert. Sie könnten so etwas sagen wie „Ich würde Ihren Standpunkt gern verstehen; können Sie mir erklären, warum Sie so denken?" oder „Können Sie mir konkrete Beispiele nennen?" oder „Was war Ihr Eindruck, als ...?". Es ist sehr hilfreich, wenn Sie dazu bereit sind, Ihren eigenen Standpunkt zu hinterfragen. Durch Ihre Neugier und Offenheit ermöglichen Sie der anderen Person, Sie als aufgeschlossenen Gesprächspartner wahrzunehmen, der an einer Erörterung dieses Themas interessiert ist. Falls die Kritik Sie jedoch aus heiterem Himmel trifft und Sie noch nicht dazu bereit sind, Einzelheiten zu diskutieren, können Sie diesen Punkt auch überspringen.

Auf gar keinen Fall sollten Sie sich zu Beschimpfungen oder Schuldzuweisungen hinreißen lassen. Denn zu diesem Zeitpunkt besteht Ihr Hauptanliegen darin, die Kritik zu verstehen. Nutzen Sie daher diese Gelegenheit, um nützliche Beobachtungen und nähere Einzelheiten zu erfahren.

Nachdem Sie den Standpunkt der anderen Person weitgehend verstanden haben, können Sie die Botschaft paraphrasieren, die Sie gehört haben. Wenn Sie aufgeschlossen und lernbereit sind, können Sie durch die sinngemäße Wiederholung der Aussagen Ihres Gegenübers die Kritik nicht nur besser verstehen, sondern sind auch in der Lage, Ihr Verhalten entsprechend zu ändern.

Manchmal erhalten Sie auch Kritik aus einer unbekannten oder anonymen Quelle. In diesem Fall müssen Sie versuchen, die Kritik in konstruktives Feedback zu verwandeln (siehe dazu Kapitel 6). Nehmen wir einmal an, Sie lesen ein Bewertungsformular zu einer Präsentation, die Sie gerade gehalten haben, und ein anonymer Kritiker schreibt: „Ihre Präsentation war langweilig." Dann könnten Sie zum Beispiel denken: „Was für ein Idiot, was weiß der denn schon! Er hat ja noch nicht einmal seinen Namen auf dem Formular vermerkt." Sie könnten aber auch denken: „Hm, vielleicht sollte ich mir überlegen, wie ich mein Publikum besser in meine Präsentation einbeziehen und einbinden kann. Ich werde Sue fragen, wie sie die Präsentation fand, und sehen, ob sie ein paar Verbesserungsvorschläge hat."

 KURZ NACHGEFRAGT

Welche Kritik haben Sie kürzlich einstecken müssen? Wie könnten Sie diese Kritik in konstruktives Feedback verwandeln?

Ein Beispiel, wie man mit Kritik umgeht

Ich kann mich noch an eine Begebenheit erinnern, als eine Hörerin meines „*The Public Speaker*"-Podcasts mir Feedback zu einem Verhalten gab, das sie als „gekünsteltes Lachen" beschrieb. Meine erste Reaktion war: „Danke schön für das Feedback." (Na ja, ich muss allerdings zugeben, dass mein allererster Gedanke war: „Ich habe doch kein gekünsteltes Lachen!")

Später beschloss ich dann, diese Sichtweise (aus Neugier) einmal genauer zu untersuchen, indem ich andere auf meiner „*The Public Speaker*"-Facebook-Seite nach ihren Beobachtungen zu diesem Thema fragte. Eine Person antwortete, dass sie auch der Ansicht sei, ich hätte ein gekünsteltes Lachen, weswegen ich sie schließlich bat, mir genauere Informationen zu geben, denn ich wollte ihren Standpunkt einfach besser verstehen. Um es ganz deutlich zu sagen, ich konnte diese Sichtweise zwar nicht zwangsläufig nachvollziehen, aber ich war dankbar für die Informationen, denn ich war (und bin) bereit, mich weiterzuentwickeln. Da es äußerst unrealistisch ist, dass Sie als Mensch mit Ihrer Ausdrucksweise und Ihren Ideen stets bei all Ihren Mitmenschen gut ankommen, sollten Sie am besten für jene Situationen gerüstet sein, in denen Sie vielleicht nicht ganz überzeugen.

Machen Sie Ihrem Unmut angemessen Luft

Auch wenn Sie routiniert reagiert und sich eine Verschnaufpause verschafft haben, so kann es durchaus sein, dass Sie noch immer aufgebracht, frustriert oder verärgert sind. Passen Sie auf, dass Sie nicht in die Negativspirale geraten. Finden Sie eine vernünftige Möglichkeit, wie Sie Ihren durch die Kritik ausgelösten Emotionen Luft machen können.

Falls die Kritik von jemandem geäußert wird, zu dem Sie in einer wichtigen Beziehung stehen, sollten Sie dieser Beziehung keinesfalls schaden, indem Sie etwas Unbedachtes sagen, was Sie später bedauern würden. Sie können Ihrer Wut und Verärgerung gern freien Lauf lassen, aber bitte nur im stillen Kämmerlein. Ich mache es oft so, dass ich eine E-Mail schreibe,

KURZ NACHGEFRAGT

Wie machen Sie eigentlich Ihrem Unmut am liebsten Luft?
Achten Sie darauf, Ihre wichtigen Beziehungen zu schützen?

in die ich alles reinpacke (ohne ein Blatt vor den Mund zu nehmen) und in der ich sogar Dinge behaupte, von denen ich weiß, dass sie nicht wahr sind. Diese Mail dient einzig und allein dem Zweck, meinem Ärger Luft zu machen. Selbstverständlich schicke ich diese E-Mail nicht wirklich ab. (Ich gehe sogar immer auf Nummer sicher und schreibe meinen eigenen Namen in das Adressfeld, denn ich möchte nicht, dass irgendjemand durch einen dummen Zufall diese Mail bekommt.)

Während ich diese Mail schreibe, kann ich meine Gedanken ordnen und mir über meine Gefühle klar werden. Und sobald ich mich beruhigt habe, lösche ich diese Nachricht normalerweise wieder – und dann bin ich auch bereit, die betreffende Situation mit mehr Objektivität zu betrachten. (Hin und wieder bewahre ich sogar eine solche E-Mail auf, um mir selbst vor Augen zu führen, wie verzerrt meine Sichtweise ist, wenn ich wütend oder verletzt bin.) Das Wichtigste ist, dass Sie das Gespräch umsichtig angehen und sich nicht Hals über Kopf auf eine hitzige emotionsgeladene Debatte einlassen.

Doch Vorsicht, bei wem Sie sich Luft machen

Dazu sind Freunde ja schließlich (nicht zwangsläufig) da. Viele Menschen machen sich gern bei guten Freunden oder Arbeitskollegen Luft. Das kann ganz nützlich sein, sofern es im Rahmen bleibt. Doch falls Sie Ihre Freunde möglicherweise negativ beeinflussen, wenn Sie ihnen von der Situation erzählen (wenn diese zum Beispiel für dieselbe Person arbeiten, die Sie kritisiert hat), sollten Sie sich jemand anderen aussuchen, dem Sie Ihr Leid klagen – jemand, der objektiver ist.

Machen Sie sich bewusst, dass Ihre negative Einstellung zu einer anderen Person auf Ihre Freunde oder Arbeitskollegen abfärben kann, die bisher noch kein Problem mit der betreffenden Person hatten. Es ist einfach unprofessionell, ein negatives Arbeitsklima zu fördern und gute Teamarbeit zunichtezumachen, nur damit Sie sich besser fühlen.

Setzen Sie sich mit der Kritik auseinander

Der nun folgende Schritt dürfte wohl der schwierigste sein. Sie müssen zuhören und Ihr Verhalten überdenken. Doch um wirklich zuhören zu können, müssen Sie zuerst aufhören zu reden und still sein. Sie müssen Ihren Verteidigungsimpuls unterdrücken. Sie müssen die Stimme in Ihrem Kopf, die spontan und unreflektiert herausplatzen will, zum Schweigen bringen. Für mich ist es in diesem Zusammenhang wahrscheinlich am wichtigsten, dass ich unbedingt darauf achte, meine Körpersprache und Mimik neutral zu halten – also kein Seufzen oder Augenverdrehen.

Im Anschluss an diese Situation sollten Sie sich mit der konkreten Äußerung auseinandersetzen, die die Person gemacht hat, und sich ehrlich fragen, ob vielleicht doch ein Körnchen Wahrheit in der Behauptung enthalten ist oder was Sie aus der Kritik lernen können. Es gibt eine gute Methode, um herauszufinden, ob die Kritik berechtigt ist: Überlegen Sie, wie heftig Ihre erste emotionale Reaktion war.

Wenn die Kritik Sie tief getroffen hat, dann vermutlich deshalb, weil sie einen wunden Punkt berührt hat, bei dem es sich um etwas handelt, was Ihnen sehr wichtig ist. Wenn die Kritik Sie dagegen nur verärgert (oder amüsiert) hat, ist sie vermutlich auf Ihrer Werteskala weiter unten „eingeschlagen". Wenn Sie zum Beispiel jemand dafür kritisiert, wie Sie eine bestimmte Arbeitssituation bewältigt haben, wird das bei Ihnen sicher stärkere Emotionen auslösen, als wenn jemand zu Ihnen sagt, dass Ihnen Gelb nicht wirklich gut steht. (Es sei denn, Sie legen sehr großen Wert auf ein modisch schickes Aussehen!)

Machen Sie sich bewusst, dass die Grenze zwischen nachdenken und sich in eine Situation hineinsteigern oft fließend ist. Sie sollten sich über die Beweggründe klar werden, warum Ihre Gedanken um diese eine bestimmte Situation kreisen. Beschäftigen Sie sich bloß deshalb so intensiv mit dieser Begebenheit, weil Sie sich weiterentwickeln und daraus lernen wollen oder weil Ihr Ego diese Kritik nicht verkraftet?

Projizieren Sie Ihre von der Kritik ausgelösten Emotionen nicht auf den Kritiker

Jetzt kommt es darauf an, dass Sie den Inhalt der Kritik sachlich-nüchtern betrachten, das heißt losgelöst von allen negativen Emotionen, die durch die Kritik oder die Art und Weise, in der sie geäußert wurde, in Ihnen hochgestiegen sind. Fragen Sie sich am besten selbst: „Wenn die gleiche Bemerkung behutsam von einem wohlmeinenden Freund geäußert worden wäre, wäre ich dann eher bereit, ihr Glauben zu schenken?"

Außerdem sollte auch der Faktor Häufigkeit bei Ihren Überlegungen eine Rolle spielen. Haben Sie die gleiche kritische Bemerkung schon von mehr als einer Person und bei mehr als einer Gelegenheit gehört? Haben Menschen, die Sie lieben und denen Sie vertrauen, diesen Punkt auch schon angesprochen? Können Sie darin ein Verhaltensmuster erkennen, das Sie sich angeeignet haben? Falls das so sein sollte, wird es Zeit, dass Sie dieser Kritik ernsthaft Beachtung schenken.

Eine Freundin hat mir einmal von einer Zeit erzählt, in der drei verschiedene Personen sie unabhängig voneinander auf ein bestimmtes negatives Verhalten aufmerksam gemacht haben. Durch dieses geballte Feedback war es ihr schließlich möglich, ihr Verhalten besser zu verstehen und es zu ändern. Es kann auch hilfreich sein, die Kritik mit einem vertrauenswürdigen Berater zu erörtern, denn er kann Ihnen eine objektivere Sicht der Dinge vermitteln und möglicherweise sogar ein paar Vorschläge machen, wie Sie am besten mit der Situation umgehen.

Überlegen Sie, wie Sie reagieren wollen

Sollten Sie selbst nach reiflicher Überlegung zu dem Schluss kommen, dass die Kritik nicht gerechtfertigt oder von größerer Relevanz ist, können Sie die kritische Bemerkung entweder ignorieren und zur Tagesordnung übergehen (schließlich steht ja nirgendwo geschrieben, dass Sie auf jede E-Mail antworten müssen) oder es einfach mit einem kurzen „Danke für Ihre Anmerkung" bewenden lassen.

Oder aber Sie haben festgestellt, dass die Kritik zum Teil zutreffend war. In diesem Fall sollten Sie darauf bedacht sein, den zutreffenden Teil nicht zu ignorieren, sondern im Gegenteil einen konkreten Plan ausarbeiten, wie Sie sich in diesem Punkt verbessern können.

Sollten Sie schlussendlich doch feststellen, dass die Kritik (entweder zum Teil oder ganz) berechtigt und hilfreich war (ganz gleich, wie sie geäußert wurde), sollten Sie die betreffende Person kontaktieren (per E-Mail, Brief oder persönlich) und ihr aufrichtig dafür danken, dass sie sich die Zeit genommen hat, Sie auf diesen Punkt hinzuweisen. Sie können sogar kurz erläutern, welche konkreten Schritte Sie unternehmen werden, um Ihr Verhalten in diesem Punkt zu verbessern. Wer weiß? Vielleicht entwickelt sich zwischen Ihnen beiden mit der Zeit ja eine Beziehung?

Zurück zur Tagesordnung

Jetzt heißt es, wieder zur Tagesordnung überzugehen. Das ist leichter gesagt als getan. Denn dafür müssen Sie entweder a) die kritische Bemerkung ignorieren oder mit einer floskelhaften Äußerung darauf reagieren oder b) die jeweiligen Kritikpunkte in Ihren persönlichen Weiterentwicklungsplan einbeziehen, um sich zu verbessern.

Wenn Sie sich dafür entscheiden, die Kritik zu ignorieren, sollten Sie auch aufhören, sich in Gedanken immer wieder damit auseinanderzusetzen. Konzentrieren Sie sich stattdessen lieber darauf, mit Ihrer Arbeit weiterzumachen. (Denken Sie einfach: „Das war's. Fertig. Schluss. Aus. Ende.")

Doch wenn Sie sich vorgenommen haben, etwas zu ändern, sollten Sie einen Plan machen. Müssen Sie sich künftig mehr Notizen machen? Müssen Sie sich mehr Mühe geben, die Teilnehmer bei einer Besprechung angemessen zu grüßen? Müssen Sie lernen, wie man ein bestimmtes Wort korrekt ausspricht? Tun Sie alles, was Sie tun müssen, damit Sie von dieser kritischen Bemerkung profitieren können. Entwickeln Sie einen Plan und überwachen Sie Ihre Fortschritte.

Es ist ganz wichtig, dass Sie am Ende keinen Groll hegen. Grübeln Sie nicht länger über den Fehler, sondern konzentrieren Sie sich darauf, wie Sie am besten weitermachen können. Sofern möglich, sollten Sie reinen Tisch machen und die betreffende Person wissen lassen, wie Sie in Zukunft gern Verbesserungsvorschläge oder konstruktives Feedback erhalten würden. (Sie könnten ihr zum Beispiel ein Exemplar dieses Buches kaufen, es auf ihren Platz legen und mit einem Lesezeichen in Kapitel 6 versehen.) Außerdem sollten Sie sich vor Augen halten, dass Menschen, die Sie kritisieren, Ihnen schlussendlich dabei helfen, sich weiterzuentwickeln. Denken Sie stets daran, dass nicht *Sie* als Person kritisiert werden, sondern Ihr Verhalten – und das können Sie ändern, wenn Sie wollen.

ZUSAMMENFASSUNG:
So gehen Sie richtig mit Kritik um

Es ist sehr viel leichter, Kritik zu akzeptieren, wenn Sie sich vor Augen führen, dass jeder Fehler macht und dass Sie stets dazulernen und etwas verbessern können.
Seien Sie stets offen für die Sichtweise von anderen.
Reagieren Sie auf Kritik nicht emotional, sondern erst nach reiflicher Überlegung.
Entschärfen Sie Kritik mit einem Dankeschön, denn das wird normalerweise nicht erwartet, aber durchaus geschätzt.
Verwandeln Sie Kritik immer in konstruktives Feedback.

Schritt-für-Schritt-Anleitung für den richtigen Umgang mit Kritik:
1. Hören Sie aufmerksam zu und betrachten Sie die Kritik sachlich-nüchtern und mit Neugier zum Detail.
2. Machen Sie Ihrem Unmut angemessen Luft.
3. Betrachten Sie Kritik als konstruktives Feedback und überlegen Sie, inwiefern sich etwas verbessern würde, wenn Sie Ihr Verhalten ändern würden.
4. Setzen Sie sich mit der Kritik objektiv auseinander und projizieren Sie Ihre von der Kritik ausgelösten Emotionen nicht auf den Kritiker.
5. Überlegen Sie, wie Sie reagieren wollen.
6. Werden Sie sich klar, ob Sie Ihr Verhalten ändern wollen oder nicht.
7. Gehen Sie wieder zur Tagesordnung über.

Übungsaufgabe Nr. 1

Verwandeln Sie die folgende Kritik in konstruktives Feedback: „Die Informationen, die Sie mir heute Morgen gegeben haben, waren absolut bescheiden. Ich kam mir in der Besprechung vor wie ein Idiot, weil ich nicht die richtigen Informationen hatte."

Übungsaufgabe Nr. 2

Bitten Sie eine/n Freund/in darum, Sie zu kritisieren. Wählen Sie drei Schwachpunkte aus, bei denen Sie besonders empfindlich reagieren, und schreiben Sie ganz genau auf, was der/die Freund/in Ihnen sagen soll. Lassen Sie sich dann von ihm/ihr fünf Minuten lang in einem aggressiven Tonfall mit Ihren eigenen Worten bombardieren. Ziel dieser Übung ist es, Sie widerstandsfähiger gegen Kritik zu machen und Sie so in die Lage zu versetzen, sich eine ruhige und objektive Reaktionsweise anzutrainieren.

Übungsaufgabe Nr. 3

Erinnern Sie sich an eine Situation, in der Sie jemanden heftig kritisiert haben. Was waren Ihre Beweggründe, sich so zu verhalten? Lag Ihre ausgesprochen unfreundliche Wortwahl ausschließlich im Handeln oder Verhalten der anderen Person begründet? Nutzen Sie diese Übung, um sich darüber klar zu werden, warum jemand in einer bestimmten Art und Weise reagieren könnte, die im Grunde wenig oder gar nichts mit Ihnen zu tun hat.

Fallbeispiel: Kathleen Walker

„Vor etlichen Jahren versuchte ich, mich als Autorin zu etablieren und meine Werke zu veröffentlichen. Deshalb bewarb ich mich für ein Förderprogramm einer privaten Stiftung, das speziell für Autorinnen ins Leben gerufen worden war. Die Dame, die die Anträge auf Fördergelder bearbeitete, reagierte auf meine Anfrage mit einem vernichtenden Antwortschreiben, in dem sie mir mitteilte, dass ich unbedingt lernen müsse, professioneller zu schreiben, ein paar Seminare zu kreativem Schreiben belegen solle und mein Manuskript gründlich überarbeiten müsse, bevor ich auch nur daran denken könne, meinem Ziel einen Schritt näher zu kommen.

Als ich diesen Brief las, kamen mir die Tränen.

Ich deutete ihre Haltung als viktorianische Strenge und ignorierte zunächst ihre verletzenden Worte. Ihre schonungslosen Bemerkungen hatten mich zutiefst getroffen. Doch als ich selbst recherchierte, über welche Fähigkeiten ich als Autorin verfügen muss, um meine Werke veröffentlichen zu können, habe ich mir mit der Zeit auf schmerzliche Weise eingestehen müssen, dass sie recht hatte!

Ich musste noch sehr viel lernen, professioneller werden und intensiv an meiner Schreibe arbeiten, bevor ich mein Vorhaben in die Tat umsetzen konnte. Also befolgte ich ihren Rat und belegte am hiesigen College einige Seminare zu kreativem Schreiben. Ich befasste mich mit verschiedenen Buchautoren und studierte ihre Biografie, um herauszufinden, wie ich in ihre Fußstapfen treten könnte. Durch die äußerst treffenden, recht unverblümten Worte dieser Dame habe ich eine ganze Menge gelernt, und obwohl mich ihre Äußerungen zum damaligen Zeitpunkt sehr verletzt haben, haben sie mir dennoch den entscheidenden Anstoß gegeben, den ich brauchte.

Voller Stolz kann ich sagen, dass bisher Gedichte und Kurzgeschichten von mir in angesehenen Publikationen überall auf der Welt veröffentlicht worden sind und dass ich zwei Bücher herausgebracht habe. Heute bin ich dankbar für die konstruktive Kritik, die ich vor etlichen Jahren erhalten habe, als ich sie so dringend brauchte, auch wenn mir das damals nicht bewusst war.

Später habe ich dieser Dame einen Brief geschrieben, in dem ich mich für ihre helfenden Worte und ihre Aufrichtigkeit bedankt habe."

8.
WIR MÜSSEN DRINGEND MITEINANDER REDEN

So meistern Sie schwierige Gesprächssituationen

*Du gibst dir so große Mühe,
ihren Standpunkt zu verstehen,
dabei sagst du doch nur die Wahrheit
und willst nicht unfreundlich sein.*

– aus dem Song „Difficult Conversation"
von Neil Swanson und Geoff Judges

Sie müssen einer Ihrer leistungsstärksten Mitarbeiterinnen sagen, dass sie sich unangemessen und unprofessionell kleidet. Schlimmer noch, dass ihre Körperpflege manchmal zu wünschen übrig lässt. Wie gehen Sie mit dieser schwierigen Gesprächssituation um?

Ihr Team schafft es unmöglich, die Fertigstellungsfrist einzuhalten, außerdem wird das Projekt wahrscheinlich das Budget sprengen. Wie werden Sie als Projektmanager diese Informationen der Geschäftsleitung und dem Kunden mitteilen?

Der erst kürzlich eingestellte Vertriebsingenieur arbeitet die ganze Nacht über an seiner Software-Demonstration. Doch während der Demonstration stürzt die Software ständig ab und die Präsentation ist eine einzige Katastrophe. Sie müssen mit dem Vertriebsingenieur und seiner Vorgesetzten ein ernstes Gespräch führen, damit eine solche Situation nicht wieder vorkommt.

Sie sind Unternehmensberater und haben das Budget Ihres Kunden überschritten. Nun müssen sie ihn bitten, eine zusätzliche Honorarrechnung für die erbrachte Arbeit ausstellen zu dürfen.

Wenn jemand Spinat zwischen den Zähnen hat, sind sich im Allgemeinen alle einig, dass man Himmel und Hölle in Bewegung setzen sollte, um diese Person so diskret wie möglich darauf hinzuweisen. Warum in aller Welt ist es dann so schwierig, derselben Person zu sagen, dass es im Büro völlig unangebracht ist, eine Bluse zu tragen, die eher für jemanden gemacht ist, der locker 20 Pfund leichter und gut 20 Jahre jünger ist?

 KURZ NACHGEFRAGT

Denken Sie an eine schwierige Gesprächssituation, die Sie bewältigen mussten. Wie haben Sie sich dabei gefühlt? Wie haben Sie reagiert?

KURZ NACHGEFRAGT

Sind Sie einem schwierigen Gespräch schon einmal aus dem Weg gegangen? Welche Konsequenzen hatte das? Wie viel Geld und Produktivität geht dadurch verloren, dass Mitarbeiter nicht direkt auf ihre Leistungsschwäche oder Unzufriedenheit angesprochen werden?

Schwierige Gesprächssituationen bereiten den meisten von uns ziemliches Unbehagen. Den meisten Führungskräften graut es schlichtweg davor, heikle Themen anzusprechen oder schlechte Nachrichten zu überbringen. Deshalb müssen sie lernen, den ursprünglichen Impuls zu unterdrücken, der sie dazu verleitet, unangenehme Themen zu umgehen. Schließlich hat man uns beigebracht, vorsichtig zu sein, denn wir könnten ja „in ein Wespennest stechen", und deshalb reden wir uns gern heraus: „Ich bin momentan viel zu beschäftigt, um mich jetzt darum zu kümmern; außerdem könnte es unserer Beziehung schaden, wenn ich die Sache anspreche – aber wahrscheinlich würde es ja sowieso nichts bringen."

Warum wir uns schwierigen Gesprächssituationen unbedingt stellen sollten

Wir tun uns schwer damit, eine andere Person mit einem heiklen Sachverhalt zu konfrontieren. Vielleicht liegt es daran, dass wir das weder in der Schule noch zu Hause richtig gelernt haben. Selbst Menschen mit hervorragendem kommunikativem Geschick machen mitunter einen Rückzieher, wenn es darum geht, belastende oder heikle Themen anzusprechen. Schließlich will niemand gern zu einem unangenehmen Arbeitsklima beitragen und daher scheint es (kurzfristig) die einfachere Lösung zu sein, heikle Themen totzuschweigen.

DOCH VORSICHT

Wahrscheinlich werden Sie langfristig mehr Schaden damit anrichten, wenn Sie Konflikten und schwierigen Gesprächen aus dem Weg gehen, als wenn Sie einen Sachverhalt direkt ansprechen. Die mangelnde Bereitschaft, schwierige Themen anzusprechen, hat nicht nur einen Produktivitätsverlust zur Folge, sondern kann sich auch negativ auf den Unternehmensgewinn auswirken.

Durch eine solche Vermeidungstaktik wird das Kernproblem nicht kommuniziert, wodurch letztlich sehr viel Raum für böswillige Unterstellungen und Feindseligkeit entsteht. Beziehungen verschlechtern sich. Belanglosigkeiten können sich dadurch zu einem Riesenproblem auswachsen – ein Problem, das zwar für jedermann offensichtlich ist, aber auch von jedermann bewusst gemieden wird, weil es ein heißes Eisen ist. Eine vom Versicherungsunternehmen Nationwide im Jahr 2007 in Auftrag gegebene Umfrage[1] ergab, dass aufgrund der Unfähigkeit, schwierige Themen anzusprechen, fast die Hälfte der Befragten unter Schlafstörungen litt; zehn Prozent berichteten von gesundheitlichen Problemen und fünf Prozent gaben an, dadurch einen Job oder eine Freundschaftsbeziehung verloren zu haben.

Schlimmer noch, diese Probleme können mitunter *gewaltige Ausmaße* annehmen, sodass die Situation irgendwann eskaliert und unsere Aufmerksamkeit erfordert, ob wir nun darauf vorbereitet sind oder nicht. Daher ist es am besten, sich gleich von Anfang an auf schwierige Gesprächssituationen einzustellen und sie in Angriff zu nehmen, bevor die Emotionen hochkochen. Schwierige Gesprächssituationen lassen sich von vornherein vermeiden, indem Sie regelmäßige Gesprächsrunden zur Lagebesprechung veranstalten, in denen positive Entwicklungen und potenzielle Probleme zur Sprache kommen. Denn je länger Probleme schwelen und unausgesprochen bleiben, desto stärker und nachhaltiger beeinträchtigen sie die Unternehmensleistung.

Niemand verkündet gern schlechte Nachrichten, vor allem nicht guten Mitarbeitern. Halten Sie sich immer vor Augen, dass schwierige Gespräche für alle Beteiligten schwierig sind, nicht nur für Sie. Die Art und Weise, wie Sie diese Gespräche meistern, entscheidet darüber, wie gut oder wie schlecht Sie die Situation – für sich selbst und auch für die andere Person – bereinigen können. Indem schwierige Themen gezielt angesprochen werden, wissen die Mitarbeiter immer genau, wo sie stehen und was sie ändern müssen. Und sofern Sie Ihre Sache gut machen, ist es durchaus möglich, dass Sie die betreffende Person dadurch anspornen und ihr ein gutes Gefühl vermitteln.

In Kapitel 6 habe ich in neun Schritten skizziert, wie Sie konstruktives Feedback geben. Schwierige Gesprächssituationen und Konfliktgespräche gehören zwar ebenfalls in die Kategorie Feedback, aber da es hier meist um die Kommunikation belastender oder heikler Sachverhalte geht, müssen Sie ein paar zusätzliche Schritte beachten, wenn Sie Ihre Botschaft erfolgreich vermitteln wollen. Welche zusätzlichen Schritte dies sind, werde ich gleich näher erläutern.

Wenn Sie Ihre Beziehung zu der anderen Person aufrechterhalten wollen, müssen Sie darauf bedacht sein, diese zu einer Verhaltensänderung zu bewegen, was wiederum bedeutet, dass Sie Ihre schlechten Nachrichten umsichtig, einfühlsam und rücksichtsvoll übermitteln sollten. Bleibt also die Frage, wie Sie das bewerkstelligen. In der folgenden Schritt-für-Schritt-Anleitung erkläre ich Ihnen, wie Sie vorgehen müssen, um ein schwieriges Gespräch oder eine Konfliktsituation erfolgreich zu bewältigen.

Schritt Nr. 1: Versetzen Sie sich in die Lage Ihres Gesprächspartners

Wenn Sie ein schwieriges Gespräch führen müssen, ist es von entscheidender Bedeutung, dass Sie zuerst versuchen, sich emotional und mental in die Lage Ihres Gesprächspartners hineinzuversetzen. Was würden Sie wohl empfinden und denken, wenn Sie an seiner Stelle wären? Was wäre Ihnen wichtig? Wie würden Sie gern behandelt werden?

Sie brauchen schon ein gewisses Maß an Einfühlungsvermögen, damit Sie Verständnis für die Situation Ihres Gesprächspartners aufbringen können. Denn nur mit Einfühlungsvermögen sind Sie in der Lage, zu begreifen, dass die andere Person stets ihr Bestes gibt, um mit den ihr zur Verfügung stehenden Mitteln die an sie gestellten Aufgaben zu bewältigen.

Eine schwierige Gesprächssituation entsteht beispielsweise, wenn Sie kommunizieren müssen, dass ein wichtiger Termin nicht eingehalten werden kann oder die geplanten Projektkosten überschritten werden. Am besten können Sie sich auf dieses Gespräch vorbereiten, indem Sie sich in die Lage des Managements und/oder des Kunden versetzen. Denn da die Projektplanung auf der Grundlage der zuvor getroffenen Vereinbarungen vorgenommen wurde, ist es wichtig, dass das Management und/oder der Kunde so schnell wie möglich davon in Kenntnis gesetzt wird, wenn sich eine Änderung in der Termin- oder Finanzplanung abzeichnet, damit entsprechende Alternativen ausgearbeitet werden können. Gleichzeitig muss das Management aber auch verstehen, dass Sie Ihr Bestes gegeben haben, um die vereinbarten Termin- und Budgetvorgaben einzuhalten.

Gerade wenn es um heikle Themen geht, ist es sicher hilfreich, wenn Sie sich zuvor darüber klar werden, wie Sie und Ihr Gesprächspartner normalerweise mit Konfliktsituationen umgehen. In meinen Seminaren zum Thema Teambildung fand ich es immer hilfreich, die Teilnehmer zuerst einen Fragebogen ausfüllen zu lassen, der mir Aufschluss über ihre typischen Verhaltensmuster im Umgang mit Konfliktsituationen gab, damit ich wusste, welche Konflikttypen aufeinandertreffen. Anfang der 1970er-Jahre haben die beiden Psychologen Thomas und Kilmann ein international anerkanntes Modell zur Beschreibung menschlichen Konfliktverhaltens entwickelt, das mittlerweile seit über 35 Jahren Anwendung findet. Dieses Modell

– das „Thomas-Kilmann Conflict Mode Instrument"[2] oder TKI – beschreibt fünf grundlegende Konfliktstile beziehungsweise Konflikttypen.

- Der Kämpfer-Typ: Ich gewinne, du verlierst. Dieser Konflikttyp besitzt enormes Durchsetzungsvermögen und ist alles andere als kooperativ. Er wird seine eigenen Interessen rücksichtslos auf Kosten des anderen und der Beziehung durchboxen.
- Der angepasst-harmoniebedürftige Typ: Du gewinnst, ich verliere. Dieser Konflikttyp ist nicht durchsetzungsfähig, dafür aber kooperativ. Er ist das komplette Gegenteil des Kämpfertyps, denn ihm ist die Beziehung weitaus wichtiger, als den Konflikt auszutragen oder seine Interessen durchzusetzen.
- Der Vermeider-Typ: Ich verliere, du verlierst. Dieser Konflikttyp ist nicht durchsetzungsfähig und nicht kooperativ. Er will sich mit Konfliktsituationen überhaupt nicht auseinandersetzen, deshalb vermeidet er sie, zieht sich zurück oder verschiebt die Konfrontation immer wieder.
- Der kooperative Typ: Ich gewinne, du gewinnst. Dieser Konflikttyp zeigt nicht nur Durchsetzungsvermögen, sondern auch Kooperationsbereitschaft, denn er ist bestrebt, eine Lösung zu finden, die

KURZ NACHGEFRAGT

Wie gehen Sie normalerweise mit Konfliktsituationen um – welcher Konflikttyp sind Sie, welchen Konfliktstil bevorzugen Sie? Ist das vielleicht abhängig davon, mit wem Sie sich in einer Konfliktsituation befinden oder worum es bei dem Konflikt geht? Denken Sie einmal an Ihren Chef/Ihre Chefin: Welchen Konfliktstil wendet er/sie bevorzugt an, um Konflikte beizulegen?

den Interessen beider Seiten gerecht wird. Er ist damit das komplette Gegenteil des Vermeider-Typs.

- Der kompromissbereite Typ: Kommst du mir ein Stück entgegen, komme ich dir ein Stück entgegen. Dieser Konflikttyp verhält sich eher gemäßigt in puncto Durchsetzungsvermögen und Kooperationsbereitschaft. Er gibt zwar mehr auf als der Kämpfer-Typ, aber weniger als der angepasst-harmoniebedürftige Typ.

Schritt Nr. 2: Bereiten Sie sich auf eine schwierige Gesprächssituation vor

Normalerweise greifen wir nicht nur auf ein einziges Verhaltensmuster zur Konfliktbewältigung zurück; aber wir tendieren stark dazu, ein bestimmtes Verhaltensmuster – also einen bestimmten Konfliktstil – öfter zu verwenden als andere. Um mit einer schwierigen Gesprächssituation erfolgreich umzugehen, ist es daher wichtig, nicht nur den eigenen Konfliktstil, sondern auch den des Gesprächspartners zu kennen. Darüber hinaus sollten Sie auch die Tragweite des jeweiligen Gesprächsanlasses berücksichtigen: Handelt es sich zum Beispiel um einen schweren Rückschlag, eine letzte Abmahnung vor der Kündigung, ein Kündigungsgespräch oder um eine schwerwiegende Anschuldigung aufgrund sexueller Belästigung am Arbeitsplatz? Sie sollten sich deshalb je nach Gesprächsanlass Gedanken machen, mit welchen unangenehmen Reaktionen Sie möglicherweise konfrontiert werden könnten, und entsprechend vorausplanen, wie sie am besten damit umgehen.

Außerdem sollten Sie unbedingt darauf achten, Ihre Emotionen unter Kontrolle zu haben. Vor allem bei heiklen Themen, bei denen Fingerspitzengefühl gefragt ist, könnten Sie sonst vorschnell urteilen und Schuldzuweisungen aussprechen. Deshalb ist es von größter Bedeutung, dass Sie sich um eine sachlich-neutrale Sichtweise und aufrichtiges Interesse bemühen, damit Sie der anderen Partei offen und unvoreingenommen begegnen können.

Das gelingt Ihnen am besten, wenn Sie von der Annahme ausgehen, möglicherweise etwas übersehen zu haben. Fragen Sie sich also: „Falls ich zu diesem Problem beigetragen haben sollte, auf welche Verhaltensweise könnte das wohl zurückzuführen sein?" Vor allem sollten Sie sich bewusst machen, dass dieses Problem unter Umständen mit Ihrem Verhalten zusammenhängen könnte.

Aber manchmal müssen Sie sogar noch einen Schritt weiter gehen. Denn wenn es um eine wirklich wichtige Beziehung geht, die Sie auf keinen Fall aufs Spiel setzen wollen (indem Sie etwas Dummes sagen), müssen Sie Ihr Problemverständnis weiter vertiefen und Ihren Blickwinkel entsprechend erweitern. Sofern es möglich ist, sollten Sie das Gespräch mit einer von beiden Parteien gleichermaßen geschätzten Vertrauensperson suchen, die Ihnen nicht nur dabei helfen kann, die Problematik besser zu verstehen, sondern die Ihnen auch genau aufzeigen kann, was schiefgelaufen ist. Denn meistens kann ein unbeteiligter Dritter eine neue Sichtweise aufzeigen oder einen Rat geben, weil er den nötigen emotionalen Abstand hat. Eine Vertrauensperson kann Ihnen dabei helfen, die Situation sehr viel klarer zu sehen, sodass Sie in der Lage sind, die Sichtweise der anderen Person besser zu verstehen.

Wenn Sie niemanden kennen, den Sie um Unterstützung bitten können, sollten Sie versuchen, andere Personen zu finden, die gerade mit dem

 KURZ NACHGEFRAGT

Welche Person aus Ihrem beruflichen Netzwerk ist in der Lage, Ihnen bei besonders schwierigen Problemen mit Informationen und Weitblick beratend zur Seite zu stehen? Was haben Sie bisher unternommen, um diese Beziehung zu pflegen?

gleichen Problem zu kämpfen haben. Oder aber Sie könnten einen Experten fragen, der im Umgang mit diesem Problem sehr viel Erfahrung hat; denn er kann Ihnen die besten Lösungsmöglichkeiten oder Alternativvorschläge aufzeigen. Letztendlich liegt es in der Verantwortung eines jeden guten Kommunikators, eventuell auftretende Bedenken und Fragen vorherzusehen und daher bereits alle relevanten Informationen zusammengetragen und griffbereit zu haben.

Denken Sie darüber nach, wann und wo Sie das klärende Gespräch führen wollen und welche Personen unbedingt anwesend sein sollten. Respekt und die Wahrung der Privatsphäre spielen in diesem Zusammenhang eine große Rolle. Deshalb sollten Sie für das Gespräch einen Ort wählen, wo Sie weder abgelenkt noch gestört werden. Sollten Sie ein äußerst delikates Problem ansprechen müssen, ist es mitunter notwendig, eine weitere Person hinzuzuziehen. Dennoch sollten Sie sich darüber im Klaren sein, dass dieser Umstand auf Ihren Gesprächspartner sehr bedrohlich wirken und sogar kontraproduktiv sein kann.

Schauen wir uns dazu den Fall von Jane an. Sie hört regelmäßig meinen Podcast und hat sich mit einem Problem an mich gewandt. Es hatte den Anschein, dass Jane den neuen Mitarbeiter in ihrem Team während eines Telefonats unterbrochen hatte, nur um ihm konstruktives Feedback zu geben. Daraufhin ging dieser Mitarbeiter zum Abteilungsleiter und beschwerte sich über Jane, indem er behauptete, sie würde seine Telefonate belauschen. Der Abteilungsleiter beschloss, Jane mit diesem Vorwurf direkt zu konfrontieren, und setzte eine Besprechung an, bei der auch ein Vertreter der Personalabteilung zugegen war. Jane stand regelrecht unter Schock. Denn da sie kürzlich zur Teamleiterin befördert worden war, war sie bis dato davon ausgegangen, dass ihr Verhalten als gut gemeint und hilfreich aufgefasst würde und nicht etwa als aufdringlich. Nach diesem Gespräch zog Jane es vor, mit dem neuen Mitarbeiter überhaupt nicht mehr zu interagieren und sich stattdessen den ganzen Tag lang ihrem iPod zuzuwenden. Das führte natürlich dazu, dass sich beide Seiten unwohl fühlten.

Sprechen Sie potenzielle Probleme frühzeitig an

Bei nicht eingehaltenen Abgabeterminen oder anderen schwerwiegenden Problemen muss eine Ursachenanalyse durchgeführt werden, wieso es zu diesem Problem kommen konnte. Darüber hinaus muss ebenfalls untersucht werden, inwieweit (als Konsequenz dieses Problems) mit weiteren Schwierigkeiten zu rechnen ist. Erst wenn Sie Ursachenforschung betreiben und ergründen, welche Faktoren zu dieser Situation geführt haben, sind Sie vielleicht in der Lage, Alternativen zu finden, wie Sie diese Faktoren entweder umgehen oder künftig ausschalten können. Bereiten Sie Ihre Botschaft sorgfältig vor und bitten Sie eine andere Person um Feedback, ob Sie sich auch klar und präzise ausgedrückt haben.

Ich habe Jane geraten, mit dem neuen Mitarbeiter ganz offen zu sprechen. Da sie zögerte, schlug ich ihr vor, sie könne ihn ja zum Mittagessen einladen (ein Restaurant ist neutrales Terrain), um mit ihm zu erörtern, wieso es zu dieser Situation kam, oder um zumindest die Positionen und Aufgabenverteilung mit ihm zu klären, da hier anscheinend die Ursache des Problems lag. Sobald dieser Punkt geklärt wäre, würde das Problem sicher nicht mehr auftreten. Wir haben gemeinsam nicht nur verschiedene Reaktions- und Antwortmöglichkeiten sowie Gesprächsstrategien durchgespielt, sondern unterhielten uns auch über die Konsequenzen, ließe man diese Konfliktsituation auf sich beruhen.

Jane wartete ein paar Tage, bis sie sich wieder gefasst hatte, um die Situation mit dem neuen Mitarbeiter ruhig erörtern zu können. Das war eine gute Entscheidung, denn jeder von uns braucht erst einmal Zeit, um schwierige Themen verdauen zu können. Achten Sie darauf, dass Sie sich selbst und auch der anderen Partei genügend Zeit lassen! Jane hatte sich vorgenommen, dem neuen Mitarbeiter zu Beginn des Gesprächs zu erklären, warum sie sein Telefonat unterbrochen hatte, und gegebenenfalls Überschneidungen ihrer jeweiligen Aufgabenbereiche mit ihm zu erörtern.

Wenn Sie schwierige Gesprächssituationen sehr frühzeitig in Angriff nehmen, können Sie sich langsam vorantasten, weil Ihr Hauptanliegen darin besteht, in erster Linie Informationen zu geben. Auf diese Weise machen Sie es Ihrem Gegenüber leichter, sich mit der Information anzufreunden, weil sich nichts von jetzt auf gleich ändern muss. Sie verbinden mit dem Gespräch die Hoffnung, dass die betreffende Person mit der Zeit von sich aus eine Entscheidung trifft, indem sie entweder einsieht, dass es gut für sie ist, Ihren Anregungen zu folgen, oder indem sie nach eigenem Gutdünken verfährt. Doch wenn das nicht hilft, bewegen sich die nachfolgenden Gespräche zwangsläufig in Richtung Überredung.

Schritt Nr. 4: Beziehen Sie sich auf persönliche Beobachtungen

Wenn Sie Ihren Gesprächspartner auf die Konfliktsituation ansprechen, sollten Sie am besten zuerst das problematische Verhalten beschreiben. Vermitteln Sie unangenehme Nachrichten gleich zu Beginn. Achten Sie darauf, dass Sie diese einfach, konkret und eindeutig formulieren. Denn wenn Sie sich nicht klar und präzise ausdrücken, wird Ihr Gesprächspartner möglicherweise annehmen, dass das Feedback seine Person betrifft und nicht seine Arbeit.

Sie können zum Beispiel so etwas sagen wie „Ich empfand Ihre Bemerkungen in der Besprechung als unangemessen" oder „Das Projekt wird mit einer Woche Verspätung abgeschlossen, was geschätzte Mehrkosten in Höhe von 5.000 Dollar verursacht". Sie sollten jedoch nicht über mögliche Ursachen spekulieren. Sagen Sie: „Die Software ist während der Demonstration viermal abgestürzt." Sagen Sie aber nicht: „Die Software ist während der Demonstration viermal abgestürzt, weil Sie zu nachlässig waren und vorher keinen Probelauf durchgeführt haben." Wir schätzen oftmals die eigentlichen Ursachen für das Verhalten unserer Mitmenschen falsch ein, wodurch sie sich missverstanden fühlen und verärgert reagieren.

Auch wenn es in schwierigen Gesprächen in erster Linie um nüchterne Fakten geht, sollten Sie trotzdem bedenken, dass es in schwierigen Gesprächssituationen unterm Strich häufig um gegensätzliche

Wahrnehmungen, Wertvorstellungen und Gefühle geht. Es geht nicht darum, was im Vertrag steht, sondern darum, was damit gemeint ist. Es geht nicht darum, was wahr ist, sondern darum, was wahrgenommen wird. Denn oftmals lassen sich schwierige Gespräche nicht auf ein „Richtig" oder „Falsch" reduzieren, und genau das ist auch der Grund, warum sie so schwierig sind und warum sie sich von einem konstruktiven Feedback-Gespräch unterscheiden.

Schritt Nr. 5: Stellen Sie Fragen, damit Sie sich ein genaues Bild machen können

Stellen Sie offene Fragen, damit Sie sich einen genauen Überblick über die Situation verschaffen können. Tun Sie alles, um den Standpunkt der anderen Person umfassend zu verstehen. Paraphrasieren Sie falls nötig mit eigenen Worten, was Sie gehört haben, um Ihrem Gesprächspartner zu zeigen, dass Sie alles verstanden haben. Denn es ist von entscheidender Bedeutung, dass Sie den Standpunkt der anderen Partei berücksichtigen. Und hüten Sie sich davor, Vermutungen anzustellen.

Fragen Sie Ihren Gesprächspartner, was seiner Meinung nach zu dem Problem geführt hat. Wie kam es seiner Einschätzung nach zustande? Wie fühlt er sich dadurch? Fragen Sie ihn, welche Vorgehensweise am besten geeignet wäre, um dieses Problem zu lösen? Letztlich gibt es nur eine Möglichkeit, ein Problem von Grund auf zu verstehen und eine Vorstellung davon zu bekommen, wie es einvernehmlich gelöst werden kann: Sie müssen gezielt Fragen stellen.

Schritt Nr. 6: Hören Sie aktiv zu und überlegen Sie, ob Sie das Problem richtig erfasst haben

Lassen Sie Ihr Gegenüber reden. Hören Sie aufmerksam zu. Zuhören ist die wahrscheinlich wichtigste Voraussetzung, um eine schwierige Gesprächssituation zu meistern. Das scheint zwar ebenso einfach wie selbstverständlich zu sein, wird aber eher selten beherzigt.

Jane lud also den neuen Mitarbeiter zum Mittagessen ein. Beide waren in der Lage, ruhig und respektvoll ihre Sichtweise des unterbrochenen Telefonats zu schildern. Beide waren in der Lage, Person und Verhalten zu trennen. Beiden war es unangenehm, dass dieser Zwischenfall durch den Abteilungsleiter so aufgebauscht worden war, und beide waren erleichtert darüber, dass sie sich offen über das Geschehene aussprechen konnten. Indem sie einander während des Mittagessens zugehört und über die Aussagen und Gefühle des anderen nachgedacht hatten, waren beide nun in der Lage, gegenseitig Verständnis für das Verhalten des anderen aufzubringen.

Wenn schwerwiegende Fehler passieren, neigen Menschen gern dazu, anderen die Schuld dafür zu geben und vorschnell zu urteilen. Die Emotionen kochen hoch. Der Umgang mit Emotionen am Arbeitsplatz ist ohnehin schon problematisch genug, kommen dann noch schwierige Gesprächssituationen hinzu, sorgt das bei vielen Menschen für zusätzliche Aufregung und einen sehr viel höheren Stresspegel als normal. Stellen Sie sich also darauf ein – auf Vorwürfe, Wut, Ausflüchte oder Tränen.

Jüngste Forschungsergebnisse[3] belegen, was viele von uns seit Jahren vermuten: Emotionen sind ansteckend. Daher dürfen Sie sich auf gar keinen Fall von den Emotionen Ihres Gegenübers anstecken lassen, aber gleichzeitig auch dessen Gefühle nicht übergehen.

Sie sollten unter keinen Umständen die Kontrolle verlieren, und zwar nicht über das Gespräch, sondern über sich selbst. Sie sollten in der Lage sein, rational zu agieren und ihren Wertvorstellungen treu zu bleiben. Wenn wir wütend sind, halten wir starr an unserer Denkweise fest und machen damit eine effektive Kommunikation fast unmöglich. Das heißt also, falls Ihr Gesprächspartner sich über Sie aufregt, sollten Sie sich zusammenreißen und unbedingt ruhig bleiben. Versuchen Sie tief durchzuatmen; atmen Sie langsam und ruhig, lehnen Sie sich zurück, sprechen Sie gelassen und unterbrechen Sie ihn nicht. Verschieben Sie das Gespräch falls nötig auf einen anderen Zeitpunkt. Lassen Sie sich nicht dazu hinreißen, Schuldzuweisungen auszusprechen, denn damit erreichen Sie nichts, außer dass sich die Fronten unnötig verhärten. Wie reagieren Sie, wenn die andere Person das Thema wechselt? „Also wirklich, haben wir denn keine größeren Probleme, um die wir uns kümmern müssen? Sie machen es doch genauso." In diesem Fall sollten Sie weder die Aussage zurückweisen noch sich rechtfertigen. Stattdessen sollten Sie aufmerksam zuhören und den Kommentar sachlich beurteilen. Dann sollten Sie versuchen, das Gespräch in die gewünschte Richtung zu lenken.

Wenn Sie diesem Kommentar zustimmen, sagen Sie das ruhig, aber führen Sie das Gespräch fort, indem Sie das strittige Thema wieder aufgreifen: „Ich weiß, dass ich meinen Teil zu diesem Problem beigetragen habe. Wir können das gern erörtern, aber wir sollten auch darüber sprechen, welchen Teil Sie dazu beigetragen haben." Sie können auch sagen: „Ja, wir haben ganz sicher größere Probleme, um die wir uns kümmern müssen, aber dennoch ist es wichtig, dass wir jetzt über dieses Problem sprechen, damit wir gemeinsam eine Lösung dafür finden."

Wenn Sie diesem Kommentar nicht zustimmen, nehmen Sie ihn zur Kenntnis und kommen Sie dann wieder auf das Kernthema zu sprechen. „Es mag schon sein, dass ich das genauso mache. Ich bin auch durchaus bereit, das mit Ihnen zu erörtern. Aber im Moment möchte ich mich auf dieses Thema konzentrieren."

Wenn die Person anfängt zu weinen, seien Sie einfühlsam und verständnisvoll. Verhalten Sie sich so, dass die betroffene Person sich nicht peinlich berührt fühlt. Lassen Sie ihr etwas Zeit, sich zu sammeln, bevor sie wieder an ihren Arbeitsplatz zurückkehrt.

Natürlich können Sie die Reaktionen des anderen nicht steuern, aber Sie können sie vorhersehen. Hören Sie daher genau zu, was die andere Person sagt, und beobachten Sie auch aufmerksam ihre Körpersprache. Hält sie noch Augenkontakt? Hat sich ihre Körperhaltung verändert? Achten Sie auf diese Signale, denn sie liefern Ihnen wichtige Anhaltspunkte, um die Reaktion und Gefühlslage des Betreffenden einschätzen zu können.

KURZ NACHGEFRAGT

Aus welchen Gründen kommen Sie in schwierigen Gesprächssituationen am häufigsten vom Thema ab? Wie schaffen Sie es, ruhig zu bleiben, wenn jemand wütend ist und Sie verbal attackiert?

Schritt Nr. 7: Nennen Sie Alternativen

Als Nächstes sollten Sie darauf bedacht sein, Alternativen anzubieten und einen entsprechenden Aktionsplan aufzustellen. Doch zuerst sollten Sie Ihrem Gesprächspartner das Gefühl vermitteln, dass Sie seinen Standpunkt gehört und verstanden haben. Im Fall einer nicht eingehaltenen Abgabefrist sollten mögliche Alternativen (einschließlich Kosten) präsentiert werden, welche die Verzögerung auffangen oder zumindest weitere Verzögerungen minimieren können.

Im Anschluss an das gemeinsame Mittagessen entwickelten Jane und der neue Mitarbeiter Strategien und Richtlinien, wie sie künftig besser mit Situationen umgehen können, in denen sich ihre Aufgabenbereiche überschneiden. Sie vereinbarten, sich nach zwei Wochen noch einmal zusammenzusetzen, um zu sehen, ob ihr Plan funktioniert.

Normalerweise sollten Sie es Ihrem Gesprächspartner überlassen, für welche der genannten Alternativen er sich entscheidet. In Janes Fall war es wichtig, dass beide Parteien das Gefühl hatten, dass jeder für sich einen Beitrag zur endgültigen Lösung des Problems leisten konnte. Deshalb war es am besten, dass sie gemeinsam Alternativen erarbeitet und ausprobiert haben.

Mitunter gibt es aber auch Situationen, in denen man das beste Ergebnis erzielt, wenn man dem anderen nicht nur freistellt, für welche Alternative er sich entscheidet, sondern ihn selbst darum bittet, Alternativen vorzuschlagen. Auf diese Weise ist die betreffende Person nicht nur intensiv in die Problemlösung eingebunden, sondern auch deutlich motivierter, ihr Verhalten zu ändern.

Schritt Nr. 8: Gespräch beenden, Ergebnis eintüten und Umsetzung überprüfen (damit das nie wieder passiert!)

Am Ende sollten Sie – ganz gleich, wie das Gespräch gelaufen ist – das Ergebnis sachlich und objektiv zusammenfassen. Sie können dabei die Spiegeltechnik anwenden, indem Sie das Gehörte in Form einer Frage paraphrasieren: „Habe ich Sie richtig verstanden, dass .../Was ist bei Ihnen angekommen, wie haben Sie mich verstanden?" Dazu ein Beispiel:

„Habe ich Sie richtig verstanden, dass die Software bei der Demonstration abgestürzt ist, weil Sie die falsche Datenbankversion benutzt haben? Inzwischen haben Sie jedoch das Update von der IT-Abteilung erhalten und sind sich sicher, dass dieses Problem nicht wieder auftauchen wird. Sie schienen auch ein wenig besorgt zu sein, dass dieser Zwischenfall sich möglicherweise negativ auf Ihre Probezeit auswirken könnte. Was ist bei Ihnen angekommen, wie haben Sie mich verstanden?"

Die abschließende Überprüfung und Zusammenfassung der Ergebnisse ist gerade bei schwierigen Gesprächssituationen sehr wichtig. Denn falls die andere Partei etwas falsch verstanden hat, können Sie das Missverständnis sofort aufklären und damit verhindern, dass das Problem noch größer wird.

Sobald bei beiden Parteien Klarheit über das Gesprächsergebnis besteht, sollten Sie die entsprechenden Schritte für die künftige Verfahrensweise eindeutig festlegen. „Ich schlage vor, dass wir uns in einer Woche noch einmal zusammensetzen, um zu sehen, wie sich die Dinge entwickeln." Es ist außerdem eine gute Idee, die betreffende Person noch einmal anzusprechen, nachdem diese etwas Zeit hatte, das Gespräch zu verdauen. Machen Sie auch deutlich, dass Sie jederzeit zur Verfügung stehen, sofern Fragen auftauchen oder noch Informationsbedarf besteht.

REINSCHAUEN LOHNT SICH

Gehen Sie auf www.smarttalksuccess.com/extras und schauen Sie sich zwei lustige Videoclips zum Thema schwierige Gesprächssituationen und Konfliktmanagement an.

Doch leider gibt es Fälle, in denen das noch immer nicht reicht: Auch wenn Sie das Problem aus der Perspektive des anderen betrachten, sich mit Unterstützung von Experten auf das Gespräch vorbereiten, präzise und unmissverständlich Ihren Standpunkt darlegen, aktiv zuhören und Alternativen anbieten – das Gespräch bleibt nach wie vor schwierig.

Denn wenn die andere Partei schlussendlich unnachgiebig auf ihrem Standpunkt beharrt, können Sie sich noch so gut auf dieses Gespräch vorbereiten – es wird nicht einfacher. Manche Gespräche sind eben schwierig – verdammt schwierig!

In einem solchen Fall können Sie sich an eine dritte Person auf höherer Entscheidungsebene wenden, um mit ihrer Unterstützung die Klärung der Angelegenheit zu forcieren. Nehmen wir zum Beispiel an, Jane und der neue Mitarbeiter wären nicht in der Lage gewesen, eine einvernehmliche Lösung zu finden. Dann hätte der Abteilungsleiter dieses Problem noch einmal ansprechen müssen.

Schwierige Gesprächssituationen sind nun mal – wie der Name schon sagt – schwierig! Doch wenn ein schwieriges Problem respektvoll erörtert und gelöst wird, führt das normalerweise zu einem engeren Zusammenwachsen der beiden Parteien. Die gute Nachricht ist also, dass eine erfolgreich bewältigte schwierige Gesprächssituationen zu Wachstum und Veränderung führt.

Die Fähigkeit, schwierige Gesprächssituationen zu meistern und Konflikte erfolgreich zu lösen, entscheidet nicht nur maßgeblich über den Erfolg einer Führungskraft oder einer Abteilung, sondern auch über den

Erfolg eines ganzen Unternehmens. Denn ungelöste Probleme und Konfliktsituationen verursachen hohe Kosten, weil sie weiter eskalieren, wertvolle Zeit und Energie rauben und sich extrem negativ auf die Leistungsfähigkeit und Zusammenarbeit auswirken. Doch wenn Konfliktsituationen richtig gehandhabt werden, wirkt sich das nicht nur positiv auf die Produktivität und Zusammenarbeit aus, sondern sorgt auch für ein positives Betriebsklima. Immerhin ist ein gutes Konfliktmanagement Grundvoraussetzung für jede funktionierende Beziehung.

KURZ NACHGEFRAGT

Werden Sie ab sofort anders an schwierige Gesprächssituationen herangehen, nachdem Sie dieses Kapitel gelesen haben? Wenn ja, wie?

ZUSAMMENFASSUNG:
So meistern Sie schwierige Gesprächssituationen

Schwierige Gesprächssituationen sind für alle Beteiligten schwierig. Die Art und Weise, wie Sie schwierige Gesprächssituationen oder Konflikte bewältigen, entscheidet über Erfolg oder Misserfolg. Vermeidungstaktik schadet nur, denn Probleme, die nicht rechtzeitig angesprochen werden, nehmen immer größere Ausmaße an und wirken sich negativ auf Beziehungen, Produktivität und Unternehmensgewinn aus.

Praktische Schritt-für-Schritt-Anleitung für eine effektive lösungsorientierte Gesprächsführung in Konfliktsituationen:

1. Versetzen Sie sich in die Lage Ihres Gegenübers.
2. Bereiten Sie sich auf das Gespräch vor, indem Sie sich vorab bewusst machen, welcher Konflikttyp Sie sind und welche Reaktionen und Gefühle Sie möglicherweise bei Ihrem Gesprächspartner auslösen.
3. Analysieren Sie, welche Faktoren zu der Problemsituation beigetragen haben und welche Maßnahmen geeignet wären, dieses Problem zu lösen.
4. Beschreiben Sie mit einfachen, präzisen und unmissverständlichen Worten, wie Sie die Problemsituation wahrnehmen – beziehen Sie sich auf Fakten und persönliche Beobachtungen.
5. Stellen Sie Fragen, damit Sie sich ein genaues Bild machen können.
6. Hören Sie aktiv zu und überlegen Sie in Ruhe, ob Sie das Problem richtig erfasst haben.
7. Schlagen Sie Alternativen zur Lösung des Problems vor oder bitten Sie Ihr Gegenüber, Vorschläge zu machen.
8. Beenden Sie das Gespräch, indem Sie das Ergebnis mithilfe der Spiegeltechnik sachlich und objektiv zusammenfassen und auch Ihren Gesprächspartner bitten, zusammenzufassen, was bei ihm angekommen ist.
9. Vergewissern Sie sich, ob die Problemlösung richtig verstanden wurde und entsprechend umgesetzt wird.

Übungsaufgabe Nr. 1:

Nehmen Sie ein schwieriges Gespräch in Angriff, indem Sie sich eins der zu Beginn des Kapitels beschriebenen Szenarios als Gesprächsthema aussuchen. Zum Beispiel: Sie müssen einer Ihrer produktivsten Mitarbeiterinnen sagen, dass sie sich unangemessen und unprofessionell kleidet. Schlimmer noch, dass ihre Körperpflege mitunter sehr zu wünschen übrig lässt. Wie gehen Sie mit dieser heiklen Gesprächssituation um?

Schlechter Gesprächseinstieg

„Sue, ich wollte Ihnen sagen, dass ich mehrfach Beschwerden über Ihren Kleidungsstil erhalten habe. Manche sind der Meinung, Sie würden sich zu figurbetont und zu offenherzig kleiden. Sie wissen ja, welche Assoziationen so etwas bei den Leuten hervorruft. Jedenfalls wollte ich Sie das einmal wissen lassen."

Besserer Gesprächseinstieg

„Es ist mir ein wenig unangenehm, Sie darauf anzusprechen, aber wenn ich betroffen wäre, würde ich wollen, dass jemand ganz offen mit mir spricht. Manchmal sind Sie in einer Weise gekleidet, die sicher hervorragend geeignet ist, wenn Sie abends ausgehen, die aber hier im Büro Ihrem professionellen Ansehen nicht unbedingt guttut.

Sie arbeiten hart und machen großartige Vorschläge, allerdings habe ich schon manches Mal mitbekommen, dass diese spontan abgelehnt wurden. Denn manchen Menschen fällt es schwer, Sie unabhängig von Ihrem Kleidungsstil wahrzunehmen, denn Ihre Kleiderwahl ist nicht sehr gut dazu geeignet, Ihre ‚fachliche Kompetenz' zu unterstreichen. Genau genommen denke ich sogar, dass Ihr Kleidungsstil Ihnen einen schlechten Dienst erweist.

Außerdem ist mir aufgefallen, dass Sie manchmal einen etwas unangenehmen Körpergeruch haben. Ich sage Ihnen das nicht etwa, weil ich Sie kränken will, sondern weil ich will, dass Sie erfolgreich sind, und deshalb möchte ich nicht, dass andere ihr Augenmerk nur auf Ihren Kleidungsstil richten und dabei völlig übersehen, wie wertvoll Ihre Leistung für unser Unternehmen ist. Wie ist Ihre Meinung dazu? Hatten Sie schon einmal den Eindruck, dass andere sich Ihnen gegenüber in einer Weise verhalten, als würden sie Sie nicht als seriöse und kompetente Fachkraft betrachten?"

Übungsaufgabe Nr. 2:

Beschreiben Sie, wie Sie die für Sie vordringlichste schwierige Gesprächssituation handhaben wollen (oder wie Sie sie besser hätten handhaben sollen).

Übungsaufgabe Nr. 3:

Üben Sie die in Aufgabe Nr. 2 beschriebene schwierige Gesprächssituation mithilfe von Videoaufnahmen oder gemeinsam mit einer Vertrauensperson.

Fallbeispiel: John B.

„Mein Vorgesetzter hat mir gerade mitgeteilt, dass mehrere Kollegen sich über mein Verhalten beschwert haben. Sie haben den Eindruck, dass ich sie von oben herab behandle, dass ich arrogant bin, sie nicht wertschätze und dass ich bei jeder Gelegenheit den Chef heraushängen lasse. Soeben habe ich erfahren, dass ich vor Kurzem eine geschätzte Kollegin zum Weinen gebracht habe.

Das alles höre ich zum ersten Mal, denn eigentlich bin ich der Meinung, dass ich wunderbare Kollegen habe, und ich schätze sie sehr. Doch was mich wirklich verletzt, ist die Tatsache, dass niemand auf die Idee kam, dieses Thema mit mir direkt zu besprechen. Ich hatte ja keine Ahnung und mein Vertrauen ist zutiefst erschüttert.

Wie kann ich denn in Zukunft mit meinen Kollegen interagieren, ohne jedes Mal peinlich genau darauf achten zu müssen, was ich sage?"

Ich machte John den Vorschlag, zunächst mit jedem Kollegen einzeln ein Gespräch zur Klärung der Situation zu führen, und zwar auf neutralem Terrain. Dazu sollte er jede Person respektvoll darum bitten, ihm persönlich und direkt dasselbe Feedback zu geben, das er über seinen Vorgesetzten erhalten hatte. Ein offenes und ehrliches Gespräch über schwierige Themen führt in aller Regel dazu, dass die Beziehung aller Beteiligten zueinander viel stärker und enger wird, auch wenn diese Gesprächssituation zunächst für einiges Unbehagen sorgt.

Ein Jahr später informierte mich John über den aktuellen Stand der Dinge:

»Zunächst muss ich sagen, dass ich nach einem Jahr noch immer hier bin (wie übrigens die anderen beteiligten Kollegen auch) und dass wir alle im selben Team harmonisch zusammenarbeiten. Keiner meiner Kollegen hatte das Bedürfnis, aus dem Team auszusteigen, und (was noch wichtiger ist) wir verstehen uns besser als je zuvor.

Der ausschlaggebende Faktor dafür war Ihr Ratschlag, mit jedem Kollegen einzeln ein Gespräch außerhalb des Arbeitsumfelds zu führen. Manchmal habe ich mich mit einem Kollegen in der Kneipe um die Ecke verabredet, manchmal habe ich auch einen Kollegen abgeholt und wir haben uns dann während der Fahrt im Auto unterhalten. Diese Aussprachen haben sehr viel bewirkt.

Das Lustige daran ist nur, dass ich mich heute noch nicht einmal mehr daran erinnern kann, welche Verhaltensweisen meine Kollegen mich baten, zu ändern. Der wesentliche Unterschied war eigentlich der, dass ich mir ab diesem Zeitpunkt immer die Zeit genommen und auch die Mühe gemacht habe, meine Kollegen ehrlich und respektvoll um ihren Rat und ihr Feedback zu bitten, was ich mir dann zu Herzen genommen habe (und natürlich habe ich auch die Getränke spendiert!) – das hat sie überzeugt. Damit konnte ich den Eindruck entkräften, dass ich sie nicht wertschätze. Aber was noch weitaus wichtiger war: Das Eis zwischen uns war gebrochen, denn sie wussten, dass sie mich ab sofort direkt ansprechen können, wenn es jemals wieder ein Problem gibt, und dass ich für jedes Feedback dankbar bin.

Eine Bemerkung am Rande (und meiner Meinung nach der am wenigsten wichtige Teil dieser Geschichte): Der Vorgesetzte, der mich ursprünglich auf diese Problemsituation aufmerksam gemacht hatte, hat mich Ende letzten Jahres für das jährlich anstehende Beurteilungsgespräch in sein Büro bestellt. Er erklärte mir, dass diese Situation (und wie ich damit umgegangen bin) nicht als Problem, sondern als Stärke gewertet wurde. Sie diente als konkretes Beispiel dafür, was ich im letzten Jahr besonders gut gemacht hatte.

Es hat sich demnach alles genau so entwickelt, wie Sie es vorhergesagt haben: Die schlechte Nachricht, die zuerst wie eine Bombe bei mir einschlug, verwandelte sich am Ende in eine gute Nachricht, auch wenn sich das zunächst nicht danach anfühlte! Vielen Dank!"

9.
ZUNG FU ODER DIE KUNST DES VERBALEN SCHLAGABTAUSCHS

So meistern Sie den Umgang mit schwierigen Zeitgenossen

Herr Besserwisser /
Tja, du meinst ja immer, du weißt alles /
Aber du weißt nicht die Bohne /
Leute, kommt euch das nicht
irgendwie bekannt vor.

– aus dem Song: *Mr. Know It All* von Kelly Clarkson

Willi Weichherzig ist der Chef eines großen Software-Unternehmens, das sich auf die Entwicklung von Widgets spezialisiert hat. Angesichts der Tatsache, dass das Ergebnis für das dritte Quartal schlechter ausgefallen ist als erwartet, beruft er eine Besprechung mit seinen neun Vorstandsmitgliedern ein. Im Sitzungssaal versammelt sitzen Liesbeth Lästermaul, Gregor Griesgram, Benno Besserwisser, Nina Nörgler, Rudi Rücksichtslos, Moritz Müßiggänger, Dirk Drückeberger, Quirin Quasselstrippe und Frauke Frostig.

Willi Weichherzig wendet sich an Liesbeth Lästermaul und fragt sie, was denn der Grund für den Gewinnrückgang sei. „Fragen Sie doch nicht mich", sagt sie. „Es ist schließlich Gregor Griesgrams Aufgabe, sich um diesen Kram zu kümmern, aber der ist ja nie in seinem Büro!"

„Was wissen Sie denn schon, Liesbeth?", kontert Gregor Griesgram. „Ich bin doch immer da. Es ist nur so, dass nie einer Notiz von mir nimmt."

„Na und – wo liegt denn das Problem?", schaltet sich Moritz Müßiggänger ein. „Es macht doch nichts, wenn der Gewinn in diesem Quartal geringer ausfällt."

Daraufhin fängt Benno Besserwisser an, Moritz und alle anderen in Hörweite darüber zu belehren, wie wichtig es für das Unternehmen ist, weiter zu wachsen und Gewinne zu machen.

„Halten Sie doch den Rand, Benno!", brüllt Rudi Rücksichtslos. „Sie sind so ein Streber! Wen interessiert schon, was Sie zu sagen haben!"

Dann meldet sich Dirk Drückeberger zu Wort: „Ich habe da ein paar Ideen, was wir machen könnten, um unseren Gewinn zu steigern. Irgendwann nächste Woche werde ich das mal genauer ausarbeiten."

„Hier läuft einfach immer alles schief", seufzt Nina Nörgler. „Wir brauchen uns erst gar keine Mühe zu geben; wir werden sowieso in den Bankrott steuern, weil keiner von Ihnen eine Ahnung von dem hat, was er tut."

Quirin Quasselstrippe sitzt am Ende des Konferenztisches und erzählt Frauke Frostig von seinen Plänen für das bevorstehende Wochenende und

KURZ NACHGEFRAGT

Müssen Sie mit einem schwierigen Zeitgenossen zusammenarbeiten? Abgesehen von der offensichtlichen Tatsache, dass Willi Weichherzig in Erwägung ziehen sollte, sich neue Vorstandsmitglieder zu suchen – welche Schritte könnte er unternehmen, um diese Besprechung unter Kontrolle zu bringen und seine Mitarbeiter zu mehr Produktivität anzuspornen?

von den entzündeten Ballenzehen seiner Schwiegermutter. Frauke kehrt ihm den Rücken zu und starrt völlig ungerührt aus dem Fenster.

In einer perfekten Welt müssten wir uns wohl nie mit diesen Persönlichkeitstypen auseinandersetzen. Doch da wir nun einmal nicht in einer perfekten Welt leben – seufz! –, kann es durchaus sein, dass auch wir unseren Mitmenschen mitunter auf die Nerven gehen! Die traurige Nachricht ist, dass Sie immer wieder auf unangenehme Zeitgenossen stoßen werden, ganz gleich, wo Sie arbeiten. Zu lernen, mit dieser Sorte Mensch umzugehen, kann den Unterschied zwischen ständigem Haareraufen und dem Erhalt der geistigen Gesundheit ausmachen. Außerdem kann diese Fähigkeit der maßgebliche Faktor sein, der am Arbeitsplatz über Erfolg oder Misserfolg entscheidet.

Im Folgenden habe ich ein paar ganz konkrete praktische Tipps zusammengestellt, die Ihnen dabei helfen werden, mit diesen notorisch negativ eingestellten Persönlichkeitstypen umzugehen.

So gehen Sie mit einem Lästermaul um

Erinnern Sie sich noch an dieses Mädchen in der dritten Klasse? Die Klassenkameradin, die dafür sorgte, dass die Lehrerin auch ja alles erfuhr, was sich hinter ihrem Rücken abspielte? Diejenige, die die Lehrerin zur Aufpasserin ernannte, wenn sie einmal das Klassenzimmer verlassen musste, und die Sie nicht ausstehen konnten? Nun ja, mittlerweile ist sie erwachsen geworden und arbeitet in Ihrem Büro.

Liesbeth Lästermaul ist die selbsternannte Polizistin am Arbeitsplatz. Sie verbringt den Großteil ihrer Zeit damit, über die Fehler ihrer Kollegen herzuziehen. Leider ist sie eher geneigt, anderen davon zu erzählen, als direkt mit der betreffenden Person zu reden, denn sie genießt es, Intrigen zu spinnen, Auseinandersetzungen zu entfachen und Streit anzuzetteln.

Eine Möglichkeit, wie Sie auf ihr Getratsche über jemand anderen reagieren können, besteht darin, sie zu fragen: „Haben Sie Sue denn schon darauf angesprochen?" Aller Wahrscheinlichkeit nach wird sie „Nein" sagen. Dann sollten Sie die Gelegenheit beim Schopf packen und ihr vorschlagen: „Nun, dann lassen Sie uns doch zu ihr gehen und mit ihr darüber reden." Genau in diesem Moment wird das Lästermaul vermutlich eine Ausrede finden, um das Gespräch zu umgehen, oder sich fest vornehmen, bei Ihnen nicht mehr zu tratschen. Es ist vermutlich selten der Fall, aber es kann auch vorkommen, dass dem Lästermaul diese Angelegenheit durchaus so wichtig ist, dass es sich mit Ihrem Vorschlag einverstanden erklärt. Egal, für welche Variante es sich entscheidet, sie funktionieren alle.

Falls Sie selbst eine Hauptrolle in den Geschichten des Lästermauls spielen, kann das zu einer enormen Belastung für Sie werden. Denken Sie daran, dass Sie mit allem, was Sie sagen oder falsch machen, dem Lästermaul nur Nachschub für neue Lästereien liefern. Am besten beschränken Sie Ihre Kommunikation mit diesem Typ Mensch daher auf das absolut Wesentliche sowie auf geschäftliche Kontakte, die sich nicht vermeiden lassen. Fassen Sie sich dabei so kurz wie möglich (und vor allem sollten Sie niemals Probleme oder private Dinge über andere erwähnen). Sollte Ihre Vorgesetzte Sie aus irgendwelchen Gründen darum bitten, einen Sachverhalt zu erklären, den das Lästermaul ihr zugetragen

KURZ NACHGEFRAGT

Haben Sie schon einmal mit einem Lästermaul zusammen-gearbeitet? Wenn ja, wie ging es Ihnen dabei? Wie haben Sie reagiert? Was hätten Sie anders machen können?

hat, können Sie einfach sagen, dass sich dieser Sachverhalt aus Ihrer Sicht ganz anders zugetragen hat. Anschließend sollten Sie dann Ihre Sicht-weise erläutern.

So gehen Sie mit einem Griesgram um

Statler und Waldorf, die beiden griesgrämigen alten Herren aus der Muppet-Show, werden seit Jahrzehnten von allen übellaunigen Menschen auf der ganzen Welt für ihre rücksichtslose Art bewundert, mit der sie ihre mürrischen Kommentare hinausposaunen, denn sie haben einfach jeden abgewatscht – angefangen bei Elton John bis hin zu Steve Martin – und noch brüllendes Gelächter dafür geerntet. Allerdings ist der Umgang mit griesgrämigen Zeitgenossen im richtigen Leben alles andere als lustig.

Gregor Griesgram ist die meiste Zeit über bärbeißig und übellaunig. Möglicherweise gab es in seinem Leben Umstände, die ihn dazu veran-lasst haben, sich so zu verhalten, und es kann gut sein, dass er deshalb dazu neigt, im Umgang mit seinen Mitmenschen ungeduldig, barsch und unleidlich zu sein.

Deshalb sollten Sie unbedingt versuchen – wie schon beim Typ Läster-maul –, die Interaktion mit ihm auf ein notwendiges Minimum zu be-schränken oder aber, sofern Sie es können, einfach über seine unleidliche Art hinwegsehen. (Ich sage mir oft: „Er muss wohl einen wirklich schlech-ten Tag haben, das kann unmöglich an mir liegen!") Eine andere Mög-lichkeit wäre, sofern das angemessen ist, die Situation mit etwas Humor aufzulockern: „Mensch, da bin ich aber echt froh, dass Sie nicht zu meinen Kritikern gehören ..."

Sie müssen begreifen, dass Sie den anderen nicht ändern können. Wenn ein Griesgram Sie angreift, ist es daher das Beste, ihn einfach reden zu lassen und davon auszugehen, dass seine Übellaunigkeit nichts mit Ihnen zu tun hat. Hören Sie ihm zu, aber lassen Sie sich nicht auf ein Wortgefecht mit ihm ein. Das Entscheidende ist, nicht emotional zu reagieren, sondern ganz ruhig zu bleiben. Antworten Sie höflich, kurz und bündig, aber drücken Sie sich präzise aus. Paraphrasieren Sie in sachlichen Worten, was Sie gerade gehört haben: „Es klingt ganz so, als wären Sie mit X nicht einverstanden, weil Y ..." Denn meistens will der Griesgram einfach nur seinen Standpunkt kundtun und wenn Sie seine Aussage mit Ihren eigenen Worten wiederholen, könnte das im Prinzip schon ausreichen, um die Situation zu entschärfen.

Falls das nicht funktioniert, sollten Sie sinnvollerweise als Nächstes versuchen, etwas zu finden, worauf Sie sich beide einigen können. „Wie es scheint, sind wir beide der Ansicht, dass das Ziel ist ..." Anschließend müssen Sie dann entscheiden, ob Sie diese Aussage mit Ihrem eigenen Standpunkt untermauern wollen oder nicht. Sofern noch andere Personen bei dem Gespräch anwesend sind, sollten Sie dabei am besten so vorgehen, dass Sie Ihre Position klar und deutlich (und ruhig) vor der Gruppe vertreten. „Ich habe mich für diese Methode entschieden, weil ..." Falls Sie kein Publikum haben und es auch nichts bringt, den Griesgram überzeugen zu wollen, ist es schlichtweg am besten, das Gespräch zu beenden, indem Sie lapidar feststellen: „Ich denke, wir müssen einfach einsehen, dass wir beide verschiedener Meinung sind."

Wenn der Griesgram trotzdem weitermacht und Sie mit sarkastischen Bemerkungen und Kritik bombardiert, lassen Sie sich nicht davon anstecken. Halten Sie nach wie vor an Ihrem kurz und bündig formulierten Standpunkt fest und gehen Sie nicht auf seine unangemessenen Äußerungen ein. Lassen Sie sich bloß nicht auf sein Spiel ein. Er will Sie provozieren,

KURZ NACHGEFRAGT

Gibt es in Ihrer Abteilung einen Griesgram? Wie fühlen Sie sich, wenn Sie mit einem Griesgram kommunizieren müssen? Wie reagieren Sie normalerweise in so einer Situation? Was könnten Sie ab jetzt anders machen?

um Sie aus der Fassung zu bringen. Doch wer im Umgang mit einem Griesgram wütend reagiert, hat schon verloren. Achten Sie darauf, dass Ihnen das nicht passiert.

So gehen Sie mit einem Besserwisser um

Sie wissen es. Ich weiß es. Leider Gottes wissen wir es alle: Benno weiß alles. Und er weiß alles besser als irgendjemand sonst.

Benno Besserwisser ist ein Mensch, der sich gern mit seinem ausgesprochen vielseitigen und umfangreichen Wissen brüstet. Am Arbeitsplatz ist er der nervige Typ, der stets darauf erpicht ist, Sie zu korrigieren. Sie sagen: „In der Mittagspause werde ich mir am ATM-Automaten noch schnell Geld holen." Darauf erwidert er: „Na ja, wissen Sie, eigentlich steht ja schon das ‚A' in ‚ATM' für ‚Automat', also sagen Sie im Prinzip ja zweimal Automat!" Der Besserwisser mag ja durchaus ziemlich clever sein, aber vielleicht ist er auch nur ein Warenlager für nutzlose (oder unangebrachte) Belanglosigkeiten. Dennoch fällt es ihm schwer, sich an Gesprächen zu beteiligen, ohne dabei den Eindruck zu erwecken, dass er ein Angeber ist. (Erinnern Sie sich noch an den besserwisserischen Briefträger Cliff Clavin aus der Kultserie *Cheers*?)

Nach meiner Erfahrung ist es am besten, wenn man im Umgang mit einem Besserwisser klein beigibt und in die Rolle eines Neugierigen schlüpft. Interagieren Sie mit ihm, indem Sie ihm offene Fragen mit „Wie" oder „Was" stellen. Zapfen Sie sein großes Wissen an. Das ist eine gute Methode, weil Sie damit das Ego des Besserwissers aufwerten und ihm so möglicherweise gestatten, seinen Standpunkt zu ändern, während er Ihnen etwas erklärt. Versuchen Sie Fragen mit „Warum" tunlichst zu vermeiden, denn ich habe festgestellt, dass Besserwisser solche Fragen in aller Regel als Herausforderung betrachten, mit noch mehr Wissen zu glänzen.

Es gibt keinen Grund, unhöflich zu reagieren, denn ein Besserwisser ist zwar nervig, aber ansonsten harmlos. Er will einfach nur, dass andere ihm Anerkennung zollen für sein enormes Wissen; also denken Sie daran, sich bei einem Besserwisser artig für seinen Beitrag zu bedanken. In den meisten Fällen lechzt ein Besserwisser nach Anerkennung, und wenn Sie ihm etwas Anerkennung schenken, wird er weniger geneigt sein, sich diese Anerkennung durch Prahlerei oder andere Aufmerksamkeit heischende Aktionen zu verschaffen. Es ist völlig in Ordnung, wenn Sie ihn sanft, aber bestimmt wissen lassen, wann es genug ist.

Eine andere Methode, einem Besserwisser auf indirektem Weg beizukommen, besteht darin, nicht länger Fakten zu erörtern, sondern das Gespräch stattdessen auf Gefühle oder Meinungen zu lenken. Unterbrechen Sie den Informationsfluss, indem Sie sagen: „Du meine Güte, Sie wissen aber eine Menge über Toner und Druckerpatronen. Was halten Sie eigentlich von diesem Modell?"

Danach können Sie Ihre Meinung einfließen lassen, wodurch Sie die Unterhaltung deutlich auflockern.

Sollte das Verhalten des Besserwissers irgendwann unkontrollierbar werden, ist es natürlich besser, einen Riesenbogen um diese Person zu machen. Doch manchmal geht das eben nicht. Falls es nötig sein sollte, können Sie eine neutrale dritte Person hinzuziehen, die bereit ist, als Vermittler zwischen Ihnen und dem Besserwisser zu fungieren; auf diese Weise müssen Sie zumindest nicht direkt mit ihm kommunizieren.

So gehen Sie mit einem Nörgler um

Es ist wahrhaft beeindruckend, mit welcher Inbrunst es einem Nörgler doch gelingt, jedem ganz normalen Wort durch sein ständiges Genörgel zehn zusätzliche Silben zu verleihen. Und wahrhaft ermüdend dazu. Nina Nörgler ist stets mit allem unzufrieden. Während der Griesgram im Allgemeinen einfach nur mürrisch ist, ist Nina Nörgler ständig am Jammern. Das Glas eines Nörglers ist immer halb leer. Nichts ist jemals gut genug. Sie kennen diesen Typ Mensch. Sie könnten einem Nörgler sogar eine Freikarte für den Super Bowl schenken und er würde es dennoch fertigbringen, sich über seinen Sitzplatz zu beklagen.

Am leichtesten können Sie einem Nörgler beikommen, indem Sie ihn sofort „mundtot" machen, wenn er loslegt. Normalerweise ist er nicht zu übersehen, wenn er im Anmarsch ist. Er kommt morgens in Ihr Büro marschiert mit einer Tasse Kaffee in der einen Hand und dem neuesten Memo vom Chef in der anderen. Das Erste, was er sagt, ist: „Haben Sie das schon gesehen? Was denken die sich bloß dabei? Wie sollen wir *das* denn bloß bewerkstelligen?"

 DOCH VORSICHT

Nörgeln ist ansteckend! Ganz egal, wo Sie auch arbeiten, es wird überall Vorschriften oder Verfahren geben, mit denen Sie nicht einverstanden sind. Widerstehen Sie der Versuchung, in dieses ständige Gejammer des Nörglers mit einzustimmen. Bemühen Sie sich stattdessen, aus einer positiven Grundhaltung heraus aktiv auf Veränderungen hinzuarbeiten und dazu beizutragen, das Beste aus jeder Situation zu machen.

Ich habe es mir zum Prinzip gemacht, dass ich immer so positiv wie nur möglich auftrete, sobald die Nörgelei losgeht. Mag sein, dass ich mit dem Memo auch nicht einverstanden bin, aber das ist schließlich nicht mein Job. Normalerweise lächle ich dann und sage einfach: „Was soll's, wir müssen uns dann eben auf den Hosenboden setzen und unser Bestes geben. Entweder sehen die da oben ein, dass es nicht möglich ist, oder aber wir werden von uns selbst überrascht sein, was wir schaffen können, wenn wir alle an einem Strang ziehen!"

Wenn Sie mit einem Nörgler zusammenarbeiten, sollten Sie unbedingt darauf achten, immer die positiven Aspekte zu betonen, damit Sie einen Kontrapunkt zu der negativen Stimmung setzen können, die er verbreitet. Letztlich wird er entweder lernen, positiv zu denken, oder er wird kapieren, dass Sie sein dauerndes Genörgel nicht hören wollen.

Eine andere sehr effektive Strategie im Umgang mit Nörglern besteht darin, sie völlig zu ignorieren. Ein altes Sprichwort heißt: „Das Rad, das am lautesten quietscht, bekommt das meiste Fett." Doch wenn das quietschende Rad nicht gefettet wird, fällt es irgendwann ab. Und Nörgler, die nicht die gewünschte Aufmerksamkeit bekommen, verschwinden schließlich.

Darüber hinaus sollten Sie auch bedenken, dass manche Menschen nur deshalb nörgeln, weil das für sie der einzige Weg ist, andere Menschen um

 REINSCHAUEN LOHNT SICH

Registrieren Sie sich doch auf meiner kostenlosen VIP-Website unter www.smarttalksuccess.com/VIP. Dort finden Sie nicht nur die wichtigsten Verhaltensregeln für den Umgang mit einem quengelnden Kind, sondern können sich außerdem den Zugriff auf eine Vielzahl weiterer Informationen samt exklusivem Bonusmaterial sichern.

REINSCHAUEN LOHNT SICH

Gehen Sie auf www.smarttalksuccess.com/extras und schauen Sie sich dieses lustige Video von *The Whiners* aus der beliebten US-Comedy-Show *Saturday Night Live* an.

Unterstützung zu bitten. In Wirklichkeit suchen sie nur jemanden, bei dem sie ihren Standpunkt kundtun können oder der ihnen dabei helfen kann, ein Problem zu lösen. Es ist gut möglich, dass diese nörgelnden Zeitgenossen insbesondere wegen Ihrer positiven Einstellung zu Ihnen kommen. In diesem Fall sollten Sie Mitgefühl und ein offenes Ohr für sie haben und ihnen dabei helfen, den richtigen Lösungsweg für ihr Problem zu finden.

So gehen Sie mit einem rücksichtslosen Zeitgenossen um

Leider sind sie überall anzutreffen, jene Menschen, die andere gern schikanieren und kujonieren: Sie schneiden Sie auf der Autobahn. Sie posten fiese Updates über Sie auf Twitter und Facebook. Sie sind in Unternehmen auf der ganzen Welt zu finden. Die Rüpel und Mobber treiben ihr Unwesen schon lange nicht mehr nur in Schulkorridoren, sondern haben ihren Aktionsradius stark erweitert. Denn so viel steht fest: Mobbing am Arbeitsplatz ist mittlerweile genauso gang und gäbe wie auf dem Schulhof. Wie eine vom renommierten US-Meinungsforschungsinstitut Zogby im Jahr 2010 durchgeführte Untersuchung[1] ergab, wurden 35 Prozent der amerikanischen Arbeitnehmer am Arbeitsplatz schon einmal gemobbt und 15 Prozent haben im Laufe ihres Berufslebens Mobbing-Aktivitäten miterlebt. Das heißt, dass die Hälfte der amerikanischen Arbeitnehmer auf die eine oder andere Art schon mit Mobbing in Berührung gekommen ist.

Menschen, die andere mobben, stoßen Beleidigungen und Drohungen aus und demütigen ihre Opfer in erster Linie. Sie genießen es, sich wichtigzumachen und den Ton anzugeben. Damit sorgen sie nicht nur für psychischen und physischen Stress bei ihren Opfern, sondern schaden damit auch massiv und nachhaltig der Produktivität des gesamten Unternehmens, weil sie die Belegschaft systematisch demotivieren. Immerhin ist es sehr schwer, seine Arbeit zu machen und produktiv zu sein, wenn man den Großteil seiner Arbeitszeit damit verbringt, einen Eiertanz aufzuführen!

Es funktioniert im Prinzip wie in der Schule: Die Mobber suchen sich immer die vermeintlich Schwachen als Opfer aus. Sie fühlen sich stark, wenn sie andere fertigmachen können. Haben Sie keine Angst, diesen Typen die Stirn zu bieten, insbesondere wenn diese Sie öffentlich angreifen. Halten Sie sich immer vor Augen, dass Sie nicht schwächer sind als ihre Angreifer, auch wenn Letztere das annehmen. Sie dürfen sich dieses Mobbing-Verhalten nicht gefallen lassen und deshalb sollten sie etwas dagegen tun.

Wenn Sie zur Zielscheibe eines Kollegen geworden sind, der Spaß daran hat, Sie zu kujonieren, sollten Sie seine Mobbing-Aktionen unbedingt dokumentieren. Führen Sie Buch und notieren Sie bestimmte Zwischenfälle und Äußerungen im genauen Wortlaut. Denn wenn Sie zu Ihrem Chef sagen: „Er hat eine wirklich anzügliche Bemerkung über mich gemacht", so wird das nicht viel bringen. Sie müssen Ihre Vorgesetzten schon genau darüber informieren, was im Einzelnen wann gesagt oder gemacht wurde.

In den Vereinigten Staaten gibt es noch kein Gesetz gegen Mobbing. Doch die meisten Unternehmen haben klare Richtlinien für das Verhalten am Arbeitsplatz aufgestellt. Denn aus Unternehmenssicht zeugt es nicht gerade von einem ausgeprägten Geschäftssinn, wenn man duldet, dass durch Mobbing am Arbeitsplatz Konflikte entstehen, die immer weiter eskalieren.

KURZ NACHGEFRAGT

Haben Sie schon einmal Mobbing-Aktivitäten am Arbeitsplatz beobachtet? Wenn ja, wie haben Sie sich dabei gefühlt? Waren Sie Opfer oder Zeuge? Wie haben Sie reagiert? Was hätten Sie, im Nachhinein betrachtet, anders machen können?

Letztlich spielt es keine Rolle, ob Sie selbst Opfer oder Zeuge von Mobbing-Aktionen sind oder der Vorgesetzte eines Mobbers, denn Sie haben es in der Hand, das Verhalten dieses Unruhestifters auf der Stelle zu stoppen. Protokollieren Sie die jeweiligen Zwischenfälle und setzen sie diejenigen Personen davon in Kenntnis, die etwas dagegen unternehmen können.

So gehen Sie mit einem Müßiggänger um

Jeder kennt Moritz Müßiggänger. Er läuft immer mit einer halben Stunde Verspätung im Büro ein und genehmigt sich eine zweistündige Mittagspause. Möglicherweise befindet sich sein Arbeitsplatz direkt neben Ihrem. Seine Hose ist zerknittert, sein Hemd hängt teilweise aus der Hose und sein Haar ist zerzaust. Wahrscheinlich hat er seine Füße lässig auf dem Schreibtisch geparkt, während er sich ausgesprochen dienstbeflissen einer überaus wichtigen Partie Solitär widmet. Sofern er der Meinung wäre, man würde ihm durchgehen lassen, dass er in Jogginghosen zur Arbeit erscheint, würde er vermutlich auch in diesem Outfit aufkreuzen. Vielleicht hat er das ja sogar schon gemacht.

Müßiggänger gibt es in jedem Unternehmen. Sie tragen im Allgemeinen zu einem schlechten Arbeitsklima bei, denn alle fragen sich, wie sie es bloß schaffen, mit ihrer bescheidenen Arbeitseinstellung und mangelnden

Einsatzbereitschaft ungestraft davonzukommen. Wenn sie jedoch eine Aufgabe anpacken, dann machen sie ihre Arbeit in aller Regel recht gut. Nur leider strahlen sie mit ihrem typischen „Ist mir doch egal"-Verhalten eine durchweg gleichgültige Grundhaltung aus.

Das Verhalten, das Sie fälschlicherweise als Faulheit deuten, ist in Wirklichkeit aber nichts anderes als die Unfähigkeit des Müßiggängers, die zentralen Aufgaben seines Jobs zu erkennen. So unglaublich das auch klingen mag: Moritz Müßiggänger weiß es vermutlich einfach nicht besser.

Wenn Sie einem Müßiggänger beikommen wollen, müssen Sie zuerst ein ernstes Gespräch mit ihm über seine Arbeitsleistung führen. Nehmen Sie sich die Zeit, herauszufinden, wie gut der Müßiggänger mit den Aufgabenbereichen seines Jobs vertraut ist. Möglicherweise werden Sie dann feststellen, dass er einen Teil seiner Aufgaben nur deshalb nicht erledigt hat, weil er nicht wusste, dass diese Aufgaben eigentlich Teil seines Jobs sind, oder weil er nicht genau wusste, wie er diese Aufgaben bewältigen sollte.

Daher ist es wichtig, einem Müßiggänger klar zu verstehen zu geben, dass Sie, sofern er sich Mühe gibt und seinen Teil beiträgt, seine Arbeit durchaus zu schätzen wissen. Erklären Sie ihm, wie die Arbeitsqualität insgesamt darunter leidet, wenn er seinen Beitrag nicht leistet. Sie sollten ihm außerdem auf behutsame Weise mitteilen, wie unzufrieden Sie mit seiner bisherigen Arbeitsleistung sind. Dazu müssen Sie konkrete Beispiele anführen, bei welcher Gelegenheit er das gewünschte Arbeitsergebnis nicht erzielt hat und woran es lag. Allerdings sollten Sie nicht überrascht sein, wenn der Müßiggänger der Meinung ist, er würde seinen Job eigentlich ganz gut machen.

Machen Sie ihm klar, dass Sie mehr Einsatz- und Leistungsbereitschaft von ihm erwarten, und erläutern Sie, welche Konsequenzen es für ihn hat, wenn er die an ihn gestellten Leistungsanforderungen nicht erfüllt. Sofern er mündlich Besserung gelobt, mehr Leistungsbereitschaft zu zeigen,

DOCH VORSICHT

Wenn Sie den Müßiggänger mit seiner schlechten Arbeitsleistung konfrontieren, sollten Sie auf jeden Fall Belege für
Ihre Behauptung griffbereit haben. Er könnte Ihre Kritikpunkte infrage stellen. Daher müssen Sie in der Lage sein,
seine Ausreden mit eindeutigen Beweisen und Fakten zu
widerlegen.

fassen Sie seine Worte schriftlich zusammen und schicken Sie ihm eine
Kopie davon. Durch Ihre Betreuung und Beratung können Sie dem Müßiggänger hoffentlich helfen, die notwendige Motivation zu entwickeln,
um ein produktives Mitglied des Arbeitsteams zu werden. Sollte diese
Strategie nicht funktionieren und er sein Verhalten nicht ändern, müssen
Sie die besprochenen Konsequenzen umsetzen, und zwar bis hin zur Kündigung.

So gehen Sie mit einem Drückeberger um

Ihr Team muss ein großes Projekt fristgerecht zum Abschluss bringen,
deshalb müssen Sie Aufgaben delegieren, um gewährleisten zu können,
dass alles so schnell und effizient wie möglich erledigt wird. Das einzige
Problem dabei ist, dass ein Teammitglied ein großer Drückeberger ist.

Wenn Dirk Drückeberger seine Arbeit ständig aufschiebt, kommt er
irgendwann so unter Termindruck, dass Hektik entsteht und er gezwungen ist, seine Arbeit schnell zu erledigen, worunter natürlich das Ergebnis
leidet. Auch wenn der Drückeberger es möglicherweise schafft, sich ganz
gut durch seinen Job zu lavieren, irgendwann ist es dann so weit: Ein
Termin platzt oder ein Projekt wird mehr schlecht als recht zu Ende gebracht. Dann müssen das alle ausbaden.

Sicher kennen Sie das Sprichwort „Verschiebe nicht auf morgen, was du heute kannst besorgen". Manchmal frotzele ich ganz gern, dass Drückeberger stattdessen „Verschiebe stets auf morgen, was du heut' nicht willst besorgen" sagen. Wir glauben oft, dass Drückeberger einfach faul sind. Aber das stimmt eigentlich nicht.

Möglicherweise erscheint es Ihnen gar nicht so wichtig, die Gründe zu verstehen, warum jemand seine Arbeit immer wieder aufschiebt. Allerdings sollten Sie bedenken, dass Sie ein Problem erst dann lösen können, wenn Sie die Ursachen kennen. Normalerweise gibt es für einen Drückeberger eine Vielzahl von Gründen, warum er Dinge vor sich herschiebt oder herumtrödelt. Er könnte zum Beispiel überfordert sein, sich leicht ablenken lassen oder einfach die Dringlichkeit der Aufgabe nicht richtig einschätzen.

Mitarbeitern, die an „Aufschieberitis" leiden, müssen Sie feste Termine setzen und ihnen klarmachen, dass sie mit Konsequenzen rechnen müssen, sollten sie diese Termine nicht einhalten.

Sie müssen ein Auge auf diese Mitarbeiter haben und immer wieder nachhaken, wie sie mit ihren Projektaufgaben vorankommen. Das soll aber nicht heißen, dass Sie sich um jedes kleine Detail kümmern sollen, sondern Sie müssen einfach nur ab und zu Fragen stellen wie „Hey, wie kommen Sie denn mit dem Bericht voran?" oder „Haben Sie schon neue Informationen für dieses Angebot zusammengestellt?".

Außerdem sollten Sie größere Projektaufgaben in verschiedene Abschnitte unterteilen und jeweils Abgabetermine für die einzelnen Abschnitte festlegen. Denn wenn Sie eine große Aufgabe in mehrere übersichtliche und gut zu bewältigende Teilaufgaben untergliedern, ist der Drückeberger leichter bereit, die jeweiligen Aufgaben in Angriff zu nehmen. Darüber hinaus können Sie anhand der Abgabetermine für die jeweiligen Teilaufgaben ganz bequem den Arbeitsfortschritt überwachen.

Die meisten Drückeberger werden Ihnen vermutlich weismachen wollen, sie könnten am effektivsten unter Zeitdruck arbeiten. Das bedeutet

DOCH VORSICHT

Drückeberger sind *keine* Müßiggänger.
Sie müssen ihnen gegenüber nicht energisch auftreten,
sondern sie lediglich auf die enorme Dringlichkeit eines
Projekts hinweisen.

nicht, dass sie gern unter Stress stehen, sondern nur, dass sie in aller Regel besser arbeiten, wenn die Zeit knapp wird. Der Punkt ist, Drückeberger brauchen immer einen Schubs, damit sie aktiv werden.

Diese Situation lässt sich sehr schön mithilfe eines Beispiels aus dem Sport beschreiben: Sie können einen Drückeberger am besten unter Druck setzen, indem Sie jedes Projekt so angehen, als lägen Sie zwei Minuten vor Spielende drei Punkte zurück und müssten mit dem Ball knapp 75 Meter quer über das Spielfeld jagen, um das Spiel noch zu gewinnen.

So gehen Sie mit einer Quasselstrippe um

„Halten Sie doch bitte einfach ... mal ... den ... Mund!!!!" Zugegeben, diesen Satz würde ich am allerliebsten bei jeder nervigen Quasselstrippe mal loswerden. Sie redet einfach gern und viel. Geben Sie ihr irgendwo eine Bühne und sie wird Ihnen die Show stehlen. Sie wäre natürlich eine wunderbare Bereicherung für jede Party oder jedes zwanglose Zusammentreffen. Doch am Arbeitsplatz erweist sich die Quasselstrippe weniger als Bereicherung, sondern vielmehr als Produktivitätsbremse.

Eine echte Quasselstrippe lässt nichts unkommentiert. Sie ist nicht unbedingt positiv oder negativ; sie ist einfach nur geschwätzig, was jedoch am Arbeitsplatz ziemlich störend ist. Denn die Quasselstrippe merkt nicht, dass die Leute partout keine Lust haben, sich zu jedem popligen Detail ihren Kommentar anhören zu müssen.

Das führt letztlich dazu, dass die Beiträge der Quasselstrippe in Besprechungen oft wenig Beachtung finden, wodurch wiederum sehr viel wertvolles Ideenpotenzial ignoriert wird. Die Quasselstrippe steht sich damit selbst im Weg. Sofern man ihr nicht entsprechend Einhalt gebietet, läuft man Gefahr, dass nicht nur die gesamte interne Kommunikation ins Stocken gerät, sondern auch die Produktivität darunter leidet.

Wie also können Sie der Quasselstrippe beikommen? Zunächst einmal sollten Sie behutsam vorgehen. Geschwätzige Zeitgenossen sind im Grunde freundlich gesinnt, vielleicht einfach ein bisschen zu freundlich. Sie sind davon überzeugt, dass sie sich höflich verhalten, wenn sie versuchen, Sie in ein Gespräch zu verwickeln. Außerdem wollen sie unbedingt gemocht werden. Daher ist es wichtig, mit Fingerspitzengefühl vorzugehen, um die Gefühle der Quasselstrippe nicht zu verletzen.

Sprechen Sie die Quasselstrippe vorsichtig auf das Problem an. Nehmen Sie sie zur Seite und machen Sie einen Witz über ihre ach so geschwätzige Art. Tun Sie das nicht vor anderen, sondern sorgen Sie dafür, dass es unter vier Augen geschieht. Machen Sie deutlich, dass Sie die Quasselstrippe aus Verantwortungsgefühl heraus ansprechen und nicht etwa, weil Sie etwas gegen sie haben. Ob Sie es nun glauben oder nicht, es gibt tatsächlich Menschen, die wissen einfach nicht, wann sie den Mund halten müssen – dann müssen sie es eben lernen. Nehmen Sie sich die Zeit, um diesem Typ Mensch beizubringen, wie er an der Körpersprache seiner Mitmenschen ablesen kann, wann er gut daran tut, den Mund zu halten.

Einem redseligen Zeitgenossen helfen Sie daher am allerbesten, wenn Sie ihm raten, mehr zuzuhören und weniger zu reden. Das gilt insbesondere für Verkaufsgespräche, denn sobald in irgendeiner Weise ein „Ja" fällt, ist das ein eindeutiges Signal, mit dem Reden aufzuhören! Denn sobald jemand einer Sache zugestimmt hat, muss man sich nicht weiter darum bemühen, ihn zu überzeugen.

Allerdings brauchen geschwätzige Zeitgenossen oftmals ein wenig Hilfestellung bei der Interpretation der Körpersprache, damit sie wissen, wann sie weniger reden und stattdessen mehr zuhören müssen. Deshalb sollten Sie ihnen unbedingt beibringen, wie sie sich verhalten müssen, um anderen die Gesprächsführung zu überlassen, damit sie an einem viel produktiveren und interessanteren Austausch von Gedanken, Gefühlen und Ideen teilhaben können.

Denn Quasselstrippen merken in aller Regel nicht, dass sie ein Gespräch dominieren. Weihen Sie sie also in die Kunst des Gebens und Nehmens zwischenmenschlicher Kommunikation ein: Zeigen Sie ihnen, wie sie ein Gespräch in Gang bringen können, indem sie zunächst selbst ein klein wenig Information einfließen lassen und anschließend ihren Gesprächspartner um seine Meinung bitten. Machen Sie sie mit einem wichtigen Grundsatz vertraut: Wenn man sich nur die Zeit nimmt, den Menschen aufmerksam zuzuhören, erzählen sie einem bereitwillig all die Dinge, die man wissen will.

So geht man mit einem frostigen Zeitgenossen um

Es mag ein Schock für Sie sein, aber es besteht durchaus die Möglichkeit, dass nicht alle in Ihrem Umfeld so begeistert von Ihnen sind wie Ihre Mutter. Das macht aber nichts. Schließlich schreibt Ihnen ja niemand vor, dass Sie die Menschen mögen müssen, mit denen Sie zusammenarbeiten, aber ganz gewiss müssen die Sie auch nicht mögen. Natürlich erleichtert es die Zusammenarbeit, doch solange Sie produktiv bleiben – wen interessiert es da schon, ob die Kollegen und Sie die dicksten Freunde sind oder nicht?

Sie werden Situationen erleben, in denen ein Arbeitskollege einfach nichts mit Ihnen zu tun haben will. Sicherlich kann das unangenehm sein, denn wer arbeitet schon gern mit Frauke Frostig zusammen? Worüber Sie sich aber klar werden müssen, ist, ob das tatsächlich ein Problem für Sie darstellt.

Es kann uns so vorkommen, als ob manche Menschen uns ignorieren, obwohl das in Wirklichkeit nicht der Fall ist. Wir neigen dazu, das Verhalten des anderen immer auf uns zu beziehen. Wenn eine Person uns zugeknöpft erscheint, ist unsere erste Vermutung also, dass sie wütend auf uns ist oder uns unfreundlich behandelt. Stattdessen ist es meist sehr viel wahrscheinlicher, dass diese Person mit Lebenssituationen zu kämpfen hat, die gar nichts mit uns zu tun haben.

Wenn sich jedoch herausstellen sollte, dass jemand wirklich ein Problem mit Ihnen hat, so ist es am besten, ihn direkt darauf anzusprechen, um die Situation zu klären. Gehen Sie einfühlsam, geduldig und behutsam vor. Wenn Sie mit einem frostigen Zeitgenossen sprechen, sollten Sie darauf achten, offene Fragen zu stellen. Versuchen Sie es zum Beispiel so: „Ich habe den Eindruck, dass Sie verärgert reagieren oder mir irgendwie gram sind. Habe ich irgendetwas gesagt oder gemacht, das Ihnen keine Ruhe lässt?"

Schlussendlich ist nur eines wichtig: Wenn Sie feststellen, dass dieses frostige Verhalten weder Sie noch Ihre Arbeitsleistung beeinträchtigt

 DOCH VORSICHT

Wenn Sie mit Menschen umgehen müssen, die sich reserviert und zugeknöpft verhalten, sollten Sie in erster Linie Vorsicht walten lassen. Es kann nämlich durchaus sein, dass sie geheime Pläne verfolgen. Sollten diese Menschen Ihnen ganz offensichtlich aus dem Weg gehen, könnte es gut möglich sein, dass sie etwas gegen Sie im Schilde führen oder auf Ihren Job schielen. Denn wie heißt es so treffend in dem bekannten Zitat: „Nur weil du paranoid bist, heißt das nicht, dass sie nicht hinter dir her sind."

und auch keine Probleme am Arbeitsplatz macht, ist es wohl am besten, es einfach auf sich beruhen zu lassen. Machen Sie Ihre Arbeit und sorgen Sie für positive Energie am Arbeitsplatz.

ZUSAMMENFASSUNG:
So meistern Sie den Umgang mit schwierigen Zeitgenossen

Fragen Sie das Lästermaul, ob es die Person, über die es gerade herzieht, schon direkt auf die Angelegenheit angesprochen hat.

Lassen Sie sich von den sarkastischen Bemerkungen eines Griesgrams nicht aus der Fassung bringen. Bleiben Sie sachlich und antworten Sie ihm kurz und bündig.

Stellen Sie einem Besserwisser offene Fragen mit „Wie" oder „Was" und vermeiden Sie Fragen mit „Warum".

Achten Sie bei einem Nörgler darauf, einen Gegenpol zu seiner negativen Einstellung zu schaffen, indem Sie immer mit positiven Aspekten kontern.

Führen Sie Buch über Mobbing-Aktionen und setzen Sie diejenigen Personen davon in Kenntnis, die etwas dagegen unternehmen können.

Erläutern Sie einem Müßiggänger detailliert, warum seine Arbeitsleistung nicht zufriedenstellend ist, und fordern Sie ihn zu mehr Einsatz- und Leistungsbereitschaft auf.

Wenn Sie mit einem Drückeberger zusammenarbeiten, unterteilen Sie größere Aufgaben am besten in übersichtliche kleinere Abschnitte mit klaren Terminvorgaben.

Erklären Sie einer Quasselstrippe unter vier Augen, dass sie mehr zuhören und weniger reden sollte.

Sprechen Sie einen frostigen, zugeknöpften Zeitgenossen geradeheraus darauf an, ob er ein Problem mit Ihnen hat.

Fallbeispiel Nr. 1: Wael Ibrahim

Leitender Software-Architekt bei Sony Ericsson

„Ich hatte einen Kollegen, der als Besserwisser galt. Er war nett und außerdem ziemlich intelligent, doch in Besprechungen konnte ich meine Ausführungen nur selten zu Ende bringen, ohne von ihm unterbrochen zu werden. Um ihn auf sein Verhalten aufmerksam zu machen, habe ich das ihm gegenüber vorsichtig angedeutet, aber er verstand nicht, was ich damit meinte.

Irgendwann sollte ich an einer Telefonkonferenz teilnehmen und hatte den Auftrag, für diesen Termin eine Präsentation vorzubereiten. Eine Stunde vor der anberaumten Besprechung wurde mir dann klar, dass ich den Gesprächsteilnehmern nicht die gewünschten Informationen liefern konnte. Ich war aber auch nicht bereit, die Gründe darzulegen, warum die Präsentation nicht fertig war. Schlimmer noch, die verbleibende Zeit war viel zu knapp, als dass ich sie noch hätte fertigstellen können.

Also bat ich meinen Besserwisser-Kollegen, ebenfalls an dieser Telefonkonferenz teilzunehmen. Den Rest können Sie sich denken. Nachdem ich ihn den anderen Teilnehmern vorgestellt hatte, übernahm er sofort die Gesprächsführung und füllte so die ganze Stunde aus. Dabei brachte er wieder einmal eine Reihe kontroverser Themen auf den Tisch und veranlasste so die übrigen Teilnehmer dazu, sich auf eine heftige Diskussion mit ihm einzulassen, wodurch er natürlich das eigentliche Ziel der Besprechung erfolgreich sabotierte – dieses Mal sehr zu meinem Vorteil. Die Zeit war um und ich hatte eine weitere Woche Aufschub, um meine Präsentation fertigzustellen. Es versteht sich von selbst, dass ich ihn zu diesem neuen Besprechungstermin nicht hinzugezogen habe.

Anschließend habe ich ihm diese Geschichte erzählt und er fand sie ziemlich lustig. Doch das Ganze ist zweifellos auf fruchtbaren Boden gefallen, denn ab da achtete er darauf, sich mit seiner besserwisserischen Art etwas mehr zurückzuhalten!"

Fallbeispiel Nr. 2: Barrett Peterson

Vorstand Finanzen, Unternehmensberater, Wirtschaftsprüfer

„Mein Unternehmen wurde von einem anderen Unternehmen übernommen. Der Revisor des akquirierenden Unternehmens war ein ‚Tyrann', der gern brüllte und mit der Faust auf den Tisch schlug, um zu sehen, wie man reagierte. Er und ich verbrachten mehrere Tage damit, uns gegenseitig anzubrüllen, während wir ‚einander kennenlernten', und zwar mit dem Ergebnis, dass wir danach wunderbar miteinander auskamen. Wir beide hatten ein sehr grundlegendes Problem, denn wir waren zwei Alphatiere, die lautstark ihr Revier verteidigten. Als Führungsperson war er sehr gewieft und sehr wohl in der Lage, ausgesprochen charmant zu sein, wenn er denn wollte.

Viele ‚Tyrannen' nutzen diesen Führungsstil quasi als ‚Stresstest', um das Wissen, das Selbstbewusstsein und die Belastbarkeit ihrer Mitarbeiter und Kollegen zu testen, denn wenn diese vor ihnen zittern wie Espenlaub, werden sie es niemals schaffen, sich zu behaupten und sich ihren Respekt zu verdienen."

10.
SAGEN SIE DOCH ÖFTER MAL NEIN

So können Sie konstruktiv „Nein" sagen, ohne wertvolle Beziehungen aufs Spiel zu setzen

Ein „Nein" aus tiefster Überzeugung ist besser und größer als ein „Ja", das nur gesagt wird, um zu gefallen oder um Schwierigkeiten zu vermeiden.

– Mahatma Gandhi (indischer Pazifist)

Sue wird von ihrem Vorgesetzten gebeten, eine neue Aufgabe zu übernehmen, obwohl beide genau wissen, dass Sue im Prinzip schon voll ausgelastet ist. Sue will nicht Nein sagen, weil sie ihren Chef beeindrucken
und ihm beweisen will, dass sie das zusätzliche Arbeitspensum bewältigen kann. Allerdings bedeutet das eine enorme Belastung für Sue. Unter
der Woche macht sie Überstunden und seit Kurzem arbeitet sie auch am
Wochenende, um mit all ihren Verpflichtungen einigermaßen auf dem
Laufenden zu bleiben ...

Vielen Menschen fällt es schwer, Nein zu sagen. Deshalb ist es umso wichtiger, dass Sie lernen, wie Sie zu Ihrem Chef/Ihrer Chefin Nein sagen können
und trotzdem als Mitarbeiter mit ausgeprägtem Teamgeist wahrgenommen
werden. In wirksamer Weise Nein zu sagen ist gar nicht so einfach, denn oft
haben wir keine Ahnung, wie wir uns gezielt für jene Dinge einsetzen können, die uns wirklich wichtig sind. Wie auch immer: Nein zu sagen ist eine
wichtige Erfolgsvoraussetzung.

Hin und wieder müssen wir alle mal Nein sagen. Denn um wirklich
erfolgreich zu sein (sei es als Ehepartner, Elternteil, Student, Gemeinde-
mitglied, Führungskraft und so weiter), müssen wir in der Tat auch in der
Lage sein, Nein zu sagen. Doch das fällt vielen Menschen extrem schwer.

 KURZ NACHGEFRAGT

Ist es schon einmal vorgekommen, dass Sie zusätzliche Aufgaben übernommen haben, obwohl Sie mit Ihrem aktuellen
Arbeitspensum voll ausgelastet waren? Ist es schon einmal
vorgekommen, dass Sie auf Facebook eine Freundschaftsanfrage von einem Arbeitskollegen/einer Arbeitskollegin akzeptiert haben, obwohl Sie ihn/sie nur flüchtig kennen, und
das nur, weil Sie nicht wussten, wie Sie Nein sagen sollten?

Dabei können wir noch nicht einmal etwas dafür, dass das Wort „Nein" bei uns so negative Assoziationen hervorruft. Immerhin ist es nicht nur eines der ersten Worte, die wir als Kind lernen, sondern auch ein Wort, das alle frischgebackenen Eltern an den Rand der Verzweiflung treibt. Denn bei jedem Kleinkind ist dieses „Nein! Nein! Nein!" der Auslöser für einen ganz gewaltigen vorprogrammierten Tobsuchtsanfall.

Wenn uns am Arbeitsplatz etwas gegen den Strich geht, wollen wir uns natürlich nicht die Blöße geben und ausflippen wie so ein kleiner Wüterich, damit unsere Vorgesetzten nicht etwa meinen, wir hätten das Trotzalter noch nicht hinter uns gelassen. Schließlich wollen wir nicht den Eindruck erwecken, wir wären trotzige Kinder, die egoistisch ihren Willen durchsetzen wollen. Folglich fällt es uns sehr schwer, Nein zu sagen. Aber wissen Sie was? Ich habe gute Neuigkeiten für Sie: Nein zu sagen ist *nicht* egoistisch!

Sprechen Sie mir nach: Es ist nicht egoistisch.

Nein zu sagen ist weder eine aggressive noch eine negative Verhaltensweise. Im Prinzip wirkt ein korrekt formuliertes Nein sogar angenehm positiv. Denn wenn Sie zu einer neuen Aufgabe Nein sagen, heißt das genau genommen, dass Sie zu Ihren aktuellen Verpflichtungen, die Ihnen wichtig sind, Ja sagen. Betrachten Sie dieses Nein einfach als Möglichkeit, sich ganz klar zu Ihren Wertvorstellungen und bestehenden Verpflichtungen zu bekennen. Falls Sie jedoch Ja sagen, obwohl Sie eigentlich Nein sagen wollen, sollten Sie sich darüber klar werden, dass es letztlich ganz allein Ihre Entscheidung war, Ja zu sagen.

Die Fähigkeit, Nein zu sagen, ist in der Tat ein Zeichen von professioneller und emotionaler Reife. Denn wenn Sie mehr versprechen, als Sie halten können, ist niemandem geholfen. Damit schaden Sie nur Ihrem beruflichen Ansehen. Außerdem können Sie mit einem rechtzeitig ausgesprochenen Nein tatsächlich dazu beitragen, Ihre Position zu verbessern, weil Sie damit den Eindruck vermitteln, dass Sie durchaus Wichtigeres zu tun haben. Mit einem Nein machen Sie deutlich, dass Ihre Fachkompetenz gefragt ist.

Die Fähigkeit, wirkungsvoll Nein zu sagen, ist demnach eine wesentliche Voraussetzung für Ihren persönlichen und beruflichen Erfolg. Denn wenn Sie zielstrebig arbeiten und sich nicht verzetteln wollen, ist sie unverzichtbar. Schließlich müssen Sie jeden Tag mitunter sogar mehrmals Nein sagen, damit Sie in der Lage sind, zu den Dingen Ja zu sagen, die Ihnen wirklich am Herzen liegen.

Warum sagen wir „Ja", wenn wir „Nein" meinen?

Wieso sagen wir Ja, wenn wir eigentlich Nein sagen sollten? Manchmal sagen wir Ja, weil wir die Zeit einfach falsch einschätzen, die wir benötigen, um unseren Verpflichtungen nachzukommen (der neuen Aufgabe und den alten Aufgaben, in die wir bereits eingebunden sind). Manchmal sagen wir Ja, weil uns das in diesem Augenblick leichter erscheint oder – schlimmer noch – weil wir nicht den Mut haben, Nein zu sagen. Manchmal sagen wir Ja aus Pflichtgefühl oder aus Rücksicht auf die Person und die Beziehung.

Doch wenn wir ständig nur „Ja, ja, ja" sagen, haben wir das Problem, dass wir uns zu viel aufbürden. Ich weiß aus eigener Erfahrung (und ich bin mir sicher, dass viele von Ihnen die gleiche Erfahrung gemacht haben), dass ich mich total gestresst und ausgelaugt fühle, wenn ich mir zu viel aufhalse. Das Ende vom Lied ist dann, dass wir ausgebrannt sind, nicht so effektiv arbeiten, wie wir sollten, und am Schluss nicht nur uns selbst keinen Gefallen getan haben, sondern auch den Menschen, denen wir helfen wollten.

Wann sollten Sie ganz klar Nein sagen?

Sie dürfen nicht vergessen, dass manche Menschen (so wie ich) Sie ständig bitten, irgendwelche Aufgaben zu übernehmen, und zwar so lange, bis Sie Nein sagen. Oft decke ich meine Mitarbeiter stapelweise mit Arbeit ein und ertappe mich dann dabei, dass ich zu ihnen sage: „Ich erwarte nicht, dass Sie alle anfallenden Aufgaben übernehmen, aber ich werde Ihnen so lange Arbeit hinlegen, bis Sie mir ganz klar zu verstehen geben, dass Sie keinen weiteren Auftrag mehr annehmen können."

Die Kernbotschaft dieses Kapitels lautet also: Sagen Sie einfach einmal Nein. Nee! I wo! Auf gar keinen Fall! Nix zu machen! Kommt nicht infrage!

Ja, ja, ich weiß, das ist leichter gesagt als getan. Deshalb werden wir uns der Sache schrittweise nähern.

Wie gelangen Sie zu der Entscheidung, dass Sie Nein sagen müssen? Denn zwangsläufig werden Sie immer wieder aufs Neue entscheiden müssen, welche Dinge Ihre Zeit und Aufmerksamkeit verdienen und welche nicht. Das grundlegende Problem, mit dem wir dabei meistens zu kämpfen haben, ist einfach, dass sich uns sehr viel mehr Möglichkeiten bieten, als wir Zeit zur Verfügung haben. Also noch einmal, wie treffen Sie Ihre Entscheidung, Nein zu sagen? Ich habe einen kleinen Selbsttest entwickelt, der Ihnen dabei helfen soll, Ihre Möglichkeiten auszuloten.

Stellen Sie sich die folgenden vier Fragen:

1. Sage ich nur Ja, weil ich mich dazu verpflichtet fühle oder ein schlechtes Gewissen hätte, wenn ich Nein sagen würde?

Wenn dies der Fall ist, wäre jetzt haargenau der richtige Zeitpunkt, um Nein zu sagen. Denn wenn Sie allzu sehr nach Anerkennung von anderen lechzen, ist Ihnen mitunter vielleicht gar nicht bewusst, dass Sie mit Ihren Bedürfnissen im Grunde genommen auf der Strecke bleiben. Deshalb sollten Sie nicht länger dem Bedürfnis nachgeben, es anderen recht zu machen, denn wenn Sie sich nicht für die Dinge einsetzen, die Ihnen wichtig sind, wenn Sie in unbefriedigenden Situationen verharren, wenn Sie untätig abwarten, dass sich die Dinge von allein ändern, dann werden Sie nicht nur Ihre Lebensfreude, sondern auch Ihren Lebensinhalt verlieren.

Das Leben ist viel zu kurz, als dass Sie Ihre Zeit damit verbringen sollten, tagtäglich Dinge zu tun, die Ihnen nicht wichtig sind. Denn sobald
Sie Zeit investieren, ist diese Zeit futsch. Da ist es doch weitaus sinnvoller,
wenn Sie Ihre kostbare Zeit gezielt in die Dinge investieren, die im Einklang mit Ihren Zielsetzungen und Wertvorstellungen stehen.

2. Sage ich nur Ja, weil eine Autoritätsperson oder ein Fach-
mann mir dringend empfohlen hat, Ja zu sagen?

Diese Frage ist ein bisschen knifflig. Wenn wir unter Stress stehen oder
nicht über ausreichend Fachwissen verfügen, um eine fundierte Entscheidung treffen zu können, bitten wir mitunter eine Autoritätsperson oder
einen Fachmann um Unterstützung bei der Entscheidungsfindung. In
diesem Fall ist es besonders wichtig, dass Sie sich bewusst machen, dass
Sie unter Stress stehen und dass jede Information, die Sie erhalten, von
mindestens einem weiteren Fachmann bestätigt werden sollte. Aber letztlich spielt es keine Rolle, welche Informationen Sie bekommen, denn am
Ende müssen Sie selbst die Entscheidung treffen, was für Sie das Beste ist.
Fragen Sie sich daher: „Ist es zu diesem Zeitpunkt für mich das Beste,
wenn ich Ja sage?"

3. Ist diese neue Möglichkeit, die sich mir eröffnet, vereinbar
mit meinen Wertvorstellungen und trägt sie (auch weiterhin)
zur Verwirklichung meiner langfristigen Ziele bei?

Diese Frage gliedert sich ganz bewusst in zwei Teile. Der erste Teil der
Frage soll Sie nicht nur dazu veranlassen, sich Gedanken darüber zu machen, was Ihnen wichtig ist, sondern Sie gleichzeitig – und das ist noch viel
wichtiger – daran erinnern, dass Ihre Entscheidungen und auch Ihr Handeln mit Ihren Zielsetzungen und Wertvorstellungen vereinbar sein sollten.

Damit ich meine persönlichen Zielsetzungen und Wertvorstellungen
nicht aus den Augen verliere, habe ich mir ganz bewusst direkt vor meinem
Schreibtisch ein Schild aufgehängt, auf dem „Lebe leidenschaftlich, lache,

bis dir der Bauch wehtut, und liebe bedingungslos" steht. Außerdem habe ich überall Familienfotos aufgestellt, die mir stets aufs Neue vor Augen halten, was mir am wichtigsten ist.

Was meine Arbeit betrifft, so habe ich nicht nur meine strategischen Ziele, sondern auch eine präzise Beschreibung meiner Marke auf einem Whiteboard verewigt. Dieses Whiteboard erinnert mich immer daran, dass jede meiner Entscheidungen mit meinen strategischen Zielen und mit meiner Marke vereinbar sein sollte.

Das einzige Problem dabei ist nur, dass wir meistens inkonsequent handeln. Heute gehen wir ins Fitnessstudio zum Trainieren und morgen lassen wir unsere guten Vorsätze schleifen. (Okay, wer soll mir dieses hochtrabende „Wir"-Gesülze schon abnehmen? Natürlich rede ich von mir! Ich hatte mir zwar vorgenommen, heute zum Yoga- und Zumba-Kurs zu gehen, aber irgendwie bin ich nie im Fitnessstudio angekommen!) Wie dem auch sei, die Schilder, die in meinem Büro hängen, sorgen dafür, dass ich meine Zielsetzungen und Wertvorstellungen stets vor Augen habe, und dienen mir gleichzeitig als Kompass, damit ich nicht vom Kurs abkomme, wenn ich täglich neue Entscheidungen treffen muss.

Der zweite Teil der Frage (… trägt diese Möglichkeit [auch weiterhin] zur Verwirklichung meiner langfristigen Ziele bei?) soll Sie daran erinnern, sich immer wieder zu vergewissern, ob Sie noch auf Kurs sind. Denn wenn Sie sich weiterentwickeln wollen, müssen Sie in aller Regel auch sehr intensiv daran arbeiten, besser zu werden. Daher ist es wichtig, dass Sie sich bei jeder Bewertung eines neuen Arbeitsauftrags fragen, ob dieser Auftrag (auch weiterhin) die beste Möglichkeit darstellt, Sie Ihren Zielen ein Stück näherzubringen. Nur weil Sie eine Sache letztes Jahr gemacht haben, heißt das nicht automatisch, dass Sie sie auch dieses Jahr wieder machen sollten. Denken Sie daran: Indem Sie Nein sagen zu Dingen, die Sie schon immer gemacht haben, können Sie sich Zeit freischaufeln, um neue Aufgaben in Angriff zu nehmen.

Jetzt kommen wir zur letzten Frage im Selbsttest. Sie lautet:

4. Bin ich in der Lage, diese bestimmte Aufgabe erfolgreich zu bewältigen?

Um diese Frage zuverlässig beantworten zu können, sollten Sie zuerst prüfen, wie viel Zeit die Erledigung dieser Aufgabe in Anspruch nimmt. Versuchen Sie dabei, den Arbeitsaufwand so realistisch wie möglich einzuschätzen, indem Sie auch den Zeitaufwand für unsichtbare Dienstleistungen berücksichtigen, wie zum Beispiel die benötigte Zeit für Vor- und Nachbereitung oder für mit der Aufgabe verbundene Reisen. Dann sollten Sie überlegen, wie viel Zeit Sie bereits für aktuell laufende Projekte investieren müssen und wie viel Zeit Sie noch übrig haben, um sich einer neuen Aufgabe zu widmen.

Beachten Sie, dass es hier nicht um die Frage geht, ob Sie die Aufgabe noch in Ihrem Terminkalender unterbringen können. Denn falls die Zeit, die Sie noch zur Verfügung haben, nicht ausreicht, um dem Umfang der Aufgabe gerecht zu werden, sollten Sie Nein sagen. Ist Ihnen diese Aufgabe jedoch wichtig, sollten Sie sich Alternativen überlegen, die es Ihnen trotzdem ermöglichen, Ihren Beitrag zu leisten, wenn auch in geringerem Umfang, denn nur so ist Ihr Engagement mit Ihren anderen Verpflichtungen vereinbar.

Ein Beispiel: Anstatt sich als Präsident oder Vizepräsident Ihres Sportclubs zu engagieren, können Sie Ihren Verein auch durch die Übernahme einer kleineren Aufgabe unterstützen und beispielsweise als freiwilliger Helfer die Stühle für die Vereinssitzungen aufstellen.

Sie sollten also Ihr Hauptaugenmerk darauf richten, den erforderlichen Zeitaufwand richtig einzuschätzen (sofern es sich um etwas handelt, was sich mit Ihren Wertvorstellungen und Zielsetzungen vereinbaren lässt), und nur dann Ja sagen, wenn Sie auch tatsächlich in der Lage sind, die Aufgabe erfolgreich zu Ende zu bringen.

Denken Sie einmal über Ihre Qualifikationen und Fähigkeiten nach. Handelt es sich bei der Aufgabe, die Sie übernehmen sollen, um etwas, das Sie gut können? Wenn dem nicht so ist, sollten Sie Ihre Zeit sinnvoller nutzen, indem Sie die Aufgabe höflich an jemand anderen weitergeben, der dafür besser qualifiziert ist.

Machen Sie sich bewusst, dass dieser Selbsttest einzig dem Zweck dient, Ihnen bei der Entscheidungsfindung zu helfen, damit Sie erkennen, wann Sie am besten Nein sagen sollten. Denn wenn Sie genau wissen, wann und warum Sie Ja sagen wollen, fällt es Ihnen deutlich leichter, auch mal Nein zu sagen – außerdem sind Sie dadurch sehr viel leichter in der Lage, dieses Nein aufrechtzuerhalten, falls jemand versucht, Sie umzustimmen.

Sie könnten jetzt einwenden: „Schön und gut, Lisa, ich weiß ja im Prinzip, dass ich Nein sagen sollte, aber ich will schließlich nicht die Beziehung (zu meinem Chef, meinem Kunden, meinem Vater, meiner Großmutter, meiner besseren Hälfte und so weiter) aufs Spiel setzen." Und genau aus diesem Grund ist es wichtig, dass Sie lernen, wie Sie Nein sagen können, ohne dabei einer wertvollen Beziehung zu schaden.

Mein Problem ist, dass es mir manchmal schwerfällt, die richtigen Worte zu finden, wenn ich unter Stress stehe. Speziell in diesen Momenten, wenn ich völlig unvorbereitet mit einer Bitte konfrontiert werde oder wenn ich mir nicht sicher bin, wie ich mich entscheiden soll, sage ich einfach: „Können Sie mir etwas detaillierter erläutern, was Sie brauchen und bis wann Sie es brauchen? Ich brauche etwas Zeit, um mir Ihre Anfrage durch den Kopf gehen zu lassen. Können Sie mir ein paar Tage Bedenkzeit geben? Ist das für Sie in Ordnung?"

Doch oftmals weiß ich bereits auf Anhieb, dass ich Nein sagen muss. Dann greife ich gern auf eine der Strategien zurück, die ich im Folgenden näher erläutern werde. Einige dieser „Nein-Sätze" habe ich sogar regelrecht einstudiert und abgespeichert, damit ich sie sofort abrufen und professionell reagieren kann, auch wenn ich unter Stress stehe.

Die folgenden neun Kommunikationsstrategien können Sie jederzeit als praktische Vorlage nutzen, um auf höfliche und respektvolle Weise Nein zu sagen.

Strategie Nr. 1: Ja + Nein + Ja

Hierbei handelt es sich wohl um die bekannteste Strategie fürs Nein-Sagen. Sie stammt von Dr. William Ury, Verhandlungsexperte und Autor des Buches *The Power of a Positive No*[1] (außerdem hat er die Bestseller *Getting to Yes*[2] und *Getting Past No: Negotiating in Difficult Situations*[3] geschrieben).

Mit dem ersten „Ja" erklären Sie, wozu Sie schon Ja gesagt haben: „Ich habe vor Kurzem zugesagt, die Leitung über das neue Team zu übernehmen" oder „Die neuen Fotos, die wir letzten Monat in New York City geschossen haben, gefallen mir wirklich gut".

Dann folgt das „Nein": „Leider bin ich durch meine neuen Verpflichtungen als Teamleiter ziemlich ausgelastet" oder „Ich denke also nicht, dass es im Moment nötig ist, einen weiteren Fototermin einzuplanen".

Das letzte „Ja" dient dazu, die angespannte Stimmung beim Gegenüber etwas abzumildern, indem Sie Verständnis und Anteilnahme für dessen Situation zeigen, auch wenn Sie Nein sagen: „Ich wäre aber sehr gern bereit, jemanden für Sie zu finden, der für mich einspringen kann" oder „Lassen Sie uns doch nächsten Monat noch einmal darüber sprechen".

Ziel dieser Vorgehensweise ist es, der anderen Person einen attraktiven Lösungsvorschlag anzubieten, um ihren Bedürfnissen in irgendeiner Weise entgegenzukommen. Ury nennt das „eine goldene Brücke bauen".

Allerdings wird es auch Situationen geben, in denen Sie nicht nur Nein sagen, sondern sich von einem Anliegen ganz distanzieren wollen, und zwar ohne der anderen Person dabei in irgendeiner Weise entgegenzukommen. In solchen Fällen sollten Sie versuchen, Ihr Nein am besten mit der nun folgenden Strategie zu übermitteln.

Strategie Nr. 2: Kurze Entschuldigung + Nein + Vielen Dank

Sagen Sie kurz und bestimmt: „Es tut mir leid. Ich bin bereits in ein anderes Projekt eingebunden, aber dennoch vielen Dank, dass Sie mir Ihr Vertrauen entgegengebracht haben und mich mit dieser Aufgabe betrauen wollten." Sie brauchen nicht immer Ihre Gründe detailliert zu nennen – insbesondere dann nicht, wenn die Gründe für Ihr Nein persönlicher Natur sind.

Ein einfaches „Es tut mir leid. Es geht nicht. Aber danke, dass Sie an mich gedacht haben" reicht nicht nur völlig aus, sondern ist in diesem Fall auch besser. Achten Sie darauf, immer höflich zu bleiben – und zwar nicht nur, weil es zum guten Ton gehört, sondern weil Sie dieser Beziehung nicht durch unhöfliches Verhalten schaden wollen.

Strategie Nr. 3: Ja + Aber nein

Mein Vater sagte immer zu mir: „Wenn etwas schwarz ist, musst du nicht unbedingt sagen, dass es schwarz ist. Du kannst genauso gut sagen, dass es nicht weiß ist." Er versuchte mir damals auf seine eigene Art zu erklären, dass in vielen Situationen (und wie sich zeigt, auch in zahlreichen anderen Kulturen) eine indirekte Ausdrucksweise viel höflicher und respektvoller klingt. Wenn wir uns also für diese Form des Nein-Sagens entscheiden, verfolgen wir eine „Ja, aber nein"-Strategie.

Ein Beispiel:

Sue: „Chef, kann ich diesen Freitag freinehmen?"

Chef: „Ja, können Sie, aber ich würde es nicht sehr gern sehen."

Verwenden Sie diese Strategie, wenn Sie möchten, dass die andere Seite einen Vorschlag zur Güte macht, ohne dass Sie selbst eine konkrete Alternative formulieren oder – was noch viel wichtiger ist – von vornherein Nein sagen müssen.

Hier ist eine weitere Variante dieser „Ja, aber nein"-Konstruktion:

Sue: „Chef, kann ich diesen Freitag freinehmen?"

Chef: „Wenn wir bei unserem Status-Meeting am Freitag ohne Ihr Feedback auskommen müssen, werden wir mit unserem Projekt extrem unter Termindruck geraten."

Der Chef hat zwar nicht explizit Nein gesagt, aber auch nicht Ja. Die Botschaft ist klar: „Bitte ändern Sie Ihre Pläne und nehmen Sie am Meeting teil. Doch falls es absolut keine Alternative zu Ihrer Abwesenheit gibt, bin ich zwar nicht gerade begeistert, aber ich werde schon einen Weg finden, wie ich dem Team Ihr Feedback übermitteln kann, bevor Sie gehen."

Das Ganze funktioniert aber auch andersherum: Wenn Ihr Chef Sie darum bittet, eine Aufgabe zu übernehmen, für die Sie weder Zeit noch Muße haben, können Sie sagen: „Ja, ich würde dieses neue vordringliche Projekt sehr gern übernehmen. Welches meiner laufenden Projekte soll ich dafür auf Eis legen, damit ich die Zeit habe, mich um dieses neue Projekt zu kümmern?"

Hier noch eine andere Variante: „Selbstverständlich kann ich das neue Projekt übernehmen. Ich muss dafür nur die Abgabefristen für meine laufenden Projekte anpassen."

Strategie Nr. 4: Kompliment + Nein

- „Wow, was für eine tolle Sache/Gelegenheit. Danke, dass Sie an mich gedacht haben. Doch leider kann ich nicht teilnehmen."
- „X klingt nach jeder Menge Spaß und ich würde Ihnen gern mit Y helfen ..., aber ich kann leider nicht teilnehmen, weil ich bereits anderweitig eingebunden bin."
- „Das klingt verlockend, aber ich muss absagen."
- „Wow. Ich wünschte wirklich, ich könnte, aber mein Terminkalender ist einfach randvoll."

Mit dieser Strategie halten Sie sich ein Hintertürchen offen für ein Zusammenkommen bei anderer Gelegenheit. Bevor Sie Nein sagen, sollten

Sie das Anliegen in Form eines Kompliments paraphrasieren. Auf diese Weise bezeugen Sie der anderen Person Ihre Wertschätzung und geben ihr zudem das Gefühl, dass Sie ihr Anliegen ernst genommen haben.

Strategie Nr. 5: Nein + Kurze Begründung

Manchmal sollten Sie – je nachdem, in welcher Beziehung Sie zu der anderen Person stehen – etwas genauer erläutern, warum Sie Nein sagen müssen. Im beruflichen Umfeld lassen sich diese Gründe im Allgemeinen auf Zeit, Geld oder Qualifikation reduzieren.

Ein paar Beispiele:

- „Leider ist das bei meinem aktuellen Arbeitspensum nicht möglich."
- „Ich bin zurzeit intensiv in verschiedene Projekte eingebunden, und es wird extrem schwierig, eine gute Arbeit abzuliefern, wenn ich mich zusätzlich noch auf andere Dinge konzentrieren muss. Daher sage ich lieber jetzt Nein, als nachher sagen zu müssen, es tut mir leid."
- „Das ist leider nicht gerade meine starke Seite."
- „Ich habe keine Erfahrung damit, deshalb bin ich nicht der Richtige für diese Aufgabe."
- „Ich bin fest davon überzeugt, dass die Veranstaltung auch ohne meine Hilfe ein voller Erfolg wird; ich gehe davon aus, dass Sie das fantastisch hinbekommen!"

(Das letzte Beispiel ist speziell auf Personen zugeschnitten, die Sie um Hilfe bitten, weil sie nicht genügend Selbstvertrauen besitzen, die Sache allein auf die Beine zu stellen.)

Manchmal werden Sie Ihre Beweggründe, warum Sie Nein sagen, dem anderen lieber nicht mitteilen wollen. Vielleicht liegt es an den beteiligten Personen oder vielleicht an ethischen oder moralischen Bedenken. In so einem Fall sollten Sie sich nicht verpflichtet fühlen, Ihre konkreten Beweggründe zu erläutern. Am besten sagen Sie einfach: „Es tut mir leid, ich fühle mich damit einfach nicht wohl." Sollte die andere Seite aus irgendwelchen

Gründen nachbohren, warum Sie sich damit nicht wohlfühlen, wiederholen Sie einfach Ihre Aussage: „Ich fühle mich einfach nicht wohl dabei, tut mir leid. Aber dennoch vielen Dank, dass Sie an mich gedacht haben."

Strategie Nr. 6: Nein + Kurze Angabe von Gründen + Alternative

Es ist immer gut, wenn Sie ein „Nein" positiv verpacken, indem Sie – wie schon in Dr. Urys Strategie – eine Alternative anbieten (sofern das möglich ist).

Dazu ein Beispiel: „Danke für Ihre Freundschaftsanfrage auf Facebook. Ich bin auch der Meinung, dass Networking sehr wichtig ist. Allerdings bin ich sehr darauf bedacht, mein Privat- und Berufsleben voneinander zu trennen. Ich würde Sie aber gern als neues Mitglied in meinem beruflichen Netzwerk auf LinkedIn begrüßen. Darf ich Ihnen eine Kontaktanfrage schicken?"

Strategie Nr. 7: Nein + Mein Chef/ Ehepartner/meine Eltern würde/n das nicht gutheißen

Ich wäre ziemlich nachlässig, wenn ich nicht auch ein paar typische „Sag einfach Nein"-Sätze aufführen würde, die wir unseren Kindern beibringen können. Sie wissen schon, Verhaltensweisen für Situationen, in denen Ihre Kinder sich möglicherweise von Freunden ein wenig unter Druck gesetzt fühlen, etwas zu tun, von dem sie genau wissen, dass ihre Eltern es ihnen nicht erlauben würden.

Eine Vorgehensweise, die ich meinen eigenen Kindern vorgeschlagen habe, ist, einfach mir die Schuld für ihr „Nein" zu geben:

- „Es tut mir leid, aber meine Mutter erlaubt mir das nicht."
- „Nein danke, meine Mutter würde riechen, dass ich geraucht habe.

Sie ist allergisch gegen Zigarettenrauch und reagiert deshalb extrem empfindlich, sobald sie ihn riecht."

Sie können sich dieselbe Strategie auch im Berufsleben zunutze machen:

- „Es tut mir leid, aber mein Chef würde das nicht erlauben."
- „Ich bin nicht befugt, das zu entscheiden."
- „Da muss ich zuerst Rücksprache mit der Geschäftsleitung halten."
- „Das müssen Sie vorab kurz mit meinem Chef besprechen."

Eine andere Möglichkeit, entschlossen Nein zu sagen, besteht darin, einen klaren Standpunkt zu beziehen, damit einfach jeder weiß, dass er Sie nie wieder zu fragen braucht:

- „Willst du mich auf den Arm nehmen? Kommt nicht infrage! Rauchen ist extrem gefährlich, es schadet der Gesundheit."
- „Das kann ich unter keinen Umständen machen. Ich finde es unmoralisch und unangebracht."

Strategie Nr. 8: Nein

„Sag einfach Nein" – dieser Slogan, den die ehemalige First Lady Nancy Reagan für ihre Anti-Drogen-Kampagne nutzte, ist ein Rat, der immer funktioniert – ganz gleich, wie alt Sie sind und um welches Anliegen es sich handelt. Sie müssen lediglich darauf achten, dass Sie dieses Nein selbstbewusst zum Ausdruck bringen und dass es sich bei dem betreffenden Anliegen um keine große Sache handelt. Vermutlich werden Sie überrascht sein, wie wirkungsvoll ein kurzes und einfaches „Nein danke" sein kann.

Es gibt aber noch eine weitere Möglichkeit, wie Sie klipp und klar Ihr Nein zum Ausdruck bringen können: Wiederholen Sie einfach konsequent – und genauso nervig wie eine defekte Schallplatte, die immer an derselben Stelle hängen bleibt – einen der folgenden Sätze: „Ich kann das im Moment nicht übernehmen" oder „Im Moment ist das einfach nicht möglich".

REINSCHAUEN LOHNT SICH

Gehen Sie auf www.smarttalksuccess.com/extras und werfen Sie einen Blick in die Vergangenheit. Schauen Sie sich die „Just Say No"-Kampagne aus den 1980er-Jahren an und einen Videoclip von Nancy Reagans Auftritt in einer Folge der TV-Serie Diff'rent Strokes* sowie einen Film aus dem Jahr 1951 zum Thema „Wie sagt man Nein".

Strategie Nr. 9: Ausweichmanöver – das Nein umgehen

In manchen Kulturen hätte ein direktes Nein zur Folge, dass die andere Person ihr Gesicht verliert. Aus diesem Grund wählt man eine ausweichende Antwort:

- „Das klingt wirklich sehr interessant. Bis wann können wir Ihnen Bescheid geben?"
- „Ist es Ihnen möglich, uns etwas Zeit zu geben, damit wir die Angelegenheit erörtern und überdenken können?"
- „Wir rufen Sie an, wenn wir zu einer Entscheidung gelangt sind."
- „Wir werden das auf jeden Fall in Erwägung ziehen, allerdings hängen wir momentan mit unserer Terminplanung noch völlig in der Luft."

---

*) Diese TV-Serie lief in Deutschland unter dem Titel Noch Fragen, Arnold?; Anm. d. Übers.

ZUSAMMENFASSUNG:
So können Sie konstruktiv „Nein" sagen, ohne wertvolle Beziehungen aufs Spiel zu setzen

Sie werden zwangsläufig immer wieder aufs Neue entscheiden müssen, welche Dinge Ihre Zeit und Aufmerksamkeit verdienen und welche nicht.

Machen Sie den folgenden Selbsttest, um herauszufinden,
wann Sie Nein sagen sollten:

1. Sage ich nur Ja, weil ich mich dazu verpflichtet fühle oder ein schlechtes Gewissen hätte, wenn ich Nein sagen würde?
2. Sage ich nur Ja, weil eine Autoritätsperson oder ein Fachmann mir dringend empfohlen hat, Ja zu sagen?
3. Ist diese neue Möglichkeit, die sich mir eröffnet, vereinbar mit meinen Wertvorstellungen und trägt sie (auch weiterhin) zur Verwirklichung meiner langfristigen Ziele bei?
4. Bin ich in der Lage, diese bestimmte Aufgabe erfolgreich zu bewältigen?

So sagen Sie höflich und respektvoll Nein,
ohne die Beziehungsebene zu belasten:

Strategie Nr. 1: Ja + Nein + Ja

„Ich würde selbstverständlich sehr gern ein Seminar aus meinem Programm bei Ihnen halten. Da ich im Moment aber an meinem Buchprojekt arbeite, wird es mir leider nicht möglich sein, diesen Monat ein Seminar im Rahmen Ihrer Veranstaltung anzubieten. Allerdings stehe ich Ihnen nach dem 26. September, nachdem ich das Manuskript abgegeben habe, gern zur Verfügung."

Strategie Nr. 2: Kurze Entschuldigung + Nein + Vielen Dank

„Es tut mir leid, ich muss einen wichtigen Abgabetermin für mein Buchmanuskript einhalten. Aber danke, dass Sie an mich gedacht haben.

Strategie Nr. 3: Ja + Aber nein

„Ich würde sehr gern einen Vortrag auf Ihrer Veranstaltung halten, aber aufgrund meiner aktuellen Verpflichtungen hätte ich große Schwierigkeiten, mich angemessen vorzubereiten. Daher sage ich jetzt lieber ‚Nein‘, als später ‚Es tut mir leid‘ sagen zu müssen."

Strategie Nr. 4: Kompliment + Nein

„Ich wollte schon seit Jahren mit Ihrem Unternehmen zusammenarbeiten. Ich weiß sehr wohl, dass dies eine unglaubliche Chance für mich ist. Doch leider bin ich momentan nicht in der Lage, diese Aufgabe zu übernehmen. Vielleicht können wir nächstes Jahr noch einmal darüber sprechen?"

Strategie Nr. 5: Nein + Kurze Begründung

„Leider kann ich Ihren Auftrag nicht annehmen, denn ich muss unbedingt die Abgabefrist für mein Buchmanuskript einhalten."

Strategie Nr. 6: Nein + Kurze Angabe von Gründen + Alternative

„Ich kann nicht, denn die Abgabefrist für mein Buchprojekt rückt immer näher, aber vielleicht kann ich Ihnen helfen, einen Ersatz zu finden?"

Strategie Nr. 7: Nein + Mein Chef/Ehepartner/meine Eltern würde/n das nicht gutheißen

„Ich kann diesen Monat keine Seminare halten. Denn mein Verleger wäre nicht begeistert, wenn ich die Abgabefrist nicht einhalte, weil ich mich nicht voll und ganz auf mein Buchprojekt konzentriere."

Strategie Nr. 8: Nein

„Nein danke."

Strategie Nr. 9: Ausweichmanöver – das Nein umgehen

„Ihre Veranstaltung wäre sicher eine fantastische Gelegenheit für mich. Geben Sie mir ein wenig Zeit, über Ihr Angebot nachzudenken."

Übungsaufgabe Nr. 1

Suchen Sie sich drei Strategien zum Nein-Sagen aus, die Ihnen gefallen. Arbeiten Sie mit einem Partner und üben Sie dann das Nein-Sagen anhand dieser drei Strategien.

Übungsaufgabe Nr. 2

Wenn Sie das nächste Mal mit einer Situation konfrontiert werden, in der Sie eine Entscheidung treffen müssen, sagen Sie der betreffenden Person, dass Sie etwas Bedenkzeit brauchen und ihr später Bescheid geben. Lesen Sie sich dieses Kapitel dann noch einmal durch und überlegen Sie, welche der neun Strategien sie nutzen wollen, um Nein zu sagen. Zeichnen Sie Ihre Nein-Botschaft auf und hören Sie sich an, wie Ihr Nein klingt.

Übungsaufgabe Nr. 3

Üben Sie einen ganzen Monat lang das Nein-Sagen, indem Sie alle neun Strategien anwenden.

Fallstudie: Ali Brown

„Als ich mich vor einigen Jahren als Werbetexterin selbstständig gemacht habe, erhielt ich von meinen Kunden meistens den Auftrag, Newsletter und Broschüren für sie zu schreiben oder Konzepte für andere Werbemittel zu entwickeln. Doch hin und wieder bekam ich auch schon mal Anfragen für andere Marketingaktionen. Damals war ich noch viel zu naiv, um Nein zu sagen zu einem Projekt, für das ich nicht die notwendigen Qualifikationen mitbrachte. (Insbesondere am Anfang, als ich noch auf jeden Auftrag angewiesen war.)

Ein typisches Beispiel dafür war, als ein Kollege namens Chip mich einmal fragte, ob ich denn nicht ein kurzes Drehbuch für ein Kundendienst-Trainingsvideo schreiben könnte. ‚Wow‘, sagte ich, ‚Video! Das macht bestimmt Spaß. Kein Problem. Ich übernehme das.‘

Schwerer Fehler.

Zunächst schien das eine spannende Aufgabe zu sein. Doch als ich mich eingehender damit beschäftigte, merkte ich, dass ich ganz schön in der Bredouille war.

Denn ich investierte nicht nur dreimal so viele Stunden, wie ich eingeplant hatte, und das nur um herauszufinden, was meine Auftraggeber wollten, sondern ich hatte ehrlich gesagt auch keine Ahnung von dem, was ich da machte. Ich hatte schließlich noch nie in meinem Leben ein Drehbuch geschrieben! Eigentlich dachte ich, das könnte ja nicht so schwer sein, aber da hatte ich mich gründlich verkalkuliert.

Dieses Drehbuch-Projekt nahm nicht nur meine komplette Zeit in Anspruch, sodass meine besten Kunden nicht mehr auf mich zählen konnten, sondern es raubte mir auch all meine Energie und mein Selbstvertrauen. Und was noch schlimmer war, ich musste derweil eine Anfrage für ein attraktives neues Projekt ablehnen, das im Prinzip wie für mich gemacht war. […] Dieses Drehbuch bereitete mir schlaflose Nächte, weil ich fürchtete, dass ich meinen Job nicht wirklich gut machte; am schlimmsten jedoch war, dass diese Befürchtungen sich bestätigten.

Eines Tages hinterließ Chip mir eine Nachricht auf dem Anrufbeantworter, dass noch ein paar größere Korrekturen erforderlich wären. Dann folgte ein leises Klicken, das sich so anhörte, als hätte er aufgelegt. Doch dann hörte ich auf einmal, wie er mit seinem Partner über mich redete (offensichtlich hatte er nicht bemerkt, dass die Freisprechfunktion noch aktiviert war).

Zuerst zögerte ich, die Nachricht weiter abzuspielen, denn ich wusste ja, dass diese Unterhaltung nicht für meine Ohren bestimmt war. Aber da ich die Wahrheit wissen wollte, hörte ich sie zu Ende an. Mein Herz rutschte in die Hose, als ich Sätze hörte wie ,Diese Texterin hat überhaupt keine Ahnung von dem, was sie macht. Wir hätten einen richtigen Drehbuchschreiber engagieren sollen' oder ,Es ist mir unangenehm, denn sie gibt sich so viel Mühe, aber die Vorlage wird einfach nicht besser'.

[...]

Warum hatte ich bloß dieses Projekt angenommen?

Dieses Phänomen bezeichnet man gemeinhin als ,Bright Shiny Object Syndrome' – eine sichere Methode der Selbstsabotage, die einen dazu verleitet, auf vermeintlich geniale Möglichkeiten anzuspringen, um mit minimalem Einsatz maximalen Gewinn zu machen. Viele von uns (Jung-)Unternehmern sind anfällig dafür, denn wir sind immer offen für neue Ideen und probieren gern eine nach der anderen aus. Und da wir uns schnell langweilen, lassen wir uns natürlich leicht von Dingen ablenken, die neu und aufregend erscheinen.

Das ist insbesondere dann der Fall, wenn sich allmählich der Erfolg einstellt, weil wir dann das Gefühl haben, dass uns jeder erdenkliche Auftrag einfach so in den Schoß fällt. Doch wir müssen unbedingt lernen, ,Nein' zu sagen, wenn wir bei einem Auftrag nicht unsere Stärken voll zum Einsatz bringen können. Das ist mir ziemlich schwergefallen.

Wenn man sich jedoch auf die Dinge konzentriert, in denen man gut ist, kann man seine Arbeit auch immer selbstbewusst und entspannt bewältigen. Schließlich weiß man, welche besonderen Fähigkeiten man anzubieten hat und wer diese besonderen Fähigkeiten braucht! (Außerdem kann man auch sehr selbstbewusst hohe Honorare verlangen.)

*Also bin ich mir darüber klar geworden, wo meine besonderen Stärken lie-
gen, welche Dienstleistungen ich anbiete, wer meine potenziellen Kunden
sind und wie mein Leben aussehen soll, damit ich künftig jede geschäftliche
und private Entscheidung klar und präzise treffen kann. Das ist aber nur möglich, wenn man genau weiß, wann man ‚Nein' sagen muss."* [4]

Ali Brown berät Existenzgründerinnen.

11.
PERSUASION – DIE (WISSENSCHAFTLICH FUNDIERTE) KUNST DER ÜBERREDUNG

So lernen Sie, andere zu beeinflussen, damit Sie leichter bekommen, was Sie wollen

Ich will, dass du mich willst; ich will, dass du mich brauchst; ich will, dass du mich liebst; ich poliere meine alten braunen Schuhe auf Hochglanz, ziehe ein funkelnagelneues Hemd an; ich komme früher von der Arbeit nach Hause, wenn du mir sagst, dass du mich liebst.

– aus dem Song *I Want You to Want Me*
der US-Rockband Cheap Trick

Elizabeth arbeitet als IT-Projektleiterin. Es ist für sie selbstverständlich, mit ihren Kunden engen Kontakt zu halten und ihnen überzeugend darzulegen, welche Vorgehensweise am besten geeignet ist, um ihre Projekte umzusetzen. Allerdings ist sie nicht ganz so erfolgreich, wenn es darum geht, mit den Entscheidungsträgern in ihrem Unternehmen effektiv zu kommunizieren. Denn vor einigen Monaten trat ihr offensichtliches Kommunikationsproblem ziemlich deutlich zutage, als einer der Vertreter des oberen Managements monierte, dass es für das Unternehmen schließlich von entscheidender Tragweite gewesen wäre, wenn er beizeiten von dem Problem X Kenntnis gehabt hätte, weil er dann die Lösung Y hätte zum Einsatz bringen können.

Doch Elizabeth hatte dieses Problem bereits vor über zwei Jahren festgestellt. Schon damals hatte sie den Manager auf dieses Problem aufmerksam gemacht und sogar die erwähnte Lösung vorgeschlagen. Aber dieser hatte nicht nur ihren Hinweis ignoriert, sondern auch noch vergessen, dass der von ihm erwähnte Lösungsvorschlag ursprünglich von ihr stammte.

Jeden Tag muss Jeff für den Weg zur Arbeit und wieder nach Hause jeweils über eine Stunde Fahrzeit in Kauf nehmen. Er würde daher gern zwei oder drei Tage pro Woche von zu Hause aus arbeiten und an den verbleibenden Tagen flexible Arbeitszeiten bevorzugen, sodass er die

KURZ NACHGEFRAGT

Überlegen Sie einmal, wann Sie das letzte Mal versucht haben, jemanden dazu zu bewegen, einem wichtigen Vorschlag zuzustimmen. Wie selbstbewusst haben Sie Ihren Überredungsversuch in die Tat umgesetzt? Wie hat der andere darauf reagiert?

Stoßzeiten umgehen kann. Jeff weiß nicht so recht, wie er seinen Chef davon überzeugen soll, seinem Vorschlag zuzustimmen.

Janet würde ihr Klassenzimmer gern mit Tablet-PCs ausstatten. Allerdings wurde nicht nur das Lehrmittelbudget erheblich gekürzt, sondern es gibt an ihrer Schule bislang auch noch kein einziges Klassenzimmer für Schüler der zweiten Klasse, das über Tablet-PCs verfügt.

Was versteht man unter Persuasion beziehungsweise persuasiver Kommunikation?

Der George-Foreman-Kontaktgrill, die perfekte Brownie-Backform, der Snuggie-Wohnmantel, der Thighmaster-Beintrainer, die Bowflex-Kraftstation für zu Hause – all diese Dinge und Gerätschaften, die Sie zu Hause herumstehen haben, belegen sehr eindrucksvoll, wie viel Überzeugungskraft von persuasiver Kommunikation ausgeht. Persuasion ist also im Prinzip nichts anderes als Überredung, die als Überzeugung getarnt ist, und damit ein sehr wirksames Instrument zur Beeinflussung. Tag für Tag werden wir unentwegt in unserer Entscheidungsfindung beeinflusst – durch Fernsehen, Radio und Zeitschriftenwerbung, durch Bitten von Familienmitgliedern, Freunden und Kollegen; durch E-Mails, Textnachrichten und Instant Messaging. Vorgesetzte versuchen mithilfe persuasiver Kommunikation, Mitarbeiter dazu zu veranlassen, Projekte zu übernehmen; Unternehmen versuchen mithilfe persuasiver Kommunikation, Kunden dazu zu veranlassen, ihre Produkte zu kaufen oder Dienstleistungen in Anspruch zu nehmen; Kinder versuchen mithilfe persuasiver Kommunikation, ihre Eltern dazu zu veranlassen, ihnen zu erlauben einen bestimmten Film anzuschauen. Die Fähigkeit, persuasive Kommunikation systematisch einzusetzen, um Menschen sukzessiv dazu zu bringen, dass sie bestimmten Ideen zustimmen und entsprechend handeln, ist demnach eine unerlässliche Voraussetzung, um zu bekommen, was man will – beruflich wie privat.

Für mich besteht die Kunst persuasiver Kommunikation in der Fähigkeit, Menschen davon zu überzeugen, ihre Einstellung aus freien Stücken zu ändern, und setzt solide kommunikationswissenschaftliche Kenntnisse voraus, wie Menschen sich eine Meinung bilden und wie sie Fakten und Emotionen verarbeiten. Kurz gesagt: Persuasive Kommunikation bedeutet, dass Sie ganz gezielt bestimmte persuasive Strategien und Techniken einsetzen, um andere dazu zu bewegen, das zu tun, was Sie wollen.

Mir ist schon klar, dass Sie vermutlich denken: „Lisa, ist das denn nicht schon Manipulation?" Dazu kann ich nur sagen, es kommt darauf an. Die Grenze zwischen Manipulation und Persuasion ist fließend. Allerdings gibt es ein paar feine Unterschiede. Bei der Manipulation geht es darum, Menschen so zu täuschen oder zu beschwindeln, dass sie etwas machen, glauben oder kaufen, was schädlich (oder nicht nützlich) für sie ist, was aber gleichzeitig dem Manipulator insgeheim einen Vorteil verschafft.

Deshalb ist es wichtig, die Funktionsweise persuasiver Strategien zu verstehen, damit Sie sich wirksam vor Manipulation schützen können. Aber noch weitaus wichtiger ist es, selbst persuasive Strategien geschickt einsetzen zu können, um im täglichen Leben erfolgreich zu bestehen. Denn Fakt ist, dass Menschen, die die Kunst der persuasiven Kommunikation beherrschen, einfach viel öfter bekommen, was sie wollen. Und dabei müssen sie keineswegs auf verschleiernde Manipulationstaktiken zurückgreifen.

Die Waffen (oder Instrumente) zur persuasiven Beeinflussung

Dr. Robert Cialdini, ein international führender Experte auf dem Gebiet der Verhandlungsführung und Beeinflussung durch persuasive Kommunikation, hat auf der Basis umfangreicher weltweit angelegter Forschungsarbeiten[1] analysiert, welche verschiedenen Strategien persuasiver Kommunikation Menschen nutzen beziehungsweise wie sie darauf reagieren. Aufgrund seiner Analysen hat er sechs „Waffen zur persuasiven

Beeinflussung" zusammengestellt: Reziprozität, Zustimmung und Konsistenz, sozialer Beweis, Sympathie, Autorität und Knappheit. Ich nenne sie lieber „Instrumente zur persuasiven Beeinflussung", aber die zugrunde liegenden Prinzipien und Strategien sind dieselben. Versuchen Sie, sich mit diesen Instrumenten vertraut zu machen und sie zu verinnerlichen, damit Sie künftig leichter Ihre Vorstellungen durchsetzen können – und zwar beruflich wie privat.

Instrument 1: Reziprozität (Reziprozitätsprinzip)

Sicher haben Sie den Spruch „Jede gute Tat wird belohnt" schon einmal gehört. Denn Tatsache ist, dass Menschen Gefälligkeiten anerkennen und wertschätzen, insbesondere wenn diese nicht an irgendwelche Bedingungen geknüpft sind. Das heißt, wenn Sie jemandem einen Gefallen tun, wird er höchstwahrscheinlich ganz automatisch dazu neigen, sich für diesen Gefallen zu revanchieren.

Menschen haben nun mal nicht gern das Gefühl, in jemandes Schuld zu stehen. Und deshalb werden Ihre Mitmenschen, sobald Sie sich ihnen gegenüber gefällig zeigen, sich in aller Regel verpflichtet fühlen, Ihnen etwas zurückzugeben, auch wenn Sie ganz klar zum Ausdruck gebracht haben, dass dies nicht nötig ist. Dank des Reziprozitätsprinzips sind Sie daher in der Lage, vorab auf der Beziehungsebene die notwendigen Voraussetzungen zu schaffen, um Ihre Mitmenschen bei späterer Gelegenheit stärker beeinflussen zu können.

Am Arbeitsplatz bedeutet Reziprozität, dass die Angestellten für ihre Arbeit eine Gehaltszahlung erwarten, während der Arbeitgeber von seinen Angestellten erwartet, dass sie produktiv arbeiten. Behandeln Sie Ihre Mitarbeiter gut, dann werden sie auch bessere Leistung zeigen. Die Costco Wholesale Corporation – eine US-Großhandelskette, bei der Kunden nach Zahlung ihrer jährlichen Club-Mitgliedschaft einkaufen können – setzt dieses Prinzip mustergültig um. Denn das Unternehmen ist dafür bekannt, wie gut es seine Mitarbeiter behandelt und wie sehr es Leistung honoriert. In der Tat haben Branchenanalysten schon mehrfach vorgeschlagen, dass Costco seine Mitarbeitervergünstigungen zurückschrauben sollte. Doch Costco-Chef Jim Sinegal reagiert auf solche Vorschläge stets mit der gleichen Antwort: Dass Costco seine Mitarbeiter nicht ganz uneigennützig so gut behandelt, denn zufriedene Mitarbeiter sind eben weitaus engagierter und produktiver.[2]

Reziprozität beginnt damit, ein guter Chef, ein guter Mitarbeiter und ein guter Mensch zu sein. Unterstützen Sie Ihre Leute. Seien Sie derjenige, der früh kommt und spät geht. Übernehmen Sie zusätzliche Aufgaben und leisten Sie mehr, als Sie eigentlich müssten. Denn wenn Sie hilfsbereit sind und anderen entgegenkommen, werden die anderen ebenfalls hilfsbereit sein und auch Ihnen entgegenkommen. Ihr Chef eingeschlossen.

Wenn am Arbeitsplatz jemand „Vielen Dank" zu Ihnen sagt, sollten Sie immer erwidern: „Das war doch nicht der Rede wert; ich bin mir sicher, Sie hätten dasselbe für mich gemacht." Mit dieser Antwort legen Sie im Prinzip den Grundstein für die Unterstützung, die Sie möglicherweise später noch brauchen werden. Mithilfe des Reziprozitätsprinzips sichern Sie sich Anerkennung und Einfluss. Und indem Sie anderen Menschen helfen, motivieren Sie diese auf einzigartige Weise, Ihnen im Gegenzug ebenfalls zu helfen.

 ## DOCH VORSICHT

Wenn Sie Ihren Mitmenschen Gefälligkeiten erweisen, sollten Sie dies aus den richtigen Beweggründen tun. Natürlich kann sich das zu einem späteren Zeitpunkt für Sie auszahlen; aber sobald offenkundig wird, dass Sie Hintergedanken hegen, werden Ihre Mitmenschen Ihnen das viel eher verübeln, als dass sie sich später hilfsbereit zeigen.

Damit Sie sich selbst einer Beeinflussung durch das Reziprozitätsprinzip entziehen können, sollten Sie sich immer fragen: „Was ist der eigentliche Beweggrund dieser Person? Warum hat sie mir diesen Gefallen getan? Wollte sie damit bezwecken, dass ich mich ihr gegenüber verpflichtet fühle, wenn ich den Gefallen annehme?"

Instrument 2: Zustimmung und Konsistenz

Verschiedene wissenschaftliche Untersuchungen[3, 4, 5] haben gezeigt, dass Einzelpersonen sehr oft eine einmal getroffene Entscheidung für ein bestimmtes Handeln konsequent beibehalten, auch wenn die ursprüngliche Motivation zu dieser Handlungsaufforderung nicht mehr existiert. Denn wenn Menschen sich für eine Sache entscheiden, neigen sie auch dazu, diese Sache bis zum Ende durchzuziehen. Schließlich will niemand inkonsequent erscheinen, zumal inkonsistentes Verhalten eine Eigenschaft ist, die im Allgemeinen mit Unbeständigkeit assoziiert wird. Konsistenz ist dagegen positiv bewertet und wird mit Zuverlässigkeit und rationalem Verhalten assoziiert. Sobald Sie einen Menschen dazu gebracht haben, sich zu einem Vorhaben, einer Idee oder einer Handlung zu bekennen, wird er wahrscheinlich seine Einstellung bis zum Ende aufrechterhalten. Diese Taktik nennt man auch „Fuß-in-der-Tür-Technik". Zum Beispiel fragen Sie als Erstes: „Würden Sie diese Petition für unsere Sache unterschreiben?" Ein paar Wochen später erweitern Sie Ihr Anliegen und fragen beispielsweise, ob die betreffende Person bereit wäre, für die Sache zu spenden oder ein paar Ihrer Marketing-Botschaften als ReTweet weiterzuleiten. Und wieder ein paar Wochen später fragen Sie: „Würden Sie sich bereit erklären, meinen Followers eines Ihrer kostenlosen elektronischen Produkte zuzuschicken?" Einige Zeit danach folgt wieder eine neue Bitte: „Würden Sie mein Buch bei Ihrem Kundenstamm bewerben?"

Demnach besteht eine Möglichkeit der Beeinflussung darin, eine Person zunächst dazu zu bewegen, öffentlich einer Idee zuzustimmen, und später diese Person darum zu bitten, in konsistenter Weise zu handeln und für die Idee aktiv zu werden. Diese Fuß-in-der-Tür-Technik lässt sich beispielsweise sehr gut bei Mitarbeitergesprächen einsetzen, wenn es um die turnusmäßige Leistungsbeurteilung geht. Abteilungs- und Bereichsleiter sollten gemeinsam vierteljährliche Zielvorgaben und Aktionspläne aufstellen, die sie sich dann offiziell von den Mitarbeitern im Detail ausarbeiten und unterschreiben lassen, quasi als Zeichen dafür, dass diese sich mit den Plänen identifizieren.

Eine andere Möglichkeit, Zustimmung und Konsistenz als Instrument zur persuasiven Beeinflussung einzusetzen, besteht darin, eine Testphase für ein Vorhaben anzuregen. Auf diese Weise wird Ihr Vorhaben für die beteiligten Personen nicht nur leichter verdaulich, sondern Sie schaffen damit gleichzeitig eine Ausgangssituation, in der alle Ihrem Vorhaben bereits grundsätzlich zugestimmt haben. Denn sobald sich alle Beteiligten darauf einlassen – wenn auch nur zeitlich begrenzt –, werden sie auch viel eher geneigt sein, Ihrem Vorhaben nach Ablauf der Testphase endgültig zuzustimmen.

Wenn Sie beispielsweise Ihren Chef davon überzeugen wollen, dass Sie an einem Tag in der Woche von zu Hause aus arbeiten dürfen, wird es wahrscheinlich am besten sein, wenn Sie ihm eine zweimonatige Testphase vorschlagen, damit er sich zuerst ein Bild machen kann, ob es funktioniert. Am Ende der Testphase kann dann eine entsprechende Bewertung erfolgen.

Auch hier gilt: Wenn Sie ihn bereits dazu gebracht haben, Ihnen vorübergehend die Erlaubnis zu erteilen, wird es sehr viel leichter für Sie sein, Ihr Anliegen dauerhaft durchzusetzen.

Damit Sie sich selbst vor einer Beeinflussung durch das Instrument Zustimmung und Konsistenz schützen können, sollten Sie sich stets fragen: „Fühle ich mich in die Enge getrieben? Hat sich meine Situation geändert? Bin ich noch im Begriff, die richtige Entscheidung zu treffen?"

Instrument 3: Sozialer Beweis (Prinzip der sozialen Bewährtheit)

Wir Menschen sind soziale Wesen. Wir haben ein grundsätzliches psychologisches Bedürfnis, wie all die anderen zu sein. Folglich ertappen wir uns häufig dabei, dass wir die gleichen Dinge tun, die wir auch bei anderen Leuten beobachten, damit wir unserem Bedürfnis Rechnung tragen, uns richtig zu verhalten und nicht unangenehm aufzufallen. Das ist auch der Grund, warum der Gruppenzwang einen so enormen Einfluss auf uns ausübt. Denn als Einzelpersonen haben wir ein tief sitzendes Bedürfnis, von unseren Mitmenschen akzeptiert zu werden.

Ist Ihnen eigentlich schon einmal aufgefallen, dass, sobald Ihr Nachbar Reparaturen oder Instandhaltungsarbeiten an seinem Haus ausführen lässt, andere Nachbarn häufig seinem Beispiel folgen und ebenfalls die Handwerker bestellen?

Ein Freund von mir, der früher Dachrinnensysteme verkaufte, hat mir einmal erzählt, dass, sobald ein Kunde auf die Idee kommt, an seinem Haus die Dachrinne erneuern zu lassen, sich andere Hausbesitzer in der näheren Umgebung meist ebenfalls dazu veranlasst fühlen, ein neues Dachrinnensystem anbringen zu lassen. Interessanterweise hat er auch erzählt, dass er jedes Mal, wenn er einen Wintergarten verkauft hatte, nach Vertragsabschluss von fast jedem Kunden gefragt wurde: „Welche Farbe nehmen eigentlich die meisten anderen Kunden?"

Nutzen Sie doch das Bedürfnis Ihrer Kollegen, nicht unangenehm aufzufallen und sich der Gemeinschaft anzupassen, zu Ihrem Vorteil. Denn sobald Sie ein paar Leute für Ihr Vorhaben begeistern können, wird es um einiges leichter, die Masse zu beeinflussen. Außerdem können Sie auch soziale Beweise in Ihre Kommunikationsstrategie integrieren, indem Sie geschickt Bezug auf externe Autoritäten nehmen oder ganz unverfroren Eindruck mit dem Namen bekannter Persönlichkeiten schinden. Schließlich hat niemand gern das Gefühl, Außenseiter zu sein und aus der Gruppe ausgeschlossen zu werden.

Ein Beispiel: Nehmen wir einmal an, Sie wollen den Leiter der Produktentwicklung davon überzeugen, die Planung für eine bestimmte Produktverbesserung endlich voranzutreiben. Sie könnten darauf hinweisen, dass die Konkurrenz ihr Produkt bereits mit dieser Neuerung ausgestattet hat. Sie könnten einen Marktforschungsbericht anführen, der belegt, dass die Markttendenz ganz klar in Richtung dieser bestimmten Neuerung geht. Sie könnten außerdem sagen: „Das ist exakt die Verbesserung, die am häufigsten von unserem Vertriebsteam gefordert wurde, und unser operativer Geschäftsführer Bob hat schon richtig Druck gemacht, damit wir diese Verbesserung in der nächsten Produktlinie umsetzen."

Es gibt aber noch eine weitere Möglichkeit, wie Sie das Instrument des sozialen Beweises beziehungsweise das Prinzip der sozialen Bewährtheit in der Praxis anwenden können: Verweisen Sie auf Bewertungen und Empfehlungen! Je mehr positive Bewertungen ein Produkt hat, desto wahrscheinlicher wird ein potenzieller Kunde sich für den Kauf dieses Produktes entscheiden. Unternehmen sollten darauf bedacht sein, echte Bewertungen ihrer Produkte und Dienstleistungen zu fördern und alle Bewertungen zu veröffentlichen.

Derselbe Grundsatz gilt für Fachkräfte. Wenn jemand Ihre Arbeit lobt, sollten Sie immer antworten: „Wären Sie so freundlich, mir eine schriftliche Referenz zu geben oder dieses Lob in meinem beruflichen Online-Profil zu posten?"

 KURZ NACHGEFRAGT

Was glauben Sie, wer wird wahrscheinlich öfter zu einem Vorstellungsgespräch eingeladen – ein Kandidat mit zwei oder drei beruflichen Referenzen oder ein Kandidat, der 50 Referenzen vorzuweisen hat?

Damit Sie sich selbst vor einer Beeinflussung durch das Instrument des sozialen Beweises schützen können, sollten Sie sich fragen:

„Sind diese Informationen wirklich echt? Ergibt das überhaupt einen Sinn? Wird vielleicht nur etwas vorgetäuscht?"

Instrument 4: Sympathie

Interessanterweise ist der „Sympathiefaktor" einer der wichtigsten Faktoren, den es zu beachten gilt, wenn es um die Brauchbarkeit eines Kandidaten für den Wahlkampf geht. In den USA ist es in der Politik so, dass derjenige Kandidat, mit dem die Menschen gern ein Bier trinken gehen würden, in aller Regel der Kandidat ist, der den Wahlkampf höchstwahrscheinlich auch gewinnt. Dr. Robert Cialdini sagt: „Die Menschen sagen lieber Ja zu einer Person, die sie kennen und mögen." Gerade wenn es darum geht, andere Menschen zu beeinflussen, spielt der Faktor Sympathie eine so entscheidende Rolle, dass ich in Kapitel 14 noch einmal näher darauf eingehen werde. Das Wichtigste aber vorweg: Wir mögen Menschen, die uns ähnlich sind, uns Komplimente machen und mit uns gemeinsam an einem Strang ziehen.

Wenn Sie wollen, dass Ihre Mitmenschen sich Ihnen anschließen, eine Beziehung zu Ihnen aufbauen und sich von Ihnen beeinflussen lassen, sollten Sie unbedingt darauf achten, dass Sie echte Gemeinsamkeiten entdecken, ernst gemeinte Komplimente machen und an gemeinsam verfolgte Ziele erinnern. Sinn und Zweck dieses Handelns ist es, das Gefühl von Sympathie auf *beiden* Seiten zu intensivieren. Schon möglich, dass Ihnen erfundene Gemeinsamkeiten bei Ihren Mitmenschen mehr Sympathiepunkte einbringen würden, doch wenn Sie *echte* Gemeinsamkeiten erkennen und positive Eigenschaften hervorheben, die Sie *aufrichtig* schätzen, werden *Sie* dadurch naturgemäß eine viel engere Verbundenheit mit Ihren Mitmenschen empfinden. Außerdem werden Ihre Mitmenschen Sie im Gegenzug naturgemäß mehr mögen und folglich auch eher bereit sein, sich durch Ihre Argumentation beeinflussen zu lassen. Seien Sie die Person am Arbeitsplatz, die von allen gemocht wird. Seien Sie freundlich, zuvorkommend und respektvoll. Seien Sie liebenswert und charmant. In Kapitel 14 erläutere ich genau, wie Sie das im Einzelnen bewerkstelligen können.

Wenn Sie in einer Konfliktsituation Ihre Gesprächspartner an die gemeinsam verfolgten Ziele erinnern, können Sie damit nicht nur Ihren Sympathiefaktor erhöhen, sondern letztlich auch deren Bereitschaft, sich auf Ihren Vorschlag einzulassen. Dazu ein Beispiel: Ich habe einmal mit einem Krankenhaus zusammengearbeitet, um eine verbindliche Verfahrensweise für den Fall zu erarbeiten, dass die behandelnden Ärzte sich nicht über den Behandlungsplan eines Patienten einigen können. Unter anderem habe ich den folgenden Schritt empfohlen: Sobald ein Konflikt entsteht, sollen die Ärzte nicht mehr auf der Grundlage des Krankenblatts miteinander kommunizieren, sondern sich stattdessen am Bett des Patienten einfinden, damit alle involvierten Ärzte daran erinnert werden, welches das gemeinsam verfolgte Ziel ist – den Patienten wieder gesund zu machen.

Sobald Sie sich einvernehmlich auf eine Verfahrensweise geeinigt haben, die von allen Beteiligten bereitwillig akzeptiert wird, ist es wichtig, dass Sie im nächsten Schritt ein Stichwort vereinbaren, das den Beteiligten signalisieren soll, dass es jetzt an der Zeit ist, die vereinbarte Verfahrensweise anzuwenden, und dass sie für deren Einhaltung verantwortlich gemacht werden. Im Krankenhaus hatte man sich auf den Satz „Lassen Sie uns auf *Pause* drücken" geeinigt, um die involvierten Ärzte mit diesem Stichwort an das gemeinsam verfolgte Ziel zu erinnern – den Patienten wieder gesund zu machen. Der Grundgedanke war, dass nicht nur diejenigen, die aktiv an diesem Konflikt beteiligt waren, sondern auch alle, die nur passiv beobachteten, jederzeit sagen konnten: „Ich denke, wir sollten jetzt unbedingt auf *Pause* drücken." Dieses Stichwort setzte dann die offizielle Verfahrensweise zur Konfliktlösung in Gang. Wenn sich daraufhin dennoch einer der Beteiligten nicht kooperativ zeigte und Einwände vorbrachte, konnte noch einmal verschärft auf die besprochene

Vorgehensweise hingewiesen werden: „Wir haben uns alle darauf verständigt, dass wir uns am Bett des Patienten einfinden, falls wir uns über die Behandlungsansätze nicht einigen können. Was Sie da gerade gesagt haben, klingt ganz so, als würden Sie dem widersprechen."

Damit Sie sich selbst vor einer Beeinflussung durch das Instrument der Sympathie schützen können, sollten Sie sich fragen: „Wie würde ich reagieren, wenn ich diesen Menschen nicht sympathisch fände; würde ich dennoch dieselbe Entscheidung treffen? Warum ist mir dieser Mensch sympathisch?"

Instrument 5: Autorität

Als soziale Wesen haben wir ein starkes Verlangen nach Führungspersonen. Wir respektieren starke Führungspersönlichkeiten und stimmen Autoritätspersonen zu, und das meist widerspruchslos. Wir beugen uns der Expertenmeinung. Im Allgemeinen haben wir eine starke angeborene Neigung, den Anweisungen von jemandem Folge zu leisten, den wir als Autoritätsperson wahrnehmen, und zwar auch dann, wenn man uns darum bittet, entsetzliche Dinge zu tun. Um diese Aussage zu belegen, brauchen wir uns nur die Gräueltaten vor Augen zu führen, die deutsche Soldaten während des Zweiten Weltkriegs begangen haben, oder etwa das berühmtberüchtigte Milgram-Experiment, bei dem die Probanden im Rahmen eines Lernexperiments in ihrer Funktion als Lehrer die Anweisung bekamen, einem Schüler (ein Mitglied des Forscherteams) bei jeder falschen Antwort immer stärkere Stromstöße zu verpassen. Die Lehrer befolgten gehorsam die Anweisungen und verabreichten immer stärkere Stromstöße, und zwar auch dann noch, als die vermeintlichen Schüler vor Schmerzen immer lauter schrien und um ein Ende der Stromstöße flehten. (Die Stromstöße und auch die Schmerzensschreie waren fingiert.)

Selbstverständlich haben Sie keineswegs die Absicht, irgendwelche Gräueltaten zu begehen, und Ihre Zielsetzungen sollten weit über das einfache Befolgen von Anweisungen hinausgehen. Schließlich nutzen Sie am

Arbeitsplatz das Instrument der persuasiven Kommunikation in erster Linie, um Vereinbarungen zu treffen und Veränderungen umzusetzen, die Ihnen und Ihrem Unternehmen zum Erfolg verhelfen. Dabei spielen Respekt und Vertrauen eine wesentliche Rolle. Sie wollen, dass Ihre Mitarbeiter, Kollegen und Kunden wichtige Veränderungen umsetzen, weil diese wissen, dass Sie die entsprechende Sachkompetenz und das nötige Fachwissen haben, und weil sich zwischen ihnen im Laufe der Zeit eine solide Beziehung entwickelt hat.

Echte Autorität hat nicht nur etwas mit Rang oder Status zu tun. Sie können Autorität geltend machen, indem Sie sich als versierter Experte in Ihrem Fachgebiet erweisen oder als maßgeblicher Ansprechpartner für ein bestimmtes Problem in Ihrem Unternehmen. Doch wenn Sie versuchen, andere aufgrund Ihrer Fachkompetenz dazu zu veranlassen, Ihren Standpunkt zu unterstützen, ist es wichtig, dass alle Beteiligten über Ihren fachlichen Hintergrund und Ihre Qualifikation Bescheid wissen.

Zum Beispiel kam es schon des Öfteren vor, dass ich auf einer Veranstaltung, auf der ich einen Vortrag halten musste, nicht korrekt vorgestellt wurde. In so einem Fall konnte ich unschwer am Gesichtsausdruck der Teilnehmer ablesen, dass diese sich fragten: „Wer ist denn eigentlich Lisa B. Marshall? Warum sollte ich mir anhören, was sie zu sagen hat?"

In einer solchen Situation war ich dann gezwungen, Informationen über meine Fachkompetenz und Qualifikation schnell und geschickt in meinen Vortrag einzubauen. Derart peinliche Situationen können Sie vermeiden, indem Sie – ganz gleich, um welche Veranstaltung es sich handelt – vorab eine kurze Übersicht zu Ihrem Profil oder Lebenslauf verschicken, die Informationen zu Ihrem fachlichen Hintergrund und Ihrer Qualifikation enthält.

Außer Fachkompetenz muss eine Autorität auch über Vertrauenswürdigkeit verfügen, damit sie andere erfolgreich beeinflussen kann. Denn die Person, die Sie dazu bringen wollen, Ihrem Vorschlag zuzustimmen, muss vor allem wissen, dass Sie ihr helfen wollen und dass die dargelegten

Informationen objektiv und unparteiisch sind. Vertrauenswürdigkeit können Sie zum Beispiel dadurch aufbauen, indem Sie andere beständig unterstützen und immer wieder nützliche Informationen beisteuern. Doch was ist, wenn Sie nicht so viel Zeit investieren können? Um eine Antwort auf diese Frage zu finden, müssen wir uns nur anschauen, welche Strategien die Verkaufsprofis nutzen, um bei potenziellen Kunden Einwände zu entkräften und sie zum Kauf zu bewegen, denn immerhin müssen sie ihren Kunden ständig neue Produkte schmackhaft machen. Die Verkaufsprofis machen das mit der Vorwegnahme-Methode: Sie nehmen Einwände oder Gegenargumente vorweg, die der Kunde möglicherweise vorbringen könnte, und führen im Anschluss daran ihr stärkstes Kaufargument ins Feld. Hinter dieser Methode der Einwandbehandlung steht die Idee, sich durch das Anführen von Gegenargumenten in die Lage des Gegenübers zu versetzen und damit möglichen Einwänden zuvorkommen. So könnten Sie zum Beispiel so etwas sagen wie „Es hat den Anschein, dass …" oder „Sie könnten jetzt meinen, dass …". Ihre Gegenargumentation sollte eindeutig, überzeugend und kurz sein. Danach sollten Sie sich mit dem Einwand auseinandersetzen, indem Sie ihn entweder entkräften oder dessen Stichhaltigkeit zugeben, wobei Sie jedoch sofort andeuten sollten, dass dies als Argument nicht ausreicht, um Ihren Vorschlag abzulehnen. Diese Vorgehensweise ist etwas ausgewogener und hilft Ihnen dabei, rasch Vertrauenswürdigkeit aufzubauen.

Schlussendlich dürfen Sie keinesfalls unterschätzen, wie viel Einfluss von einer scheinbaren Autoritätsperson ausgeht. Schließlich ist es kein Zufall, dass die Fernsehwerbung mitunter Schauspieler/-innen in weiße Kittel steckt und ihnen ein Klemmbrett in die Hand drückt, um ihnen den Anschein von Autorität zu geben. Wir sind regelrecht autoritätshörig, manchmal ohne nachzudenken.

Damit Sie sich selbst vor einer Beeinflussung durch das Instrument Autorität schützen können, sollten Sie sich fragen: „Handelt es sich um eine echte Autorität? Ist diese Person vertrauenswürdig?"

Instrument 6: Knappheit

Das Prinzip der Knappheit besagt, dass wir etwas umso mehr haben wollen, je unerreichbarer oder knapper uns dieses Etwas erscheint. Wenn jedoch etwas reichlich vorhanden ist, erscheint es uns nicht annähernd so erstrebenswert oder wertvoll. Es wurden bereits zahllose Untersuchungen zu diesem Phänomen durchgeführt, die anschaulich belegen, dass Menschen in ihrem Verhalten in aller Regel stärker von der Angst geleitet werden, etwas zu verlieren, als von dem Wunsch, etwas zu bekommen.

Werbefachleute und Marketingexperten machen sich dieses Prinzip immer wieder gern zunutze. Deshalb gibt es auch so viele „Nur für kurze Zeit"-Angebote und Werbeanzeigen, die uns mit dem Hinweis „Solange der Vorrat reicht" zur Eile auffordern. Im Online-Marketing wird dieses Prinzip meistens dazu genutzt, um ein Produkt für einen kurzen Zeitraum zu einem bestimmten Preis anzubieten. Danach wird das Produkt dann aus dem Sortiment genommen, wodurch man eine künstliche Verknappung schafft, damit man es ein paar Monate später zu einem höheren Preis wieder einführen kann. Andere Marketingstrategien zielen darauf ab, mithilfe einer streng limitierten Auflage, einem Sondermodell oder einer begrenzten Stückzahl dasselbe Ziel zu erreichen.

Menschen werden von der „Verlustaversion" geleitet. Sie bewerten Verluste höher als Gewinne und wollen folglich Verluste um jeden Preis vermeiden. Wenn Sie andere Menschen in ihrer Entscheidung beeinflussen wollen, sollten Sie sie unbedingt darauf hinweisen, was auf dem Spiel steht, wenn sie Ihrem Vorschlag nicht zustimmen. Dabei sollten Sie behutsam und einfühlsam vorgehen. Achten Sie darauf, so freundlich wie möglich aufzutreten und Ihr Gegenüber nicht unter Druck zu setzen. In einem Verkaufsgespräch könnten Sie zum Beispiel sagen: „Ich brauche Ihren Rückruf unbedingt bis morgen Mittag, denn sonst muss ich Sie leider von meiner Liste streichen. Wenn ich mich recht erinnere, haben Sie doch erwähnt, dass Sie diese Sache sehr gern machen würden. Da es ziemlich unwahrscheinlich ist, dass wir noch einmal eine ähnliche Aktion anbieten, möchte ich einfach nur sicherstellen, dass Sie sich diese einmalige Chance nicht entgehen lassen." Eine Person ist natürlich viel eher geneigt, auf Ihr Angebot einzugehen, wenn sie das Gefühl hat, dass Sie nur ihr Bestes im Sinn haben, als wenn sie den Verdacht hegt, dass Sie sie manipulieren wollen.

Am Arbeitsplatz würden Sie allerdings nicht ganz so direkt vorgehen, um Ihren Vorschlag durchzusetzen: „Wenn wir diesen Verbesserungsvorschlag heute nicht in Angriff nehmen, wird uns der Fachmann, der sich um dieses Problem kümmern kann, nicht mehr zur Verfügung stehen. Dieses Problem wird also eine weitere Woche Kosten verursachen, bis dieser Fachmann wieder verfügbar ist."

Damit Sie sich selbst vor einer Beeinflussung durch das Instrument Knappheit schützen können, sollten Sie sich fragen: „Handle ich aus dem Moment heraus? Habe ich meine Entscheidung genau analysiert?"

Die von Dr. Cialdini herausgearbeiteten Instrumente zur Beeinflussung vermitteln einen fundierten Einblick, welche grundlegenden soziologischen und psychologischen Prinzipien unser Verhalten bestimmen und wie wir dieses Wissen gezielt einsetzen können, um andere in unserem Sinne zu beeinflussen. Indem wir verstehen, wie wir denken, fühlen und handeln, sind wir auch in der Lage, die optimale Vorgehensweise zu entwickeln, um unsere Mitarbeiter, unsere Vorgesetzten, unsere Familie und unsere Freunde dazu zu bewegen, sich unserem Standpunkt anzuschließen.

So wenden Sie die Instrumente zur Beeinflussung in der Praxis an

Die erwähnten Instrumente zur Beeinflussung sind hervorragend geeignet, um zu verstehen, *warum* wir Menschen beeinflussbar sind. Doch wie gehen Sie nun in der Praxis vor, um jemanden zu beeinflussen? Welche konkreten Schritte müssen Sie im Einzelnen unternehmen, um letztlich das zu bekommen, was Sie wollen? Befolgen Sie einfach diese praktische Schritt-für-Schritt-Anleitung:

Schritt Nr. 1: Strecken Sie die Fühler aus,
um Ihre Erfolgschancen realistisch einzuschätzen

Zuerst einmal müssen Sie sich über Ihre Zielsetzung klar werden. Sie müssen wissen, welches Ziel Sie mit dem Einsatz persuasiver Strategien erreichen wollen und inwiefern es sich für Sie positiv auswirkt, sollten Sie dieses Ziel erreichen. Wenn Sie eine klare Vorstellung von Ihrem Ziel haben und genau wissen, welche Vorteile Sie sich dadurch versprechen, wird es letzten Endes sehr viel leichter für Sie sein, mit Ihrer Argumentation andere entsprechend zu beeinflussen. Denn ein klares Bild vor Augen spornt an. Nachdem Sie Ihre Zielsetzung definiert haben, sollten Sie Ihre Fühler ausstrecken und sich in zwanglosen Gesprächen vorsichtig an die Realisierbarkeit Ihrer Idee herantasten.

Persuasive Kommunikation funktioniert weitaus effektiver, wenn Sie anstatt auf die Hauruck-Methode eher auf eine langfristige „Dauerberieselung" setzen. In einer wissenschaftlichen Untersuchung[6] hat man sogar herausgefunden, dass Menschen sehr viel eher geneigt sind, einer Person, die ihnen ähnlich ist und die sie sympathisch finden, eine Bitte zu erfüllen, selbst wenn dieser Bitte nur ein flüchtiger Kontakt oder ein kurzes Gespräch mit dieser Person vorausgegangen ist.

Am Arbeitsplatz sollten Sie immer zuerst sehr sorgfältig das Terrain sondieren, bevor Sie Ihr Vorhaben öffentlich kundtun. Wenn Sie zum Beispiel anstreben, von zu Hause aus zu arbeiten, sollten Sie bereits im Vorfeld – also bevor Sie auf Ihr konkretes Anliegen zu sprechen kommen – Ihre Fühler ausstrecken, um mithilfe geschickter Äußerungen herauszufinden, wie realistisch es ist, Ihr Vorhaben durchzusetzen. Sie können zu Ihrem Chef sagen: „Wow, die Benzinpreise sind in letzter Zeit ja ganz schön gestiegen. Ich weiß ja nicht, wie es Ihnen geht, aber ich finde, dass es langsam richtig teuer wird, täglich mit dem Auto zur Arbeit zu fahren! Da frage ich mich, ob nicht der eine oder andere schon mal auf die Idee gekommen ist, ein oder zwei Tage von zu Hause aus zu arbeiten."

DOCH VORSICHT

Auch wenn Sie am Anfang eine negative Reaktion auslösen, sollten Sie sich nicht entmutigen lassen. Es kann möglicherweise einfach nur bedeuten, dass Sie etwas intensiver und etwas länger auf Ihr Ziel hinarbeiten müssen. Versuchen Sie durch zwanglose Gespräche herauszufinden, welche Einwände es zu entkräften gilt, damit Sie Ihre Kommunikationsstrategie besser planen können.

Je nachdem, wie Ihr Chef auf diese Bemerkung reagiert, können Sie sich schon ausmalen, wie gut oder schlecht Ihre Chancen stehen, Ihr Ziel zu erreichen. Noch haben Sie ihn um nichts gebeten. Sie unterhalten sich ja eher beiläufig. Sollte Ihr Chef aber schon jetzt gravierende Einwände vorbringen, können Sie viel leichter einschätzen, wie schwierig es für Sie sein wird, seine Einwände zu entkräften – allerdings sind Sie dadurch auch in der Lage, Ihre Argumentation sehr viel besser aufzubauen.

Schritt Nr. 2: Steuern Sie gezielt die
Wahrnehmung Ihrer Person
Sie haben es in der Hand, wie Ihre Mitmenschen Sie wahrnehmen. Tun Sie daher alles, damit Ihr Umfeld Sie als ausgesprochen sympathisch, entgegenkommend, kompetent und unentbehrlich wahrnimmt.

Bevor Sie zur Tat schreiten, sollten Sie sich noch einmal die Instrumente zur persuasiven Beeinflussung – insbesondere das Instrument der Reziprozität und Sympathie – ins Gedächtnis rufen. Machen Sie sich unentbehrlich. Helfen Sie Ihrem Chef und Ihren Kollegen auf jede erdenkliche Art und Weise. Seien Sie fleißig und pünktlich. Machen Sie sich bewusst, dass allein unsere Wahrnehmung unsere Realität bestimmt. Tun Sie daher alles, damit Ihr Umfeld Sie stets als äußerst wertvollen Mitarbeiter wahrnimmt.

KURZ NACHGEFRAGT

Was können Sie tun, um sich am Arbeitsplatz unentbehrlich zu machen? Wie können Sie erreichen, dass Ihre Anstrengungen und Erfolge deutlicher zutage treten?

Das erinnert mich an eine Episode der TV-Serie *Seinfeld*, in der Georges Wagen auf dem Firmenparkplatz den Geist aufgibt. Da George sich die Reparatur nicht leisten kann, lässt er den Wagen einfach auf dem Parkplatz stehen und bittet seine Kollegen, ihn mitzunehmen. Der Chef hat keine Ahnung, dass Georges Wagen kaputt ist. Er sieht nur, dass sein Wagen jeden Tag schon früh am Morgen und noch spät am Abend auf dem Parkplatz steht. Folglich nimmt er an, dass George die ganze Zeit über fleißig am Arbeiten ist, während er in Wirklichkeit kommt und geht, wie es ihm gefällt.

Damit will ich natürlich nicht sagen, dass Sie Ihren Chef hinters Licht führen sollten, indem Sie Ihren Wagen auf dem Firmenparkplatz stehen lassen. Aber Sie sollten sich als mustergültiger Mitarbeiter präsentieren.

Denn indem Sie an Ihrem Ansehen arbeiten, sich unentbehrlich machen und als liebenswert erweisen, verschaffen Sie sich eine bessere Ausgangsposition, sodass Ihr Chef später eher bereit sein wird, Ihnen bei Ihrem Anliegen entgegenzukommen.

Schritt Nr. 3: Prüfen Sie zuerst, ob Ihr Vorhaben realisierbar ist

Als Nächstes sollten Sie überlegen, welche Faktoren möglicherweise Ihr Vorhaben erschweren oder unmöglich machen könnten. Was kann Sie, abgesehen von den Einwänden Ihres Chefs, daran hindern, Ihr Ziel zu erreichen? Bevor Sie Ihr Anliegen öffentlich machen, sollten Sie sich daher vergewissern, dass es auch praktikabel ist. Für den Fall, dass Sie von zu

Hause aus arbeiten wollen, sollten Sie daher im Vorfeld abklären, ob Ihr Arbeitgeber über die dafür notwendige Technologie und Infrastruktur verfügt. Ansonsten wäre nämlich all Ihre Mühe vergebens.

Schritt Nr. 4: Erläutern Sie, welche konkreten Vorteile Ihr Vorschlag der Gegenseite bringt

Wenn Sie Ihr Anliegen vortragen, sollten Sie Ihrem Chef natürlich auch darlegen, welche Vorteile das Ganze für ihn hat. Deshalb sollten Sie Ihr Anliegen als ideale Lösung für das Unternehmen präsentieren. Dabei spielt weniger eine Rolle, ob Sie von dieser Regelung profitieren, denn jeder Chef interessiert sich in erster Linie dafür, inwiefern das Unternehmen von dieser Regelung profitiert.

Jedes Mal, wenn Sie den Versuch unternehmen, jemanden zu beeinflussen, sollten Sie in der Lage sein, mindestens drei konkrete Möglichkeiten zu nennen, wie die andere Person von Ihrem Vorschlag profitieren kann. Denken Sie zurück an Ihre erste Unterhaltung über Ihr Anliegen – Sie wissen schon, jene Situation, in der Sie die Fühler ausgestreckt und sich zum ersten Mal vorsichtig an das Thema herangetastet haben. Rufen Sie sich ins Gedächtnis, welche Einwände Ihr Chef damals vorgebracht hat. Nutzen Sie die Informationen, die Sie in der Zwischenzeit zusammentragen konnten, um die Faktoren zu beurteilen, die ihm am meisten Kopfzerbrechen gemacht haben, und gehen Sie ausführlich darauf ein, wie Ihr Vorschlag ihm und dem Unternehmen nutzen kann. Ihre wichtigsten Argumente sollten Sie öfter wiederholen und sie jedes Mal in leicht abgewandelter Form formulieren, um Ihren Standpunkt zu untermauern. Denken Sie vor allem daran, dass Sie seinen wichtigsten Einwand vorwegnehmen und ihn mit Ihrem stärksten Argument entkräften.

Im Großen und Ganzen sollten Sie stets darauf bedacht sein, mögliche Einwände vorwegzunehmen. Überlegen Sie, welche Argumente gegen Ihr Vorhaben sprechen könnten, und bereiten Sie eine Gegenargumentation vor, um diese Einwände zu entkräften. Denken Sie noch einmal an das erste Gespräch. Hat Ihr Chef damals irgendwelche Bedenken geäußert? Falls ja, überlegen Sie, wie Sie vorgehen können, um seine Bedenken zu zerstreuen. Wenn Sie ein stichhaltiges Gegenargument vorbringen wollen, greifen Sie auf Statistiken und wissenschaftlich fundierte Ergebnisse zurück, denn diese ermöglichen eine stringente Beweisführung. Am besten sprechen Sie mögliche Einwände der Gegenseite an, noch bevor sie überhaupt geäußert werden.

Auf jeden Fall sollten Sie jedoch vermeiden, näher darauf einzugehen, welche Vorteile Sie persönlich von dieser Regelung haben. Denn wenn Sie versuchen, Ihren Chef dahin gehend zu beeinflussen, sich Ihrem Standpunkt anzuschließen, sollten Sie unbedingt darauf achten, Ihr Anliegen so zu präsentieren, dass er den Eindruck gewinnt, es wäre nur zu seinem Besten. Sie können getrost erwähnen, dass Sie mit dieser Regelung viel produktiver wären oder länger arbeiten könnten, weil Sie dadurch die täglichen Pendelzeiten und unnötigen Arbeitsunterbrechungen vermeiden könnten. Lassen Sie sich aber nicht dazu verleiten zu erwähnen, dass Sie mit dieser Regelung zufriedener wären oder dass Sie dadurch Geld sparen könnten. Denn diese Argumentation hilft Ihrem Chef nicht weiter und Ihnen damit auch nicht.

Sofern es um kleinere Anliegen geht, können Sie durchaus Ihre Beweggründe nennen. Denn wie sich herausgestellt hat, kommt dem Wörtchen „weil" bei kleineren Gefälligkeiten eine sehr große Bedeutung zu. Ellen Langer, Sozialpsychologin und Harvard-Professorin, führte 1989 eine Studie[7] durch, um herauszufinden, wie hoch die Bereitschaft von Versuchspersonen ist, jemandem einen Gefallen zu tun. Dabei ging es darum, jemanden in einer langen Schlange am Kopierer vorzulassen. Das Ergebnis der Studie zeigte, dass Versuchspersonen auf ein deutlich größeres Entgegenkommen stießen, wenn sie einen Grund nannten („weil ich in Eile bin"), anstatt nur zu fragen, ob jemand sie vorlässt. Aber das eigentlich Interessante war, dass die Bereitschaft, jemanden vorzulassen, selbst dann noch sehr hoch war, wenn die Begründung unsinnig war, aber das

Wort „weil" enthielt („weil ich Kopien machen muss"). Wenn Sie also jemanden um eine Gefälligkeit bitten wollen, nutzen Sie doch einfach meine Lieblingsmethode: „Können Sie mir helfen [fügen Sie hier Ihre Bitte ein], weil [fügen Sie hier einen plausiblen Grund ein]."

Schritt Nr. 5: Verwenden Sie Analogien und Metaphern

Wenn Sie komplexe Zusammenhänge oder abstrakte Ideen kommunizieren wollen, sollten Sie ernsthaft in Erwägung ziehen, geeignete Analogien und Metaphern zu verwenden. Versuchen Sie, eine Beziehung oder einen Vergleich herzustellen zwischen Ihren Ideen und etwas allgemein Bekanntem und Einfachem. Analogien sind gerade deshalb äußerst hilfreich, weil sie ein Verstehen durch gedankliche Assoziation ermöglichen. Mithilfe von Analogien können wir komplexe Sachverhalte besser verstehen, weil wir sie gedanklich zu Dingen in Beziehung setzen, mit denen wir bereits vertraut sind.

Als Präsident Bill Clinton vorschlug, das Alter der Anspruchsberechtigten für das ohnehin schon überlastete Medicare-Hilfsprogramm – die öffentliche bundesstaatliche Krankenversicherung für ältere und/oder behinderte Bürger ab 65 Jahren – noch weiter herabzusetzen, verspottete US-Senator Phil Gramm Clintons Vorschlag mit dieser ganz simplen, aber effektiven Analogie: „Wenn Ihre Mutter auf der *Titanic* ist und die *Titanic* untergeht, wird es wohl ganz bestimmt nicht ihre vordringlichste Sorge sein, wie Sie es bewerkstelligen können, noch mehr Passagiere auf die *Titanic* zu lotsen." Das *Forbes Magazine* würdigte die Schlagkraft dieser Metapher mit der Bemerkung: „Gramms Äußerung wird wesentlich mehr dazu beitragen, diesen Vorschlag zu kippen, als Tausende von Seiten stichhaltiger versicherungsmathematischer Analysen."

Schritt Nr. 6: Erzählen Sie eine Geschichte

Wir Menschen brauchen und lieben Geschichten, denn Geschichten verbinden uns, verändern unsere Sichtweise und veranlassen uns zum

Handeln. Mithilfe von Geschichten erlangen wir unser Weltwissen, denn sie helfen uns dabei, Zusammenhänge zu verstehen und aus dem Erfahrungswissen anderer Menschen zu lernen.

Denken Sie einmal darüber nach. Der Höhlenmann aus der Steinzeit erlegt ein großes zotteliges Mammut und kehrt in seine Höhle zurück, um seine Geschichte zu erzählen, indem er Bilder an die Höhlenwände malt. Der moderne Mensch kommt heute von einem aufregenden Bar- und Disco-Abend zurück und erzählt seine Geschichte, indem er Fotos und Klatsch auf seiner Facebook-Pinnwand postet.

Von Geschichten geht eine enorme Kommunikationswirkung aus. Wenn Sie also jemanden dazu bewegen wollen, seine Sichtweise zu ändern oder in bestimmter Weise aktiv zu werden, sollten Sie ihm eine Geschichte erzählen, denn das Geschichtenerzählen – Storytelling – ist die effektivste Methode, um Ihr Ziel zu erreichen. Aber was noch wichtiger ist, Geschichten vermitteln einen großen Informationsgehalt auf einprägsame und verständliche Weise, wodurch wir uns die Kerngedanken der Geschichte besser merken und entsprechend handeln oder sie anderen weitererzählen können. Neuere wissenschaftliche Untersuchungen[8, 9] haben sogar ergeben, dass Menschen viel eher bereit sind, sich für Ideen zu begeistern, wenn diese in einer Geschichte verpackt und nicht als sachlich-nüchterne Analysedaten präsentiert werden.

Wie funktioniert das Storytelling?

Reihen Sie Handlungen in logischer Abfolge aneinander und schon haben Sie eine Geschichte erzählt. So einfach ist das.

Ira Glass moderiert für den Radiosender NPR das wöchentliche Hörfunkprogramm *This American Life* und ist ein meisterhafter Geschichtenerzähler. Nach seiner Definition handelt es sich um eine Geschichte, wenn eine Person sagt: Das ist passiert und das hat dann dazu geführt und danach dazu und so weiter; ein Ereignis folgt auf das andere. Und manchmal können in der Abfolge auch Dinge wie „Deshalb kam ich auf die Idee, dass … und deshalb habe ich dann das gesagt" erwähnt werden.[10]

Beginnen Sie immer damit, zuerst eine kurze Situationsbeschreibung zu geben, indem Sie sagen, wann und wo die Handlung stattfindet. Danach stellen Sie mithilfe von Dialogen und Handlungen die jeweiligen Charaktere vor, denn sie sind es, die in der jeweiligen Situation aktiv werden und Entscheidungen treffen. Anschließend beschreiben Sie die konkreten Einzelheiten der Handlung (die oft in einer Auseinandersetzung zwischen gegensätzlichen Standpunkten besteht) und die Entscheidungen der jeweiligen Charaktere mithilfe von deskriptiven (rein beschreibenden, nicht wertenden) Verben und Adjektiven. Sie müssen zwar schon einiges an Zeit und Mühe investieren, bis Sie die Storytelling-Methode beherrschen, aber diese Investition zahlt sich in puncto Überredungskunst mit Zins und Zinseszins für Sie aus. Denn Storytelling ist eine wichtige Voraussetzung für beruflichen Erfolg.

Wenn Sie zum Beispiel zum Anfang des Buches zurückblättern, werden Sie feststellen, dass ich das Buch mit einer Geschichte begonnen habe. Damit wollte ich potenzielle Leser ködern, die im Buchladen noch unschlüssig in verschiedenen Büchern schmökern, damit mein Buch ihnen informativ und hilfreich erscheint. Gehen Sie zurück an den Anfang, lesen Sie noch einmal die einleitende Geschichte und versuchen Sie, die Situationsbeschreibung, die Charaktere, die Handlungen oder die Konfliktsituation sowie die deskriptiven Verben und Adjektive im Einzelnen zu identifizieren. Je zielgerichteter Sie die einzelnen Elemente einsetzen, desto aussagekräftiger wird Ihre Geschichte. Was meinen Sie? War ich mit meiner Geschichte erfolgreich?

Schritt Nr. 7: Bringen Sie Ihr Anliegen vor

Natürlich bringt Ihnen die gründlichste Planung nichts, wenn Sie nicht irgendwann auch Anstalten machen, Ihr Anliegen vorzubringen. Allerdings sollten Sie dabei umsichtig und strategisch vorgehen. Wann ist der beste

REINSCHAUEN LOHNT SICH

Registrieren Sie sich doch auf meiner kostenlosen VIP-Website unter www.smarttalksuccess.com/VIP. Dann können Sie sich nicht nur die PDF-Datei „How to Tell Business Stories" herunterladen, sondern haben auch Zugriff auf verschiedene Audiodateien, damit Sie wissen, wie Sie Ihre Präsentationen mit kreativen Geschichten aufpeppen können. Zusätzlich erhalten Sie noch Zugang zu einer Vielzahl weiterer Informationen und exklusivem Bonusmaterial.

Zeitpunkt, um Ihren Chef anzusprechen? Ist er ein Morgenmensch oder wäre es besser, ihn erst am Nachmittag zu fragen? Es wäre auch eine gute Idee, wenn Sie ihn nicht in seinem Büro, sondern auf etwas neutralerem Terrain, zum Beispiel in einem Besprechungszimmer oder Pausenraum, mit Ihrer Bitte konfrontieren. Sie sollten vor allem darauf achten, dass Sie Ort und Zeit des Gesprächs so wählen, dass Sie möglichst ungestört mit ihm reden können, damit Sie ihm Ihre Idee ausführlich darlegen können.

Zum Schluss sollte ich Sie noch darauf hinweisen, dass Sie regelmäßig üben und Ihre Argumentation planen müssen, wenn Sie die Kunst der persuasiven Kommunikation beherrschen und andere effektiv beeinflussen wollen. Persuasive Strategien müssen wir zuerst verinnerlichen, damit wir sie nicht nur geschickt einsetzen können, wenn wir unter Stress stehen, sondern damit wir uns auch vor manipulativer Beeinflussung durch andere schützen können.

ZUSAMMENFASSUNG:
So lernen Sie, andere zu beeinflussen,
damit Sie leichter bekommen, was Sie wollen

Persuasive Kommunikation bedeutet, dass wir jemanden dazu bewegen, seine Haltung aus freien Stücken zu ändern.

Reziprozität bedeutet: Je besser Sie andere behandeln, desto besser werden die anderen Sie behandeln.

Sorgen Sie zunächst dafür, dass eine Person einer Verhaltensänderung zustimmt (Zustimmung), bevor Sie sie anschließend darum bitten, diese Verhaltensänderung konsequent umzusetzen (Konsistenz).

Verhaltensänderungen basieren mitunter auf dem psychologischen Bedürfnis, sich richtig zu verhalten und nicht unangenehm aufzufallen (sozialer Beweis/Prinzip sozialer Bewährtheit).

Je sympathischer Sie auf andere wirken, desto größer ist Ihre Chance, andere zu beeinflussen (Sympathie).

Autoritätspersonen und ausgewiesene Experten sind sehr erfolgreich darin, andere zu beeinflussen (Autorität).

Menschen werden in ihrem Handeln stark vom Verhaltensmuster der „Verlustaversion" geleitet (Prinzip der Knappheit).

Praktische Schritt-für-Schritt-Anleitung:
1. Strecken Sie Ihre Fühler aus und tasten Sie sich vorsichtig an das Thema heran, um Ihre Erfolgschancen realistisch einzuschätzen.
2. Steuern Sie ganz gezielt die Wahrnehmung Ihrer Person, indem Sie alles dafür tun, damit Ihr Umfeld Sie als ausgesprochen sympathisch, entgegenkommend, kompetent und unentbehrlich wahrnimmt.
3. Prüfen Sie zuerst, ob Ihr Vorhaben realisierbar ist.
4. Erläutern Sie, welche konkreten Vorteile Ihr Vorschlag der Gegenseite bringt.

5. Nutzen Sie Analogien und Metaphern, um Ihre Argumente zu untermauern.

6. Erzählen Sie eine Geschichte, um Ihren Standpunkt einprägsam und verständlich darzulegen.

7. Bringen Sie Ihr Anliegen vor.

Übungsaufgabe Nr. 1:

Suchen Sie sich eins der am Kapitelanfang geschilderten Szenarios aus und entwickeln Sie einen Aktionsplan auf der Grundlage dessen, was Sie in diesem Kapitel gelernt haben.

Übungsaufgabe Nr. 2:

Rufen Sie sich noch einmal ins Gedächtnis, mit welchem Argument Sie kürzlich jemanden dazu gebracht haben, sich Ihrem Standpunkt anzuschließen. Denken Sie sich nun eine Geschichte oder Analogie aus, mit der Sie Ihr Ziel genauso effektiv erreichen könnten.

Übungsaufgabe Nr. 3:

Lesen Sie sich die folgende Geschichte durch und versuchen Sie, die Situationsbeschreibung, die Charaktere, die Handlungen oder die Konfliktsituation sowie die deskriptiven Verben und Adjektive im Einzelnen zu identifizieren.

Fallbeispiel: Dr. Robert Cialdini

„An dem besagten Tag fuhr ich mit dem Auto zu meinem Fitnessstudio, stieg aus und ging zum Kofferraum, um meine Sporttasche herauszuholen. Meinen Geldbeutel und meine Autoschlüssel hatte ich in der Hand, weil meine Trainingskleidung keine Taschen hatte. Ich öffnete also den Kofferraum, griff nach meiner Sporttasche, wobei ich jedoch aus Versehen Autoschlüssel

und Geldbeutel ablegte, und schlug den Kofferraumdeckel wieder zu. Dann dachte ich: ‚Sch…eibenkleister, Cialdini, gerade hast du dich aus deinem Auto ausgesperrt. Na prima, jetzt musst du da reingehen und dich zum Affen machen.'

Da war so ein Typ, der gerade mit Handtüchern herumfuhrwerkte und den ich kaum kannte, aber ich war immerhin seit über drei Jahren Mitglied in diesem Fitnessclub und hatte mich schon öfter im Flur mit ihm unterhalten. Ich erklärte ihm meine Situation und fragte ihn, ob ich das Telefon hinter dem Tresen benutzen könnte. Er schaute mich an und sagte: ‚Nein.' Daraufhin entgegnete ich: ‚Sie verstehen nicht recht; ich bin seit drei Jahren hier Mitglied und Sie kennen mich doch.' Daraufhin entgegnete er: ‚Nein, Sie verstehen nicht recht, mein Herr. Dieses Telefon steht nur unseren Mitarbeitern zur Verfügung. Letzte Woche habe ich einem Mitglied gestattet, es zu benutzen, und diese Dame telefonierte dann geschlagene 40 Minuten. Mein Chef hat mich angewiesen, dass ich niemandem mehr gestatte, es zu benutzen.' Daraufhin entgegnete ich, dass ich noch nicht einmal eine Vierteldollar-Münze hätte, um vom öffentlichen Fernsprecher aus zu telefonieren. Doch daraufhin entgegnete er wiederum: ‚Es tut mir leid.' Dann wandte er sich wieder seinen Handtüchern zu … und ich wurde wütend. ‚Wie bitte? Ich bin seit drei Jahren Mitglied hier und sitze ziemlich in der Patsche, aber Sie lassen mich noch nicht einmal telefonieren? Sie haben gerade einen Kunden vergrault!' Ich drehte mich auf dem Absatz um und stürzte hinaus …

Man überlege sich nur, um wie viel besser die Situation hätte ausgehen können, wenn ich das Gespräch in einen ganz anderen situativen Kontext gestellt hätte – den Kontext der Kooperation. Wir hatten ja durchaus ein gemeinsames Ziel. Wir beide wollten, dass ich mich in diesem gut gehenden Fitnessstudio wohlfühle. Angenommen, ich hätte stattdessen gesagt: ‚Stan (er trug ein Namensschild an seinem Hemd), ich habe mich gerade aus meinem Auto ausgesperrt, wie können wir kooperieren, damit ich meine Schlüssel wiederbekomme?' … Natürlich hätte er den Anruf für mich machen können; er hätte mir eine Vierteldollar-Münze geben oder leihen können. Diese

Lösungsmöglichkeiten wären allesamt besser gewesen als die, die ich gewählt habe."[11]

Dr. Robert Cialdini ist ein anerkannter Experte auf dem Gebiet der Verhandlungsführung und persuasiven Kommunikation. Er ist Autor des Buches *Influence: The Psychology of Persuasion*.

12.
GESCHICKTE VERHANDLUNGS-FÜHRUNG IST EINE KUNST

So lernen Sie, geschickt zu verhandeln

David: *Michael, um diese Verhandlungen zu beschleunigen, sind wir bereit, Ihnen ein sehr großzügiges Angebot zu unterbreiten.*
Michael: *Und wir sind bereit, dieses Angebot abzulehnen.*
Ryan: *Aber Michael, Sie haben sich doch unser Angebot noch gar nicht angehört.*
Michael: *Akzeptiere nie das erste Angebot der Gegenseite. Welches ist Ihr zweites Angebot?*
David: *12.000 Dollar.*
Michael: *Sie machen wohl Witze? Das ist absolut lächerlich. Da will ich erst recht nicht wissen, wie Ihr erstes Angebot ausgesehen hat.*

– aus: The Office (US-amerikanische Comedy-Serie)

David arbeitet flächendeckend mit den gewählten Vertretern der jeweiligen Gemeinderäte aller Gemeinden in seinem Verwaltungsbezirk zusammen, um sanierungsbedürftige Infrastrukturmaßnahmen zu koordinieren (Reparatur von Brücken, Sirenen, Ampeln und so weiter). Darüber hinaus gehört auch die Beschaffung der Finanzmittel zur Durchführung dieser Sanierungsprojekte zu seinen Aufgaben. Bisher nahm er jeden Tag an Besprechungen mit verschiedenen Gemeindevertretern vor Ort teil und war daher nur selten im Bezirksbüro anzutreffen. Doch durch den erheblichen Anstieg der Benzinpreise sah sich die Bezirksverwaltung gezwungen, Davids Reisekostenbudget drastisch zu kürzen. Daher muss David nun fast jeden Tag eine Stunde Fahrzeit zu seinem Arbeitsplatz im Bezirksbüro und wieder nach Hause in Kauf nehmen.

Mittlerweile verschlingen die Benzinkosten einen Großteil seines Einkommens. Er hat sich schon überlegt, die Bezirksverwaltung um eine Gehaltserhöhung zu bitten, um diese Mehrkosten aufzufangen, aber er weiß, dass auch die Finanzsituation der Bezirksverwaltung ziemlich angespannt ist.

David liebt seine Arbeit; außerdem hat sein Büro eine große Fensterfront mit einer wunderschönen Aussicht auf ein bewaldetes Grundstück. Er will weder seinen Job verlieren noch will er sich bei seinem Chef unbeliebt machen.

Es gibt zwei Möglichkeiten, wie man Menschen dazu bringen kann, freiwillig etwas zu tun. Entweder kann man sie entsprechend beeinflussen, indem man sie überredet, oder man kann mit ihnen verhandeln. Im vorherigen Kapitel haben Sie gelernt, wie Sie mithilfe verschiedener

KURZ NACHGEFRAGT

Welchen Rat würden Sie David geben, wie er dieses Problem am besten angehen sollte?

Argumentationstechniken die Gegenseite dahin gehend beeinflussen können, sich in Ihrem Sinne zu verhalten. Doch manchmal gelingt das nicht, weil die andere Seite sich Ihrer Argumentation nicht anschließt, ganz gleich, wie stichhaltig Ihre Argumente auch sein mögen. Wenn Sie also mit den Mitteln der Persuasion nicht weiterkommen, ist es an der Zeit, zu verhandeln.

Auch wenn die Begriffe „Persuasion" und „Verhandlung" oft synonym verwendet werden, so sind sie bei genauerer Betrachtung doch ziemlich verschieden. Denn während persuasive Kommunikation darauf abzielt, die Einwände und Argumente der Gegenseite vorwegzunehmen und zu entkräften, geht es beim Verhandeln darum, Zugeständnisse (zum Beispiel im Hinblick auf Zeit, Geld oder Handlungen) zu machen, um so Zustimmung zu „erkaufen". Beim Verhandeln ist es wie beim Tanzen: Man muss zuerst einen gemeinsamen Takt finden und sich entsprechend auf den Partner einstellen, um zu führen beziehungsweise sich führen zu lassen. Es ist ein Prozess, der bei beiden Seiten Kompromissbereitschaft voraussetzt, damit durch ein gegenseitiges Geben und Nehmen ein einvernehmliches Verhandlungsergebnis erzielt werden kann.

Im Berufsleben verhandeln wir im Allgemeinen mit Verkäufern, Zulieferern und Kunden über Preise und Lieferbedingungen. Mit unseren Chefs verhandeln wir über umfangreiche Gehaltspakete, Ressourcen, Projektumfang, Projektbudgets und -fristen. Im Privatleben verhandeln wir normalerweise über die Konditionen für einen Immobilien- oder Autokauf, Bankkredite oder Angebote für Handwerkerleistungen. Verhandlungsführung nimmt ebenso wie Persuasion einen großen Teil unseres täglichen Lebens ein.

Warum Verhandlungsgeschick so wichtig ist

Nach meiner Erfahrung fühlen sich viele Menschen beim Verhandeln anscheinend unwohl, weil sie das Ganze entweder als ziemlich mühsam empfinden oder mit gemischten Gefühlen betrachten. Dabei ist gutes Verhandlungsgeschick absolut unverzichtbar für Ihren beruflichen und privaten Erfolg. Denn durch geschicktes Verhandeln gelingt es uns häufig, das zu bekommen, was wir wollen, während wir der Gegenseite gleichzeitig das Gefühl vermitteln, dass auch sie mit dem Verhandlungsergebnis zufrieden sein kann.

Dieselben Fähigkeiten, die uns zu geschickten Verhandlungspartnern machen, helfen uns nicht nur dabei, persönliche und berufliche Beziehungen aufzubauen, sie aufrechtzuerhalten und weiter zu verbessern, sondern tragen auch dazu bei, dass wir den Standpunkt unseres Gegenübers besser verstehen. Dank unseres Verhandlungsgeschicks sind wir in der Lage, Interessen und Bedürfnisse von Kollegen, Familienmitgliedern und Freunden zu erkennen. Und je besser wir ihre Interessen und Bedürfnisse kennen, desto überzeugender und effektiver können wir auch verhandeln.

Denn wenn Sie über gutes Verhandlungsgeschick verfügen, können Sie nicht nur selbstbewusst auftreten, sondern sind auch in der Lage, zwischenmenschliche Differenzen am Arbeitsplatz erfolgreich auszuräumen. Außerdem können Sie dadurch sowohl Ihren eigenen Bedürfnissen besser Rechnung tragen als auch den Bedürfnissen Ihres Arbeitgebers und Ihrer Kollegen. Dasselbe Verhandlungsgeschick, das Sie einsetzen, um eine Beförderung zu erreichen, können Sie auch dazu einsetzen, um Vereinbarungen mit Verkäufern und Lieferanten, mit Ihrem Gärtner oder sogar mit Ihrem Ehepartner auszuhandeln. Denn dieselben Fähigkeiten, die Sie zu

 KURZ NACHGEFRAGT

Rufen Sie sich drei Vorschläge ins Gedächtnis, über die Sie vor Kurzem beruflich oder privat verhandelt haben. Waren Sie zufrieden mit dem jeweiligen Verhandlungsergebnis?

einem geschickten Verhandlungspartner im Geschäftsleben machen, helfen Ihnen auch im täglichen Leben, öfter zu bekommen, was Sie wollen.

Verhandlungsansätze

Der distributive Verhandlungsansatz

Beim distributiven Verhandeln beziehungsweise beim hartnäckigen Feilschen um Positionen, bei dem es ausschließlich um die Verteilung eines Verhandlungsgegenstands zwischen zwei Parteien mit entgegengesetzter Interessenlage geht, handelt es sich um eine Verhandlungsmethode nach dem Prinzip „Ich gewinne, du verlierst". Diese Verhandlungsmethode wird normalerweise für geschäftliche Transaktionen genutzt, in denen es um einen „begrenzten Kuchen" (um eine begrenzte Ressource, in aller Regel handelt es sich dabei um Geld) geht, wobei die Verhandlung klären soll, wer wie viel von diesem Kuchen bekommt. Zum Beispiel: Wenn Sie den Kaufpreis für ein Auto aushandeln, stellt Ihr Budget eine begrenzte Ressource dar. Das heißt also, je mehr Sie vom Kuchen abbekommen, desto weniger bleibt für die andere Partei übrig. Diese Verhandlungsstrategie ist wohl die älteste und bekannteste, allerdings basiert sie auf einer recht aggressiven Verteidigung von Positionen, weshalb die Beziehungsebene (einer ist immer der Verlierer) darunter leiden kann. Dennoch gehört hartnäckiges Feilschen nach wie vor zur Standardmethode bei Verhandlungen zwischen Ladenbesitzern und Kunden.

 DOCH VORSICHT

In distributiven Verhandlungen nach dem „Ich gewinne, du verlierst"-Prinzip ist es schwierig, eine Beziehung zum Verhandlungspartner aufzubauen.

REINSCHAUEN LOHNT SICH

Gehen Sie auf www.smarttalksuccess.com/extras und schauen Sie sich dort eine Zusammenstellung großartiger Beispiele zur distributiven Verhandlungsmethode aus der beliebten TV-Show *Pawn Stars* an. Außerdem können Sie sich den Zugriff auf zusätzliche Informationen und exklusives Bonusmaterial sichern, wenn Sie sich auf meiner kostenlosen VIP-Website unter www.smarttalksuccess.com/VIP registrieren.

Der integrative Verhandlungsansatz

Im Geschäftsleben ist jeder erfolgreiche Kommunikator darauf bedacht, ein Vertrauensverhältnis zu seinen Gesprächspartnern aufzubauen und eine langfristige Geschäftsbeziehung zu fördern. Denn wenn eine geschäftliche Beziehung auch nach dem ersten Verhandlungskontakt weiter bestehen soll, bevorzugen gute Kommunikatoren die integrative Verhandlungsmethode, weil sie für beide Seiten den größtmöglichen Gewinn bei gleichzeitig geringstem Verlust darstellt – eine Win-win-Situation. Bei dieser Verhandlungsmethode können beide Parteien die Verhandlung mit dem zufriedenen Gefühl abschließen, dass jede Seite etwas gewonnen hat. Win-win-Verhandlungen berücksichtigen die Interessen und Bedürfnisse beider Parteien und stellen daher die bevorzugte Verhandlungsstrategie in einem modernen Geschäftsumfeld dar.

VIP-BONUS

Laden Sie sich kostenlos „10 Tipps zum Feilschen wie ein Profi" herunter.

KURZ NACHGEFRAGT

Wie könnte man die Preisverhandlung beim Kauf eines neuen Autos von einer distributiven in eine integrative Verhandlung verwandeln?

Betrachten wir noch einmal das am Kapitelanfang erwähnte Beispiel von David, der seine Arbeit mittlerweile hauptsächlich vom Bezirksbüro aus erledigt, um so die Benzinkosten der Bezirksverwaltung zu senken. Auch wenn die Bezirksverwaltung einerseits beträchtliche Einsparungen bei den Spritkosten hat, nimmt David dafür andererseits wertvollen Büroraum im Bezirksbüro in Anspruch, und das Vollzeit.

Vorher wurde sein Büro gemeinsam von mehreren Mitarbeitern genutzt. David könnte nun vorschlagen, von zu Hause aus zu arbeiten. Dieser Kompromiss würde beide Parteien gleichermaßen zufriedenstellen – eine Winwin-Situation. David könnte Benzinkosten sparen, weil er nicht mehr zum Büro pendeln muss, und die Bezirksverwaltung könnte sein Büro an andere Mitarbeiter vergeben. Diese Lösung dürfte insbesondere für die Bezirksverwaltung von großem Interesse sein, zumal Büroflächen nur beschränkt vorhanden sind, seit sehr viel mehr Mitarbeiter Vollzeit im Büro arbeiten.

KURZ NACHGEFRAGT

Gibt es jemanden, der in Ihren Augen ein wirklich guter Verhandlungsführer ist? Mit welchen Worten würden Sie die Fähigkeiten dieser Person beschreiben? Behalten Sie diese Worte im Hinterkopf, während Sie sich mit den folgenden Grundregeln und Techniken für eine erfolgreiche Verhandlungsführung vertraut machen.

Die wichtigsten Grundregeln und Techniken für eine erfolgreiche Verhandlungsführung

Geschickte Verhandlungsführung ist eine Kunst, die man ein Leben lang immer weiter perfektionieren kann. Dennoch müssen Sie nicht alle möglichen professionellen Verhandlungstechniken und Taktiken beherrschen, um erfolgreich verhandeln zu können; es reicht im Prinzip, wenn Sie die wichtigsten Grundregeln und Techniken beherrschen. Schließlich kann ein First Baseman einen Baseball auch nicht mit derselben Geschwindigkeit und Treffsicherheit werfen wie der unangefochtene Star-Pitcher einer Mannschaft, aber er kann ihn auf jeden Fall um einiges besser werfen als der Durchschnittsmensch von der Straße. Beim Verhandeln ist das ganz genauso.

Wenn Sie sich mit den nachfolgend erläuterten Grundregeln und Techniken vertraut machen und sie befolgen, werden Sie zwar nicht in der Lage sein, Rüstungsverträge mit dem Ausland auszuhandeln, aber Sie werden als Verhandlungsführer im beruflichen und privaten Umfeld ganz gewiss um einiges erfolgreicher sein.

Regel Nr. 1: Alles ist verhandelbar

Trauen Sie sich und gehen Sie ruhig aufs Ganze, denn die allerwichtigste Regel beim Verhandeln heißt: *Alles* ist verhandelbar. Meisterhafte

 DOCH VORSICHT

Achten Sie unbedingt darauf, *wie* Sie um etwas bitten. Auf gar keinen Fall sollten Sie versuchen, Ihren Gesprächspartner unter Druck zu setzen. Außerdem ist es wichtig, dass Sie durchsetzungsfähig, gleichzeitig aber auch respektvoll auftreten.

Verhandlungsführer sind Optimisten, denn sie streben immer ein positives Verhandlungsergebnis an. Wenn Sie erfolgreich verhandeln wollen, sollten Sie daher unbedingt über eine positive Einstellung verfügen. Ich hatte Glück, denn ich habe mir diese Einstellung schon als Kind angeeignet. Meine Eltern haben damals oft zu mir gesagt: „Es kann niemals schaden, wenn du fragst. Das Schlimmste, was dir passieren kann, ist, dass jemand Nein sagt, und wenn die Person, mit der du verhandelst, dir sagt, dass etwas nicht möglich ist, dann gib nicht auf."

Um es noch einmal ganz deutlich zu sagen: Durchsetzungsfähig heißt nicht aggressiv. Durchsetzungsfähig heißt auch nicht, den Standpunkt des Gesprächspartners infrage zu stellen. Durchsetzungsfähig heißt, dass Sie Ihre Zielvorstellung kontinuierlich zum Ausdruck bringen, indem Sie klar hervorheben, welche Vorteile Ihr Lösungsvorschlag für die andere Person hat. Kurz: Durchsetzungsfähig heißt, dass Sie Ihre Interessen ohne Angst oder Groll zum Ausdruck bringen.

Als Kind habe ich mitbekommen, dass meine Mutter im Kaufhaus regelmäßig und meist erfolgreich um einen Preisnachlass gebeten hat. Denn wenn ein Knopf an einem Hemd fehlte oder eine Verpackung leicht beschädigt war, fragte sie immer, ob es möglich wäre, die Ware etwas billiger zu bekommen. Und wenn die Verkäuferin sagte, dass sie das nicht machen könne, antwortete meine Mutter immer: „Oh, ich verstehe, aber vielleicht kann ja Ihr Chef das genehmigen." In den allermeisten Fällen hat sie ihren Kopf durchgesetzt.

Meine Mutter war es also, die mir die mit Abstand eindrucksvollsten Lektionen in Sachen Verhandlung erteilte, wenn ich sie dabei beobachtete, wie sie sich immer ganz freundlich mit dem Verkaufspersonal unterhielt, um dann genau im richtigen Augenblick auf scherzhafte Art und Weise nachzufragen: „Nun, da wir ja jetzt schon so gut miteinander befreundet sind, meinen Sie nicht, Sie könnten sich einen Ruck geben und unserer Familie einen Gefallen tun, indem Sie mir einen Sonderrabatt gewähren?" Und auch hier lautete die Antwort sehr oft „Ja".

Verhandlungsführer, die noch unerfahren sind, erkennen oft potenzielle Verhandlungschancen nicht oder geben zu schnell auf. Sie erkennen nicht, dass manchmal ein „Nein" eben nicht das Ende eines Verhandlungsgesprächs ist. Denn so viel steht fest: Wenn wir eine Verhandlungschance nicht erkennen, ist das fast immer zu unserem Nachteil. Denken Sie daher immer daran: Alles ist verhandelbar.

Regel Nr. 2: Machen Sie Ihre Hausaufgaben

Die zweitwichtigste Regel heißt: Gehen Sie immer umfassend informiert und vorbereitet in eine Verhandlung. Sie müssen verinnerlichen, was Sie erreichen und mit welchem Angebot Sie beginnen wollen, unter welchen Umständen Sie bereit sind, Zugeständnisse zu machen, und welche Kompromisslösung für Sie akzeptabel ist, um den Deal zum Abschluss zu bringen. Je mehr Informationen Sie über die Gegenseite zusammengetragen haben, desto effektiver und überzeugender können Sie argumentieren.

Sammeln Sie daher vor Verhandlungsbeginn so viele Informationen wie möglich. Welche Interessen und Bedürfnisse hat die andere Partei? Stellen Sie vor dem Gesprächstermin eine komplette „Einkaufsliste" möglicher Interessen und Bedürfnisse zusammen. Welche Optionen hat die Gegenseite? Wie groß ist der Entscheidungsdruck? Wer ist befugt, die endgültige Entscheidung zu treffen? Wer ist befugt, das endgültige Verhandlungsangebot zu machen? Was haben Sie der starken Verhandlungsposition der Gegenseite entgegenzusetzen? Wie sehen die allgemeinen Gepflogenheiten und Vertragsbedingungen aus?

Nur wenn Sie Ihre Hausaufgaben machen, sind Sie in der Lage, ein für die Gegenseite realistisches Einstiegsangebot zu entwickeln. Sollte Ihr Einstiegsangebot viel zu hoch ausfallen, wird die Gegenseite das andere Extrem wählen oder sich vielleicht dazu entschließen, überhaupt nicht mit Ihnen zu verhandeln. Sollten Sie Ihr Einstiegsangebot viel zu niedrig ansetzen, wird die Gegenseite versuchen, Sie über den Tisch zu ziehen. Daher sollten Sie Ihr Einstiegsangebot am besten so ansetzen, dass Sie noch ausreichend Spielraum haben, um Zugeständnisse zu machen, aber nicht so übertrieben hoch, dass Ihr Verhandlungspartner Sie als nicht kooperativ wahrnimmt.

Als Pat Croce (ehemaliger Miteigentümer des NBA-Basketballteams Philadelphia 76ers) 1997 Larry Brown als Cheftrainer des Teams anheuerte, musste er mit Larrys Agenten Joe Glass, einem gewieften Verhandlungskünstler, die Einzelheiten der Vertragsbedingungen aushandeln. Pat hatte seine Hausaufgaben gründlich gemacht, denn er wusste, dass noch sechs weitere Teams Larry Brown ebenfalls gern als Trainer verpflichten wollten. Er wusste nur zu gut, dass Glass am längeren Hebel saß. Hier können Sie nachlesen, was Pat Croce in seinem Blog[1] über diese Vertragsverhandlung zu erzählen hat:

„Das war's, dachte ich, der Deal ist im Kasten. Nachdem wir uns endlich über das Trainergehalt einig geworden waren, verlangte sein Agent anschließend noch, dass wir für Larry einen Mercedes-Benz 600 der Luxusklasse und einen mit allen Extras ausgestatteten Geländewagen leasen. Herr Glass deutete an, dass diese Forderungen für alle NBA-Teams akzeptabel wären und dass ihre Nichterfüllung den sofortigen Abbruch der Verhandlung zur Folge hätte. Abbruch der Verhandlung? Ich wollte ihm am liebsten alle Knochen im Leib brechen! Aber ich erklärte mich einverstanden. Dann brachte Herr Glass noch eine weitere Forderung zur Sprache – er verlangte, dass Larry für einen möglichen Wertverlust beim Verkauf seines Hauses in Indiana entschädigt wird, wenn er nach Philadelphia umzieht. Mir waren die Hände gebunden. Ich gebe mich geschlagen – aufhören! Aber er hörte nicht auf, sondern setzte stattdessen noch einen drauf. Zum Abschied stellte er eine letzte Frage, an die ich mich noch sehr genau erinnern kann: ‚Wir gehen selbstverständlich davon aus, dass Larrys gesamte Umzugskosten erstattet werden?‘ Das war eine Frage, die nur eine Antwort zuließ: ‚Selbstverständlich!‘"

Seine Hausaufgaben zu machen und sich optimal auf die Verhandlungssituation vorzubereiten, ist leichter gesagt als getan. Selbst ein erfahrener Verhandlungsführer wie Pat Croce kann schließlich ganz schön in die Bredouille geraten, wenn er im Voraus keine hieb- und stichfeste Verhandlungsplanung auf der Grundlage aller Informationen erstellen kann oder wenn er bei den Abschlussverhandlungen nicht über alle Informationen verfügt.

Regel Nr. 3: Erläutern Sie, inwiefern Ihr Vorschlag den Interessen und Bedürfnissen der Gegenseite Rechnung trägt

Betrachten Sie die Verhandlungssituation immer aus der Perspektive der Gegenseite und setzen Sie sich gedanklich damit auseinander, welche Bedürfnisse und Interessen der Gegenseite unbedingt berücksichtigt werden müssen, damit diese mit dem Verhandlungsergebnis zufrieden ist. Denken Sie daran: Zufriedenheit bedeutet, dass den Interessen und Wünschen des Verhandlungspartners bestmöglich Rechnung getragen wurde.

Betrachten wir noch einmal Davids Problem.

Auf den ersten Blick benötigt die Bezirksverwaltung, für die David arbeitet, einen Mitarbeiter, der den Einsatz von Finanzmitteln für Sanierungsprojekte koordiniert. Würde David nun versuchen, eine Gehaltserhöhung mit der simplen Begründung auszuhandeln, dass er den Einsatz von Finanzmitteln koordiniert, wären seine Verhandlungschancen aussichtslos, weil er diesen Job ja bereits macht. Sollte er sich entschließen zu kündigen, würde die Bezirksverwaltung einfach einen neuen Mitarbeiter für diese Aufgabe einstellen.

Doch bei genauerer Betrachtung braucht die Bezirksverwaltung nicht nur einen Mitarbeiter, der den Einsatz von Finanzmitteln projektbezogen koordiniert. Sie braucht vielmehr einen Mitarbeiter, den die Gemeinderatsmitglieder der jeweiligen Gemeinden kennen und dem sie vertrauen. Und sie braucht einen Mitarbeiter, der nicht nur eine gute und enge Arbeitsbeziehung zu den Dienststellen aufgebaut hat, die die Gelder zur Verfügung stellen, sondern der auch plausibel erläutern kann, warum die Installation einer Sirene zur Tornadowarnung in einer Kleinstadt ihres Verwaltungsbezirks wichtiger ist als etwa ein Projekt zur Brückensanierung in einer Nachbargemeinde. Die Bezirksverwaltung braucht einen Mitarbeiter, der sich mit vollem Engagement ins Zeug legt, um Projekte umzusetzen; einen Mitarbeiter, der sich nicht in erster Linie dafür interessiert, was auf seiner monatlichen Gehaltsabrechnung steht, sondern der sich mit Leib und Seele für den Erfolg des Infrastrukturprogramms der Bezirksverwaltung einsetzt.

Indem David die Interessenlage der Gegenseite versteht und ihr darlegen kann, inwiefern sein Vorschlag den Bedürfnissen aller Beteiligten Rechnung trägt, hat er alle entscheidenden Aspekte berücksichtigt, um sein Verhandlungsziel erfolgreich durchzusetzen.

Regel Nr. 4: Verhandeln Sie immer unter Einbeziehung verschiedener Wahlmöglichkeiten

Erfolgreiche Verhandlungsführer erstellen für jede Verhandlung eine klare Prioritätenliste ihrer Zielvorstellungen und Wahlmöglichkeiten. Manche Punkte auf der Liste sind unabdingbare Voraussetzungen für das Zustandekommen einer Einigung. Bei anderen handelt es sich vielmehr um Zugeständnisse der Gegenseite, die das Verhandlungsergebnis zwar versüßen, auf die der Verhandlungsführer aber auch durchaus verzichten kann, sollte dies notwendig sein, um eine Einigung in der Sache voranzutreiben. Erfahrene Verhandlungskünstler sind flexibel, stets bestrebt, einen Kompromiss zu finden, und offen für eine Vielzahl von Lösungsmöglichkeiten, die beiden Seiten nützen. Jemand, der ohne Wahlmöglichkeiten in eine Verhandlung geht, ist in einer schlechten Verhandlungsposition. Versierte Verhandlungsführer sind darauf vorbereitet, ein Geschäft platzen zu lassen, sofern sie sich mit dem Verhandlungspartner nicht in gerechter Weise über die Wahrung ihrer Interessen einigen können.

Ein zwielichtiger Automechaniker, der seine Werkstatt in einer einsamen, gottverlassenen Gegend betreibt, kann für die Reparatur eines

Kühlerschlauchs jeden x-beliebigen Preis verlangen. Er weiß schließlich, dass Sie gar keine andere Wahl haben, wenn Sie für das Motorkühlsystem Ihres Wagens einen neuen Kühlerschlauch brauchen. Denn ohne funktionierende Motorkühlung können Sie unmöglich in die nächste Ortschaft fahren. Wenn Sie mehrere Möglichkeiten zur Auswahl haben, können Sie entweder den Preis verhandeln oder einfach gehen, aber nicht so im oben genannten Fall, denn hier haben Sie keine andere Alternative.

Regel Nr. 5: Bestimmen Sie vorab, was für Sie die beste verfügbare Alternative zu Ihrem angestrebten Verhandlungsergebnis ist

Ein entscheidender Schritt bei der Verhandlungsvorbereitung besteht darin, dass Sie sich darüber klar werden, was für Sie die beste verfügbare Alternative zu Ihrem angestrebten Verhandlungsergebnis ist. Diese Vorgehensweise nennt man in der Fachliteratur BATNA (Best Alternative to a Negotiated Agreement). Sie wird meist dann angewendet, wenn Verhandlungen zu scheitern drohen, wobei BATNA für den jeweiligen Verhandlungspartner einen klar definierten Grenzwert darstellt, der nicht unterschritten werden sollte. Daher sollten Sie im Allgemeinen auch keine Lösung akzeptieren, mit der Sie schlechter gestellt sind als mit Ihrer besten Alternativlösung. Denn wenn Sie vor Verhandlungsbeginn Ihr BATNA präzise festgelegt haben, verfügen Sie damit über eine unglaublich gute Entscheidungshilfe.

Zum Beispiel: Davids beste Alternative zu seinem angestrebten Verhandlungsziel, von zu Hause aus zu arbeiten, könnte darin bestehen, dass er sich ein Auto zulegt, das weniger Sprit verbraucht. Dafür müsste er zwar einen Kredit aufnehmen und monatlich 300 Dollar zurückzahlen, allerdings würde ihm der neue Wagen ermöglichen, seine Benzinkosten auf 250 Dollar pro Monat zu senken. Insgesamt würde David diese Lösung 550 Dollar kosten anstatt der 600 Dollar, die er aktuell ausgeben muss. Da er nun weiß, dass seine beste Alternative ihm monatlich 50

Dollar an Ersparnis einbringt, ist David in der Lage, jedes Gegenangebot zu seinem Vorschlag sachgerecht zu beurteilen.

Regel Nr. 6: Schlagen Sie gleichwertige Verhandlungsalternativen vor

Wir haben bereits festgestellt, dass für eine erfolgreiche Verhandlungsführung verschiedene Wahlmöglichkeiten unverzichtbar sind. Ein anderer sehr guter Verhandlungsansatz besteht darin, dass Sie der Gegenseite zwei oder drei Alternativvorschläge unterbreiten, die für Sie den gleichen Wert haben. Indem Sie eine Vielzahl gleichwertiger Lösungsvorschläge machen, beweisen Sie nicht nur, dass Sie Verständnis für die Situation des anderen haben, sondern signalisieren gleichzeitig Flexibilität und Verhandlungsbereitschaft. Orientieren Sie Ihre Lösungsvorschläge dabei an den Zielen Ihres Verhandlungspartners, damit dieser erkennen kann, dass seine Interessen und Bedürfnisse durch Ihre Vorschläge umfassend berücksichtigt werden.

Kommen wir noch einmal auf Davids Situation zurück und überlegen uns einige Verhandlungsalternativen, die für ihn hilfreich wären. Davids bevorzugtes Verhandlungsergebnis wäre eine Gehaltserhöhung auf 7.200 Dollar pro Monat, die seine monatlichen Benzinkosten in Höhe von 600 Dollar abdecken würde. Im Gegenzug könnte er anbieten, zusätzliche Projekte zu übernehmen, wodurch die Bezirksverwaltung einen beträchtlichen Gegenwert für diese Gehaltserhöhung erhalten würde.

Außerdem könnte er anbieten, sich in seinem Wohnort ein Büro gemeinsam mit anderen zu teilen. Wahrscheinlich wäre die Monatsmiete für den Büroraum sogar günstiger als die Benzinkosten für das tägliche Pendeln zur Arbeit und wieder zurück. Selbst wenn sein Einsparpotenzial nur gering wäre, würde er aber trotzdem zwei zusätzliche Stunden Zeit pro Tag gutmachen, wenn er nicht mehr pendeln müsste. Darüber hinaus könnte er sogar argumentieren, dass diese Alternativlösung umweltfreundlich ist, weil er mit seinem Auto nicht mehr zwei Stunden pro

Tag im Berufsverkehr feststecken würde, was wiederum den Nachbargemeinden seines Wohnorts zugutekäme.

Zum Schluss könnte er vorschlagen, von zu Hause aus zu arbeiten. Er könnte sogar anbieten, sein privates Mobiltelefon für Dienstgespräche zu nutzen, wodurch die Bezirksverwaltung Telefonkosten sparen würde. Diese Lösung hätte den Vorteil, dass die Bezirksverwaltung sein Büro an andere Mitarbeiter vergeben und gleichzeitig noch Kosten für Büromaterial und Energie einsparen könnte, da David selbst für die Kosten für Strom, Büromaterial und Telefon aufkommen würde.

Regel Nr. 7: Stellen Sie Kommunikations- und Verhandlungsbereitschaft her, indem Sie mithilfe offener Fragen die Interessen und Bedürfnisse der Gegenseite ergründen

David ist als Koordinator von öffentlich finanzierten Sanierungsprojekten sehr gewissenhaft. Er leistet gute Arbeit und ist mit seinem Job zufrieden. Es gibt nur einen einzigen Grund, warum er diesen Vorschlag zur Sprache bringt, weil er auf diesem Weg seine durch die Sparpolitik der Bezirksverwaltung gestiegenen Benzinkosten ausgleichen möchte. Jetzt kommt es darauf an, dass er dem Leiter der Bezirksverwaltung alle diese Fakten mitteilt. Denn wenn er ihn nur um eine Gehaltserhöhung bittet, könnte sein Chef annehmen, er wäre mit seinem Job oder mit seinem Gehalt unzufrieden. Kommunikatives und diplomatisches Geschick sind daher für eine gute Verhandlungsführung unerlässlich.

Wenn Sie nicht in der Lage sind, mit der Gegenseite erfolgreich zu kommunizieren, können Sie auch nicht verhandeln. Daher sollten Sie Ihrem Gegenüber zuerst Ihre grundlegende Kommunikations- und Verhandlungsbereitschaft signalisieren. Jeder erfolgreiche Kommunikator geht diplomatisch geschickt vor, indem er sich bemüht, zunächst eine Beziehung zu seinem Gegenüber aufzubauen und zu pflegen, wobei er sich gezielt das Reziprozitätsprinzip zunutze macht, da Menschen im Allgemeinen dazu neigen, eine freundliche Geste zu erwidern. Wenn Sie sich vertrauenswürdig, verlässlich und fair verhalten, wird Ihr Gesprächspartner sich Ihnen gegenüber sehr wahrscheinlich ganz genauso verhalten. (Das Thema Reziprozität wird ausführlich in Kapitel 11 behandelt.)

Wenn Sie Ihren Vorschlag unterbreiten, sollten Sie die Gegenseite dazu auffordern, ihre Interessen und Bedürfnisse darzulegen, indem Sie offene Fragen stellen. „Welche Erfahrung haben Sie mit … gemacht?" „Welches Kriterium ist für Sie am wichtigsten und warum?" „Welche Lösung würden Sie vorschlagen?"

Sollte es Ihnen Schwierigkeiten bereiten oder unmöglich sein, bei der Gegenseite Kommunikations- und Verhandlungsbereitschaft zu wecken, wählen Sie eine andere Vorgehensweise. Bitten Sie eine dritte Person (zum Beispiel einen Kollegen, einen professionellen Mediator oder einen Kunden) um Unterstützung, von der Sie wissen, dass sie ein gutes Verhältnis zu Ihrem Verhandlungspartner (oder zu jemandem aus dessen Team) hat.

Regel Nr. 8: Hinterfragen Sie die Stichhaltigkeit der Argumente und Informationen der Gegenseite

Sobald Sie die Informationen der Gegenseite erhalten haben, sollten Sie die Stichhaltigkeit ihrer Aussagen infrage stellen. Auch hier gilt: Treten Sie durchsetzungsfähig auf, aber nicht aggressiv. Etwas infrage

KURZ NACHGEFRAGT

Ist es Ihnen schon einmal passiert, dass Ihnen in einer Verhandlungssituation Informationen präsentiert wurden, die Sie nicht hinterfragt haben, die sich aber später als falsch herausgestellt haben? Inwiefern hätte es Ihre Verhandlungsführung beeinflusst, wenn Sie die Stichhaltigkeit dieser Informationen angezweifelt hätten?

zu stellen bedeutet hier, dass Sie Ihren Verstand einschalten und selbst genau nachdenken, anstatt einfach die Informationen als gegeben hinzunehmen, die die andere Seite Ihnen präsentiert. Es ist Ihr gutes Recht, entscheidungsrelevante Kriterien wie zum Beispiel Preise, Ausstattungsmerkmale oder Lieferzeiten zu hinterfragen. Sie benötigen zuverlässige Informationen, damit Sie auch in der Lage sind, sich eigenständig eine Meinung zu bilden.

Regel Nr. 9: Hören Sie aufmerksam zu und passen Sie Ihre Alternativvorschläge gezielt an die Interessenlage der Gegenseite an

Wenn Sie eine Reihe von Alternativvorschlägen präsentiert haben, sollten Sie aufmerksam zuhören, was die Gegenseite dazu zu sagen hat. Es ist durchaus möglich, dass der Leiter der Bezirksverwaltung Davids Vorschlägen in manchen Punkten aufgeschlossen gegenübersteht, in anderen dagegen ablehnend. Nur wenn David aufmerksam verfolgt, was sein Chef zu seinen Vorschlägen sagt, seine Körpersprache genau beobachtet, Augenkontakt hält und alle ihm vertrauten positiven Kommunikationstechniken nutzt, ist er in der Lage, aus den verschiedenen Alternativvorschlägen ganz gezielt alle akzeptablen Kriterien herauszulösen und in einem neuen Vorschlag miteinander zu kombinieren.

Indem er seinem Chef aufmerksam zuhört, kann er vielleicht eine Diskussion in Gang setzen, um mögliche Zugeständnisse auszuhandeln, die er ursprünglich gar nicht in Erwägung gezogen hatte. Vielleicht kann David anstelle einer Gehaltserhöhung die Nutzung eines Dienstfahrzeugs in Anspruch nehmen. Vielleicht kann er weitere Vergünstigungen aushandeln, wie zum Beispiel zusätzliche Urlaubstage beziehungsweise eine viel schnellere Hochstufung seines Urlaubsanspruches, als es die Staffelung nach Dienstjahren vorsieht. Alle diese Zugeständnisse haben einen Wert und erfolgreiche Verhandlungsführer sind grundsätzlich bereit, Alternativlösungen in Erwägung zu ziehen.

Regel Nr. 10: Steuern Sie gezielt die Wahrnehmung der Gegenseite

Ein guter Verhandlungsführer achtet auch darauf, dass er seine Verhandlungsposition sondiert und gezielt die Wahrnehmung der Gegenpartei steuert. Wenn Sie das Verhandlungsgespräch beginnen, sollten Sie immer Wünsche äußern, die Sie zwar gern erfüllt hätten, die Ihre Verhandlungsposition aber nicht wesentlich beeinflussen. Diese Dinge wären einerseits eine vorteilhafte Draufgabe für Sie, andererseits könnten Sie sie auch später in der Verhandlung nutzbringend als Zugeständnisse für eine Kompromisslösung opfern, wodurch Sie Ihrem Verhandlungspartner das Gefühl vermitteln, dass er zumindest einen „Teilsieg" errungen hat.

Regel Nr. 11: Machen Sie keine voreiligen Zugeständnisse

In den meisten Fällen hat es sich bewährt, wenn Sie bei Verhandlungen nicht allzu früh zu Zugeständnissen bereit sind. Denn jedes Zugeständnis, das Sie der anderen Seite bereits in der Anfangsphase des Verhandlungsprozesses einräumen, stärkt deren Verhandlungsposition. Ziel der Verhandlung ist es schließlich, eine integrative interessenorientierte Lösung zu finden, das heißt, ein Verhandlungsergebnis zu erreichen, das bestmöglich den Interessen und Bedürfnissen beider Parteien gerecht wird.

Ein klarer Verfechter des distributiven Verhandlungsansatzes würde Ihnen hingegen raten, niemals auch nur einen Deut Ihres angestrebten Verhandlungszieles aufzugeben, ohne dafür eine Gegenleistung zu fordern. Im Grunde genommen ist dieser Ratschlag zwar auch für den integrativen Verhandlungsansatz sehr hilfreich, allerdings besteht hier der wesentliche Unterschied darin, dass Sie in einer Win-win-Situation freiwillig ein Zugeständnis *anbieten* als Gegenleistung für ein Zugeständnis der Gegenseite. Wenn Sie jedoch zuerst ein Zugeständnis machen und danach eine Gegenleistung fordern, ist das nicht annähernd so effektiv.

Regel Nr. 12: Achten Sie auf konstruktive und positive Kommunikation

Sie sollten immer bestrebt sein, der Gegenseite zu demonstrieren, inwiefern Ihr Vorschlag auch deren Interessen und Bedürfnissen Rechnung trägt. Im Prinzip besteht jederzeit die Möglichkeit, dass Verhandlungsziele nicht erreicht werden und keine einvernehmliche Einigung zustande kommt. Gerade deshalb ist es wichtig, dass Sie im Verhandlungsprozess durch Verwendung positiver Sprache der Gegenseite signalisieren, dass Sie guter Dinge sind, eine einvernehmliche Lösung erzielen zu können. Schließlich färbt Ihre optimistische Haltung nicht nur auf die Gegenseite ab, sondern gibt ihr auch die Gewissheit, dass die Verhandlung mit einem für beide Seiten zufriedenstellenden Kompromiss enden kann. Durch diese positive Grundstimmung fällt es der Gegenseite dann sehr viel leichter, mit Ihnen gemeinsam zu einer Einigung zu gelangen. Wenn Sie Ihren Verhandlungspartner jedoch verbal unter Druck setzen, sodass er den Eindruck gewinnt, als Verlierer aus der Verhandlung zu gehen, sorgen Sie damit nur für Ärger und ein negatives Verhandlungsklima, was die Durchsetzung Ihrer Verhandlungsziele noch zusätzlich erschwert. In einer Verhandlungssituation ist es daher von entscheidender Bedeutung, dass Sie positive und konstruktive Sprache verwenden – das gilt übrigens für jede Kommunikationssituation, wenn sie den gewünschten Erfolg haben soll. Nähere Informationen hierzu finden Sie in Kapitel 13.

Regel Nr. 13: Beweisen Sie Geduld

Zeigen Sie beim Verhandeln immer Geduld. Damit signalisieren Sie Ihrem Verhandlungspartner, dass Sie nicht unter Zeitdruck stehen und keine überstürzte Entscheidung herbeiführen, sondern sorgfältig und gründlich jedes Gegenangebot prüfen wollen. Im Allgemeinen stehen wir ja alle irgendwie unter einem gewissen Druck, möglichst schnell ein Verhandlungsergebnis zu erzielen, aber gerade deshalb ist es wichtig, dass wir uns darüber klar werden, dass es unserem Verhandlungspartner auch nicht anders geht.

Denn indem Sie Geduld zeigen, erhöhen Sie in aller Regel einmal mehr den Druck auf die Gegenseite. Das könnte diese möglicherweise dazu veranlassen, Ihnen weitere Zugeständnisse anzubieten, um eine Einigung zu beschleunigen.

Regel Nr. 14: Halten Sie Ärger und andere negative Emotionen unter Kontrolle

In Verhandlungen kann es mitunter zu hitzigen Wortgefechten kommen. Nehmen Sie das keinesfalls persönlich. Achten Sie in erster Linie darauf, dass Sie immer für Alternativvorschläge offen sind und klar denken können. Denn wenn wir verärgert sind, reagieren wir meistens ohne nachzudenken, doch das kann sich als schlechte Verhandlungstaktik erweisen. Machen Sie öfter eine Pause, um eine angespannte Verhandlungssituation zu entschärfen; entspannen Sie sich und betrachten Sie den Verhandlungsprozess ganz objektiv, indem Sie Ihre Emotionen ausblenden.

ZUSAMMENFASSUNG:
So lernen Sie, geschickt zu verhandeln

Verhandlungsgeschick und kommunikative Kompetenz gehen Hand in Hand – zwei Fähigkeiten, die nicht nur in Verhandlungssituationen von großem Nutzen sind. Denn wer gut verhandeln kann, ist auch in der Lage, jede andere Kommunikationssituation selbstbewusst zu meistern.

Wenn Sie mit persuasiver Kommunikation Ihr angestrebtes Ziel nicht erreichen, ist es an der Zeit, über eine Kompromisslösung zu verhandeln.

Distributives Verhandeln basiert auf einem hartnäckigen und unnachgiebigen Feilschen um Positionen nach dem Prinzip „Ich gewinne, du verlierst".

Integratives Verhandeln basiert auf gegenseitiger Kompromissbereitschaft und der gemeinsamen interessenbezogenen Erarbeitung einer für beide Seiten zufriedenstellenden Lösung („Win-win"), sodass die Beziehungsebene nicht belastet, sondern vielmehr langfristig gestärkt wird.

Die wichtigsten Grundregeln und Techniken
erfolgreicher Verhandlungsführung:

1. Alles ist verhandelbar.
2. Machen Sie Ihre Hausaufgaben und tragen Sie alle für den Verhandlungsprozess wichtigen Informationen zusammen.
3. Erläutern Sie, inwiefern Ihr Lösungsvorschlag den Interessen und Bedürfnissen der Gegenseite Rechnung trägt.
4. Verhandeln Sie immer unter Einbeziehung verschiedener Wahlmöglichkeiten.
5. Bestimmen Sie vorab, was für Sie die beste verfügbare Alternative zu Ihrem angestrebten Verhandlungsergebnis (BATNA) ist.
6. Schlagen Sie gleichwertige Verhandlungsalternativen vor.
7. Stellen Sie Kommunikations- und Verhandlungsbereitschaft her, indem Sie mithilfe offener Fragen die Interessen und Bedürfnisse der Gegenseite ergründen.

8. Hinterfragen Sie die Stichhaltigkeit der Argumente und Informationen der Gegenseite.

9. Hören Sie aufmerksam zu und passen Sie Ihre Alternativvorschläge gezielt an die Interessenlage der Gegenseite an.

10. Steuern Sie gezielt die Wahrnehmung der Gegenseite.

11. Machen Sie keine voreiligen Zugeständnisse.

12. Achten Sie auf konstruktive und positive Kommunikation.

13. Beweisen Sie Geduld.

14. Halten Sie Ärger und andere negative Emotionen unter Kontrolle.

Übungsaufgabe Nr. 1:

Wenn Sie das nächste Mal am Arbeitsplatz über einen Vorschlag verhandeln müssen, erarbeiten Sie vorab drei für Sie gleichwertige Alternativlösungen und beobachten Sie, wie Ihr Verhandlungspartner darauf reagiert.

Übungsaufgabe Nr. 2:

Entwickeln Sie auf der Grundlage der in diesem Kapitel erläuterten Regeln und Techniken einen Plan, wie Sie am besten vorgehen können, um eine Gehaltserhöhung auszuhandeln.

Übungsaufgabe Nr. 3:

Stellen Sie sich folgendes Szenario vor: Sie sind eine sehr junge, aber noch relativ unerfahrene Fachkraft. Da Ihr Chef einen Herzinfarkt hatte, sind Sie unerwartet befördert worden und haben nun provisorisch Ihre erste Position mit Führungsverantwortung übernommen. Doch Ihr Chef kehrt nicht mehr zurück und so übernehmen Sie diese Position dauerhaft. Sie arbeiten mittlerweile seit zwei Jahren als Manager und haben auch eine geringfügige Gehaltserhöhung bekommen, allerdings hat man Sie bislang nicht in die wesentlich höhere Gehaltsstufe für Manager eingruppiert. Als man Ihnen die Stelle dauerhaft übertragen hat, wollte Ihr Vorgesetzter zunächst einmal abwarten und sehen, wie Sie Ihrer Verantwortung gerecht werden. Arbeiten Sie einen Verhandlungsplan aus.

Fallbeispiel: Warren Buffett

Das US-Unternehmen Berkshire Hathaway ging 1955 aus der Fusion der beiden Textilfirmen Berkshire Fine Spinning und Hathaway Manufacturing hervor. Nach der Fusion wurde es von einem Mann namens Seabury Stanton geleitet. Anfangs betrieb das Unternehmen noch 15 Produktionsstandorte und erwirtschaftete einen Jahresumsatz von über 120 Millionen US-Dollar. Doch in den darauffolgenden fünf Jahren schloss Stanton nach und nach immer mehr Produktionsstandorte und entließ Tausende von Mitarbeitern.

Die Schließung dieser Werke und die drastischen Massenentlassungen wurden in der Unternehmensbilanz als große Gewinne ausgewiesen, wodurch der Aktienkurs des Unternehmens nach jeder Standortschließung weiter anstieg. Ein Investor namens Warren Buffett wurde auf die Wertentwicklung der Aktie aufmerksam und begann 1962 damit, Anteile von Berkshire Hathaway zu kaufen – eine Fehlinvestition, wie sich später herausstellen sollte. Denn in den folgenden zwei Jahren wurde Buffett klar, dass die Textilindustrie in den Vereinigten Staaten in einer schweren Krise steckte und dass der auf Standortschließungen basierende steigende Aktienkurs mit nur noch acht in Betrieb befindlichen Standorten folglich nicht bis ins Unendliche weiter steigen konnte.

Daraufhin verhandelte er mit Stanton über den Rückkauf der Aktien, wobei Stanton anbot, Buffetts Aktien zum Preis von 11,50 Dollar pro Stück zurückzukaufen. Letzterer war zufrieden und erklärte sich mit dem Angebot einverstanden. Als Stanton ihm jedoch das mündlich vereinbarte Angebot in schriftlicher Form in sein Büro schickte, merkte Buffett, dass Stanton den Kaufpreis niedriger angesetzt hatte. In den Papieren war anstatt des vereinbarten Preises von 11,50 Dollar ein Preis von 11,375 Dollar pro Aktie aufgeführt.

Buffett geriet über Stantons Täuschungsabsicht dermaßen außer sich, dass er seine Aktien nicht verkaufte, sondern stattdessen noch viel mehr Aktien kaufte, bis er schließlich die Mehrheit an dem mittlerweile ziemlich angeschlagenen Unternehmen besaß. Dann übernahm er die Leitung von Berkshire Hathaway und feuerte als Erstes Seabury Stanton. 1967 begann Buffett damit, Berkshire in eine Beteiligungs- und Versicherungsholding umzuwandeln, indem er ein erstes Versicherungsunternehmen kaufte. Drei Jahre später erwarb er eine Beteiligung an dem Versicherungsunternehmen GEICO (Government Employees Insurance Company). Berkshire Hathaway gehört heute nicht nur zu den acht größten Publikumsgesellschaften weltweit, sondern ist auch das Unternehmen mit der teuersten Aktie der Welt – im September 2011 kostete eine Aktie im Schnitt 108.020 US-Dollar.

Diese Geschichte könnte als anschauliche Lektion in ethischer Verhandlungsführung dienen. Denn wenn Seabury Stanton nicht versucht hätte, Warren Buffett zu betrügen, hätte er wohl auch seinen Job nicht verloren. Buffett reagierte so wütend auf Stantons Betrugsversuch, dass er sich bei seiner Kaufentscheidung von seinen Emotionen leiten ließ. Auch wenn es scheint, als wäre die Sache am Ende bestens für Buffett ausgegangen, vertritt dieser eine andere Meinung.

In einem Interview[2] mit dem US-Nachrichtensender CNBC im Oktober 2010 beschrieb Buffet den Kauf der Aktien daher als „die dämlichste Entscheidung, die ich je getroffen habe". Nach seiner eigenen Einschätzung hätte er, sofern er dasselbe Kapital auf direktem Weg in die Versicherungsbranche investiert hätte, anstatt den Umweg über Berkshire Hathaway zu gehen, mehrere Hundert Milliarden Dollar mehr Gewinn machen können, als er es mit seiner Holding Berkshire Hathaway gemacht hat – einem der erfolgreichsten Unternehmen weltweit.

13.
BEEINDRUCKEN
SIE MIT EINEM
KLAREN JA

So lernen Sie, mithilfe positiver Sprache zuvorkommend und konstruktiv zu kommunizieren

Du musst immer das Positive betonen,
das Negative ausblenden, an einem Ja festhalten
und solltest es nie darauf anlegen,
ein Mittelding finden zu wollen.

– aus dem Song *Accentuate the Positive* von Johnny Mercer

(US-amerikanischer Sänger, Komponist und Songwriter)

AUFGRUND DER UNS VORLIEGENDEN UNTERLAGEN HABEN SIE KEINEN AN-SPRUCH AUF EINE STEUERRÜCKERSTATTUNG, WEIL SIE ALS UNBESCHRÄNKT STEUERPFLICHTIGER IHRE STEUERERKLÄRUNG FÜR BESTIMMTE VERANLA-GUNGSZEITRÄUME NOCH NICHT ABGEGEBEN HABEN.

Dieses Schreiben bekam ich von der Stadt Philadelphia zugeschickt. Beachten Sie die negativen Formulierungen „keinen Anspruch", „Steuerpflichtiger" und „nicht abgegeben". Auch die Verwendung der Großbuchstaben verstärkt den negativen Eindruck noch zusätzlich. Negative Formulierungen kommunizieren häufig unterschwellig eine Schuldzuweisung. Sie sagen dem Empfänger deutlich, was nicht gemacht werden kann, sagen ihm jedoch nicht, was gemacht werden kann (oder gemacht wurde). Außerdem hinterlassen negative Formulierungen beim Empfänger der Botschaft einen schlechten Eindruck.

Vergleichen Sie nun den ursprünglichen Brief mit dem nachfolgenden, den ich neu formuliert habe, um der Stadt Philadelphia mal zu zeigen, wie sie es besser sagen kann.

Vielen Dank, dass Sie Ihre Gewerbesteuererklärung für das Jahr 2010 eingereicht haben. Bitte erbringen Sie den Nachweis, dass Sie Ihre Steuern aus dem Veranlagungszeitraum bis zum 31.12.2008 bereits bezahlt haben, dann können wir Ihnen die beantragte Rückerstattung umgehend anweisen.

Durch die negative Sprache im Schreiben der Stadt Philadelphia fühlt man sich in die Defensive gedrängt und frustriert; positive Sprache dagegen signalisiert Hilfsbereitschaft und motiviert. Es handelt sich im Grunde um dieselbe Information, allerdings wird diese auf zuvorkommende und hilfreiche Art und Weise präsentiert. (Und nein, ich erwarte von der amerikanischen Regierung nicht, dass sie ihre sprachlichen Gepflogenheiten ändert. Ich dachte mir nur, das wäre ein anschauliches Beispiel, wie man es hätte besser ausdrücken können! Übrigens warte ich noch immer auf meine Steuerrückzahlung.)

Was ich damit sagen will: Wenn Sie künftig Ihre Botschaften zuvorkommender und positiver kommunizieren wollen, müssen Sie als Erstes

KURZ NACHGEFRAGT

Achten Sie einmal sorgfältig darauf, was Sie über sich und andere sagen. Verwenden Sie in erster Linie negative oder positive Formulierungen? Merken Sie, dass Ihre Mitmenschen anders auf Sie reagieren, wenn Sie positive/negative Sprache verwenden?

Ihre negativen Ausdrucksweisen erkennen und aus Ihrem Sprachschatz verbannen. Ich zucke jedes Mal zusammen, wenn ich mitbekomme, dass jemand so etwas sagt wie „Ach, ich bin ein ziemlich miserabler Redner" oder „Ich hasse Networking". Oder wenn ein Vorgesetzter über einen Mitarbeiter „Ach, er ist kein bisschen kreativ" oder ein Vater über seine Tochter „Schade, in Mathe ist sie eine Niete" sagt. Denn das Einzige, was wir durch die Verwendung negativer Sprache erreichen, ist, dass wir uns damit Grenzen setzen. Doch negative Sprachmuster schleichen sich ganz leicht ein, auch wenn uns das in den meisten Fällen überhaupt nicht bewusst ist. Führen Sie sich daher stets vor Augen, dass Ihre Mitmenschen sich aufgrund Ihrer Wortwahl und Ausdrucksweise ganz schnell ein Urteil über Sie bilden.

Ein einziger Gedanke kann auf sehr unterschiedliche und vielfältige Art und Weise kommuniziert werden, wobei je nach Formulierung eine völlig andere emotionale Beziehung zum Adressaten der Botschaft erkennbar wird. Wie würden Sie sich fühlen, wenn jemand Sie beispielsweise als „geizig" anstatt als „genügsam" bezeichnet oder als „spitzfindig" anstatt als „gewissenhaft" oder als „eigensinnig" anstatt als „willensstark". (Und ja, ich habe bewusst diese Adjektive gewählt, weil sie schon benutzt wurden, um mich zu beschreiben.)

Stellen Sie sich einmal vor, Ihr Chef sagt zu Ihnen: „Sie haben eine Fehlentscheidung getroffen." Würden Sie sich anders fühlen, wenn er stattdessen so etwas sagen würde wie „Vielleicht sollten Sie das noch einmal überdenken!"? Wie wäre es für Sie, wenn Ihr Chef auf eine neue Idee von Ihnen mit den Worten „Das wird doch nie funktionieren" reagierte, wenn er stattdessen genauso gut „Können wir noch ein paar Alternativvorschläge erörtern?" hätte sagen können?

Mein Vater war ein wahrer Meister auf dem Gebiet der positiven Kommunikation. Ich kann mich noch gut an eine Situation erinnern, da war ich ungefähr sechs, als er zu mir sagte: „Mäuschen, würde es dir was ausmachen, nach oben zu laufen und mir meine Socken zu holen?"

„Ja, es würde mir was ausmachen", sagte ich frech.

Daraufhin antwortete er: „Oh, das war keine Bitte, ich habe dich nur höflich, aber bestimmt dazu aufgefordert. Wenn ich dich auffordere, etwas zu tun, dann erwarte ich auch, dass du das machst."

Das war eine Lektion, die ich bis heute nicht vergessen habe.

Hier sind noch einige weitere positive und zuvorkommende Formulierungen, die ich von meinem Vater gelernt habe:

- Anstatt zu sagen „Das ist eine Lüge", sagte er immer „Das ist schwer zu glauben".
- Anstatt zu sagen „Das war dumm von dir", sagte er immer „Das kannst du doch viel besser".
- Anstatt zu sagen „Hör auf zu rennen", sagte er immer „Geh doch langsam, bitte".

Er wollte nicht an mir herumnörgeln, sondern mir vielmehr beibringen, wie man auf möglichst positive, zuvorkommende Art und Weise miteinander kommunizieren kann.

Das mag zwar ebenso einfach wie einleuchtend sein, aber offensichtlich – wie das eingangs erwähnte Schreiben der Stadt Philadelphia anschaulich demonstriert – fällt es uns ziemlich schwer, unsere gewohnten Sprachmuster umzukrempeln. Denn dazu müssen wir uns der negativen Sprachmuster, die wir uns im Laufe unseres Berufslebens angewöhnt haben, zuerst einmal bewusst werden, bevor wir sie in positive

KURZ NACHGEFRAGT

Welche positiven und negativen Ausdrücke verwenden Sie regelmäßig? Was glauben Sie, wie Ihre Ausdrucksweise von Ihren Mitmenschen wahrgenommen wird?

Ausdrucksweisen verwandeln können. Genau das ist auch der Grund, warum Führungskräfte ihre Mitarbeiter meist dazu ermuntern, positiv zu formulieren und etwas als „anspruchsvoll" statt als „schwierig" zu bezeichnen oder als „Herausforderung" statt als „Problem" oder als „Chance" statt als „Streitpunkt".

Schon allein die verwendete Wortwahl kann entscheidend dazu beitragen, wie eine Person von ihren Mitmenschen wahrgenommen wird. Ein sehr anschauliches Beispiel hierfür ist die berühmte Äußerung des ehemaligen US-Präsidenten Richard Nixon, der in einer Pressekonferenz mit den Chefredakteuren des Nachrichtendienstes Associated Press sagte: „Die Leute müssen wissen, ob ihr Präsident ein Gauner ist oder nicht. Also, ich bin kein Gauner." Indem Nixon den negativen Ausdruck „Gauner" noch einmal wiederholte, trug er mit seiner Wortwahl dazu bei, dass jeder Zuhörer auf Anhieb das Wort „Gauner" mit ihm assoziierte.

Im Allgemeinen ist es so, dass negative Ausdrücke uns emotional negativ beeinflussen, was uns allerdings häufig nicht bewusst ist. Ich bin keine Ausnahme, denn mir geht es da nicht anders. Irgendwann hat einmal jemand zu mir gesagt, ich wäre eine ausgesprochene Pessimistin. Ich verlangte Beispiele für diese Behauptung. (Man beachte, dass ich um Beispiele hätte *bitten* können.) Mein Gegenüber wies mich dann darauf hin, dass ich statt „Ja" manchmal ersatzweise ähnliche Wörter benutze wie zum Beispiel „gewiss", „okay" und „sicher doch".

„Ja" und „gewiss" ist nicht dasselbe

Wahrscheinlich werden Sie sich jetzt fragen: „Wo liegt denn das Problem, wenn Lisa anstatt ‚Ja' eben ‚gewiss' sagt?"

Nun ja, mein Gesprächspartner argumentierte, dass die anderen Worte nicht wirklich gleichbedeutend sind mit „Ja". Er sagte: „Lisa, wenn Sie ‚Ja' sagen, ist es absolut eindeutig, dass Sie ‚Ja' meinen, doch wenn Sie stattdessen ‚gewiss', ‚okay' oder ‚sicher doch' sagen, hört sich das so an, als ob Sie nur widerwillig zustimmen. Noch schlimmer klingt es, wenn Sie ‚meinetwegen' sagen."

Ich musste mir eingestehen, dass er damit nicht ganz unrecht hatte. Nachdem ich daraufhin etwas genauer auf meine Wortwahl achtete, stellte ich schließlich fest, dass es einen winzigen, aber durchaus wahrnehmbaren Unterschied gibt, insbesondere dann, wenn diese „Ja-Alternativen" in einem negativen Tonfall geäußert werden.

Auf den Tonfall kommt es an

Irgendwann einmal fragte mich ein Außendienstmitarbeiter von lisabmarshall.com: „Lisa, kann ich für meinen Laptop eine externe Maus bekommen?" Ich hätte auf diese Frage antworten können, indem ich „Ja, selbstverständlich" gesagt hätte. Stattdessen konnte ich hören, wie ich seufzte und „okay" sagte.

Im Prinzip habe ich dadurch meinen Widerwillen kundgetan. Denn in diesem Augenblick dachte ich: „Der Laptop hat doch ein Touchpad, weshalb brauchen Sie dann eigentlich noch eine separate Maus?" Ein paar Tage zuvor hatte ich dem Außendienstmitarbeiter aber schon vorgeschlagen, er solle doch versuchen, sich mit dem Touchpad anzufreunden, und wenn er partout nicht damit zurechtkäme, würde ich mir überlegen, eine externe Maus für ihn zu kaufen. Im Grunde genommen hatte ich schon Ja gesagt. Zweifellos hätte ich mich sehr viel zuvorkommender und höflicher verhalten können, indem ich geantwortet hätte: „Ja, aber selbstverständlich." Und ich hätte das sogar noch mit einem Lächeln auf den Lippen sagen können.

Ja, aber …

Noch am selben Tag machte mir der Außendienstmitarbeiter den Vorschlag: „Wie wäre es, wenn wir ein Gewinnspiel veranstalten?"

Ich hörte mich schon antworten: „Ja, könnten wir, aber …" Bestimmt wissen Sie, dass diese „Ja, aber …"-Antwort gleichbedeutend ist mit einem „Nein". Sobald ich mich „Ja, aber …" sagen hörte, machte ich sofort einen Rückzieher.

„Halt, Moment mal, warten Sie, lassen mich das noch einmal versuchen." Ich musste mir zuerst wieder ins Gedächtnis rufen, „Ja, und …" zu sagen anstatt „Ja, aber …".

Also habe ich stattdessen gesagt:

„Ja, ich halte es für eine prima Idee, ein Gewinnspiel zu veranstalten. Und wenn wir erst über die nötigen Ressourcen verfügen, um das Ganze richtig aufzuziehen, werden wir das ganz bestimmt auch machen."

DOCH VORSICHT

Die „Ja, aber …"-Antwort ist ein ziemlich schlecht getarntes Nein, mit dem Sie nicht nur den Vorschlag der anderen Person infrage stellen, sondern möglicherweise auch eine die Beziehung belastende Konfliktsituation heraufbeschwören. Dasselbe gilt übrigens auch für den nächsten Verwandten der „Ja, aber …"-Antwort: die „Ja, oder …"-Antwort.

„Ja, wir könnten ein Gewinnspiel veranstalten, oder wir könnten versuchen, einen Gutscheincode einzusetzen." Zumindest wird in diesem

Beispiel eine Alternative vorgeschlagen, aber dennoch wird der ursprüngliche Vorschlag abgelehnt.

Wenn Sie eine solche Ausdrucksweise wählen, um auf subtile Weise Nein zu sagen, gehen Sie auf Konfrontationskurs und schaffen eine Konfliktsituation, die völlig überflüssig ist.

Seien Sie kein(e) Jasager(in)

Nur damit keine Missverständnisse entstehen: Ich rate Ihnen hier nicht, dass Sie beliebig zu allem Ja und Amen sagen sollen. Damit ein Unternehmen erfolgreich ist, braucht man eine gesunde, konstruktive Konfliktkultur, um gute Lösungsansätze zu finden. Als Jasager – oder in meinem Fall als Jasagerin – kommt man nicht weit.

DOCH VORSICHT

Wenn Sie Ihre Zustimmung nur geben, um Konflikte zu vermeiden, ist das genauso unproduktiv.

Mithilfe einer „Ja, und …"-Antwort sind Sie in der Lage, einen Konflikt auf positive Weise beizulegen. Denn so können Sie zu bestimmten Aspekten eines Vorschlags „Ja" sagen und dennoch Ihre Bedenken zu anderen Aspekten zum Ausdruck bringen, denen Sie nicht zustimmen. Wichtig ist, dass Sie zuerst die Aspekte erwähnen, mit denen Sie einverstanden sind, um so eine gemeinsame Basis zu schaffen. Indem Sie zuerst auf die Gemeinsamkeiten zu sprechen kommen, haben Sie eine solide Ausgangsposition, auf deren Grundlage Sie konstruktiv Ihre unterschiedlichen Sichtweisen erörtern können.

Eine „Ja, und …"-Antwort legt den Grundstein für eine noch wesentlich konstruktivere und effektivere Kommunikation. Denn sie trägt dazu bei, ein Arbeitsklima zu schaffen, in dem Vorschläge erwünscht sind, und versetzt uns damit in die Lage, uns beständig weiterzuentwickeln.

Hüten Sie sich vor Vorwürfen, negativen Äußerungen und Fragen

Wenn Sie mit einem Vorwurf konfrontiert werden, sollten Sie tunlichst darauf achten, sich nicht von dieser Negativität anstecken zu lassen, sondern stattdessen mit positiven, erklärenden Worten antworten. Machen Sie bloß nicht den Fehler, die Anschuldigung im ursprünglichen negativen Wortlaut zu wiederholen. Denn damit tragen Sie nur dazu bei, dass die Behauptung weiter aufrechterhalten und die Wirkung des Vorwurfs noch verstärkt wird. Zum Beispiel:

- Wenn jemand zu Ihnen sagt: „Überschreiten Sie mit Ihrem Projekt denn nicht schon den Kosten- und Zeitplan?"
  Antworten Sie bloß nicht: „Nein, mein Projekt überschreitet nicht den Kosten- und Zeitplan."
  Reagieren Sie positiv: „Mein Projekt läuft nach wie vor planmäßig und wird termin- und budgetgerecht fertiggestellt."
- Wenn jemand zu Ihnen sagt: „Wirkt sich Ihr Projekt denn nicht negativ auf die Umwelt aus?"
  Antworten Sie bloß nicht: „Nein, unser Projekt wirkt sich nicht negativ auf die Umwelt aus."
  Reagieren Sie positiv: „Die Auswirkungen dieses Projekts auf die Umwelt werden äußerst gering sein, sofern es überhaupt welche geben wird."
- Wenn jemand zu Ihnen sagt: „Werden Sie sich verspäten?"
  Antworten Sie bloß nicht: „Nein, ich werde mich nicht verspäten."
  Reagieren Sie positiv: „Ich habe vor, pünktlich zu sein."

Dasselbe gilt gleichermaßen für die Beantwortung von offenen, weiterführenden Fragen. Antworten Sie nicht negativ, indem Sie sagen, „was nicht ist", sondern positiv, indem Sie sagen, „was ist".

- Wenn jemand Sie also fragt: „Wie geht es Ihnen heute?"
  Antworten Sie bloß nicht: „Ich kann nicht klagen."
  Reagieren Sie positiv: „Ich bin guter Dinge, der Tag kann beginnen."
- Wenn jemand Sie fragt: „Was halten Sie von meinem Vorschlag?"
  Antworten Sie bloß nicht: „Nicht übel."
  Reagieren Sie positiv: „Klingt interessant."
- Wenn jemand Sie fragt: „Kann ich … machen?"
  Antworten Sie bloß nicht: „Damit habe ich kein Problem."
  Reagieren Sie positiv: „Ja, gerne."

Zu guter Letzt, wenn Sie etwas vorschlagen oder fragen wollen, sollten Sie Ihr Anliegen mithilfe positiver Assoziationen formulieren.

- Sagen Sie nicht: „Warum treffen wir uns nicht alle am Dienstag?"
  Formulieren Sie positiv: „Lasst uns doch am Dienstag alle zusammenkommen."

Denken Sie daran, Ihre Botschaft immer mit positiven Emotionen und Assoziationen (Framing) zu koppeln, indem Sie betonen, was Sie wirklich wollen, und nicht etwa, was Sie ablehnen. Denn Ihre Botschaft soll kommunizieren, was Sie tun werden, und nicht etwa, was Sie nicht tun werden; was Sie tun können, und nicht etwa, was Sie nicht tun können.

Hüten Sie sich vor Pauschalaussagen und Verallgemeinerung

Stark verallgemeinernde Begriffe wie „nie" und „immer" treffen zum einen selten zu und tragen zum anderen in aller Regel nur dazu bei, eine Konfliktsituation weiter zu verschärfen. „Sie kommen immer zu spät." „Sie beteiligen sich nie aktiv an unseren Status-Meetings." „Machen Sie doch, was Sie wollen." Diese Aussagen werden oft benutzt, um andere zu kritisieren oder anzugreifen. Schlimmstenfalls kann der Empfänger einer solchen Botschaft sich sogar dazu veranlasst sehen, sie komplett zu ignorieren, weil er der Meinung ist, dass die Aussage ohnehin pure Übertreibung ist. Anstatt die Kommunikation durch stark verallgemeinernde Begriffe zu erschweren, sollten Sie lieber Wörter wie „oft" oder „selten" verwenden.

Das Gleiche gilt für negative Aussagen wie zum Beispiel „Ich kann nicht", „Es ist unmöglich", „Das funktioniert nicht", „Ich werde versuchen". Wählen Sie stattdessen neutrale Formulierungen wie „Das ist eine echte Herausforderung" und finden Sie dann heraus, ob es tatsächlich unmöglich ist.

Ebenso sollten Sie Formulierungen mit „hätten … müssen" vermeiden und Ihre Aussage stattdessen mit „hätten … können" umschreiben. Vergleichen Sie einmal folgende Sätze:

„Sie hätten die Teilnehmerliste fertigstellen müssen, bevor Sie mit dem nächsten Projekt anfangen."

„Sie hätten die Teilnehmerliste fertigstellen können, bevor Sie mit dem nächsten Projekt anfangen."

Die zweite Aussage klingt deutlich freundlicher und weniger vorwurfsvoll.

Vermeiden Sie Gejammer, Nörgelei und Kraftausdrücke

Am Arbeitsplatz will niemand mit Ihren persönlichen Problemen behelligt werden. Außerdem ist es ohnehin zwecklos, sich über Dinge zu beklagen, die man nicht beeinflussen kann, wie zum Beispiel die Kunden oder die Wirtschaft. Und natürlich sollten Sie auch nicht fluchen. Daher sollten Sie Gejammer, Nörgelei und Kraftausdrücke unbedingt aus Ihrem Wortschatz verbannen, damit Sie immer positiv und konstruktiv kommunizieren können. Konzentrieren Sie sich am besten darauf, was Sie aus der jeweiligen Situation lernen können. „Ich hätte diese Angelegenheit sehr viel kundenorientierter lösen müssen. Nächstes Mal werde ich …"

Bezeichnen Sie niemanden als Lügner

Zwangsläufig müssen Sie hin und wieder die Feststellung machen, dass jemand sein Wort oder Versprechen nicht hält, weil er Sie entweder angeschwindelt oder es einfach vergessen hat. Eine solche Situation sollten Sie am besten auf konstruktive Weise lösen, indem Sie dem Bedürfnis, Ihrem Unmut Luft zu machen, bewusst nicht nachgeben und etwa so etwas sagen wie „Aber Sie haben doch etwas ganz anderes gesagt" oder ziemlich unverblümt mit der Aussage „Sie sind ein Lügner!" herausplatzen. Am unverfänglichsten ist es, wenn Sie einfach wiederholen, was die betreffende Person ursprünglich gesagt hat. Natürlich ist es noch besser, wenn Sie zum Beweis ein Protokoll dieser Aussage (entweder in Schriftform oder auf Band) haben.

Ebenso sollten Sie auch die Formulierungen „Ich möchte ganz offen zu Ihnen sein" und „Um ehrlich zu sein …" aus Ihrem Wortschatz streichen. Denn sobald ein solcher Ausspruch fällt, denken die meisten Menschen ganz spontan: „Haben Sie mich denn die ganze Zeit über angelogen?" Solche Formulierungen sind weder positiv noch konstruktiv und können Ihrer Glaubwürdigkeit beträchtlich schaden.

Um es noch einmal deutlich zu machen: Wenn ich Ihnen hier den Rat gebe, positive Sprache zu verwenden, dann meine ich damit nicht, dass Sie fröhlich und quietschvergnügt durchs Büro hüpfen sollen, ohne Konflikte und Schwierigkeiten überhaupt wahrzunehmen. Doch wenn Sie sich ganz bewusst eine positivere Ausdrucksweise aneignen, werden Sie feststellen, dass sich Ihr Leben verändert. Denken Sie einfach an die Worte von Mahatma Gandhi:

Achte stets auf positive Gedanken,
denn deine Gedanken werden zu deinen Worten.

Achte stets auf positive Worte,
denn deine Worte werden zu deinem Verhalten.

Achte stets auf positives Verhalten,
denn dein Verhalten wird zu deiner Gewohnheit.

Achte stets auf positive Gewohnheiten,
denn deine Gewohnheiten werden zu deinen Werten.

Achte stets auf positive Werte,
denn deine Werte werden zu deinem Schicksal.

Es steht außer Frage, dass Sie allein durch Ihre Wortwahl eine *gewaltige* Veränderung in Ihrem Leben bewirken können! Denn unsere Worte kommunizieren Gefühle und Gedanken und werden so zu unserer Realität. Sie enthüllen unsere innere Einstellung und sie lassen Beziehungen zu unseren Mitmenschen entstehen. Positive Worte haben Macht (und kommen mächtig gut an)!

ZUSAMMENFASSUNG:
So lernen Sie, mithilfe positiver Sprache zuvorkommend
und konstruktiv zu kommunizieren

Eine positive Ausdrucksweise wirkt motivierend.
Negative Formulierungen rufen unterschwellig negative Emotionen hervor.
Sagen Sie „Ja" anstatt „gewiss" oder „sicher doch".
Sprechen Sie in einem positiven Tonfall.
Sagen Sie „Ja, und ... " anstatt „Ja, aber ... ".
Reagieren Sie auf Vorwürfe, indem Sie Ihre Aussage positiv formulieren, anstatt die negative Ausdrucksweise wörtlich zu wiederholen.
Benutzen Sie keine stark verallgemeinernden Wörter wie „nie" und „immer".
Vermeiden Sie negative Aussagen wie zum Beispiel „Ich kann nicht" oder „Es ist unmöglich".
Verwenden Sie Formulierungen mit „hätten ... können" anstatt „hätten ... müssen.
Vermeiden Sie Gejammer, Nörgelei und Kraftausdrücke.
Bezeichnen Sie niemanden als Lügner.

Übungsaufgabe Nr. 1

Schreiben Sie die zehn häufigsten Negativformulierungen auf, die Sie benutzen. Danach überlegen Sie, wie Sie diese in positive Formulierungen umwandeln können.

Übungsaufgabe Nr. 2

Lesen Sie sich die folgende Aufzählung mit 25 negativen Adjektiven durch und überlegen Sie, wie Sie sich fühlen würden, wenn Sie so charakterisiert würden: arrogant, aufbrausend, autoritär, engstirnig, habgierig, herablassend, herrschsüchtig, hinterhältig, intolerant, kaltschnäuzig, kleinmütig, neidisch, neurotisch, rücksichtslos, selbstgefällig, streitsüchtig, übellaunig, überheblich, ungeduldig, unscheinbar, verantwortungslos, verlogen, zänkisch, zwanghaft, zynisch.

Und nun lesen Sie sich diese Aufzählung mit 25 positiven Adjektiven durch und überlegen Sie, wie Sie sich fühlen würden, wenn Sie so charakterisiert würden: ambitioniert, arbeitsam, aufrichtig, ausgelassen, begabt, begeisterungsfähig, brillant, charmant, couragiert, dynamisch, entscheidungsfreudig, erfolgreich, erfrischend, fantastisch, fröhlich, geistreich, inspirierend, intelligent, klug, optimistisch, scharfsinnig, selbstsicher, temperamentvoll, verantwortungsbewusst, wunderbar.

Übungsaufgabe Nr. 3

Versuchen Sie einmal, eine Woche lang auf ein „Danke schön!" nicht mit einem „Bitte schön!" oder „Kein Problem!" zu reagieren, sondern stattdessen „Gern geschehen!" zu sagen.

Fallbeispiel: Ritz-Carlton Hotels

Die US-amerikanische Hotelkette *The Ritz-Carlton Hotel Company* unterhält Luxushotels in aller Welt. Im Vergleich zu anderen Hotels zeichnet Sie sich insbesondere durch ein sehr außergewöhnliches Merkmal aus – durch die Verwendung positiver Sprache. Jeder Hotelmitarbeiter durchläuft eine intensive Ausbildung, in der er lernt, die Unternehmenskultur und -philosophie sowie die Unternehmenssprache zu verinnerlichen, um die legendäre Service-Kultur des Ritz-Carlton zu leben. Die Mitarbeiter werden darin geschult, auf das Dankeschön eines Gastes für einen erwiesenen Dienst oder eine Gefälligkeit stets mit einem „Es war mir ein Vergnügen!" zu antworten anstatt mit einem „Bitte sehr!" oder „Kein Problem!". Alle Hotelmitarbeiter antworten so, weil sie genau wissen, dass diese Formulierung positive Gefühle auslöst, was einen regelrechten Dominoeffekt zur Folge hat. Denn auf diese Weise haben nicht nur die Mitarbeiter ein gutes Gefühl, sondern auch die Gäste, was sich wiederum in einer ausgesprochen angenehmen Atmosphäre niederschlägt.

14.
CHARISMA –
DIE MAGIE INNERER
AUSSTRAHLUNG

So lernen Sie, Ihr
charismatisches Potenzial
zu entfalten und eindrucksvoll
zum Ausdruck zu bringen

*Dein Charme gleicht einem reich mit Geschenken
geschmückten Weihnachtsbaum, der jedes Kleinkind beim
ersten Anblick magisch in seinen Bann zieht.*

– aus dem Song *„The Charm of You"*, gesungen von Frank Sinatra

John arbeitet in einem Unternehmen mit einer bekanntermaßen knauserigen Büroleiterin. Seine Kollegen witzeln oft über sie, dass sie jede Anforderung von Büromaterial so peinlich genau überprüft, als müsste sie dafür ihren eigenen geheimen Vorrat plündern. Die meisten Mitarbeiter hassen es wie die Pest, sich mit ihr auseinandersetzen zu müssen; bei einigen ist es sogar so schlimm, dass sie ihren Bürobedarf aus eigener Tasche bezahlen. Nicht so John.

Er fordert einfach an und bekommt, was er braucht. Aber warum? Weil John sympathisch und liebenswert ist. John hat einmal zu mir gesagt: „Damit man von seinem Konto Geld abheben kann, muss man zuerst einmal welches einzahlen." Natürlich hat er damit nicht richtiges Geld gemeint, sondern vielmehr im übertragenen Sinne eine andere Art von Reichtum angesprochen: Reichtum in Form von persönlichen Beziehungen, die er aufbaut und pflegt.

John hat es sich zum Prinzip gemacht, beim Vorbeigehen kurz in die Büros seiner Kollegen reinzuschauen und zu hören, wie es ihnen geht.

Er nimmt sich gern die Zeit, die Beziehung zu seinen Kollegen zu pflegen, indem er sie danach fragt, wie sie das Wochenende verbracht haben, wie es der Familie geht, oder indem er sich nach anderen Dingen erkundigt, die

KURZ NACHGEFRAGT

Sind Sie schon einmal jemandem begegnet, von dem eine unwiderstehliche Anziehungskraft ausging? Durch welche Wesenseigenschaften und Besonderheiten zeichnen sich die charismatischen Menschen aus, die Sie kennen? Inwiefern unterscheiden sie sich von anderen Menschen? Wie fühlen Sie sich, wenn Sie Zeit mit Personen verbringen, die eine authentische innere Ausstrahlung besitzen?

für die Kollegen von Bedeutung sind. Er gibt sich große Mühe, Interesse für seine Arbeitskollegen zu zeigen. Dabei hat er sich ganz bewusst dafür entschieden, aufrichtige und authentische „Einzahlungen auf sein Sympathiekonto" vorzunehmen, denn er weiß schließlich, dass es wichtig ist und sich für ihn langfristig auszahlt, wenn er zuerst seinen Mitmenschen etwas Gutes tut. Je mehr Sympathiepunkte er sammelt, desto mehr kann er bei späterer Gelegenheit davon profitieren.

Was ist innere Ausstrahlung oder Charisma?

John besitzt das, was ich „innere Ausstrahlung" oder „authentisches Charisma" nenne. Ausstrahlung wird allgemein definiert als „eine gewinnende Eigenschaft, die andere erfreut oder begeistert beziehungsweise auf andere eine starke oder unwiderstehliche Anziehungskraft ausübt". Menschen, die diese innere Ausstrahlung – also authentisches Charisma – besitzen, sind brillante Kommunikatoren. Man hat sogar den Eindruck, dass von ihnen beinahe schon etwas Magisches ausgeht! Charisma ist eine ebenso außergewöhnliche wie undefinierbare Eigenschaft; doch sobald Sie Zeit mit einem charismatischen Menschen verbringen, strotzen Sie danach auf wundersame Art und Weise nur so vor positiver Energie. John besitzt diese Eigenschaft. Nach Auffassung des Sozialpsychologen Ronald Riggio basiert Charisma im Wesentlichen auf einer Kombination aus sozialer und emotionaler Ausdruckskraft, Feinfühligkeit und Selbstkontrolle sowie auf Eloquenz, Weitblick und Selbstvertrauen.[1]

Aber für manche Menschen ist der Begriff Charisma mit leicht negativen Assoziationen und Emotionen verbunden; für sie bedeutet Charisma irgendwie etwas Künstliches oder Manipulatives. Doch John ist von Natur aus ein freundlicher Mensch; seine Freundlichkeit ist authentisch und er interessiert sich aufrichtig für seine Mitmenschen. Seine charismatische Art hat nichts Manipulatives, denn sie ist nicht aufgesetzt, sondern

absolut ehrlich und authentisch. Und sie übt eine so starke Anziehungskraft auf seine Mitmenschen aus, dass diese sich automatisch zu ihm hingezogen fühlen und instinktiv das Bedürfnis haben, mit ihm zu interagieren und ihn zu unterstützen, weil er ihnen ein rundum gutes Gefühl
vermittelt. Ich habe es zwar schon in Kapitel 11 erwähnt, aber ich kann es
gar nicht oft genug sagen: *Wir mögen Menschen, die uns mögen.*

Das Geheimnis, authentische Sympathie und Liebenswürdigkeit auszustrahlen, besteht darin, dass Sie zunächst versuchen müssen, Gemeinsamkeiten, Ähnlichkeiten und positive Eigenschaften zwischen sich und
Ihrem Gegenüber aufzuspüren und diese dann wertschätzend zum Ausdruck zu bringen. Das Geheimnis, andere mit Ihrer inneren Ausstrahlung
und Liebenswürdigkeit in den Bann zu ziehen, besteht darin, dass Sie
Ihren Mitmenschen ehrliche Wertschätzung entgegenbringen müssen.
Demnach besteht also das wesentliche Erfolgsgeheimnis charismatischer
Ausstrahlung darin, andere Menschen aufrichtig zu mögen – selbst Menschen, bei denen es Ihnen schwerfällt, sie zu mögen.

Indem Sie sich aufrichtig bemühen, möglichst viele Gemeinsamkeiten
und positive Eigenschaften zwischen sich und Ihren Mitmenschen zu entdecken, werden *Sie* nicht nur Ihre Mitmenschen zwangsläufig viel sympathischer finden, sondern im Gegenzug werden auch Ihre Mitmenschen
Sie sehr viel sympathischer finden. Und genau darin besteht das eigentliche Erfolgsgeheimnis authentischer Sympathie und Liebenswürdigkeit,
allerdings wird das im Allgemeinen gern übersehen und vielleicht auch
gern unterschätzt.

Jetzt könnten manche einwenden: „Warum soll man sich überhaupt die
Mühe machen, sympathisch zu erscheinen? Denn ob man von seinen
Kunden, seinem Chef oder seinen Kollegen gemocht wird, dürfte doch im
Grunde keinerlei Einfluss auf die Leistung oder den Erfolg haben?" Das
Problem an dieser Argumentation ist aber: Wenn Ihre Zielgruppe Sie
nicht mag, wird sie Sie nicht engagieren; wenn Ihr potenzieller Chef Sie
nicht mag, wird er Sie schon gar nicht einstellen; und wenn Ihre Kollegen

DOCH VORSICHT

Spielen Sie anderen nichts vor. Denken Sie sich nichts aus. Bezeigen Sie anderen Personen mit Ihren Äußerungen aufrichtigen Respekt und ehrliche Wertschätzung. Sie müssen nicht die allerbesten Freunde werden, allerdings sollten Sie in der Lage sein, diese Personen wirklich davon zu überzeugen, dass Sie sich aufrichtig für sie interessieren. Und das geht am sichersten und einfachsten, indem Sie sich tatsächlich für diese Personen interessieren.

Sie nicht mögen, haben sie erst recht keine Veranlassung, Ihnen zu helfen. Sympathie und Liebenswürdigkeit tragen also sehr entscheidend zum Erfolg bei – eine Tatsache, die mitunter gern übersehen wird.

Charisma – ein Mythos

Ganz gleich, ob Sie es innere Ausstrahlung oder Charisma nennen – Menschen, die diese Eigenschaft besitzen, haben Einfluss und Macht. Sie haben ein Talent dafür, Ihren Gesprächspartnern jeweils das Gefühl zu geben, sie seien die wichtigste Person im ganzen Raum. Nach allgemeiner Auffassung basiert Charisma und innere Ausstrahlung auf einer schwer zu erklärenden Gabe, auf einer Vielzahl von Charaktereigenschaften, die sich nicht exakt isolieren lassen, auf dem gewissen Etwas, das nur wenigen Auserwählten in die Wiege gelegt wurde.

Doch das ist nur ein Mythos!

Verschiedene wissenschaftliche Untersuchungen[2, 3, 4] haben ergeben, dass Charisma auf einer Kombination aus verschiedenen Verhaltensweisen beziehungsweise Charaktereigenschaften und Fähigkeiten basiert, die man entwickeln kann. Selbst der Schüchternste kann sich in einen charismatischen Menschen verwandeln. Das sind doch großartige Neuigkeiten, denn das bedeutet, dass in jedem von uns Charisma schlummert und dass wir nur lernen müssen, unser charismatisches Potenzial zu entfalten. Demnach kann sich jeder von uns zu einem Menschen entwickeln, der alle anderen in seinen Bann zieht, sie inspiriert und verzaubert und mit dem alle gern interagieren. Jeder hat also in der Tat die Wahl, charismatisch und liebenswert zu sein.

Die renommierte Charisma-Expertin, Management-Trainerin und Dozentin Olivia Fox Cabane erläutert in ihrem Buch *The Charisma Myth: How Anyone Can Master the Art and Science of Personal Magnetism*, dass ein charismatischer Mensch gleichzeitig Präsenz, Wärme und Stärke ausstrahlt. Für mich bedeutet Charisma, dass man sich aufrichtig für seine Mitmenschen interessiert, während man gleichzeitig ein authentisches Selbstbewusstsein ausstrahlt.

DOCH VORSICHT

Sympathisch und charismatisch zu sein, bedeutet nicht, sich bei anderen einzuschleimen, ein extrovertiertes Gehabe an den Tag zu legen, sich temperamentvoll oder witzig zu geben.

Sorgen Sie für mehr positive Momente

Bevor wir aber darauf zu sprechen kommen, wie Sie diese charismatischen Fähigkeiten entwickeln können, gestatten Sie mir einen kleinen, aber wichtigen Exkurs über die Bedeutung positiver Momente. Dr. Daniel Kahneman ist einer der einflussreichsten Psychologen weltweit. Er hat sich darauf spezialisiert, genau zu analysieren, wie unsere Erfahrungen unsere Fähigkeiten und Wahrnehmungen beeinflussen. In umfangreichen Forschungen hat er herausgefunden, dass wir – ausgehend von einem 16-Stunden-Tag – täglich etwa 20.000 Momente erleben, für die unser Gehirn jeweils drei Sekunden braucht, um diese Situationen zu analysieren und einer von drei allgemeinen Bewertungskategorien – positiv, negativ, neutral – zuzuordnen. Wie wir einen Tag erleben und wahrnehmen, hängt also maßgeblich davon ab, wie unser Gehirn die erlebten Situationen einordnet. Daher, so erklärt Kahneman, ist das Verhältnis von positiven zu negativen Erlebnissen im Verlauf eines Tages ausschlaggebend für unsere jeweilige Gemütslage.[5]

Die Frage, wie das Verhältnis von positiven zu negativen Erfahrungen im Einzelnen unser Berufs- und Arbeitsleben beeinflusst, ist seit Langem Gegenstand umfangreicher wissenschaftlicher Untersuchungen. Erinnern Sie sich noch an Kapitel 6, wo ich bei der Vermittlung von konstruktivem Feedback auf die Gottman-Konstante hingewiesen habe, die in der Paartherapieforschung eingesetzt wurde, um die Scheidungswahrscheinlichkeit zu bestimmen. Sie besagt, dass sich zwischenmenschliche Beziehungen langfristig optimal entwickeln, wenn fünfmal mehr positive als negative Aussagen die Interaktion bestimmen (Positiv-Negativ-Verhältnis 5 : 1). Das gleiche Phänomen lässt sich am Arbeitsplatz beobachten. Der Psychologe Marcial Losada hat herausgefunden, dass es

KURZ NACHGEFRAGT

Haben Sie den Eindruck, dass Sie mehr positive als negative Momente erleben? Wie sieht Ihrer Meinung nach Ihr durchschnittliches Positiv-Negativ-Verhältnis im Privatleben aus? Wie sieht Ihr durchschnittliches Positiv-Negativ-Verhältnis im Berufsleben aus?

einen eindeutigen Zusammenhang zwischen dem Grad der Produktivität eines Teams und dem Interaktionsverhalten der Teammitglieder gibt. Damit die Zusammenarbeit im Team optimal funktioniert, muss die Interaktion der Teammitglieder mindestens ein Positiv-Negativ-Verhältnis von 3 : 1 und maximal ein Verhältnis von 11 : 1 aufweisen. Jede negative Äußerung muss also durch mindestens drei (und maximal elf) positive Äußerungen ausgeglichen werden. Bewegt sich die Teamkommunikation innerhalb dieser Bandbreite – der sogenannten Losada-Zone – haben die Teammitglieder nicht nur Spaß an der Arbeit, sondern sind auch wesentlich kreativer und um ein Vielfaches produktiver. Sinkt das Positiv-Negativ-Verhältnis jedoch unter 3 : 1, wird eine effektive Zusammenarbeit zunehmend schwieriger bis unmöglich. Losada berichtet sogar von einem Unternehmen, das die Produktivität seines Teams um 40 Prozent steigern konnte, nachdem es ihm gelang, das ursprüngliche Interaktionsverhalten von 1,5 : 1 auf 3,5 : 1 zu verbessern.[6]

Der Psychologe Sidney Jourard hat herausgefunden, dass erstaunliche 85 Prozent des Glücksgefühls im Leben eines Menschen nicht etwa auf Besitz, persönliche Leistungen oder Erfolge zurückzuführen sind, sondern vielmehr auf positive Interaktionen in zwischenmenschlichen Beziehungen.[7]

Aber es gibt noch ein weiteres wichtiges Kriterium: Menschen fühlen sich im Allgemeinen zu positiven Menschen hingezogen. Damit andere sich zu uns hingezogen fühlen, müssen wir natürlich selbst über eine positive Ausstrahlung verfügen und mit uns und unserem Leben wirklich rundum zufrieden sein. Die gute Nachricht ist, dass wir – nach Meinung von Psychologen – es wiederum selbst in der Hand haben, ein glückliches und zufriedenes Leben zu führen.[8] Wissenschaftliche Studien förderten interessanterweise die Erkenntnis zutage, dass unser Empfinden von Glück und Zufriedenheit im Wesentlichen darauf zurückzuführen ist, ob wir über bedeutungsvolle zwischenmenschliche Beziehungen verfügen.[9]

(Kommt Ihnen das irgendwie bekannt vor?) Auf der Internetplattform actionforhappiness.org – einer von dem britischen Ökonomieprofessor Richard Layard ins Leben gerufenen Initiative für eine Ethik des Miteinanders – heißt es sogar: „Der wichtigste externe Faktor, der das Glücksgefühl eines Menschen entscheidend beeinflusst, ist die Qualität der zwischenmenschlichen Beziehungen, die er unterhält – im Privatleben, im Beruf und in der Gemeinde."[10]

All diese Erkenntnisse zum Thema Glück und Zufriedenheit liefern uns wichtige Hinweise, wie wir unsere Lebensqualität verbessern und was wir tun können, um unsere innere Ausstrahlung zu entfalten und zum Ausdruck zu bringen. Worauf es in erster Linie ankommt, ist, dass Sie Ihren Mitmenschen ein gutes Gefühl vermitteln, wenn Sie mit Ihnen in Kontakt treten. Denn im Grunde geht es vor allem darum, Ihren Mitmenschen positive Momente zu bescheren (wodurch Sie sich natürlich im Gegenzug auch selbst positive Momente bescheren).

Als Nächstes sollten Sie unbedingt dafür sorgen, dass Sie stets einen positiven Beitrag zur Positiv-Negativ-Bilanz Ihrer Mitmenschen beisteuern. Nachfolgend erläutere ich verschiedene Möglichkeiten, wie Sie die Wahrnehmung Ihrer Person durch andere gezielt beeinflussen und lenken sowie Ihren Sympathiefaktor charmant erhöhen können, um dadurch die Glücksmomente in Ihrem Leben zu maximieren.

KURZ NACHGEFRAGT

Was haben Sie heute für Ihre Mitmenschen getan oder zu ihnen gesagt? Was könnten Sie Ihrer Meinung nach tun, um das Positiv-Negativ-Verhältnis in der Interaktion mit Ihren Mitmenschen zu verbessern?

Seien Sie immer ganz Sie selbst

Eines meiner Lieblingszitate von Oscar Wilde lautet: „Sei du selbst; alle anderen sind bereits vergeben." Damit wir unsere innere Ausstrahlung entfalten können, ist es wichtig, dass wir uns als Erstes so akzeptieren, *wie wir sind*. Sie haben keinen Grund, sich zu wünschen, Sie wären jemand anderer, oder zu versuchen, jemand anderen zu imitieren. Damit tun Sie sich selbst keinen Gefallen und Ihren Mitmenschen auch nicht. Erst wenn Sie sich selbst in Ihrer Haut rundum wohlfühlen, können sich auch andere in Ihrer Gegenwart wohlfühlen.

Das ist natürlich leichter gesagt als getan. Mitunter fühlen wir uns durch unser direktes soziales Umfeld unter Druck gesetzt und haben das Gefühl, dass wir uns nicht genauso geben können, wie wir sind: „Was ist, wenn die anderen mich nicht mögen? Was ist, wenn sie denken, dass ich … [fügen Sie hier Ihre persönlichen Ängste ein]. Was ist, wenn sie merken, dass ich nicht der Mensch bin, für den sie mich gehalten haben?" Doch wenn Sie Ihre innere Ausstrahlung entfalten wollen, müssen Sie schon das Risiko eingehen und offen und ehrlich sagen, was Sie denken, und so Ihr wahres Ich zum Strahlen bringen. Denn wie sagte der amerikanische Philosoph und Schriftsteller Ralph Waldo Emerson so treffend: „Mach das Beste aus dir; etwas Besseres kannst du nicht tun."

Es gibt eine gute Möglichkeit, wie Sie sich selbst besser kennenlernen können, um sich in Ihrer Haut wohler zu fühlen: Fragen Sie drei Arbeitskollegen, drei Personen aus Ihrem privaten Umfeld und drei Familienangehörige, über welche einzigartigen Talente Sie deren Meinung nach verfügen. Sie könnten aber auch als Ausgangspunkt für diese Übung auf das sogenannte Johari-Fenster[11] zurückgreifen – ein klassisches Analysemodell, das gern von kognitiven Psychologen verwendet wird, um Unterschiede in der Selbst- und Fremdwahrnehmung von bewussten und unbewussten Persönlichkeits- und Verhaltensmerkmalen aufzuspüren. (Unter www.kevan.org/johari können Sie einen interaktiven Johari-Fenster-Test machen.)

Für den Test sollten Sie Personen auswählen, die Sie gut kennen und die vertrauenswürdig sind, um so herauszufinden, wie sich Ihre Selbstwahrnehmung von der Fremdwahrnehmung durch Ihre Freunde unterscheidet. Die zutage geförderten Ergebnisse werden Sie vielleicht überraschen und können Ihnen dabei helfen, nicht nur Ihre einzigartige Persönlichkeit zu entdecken, sondern sie auch zu stärken.

Akzeptieren Sie Ihre Mitmenschen und begegnen Sie ihnen mit Respekt

Sie können nun Ihr frisch gewonnenes Selbstvertrauen dazu nutzen, um Ihre Mitmenschen so zu akzeptieren, wie sie sind. Vermutlich sind Sie nicht begeistert, wenn andere versuchen, Sie umzukrempeln; folglich sollten auch Sie nicht versuchen, andere umzukrempeln.

Die Grundvoraussetzung, um Sympathie und Charisma auszustrahlen, besteht darin, dass Sie sich selbst und Ihre Mitmenschen aufrichtig akzeptieren.

Zweifellos haben Sie schon einmal von der Goldenen Regel gehört: „Behandle andere so, wie du von ihnen behandelt werden willst." Wenn es jedoch darum geht, sympathisch zu erscheinen, sollten Sie sich bewusst machen, dass es in erster Linie nicht um Sie, sondern um Ihre Mitmenschen geht. Denn im Grunde ist es doch so, dass Menschen und Unternehmen sich in ihrem Handeln jeweils von ihren eigenen Interessen leiten lassen. Gerade deshalb sollten Sie sich lieber an die Platin-Regel für erfolgreiche Interaktion halten: „Behandle andere so, wie *sie* gern hätten, dass du *sie* behandelst." Kurzum: Behandle andere Menschen so, wie *sie* behandelt werden möchten.

Jeder Einzelne von uns ist in der Lage, mit nur einem einzigen Satz oder Wort einem anderen Menschen den ganzen Tag zu versüßen. Denken Sie doch nur an all jene Situationen, in denen Ihnen jemand etwas Gutes getan hat oder etwas wirklich Nettes oder Einfühlsames zu Ihnen gesagt hat, als Sie einmal einen ziemlich miserablen Tag hatten. Wahrscheinlich haben Sie sich danach sehr viel besser gefühlt und sei es auch nur deshalb, weil Sie gespürt haben, dass jemand sich für Sie interessiert hat.

Auf der anderen Seite haben Sie ganz bestimmt auch schon die Situation erlebt, dass Ihnen jemand den ganzen Tag vermiest hat, weil er Sie offensichtlich grundlos extrem barsch angegangen hat oder wütend auf Sie war. Auch wenn diese Person Ihnen nicht besonders wichtig war, hat Ihnen diese Begebenheit vermutlich noch Stunden später zu schaffen gemacht – und das alles wegen ein paar dummer Worte. Sorgen Sie dafür, dass Ihre Mitmenschen wissen, dass Sie sich dafür interessieren, wie es ihnen geht, und behandeln Sie sie so, wie sie behandelt werden möchten.

Das Höchstmaß an Respekt, welches Sie einem Menschen entgegenbringen können, heißt Empathie oder Einfühlungsvermögen. Im Prinzip funktioniert das ganz einfach. Wenn Sie hören, dass jemand seufzt, und daraufhin zu ihm sagen: „Das hört sich ganz danach an, als hätten Sie einen anstrengenden Tag. Kann ich etwas tun, um Ihnen irgendwie zu helfen?" Oder wenn ein Vorgesetzter versucht, ein Konfliktgespräch mit einem Mitarbeiter zu führen, und zu ihm sagt: „Ich habe durchaus Verständnis dafür, dass Sie sich überfordert fühlen. Lassen Sie uns doch versuchen, gemeinsam eine Lösung zu finden."

Denn wenn Sie sich in andere Menschen hineinversetzen können, indem Sie Verständnis für ihre Situation zeigen, geben Sie ihnen das Gefühl, dass Sie sie ernst nehmen.

Im Laufe eines Tages stauen sich bei uns sehr viele Dinge auf, die uns beschäftigen. Aber in unserem Arbeitsumfeld ergibt sich meist aus Zeitgründen nicht die Möglichkeit, diese Dinge zur Sprache zu bringen. Wenn Sie dann einer Person – bedingungslos – den Raum geben, über die Dinge zu sprechen, die sie beschäftigen, machen Sie nicht nur eine Menge Sympathiepunkte gut, sondern werden auch als äußerst liebenswert wahrgenommen.

Beherzigen Sie Klopfers Lebensweisheit und die Gottman-Konstante

„Wenn man nichts Nettes zu sagen hat, soll man den Mund halten." Ich bin mir ziemlich sicher, dass Sie diesen Satz – er stammt von dem frechen Kaninchen *Klopfer* aus dem Disney-Klassiker *Bambi* – schon einmal gehört haben. Auch wenn diese Lebensweisheit ebenso vernünftig wie offensichtlich ist, so erlebe ich dennoch tagtäglich, dass sie nicht befolgt wird. Dabei ist es einfach eine Tatsache, dass niemand gern mit anhört, wenn jemand eine andere Person runtermacht. Denn positive Kommunikation wirkt ebenso anziehend wie negative abstoßend. Auch wenn Sie vielleicht davon ausgehen, ich müsste das in diesem Buch nicht extra erwähnen, so sage ich es trotzdem: Als Faustregel kann ich Ihnen nur wärmstens empfehlen, lieber zweimal zu überlegen, bevor Sie eine negative Äußerung machen. Stellen Sie sich daher immer die Frage: „Welche Konsequenzen hat es, wenn ich das jetzt nicht sage?"

Im Berufsleben gibt es häufig Situationen, in denen wir zum Ausdruck bringen müssen, dass wir eine gegenteilige Meinung vertreten oder einen Vorschlag ablehnen. Gerade deshalb ist es wichtig, stets unser Bestes zu geben, um dies so positiv und konstruktiv wie nur möglich zu kommunizieren. Denken Sie an die Gottman-Konstante (siehe Kapitel 6) und machen Sie es sich zum Prinzip, jede Negativaussage mit fünf positiven Aussagen auszugleichen. Damit Sie als positiver Mensch wahrgenommen werden, sollten Sie Ihre Aufmerksamkeit verstärkt darauf richten, was Ihre Mitmenschen richtig machen, anstatt darauf, was schiefläuft.

Erkennen und würdigen Sie die Stärken Ihrer Mitmenschen

Charismatische Führungspersönlichkeiten begegnen Ihren Mitmenschen mit Respekt, indem sie ihre Stärken wertschätzen. Ich bin fest davon

DOCH VORSICHT

Sie sollten unbedingt darauf achten, Grenzen zu setzen. Denn es ist ein großer Unterschied, ob Sie einfühlsam sind oder als seelischer Mülleimer herhalten müssen. Wenn jemand einfach nur am Jammern ist und sich selbst bemitleidet, sind Sie gut beraten, Ihre Interaktion mit der betreffenden Person deutlich einzuschränken. Hier ist ein guter Tipp, wie Sie dieser Person einen Ausweg aus dem Jammer-Modus aufzeigen können: „Ich weiß ja, dass Sie total gestresst sind. Warum machen Sie nicht einfach eine Pause und wir sprechen miteinander, wenn Sie in der Lage sind, mögliche Lösungsansätze zu erörtern."

überzeugt, dass jeder Mensch über einzigartige Stärken verfügt, die er in seine zwischenmenschlichen Beziehungen und Interaktionen einbringt.

Wenn ich zum Beispiel mitbekomme, dass eine Praktikantin bei lisabmarshall.com sagt: „Ach, ich bin nur eine Praktikantin ...", lege ich großen Wert darauf, ihr zu erklären: „Schon richtig, Sie sind eine Praktikantin, aber gute Praktikanten sind für ein Unternehmen eine enorme Bereicherung, weil sie nicht nur ihre Begeisterung und Energie einbringen, sondern auch eine ganz neue und unvoreingenommene Sichtweise auf die Dinge haben. Und das nachzumachen ist schwierig, wenn nicht gar unmöglich."

Jeder Mensch hat seine Stärken. Charismatische Führungskräfte erkennen aber nicht nur regelmäßig die Stärken Ihrer Mitmenschen, sondern bringen dies auch wertschätzend zum Ausdruck.

Sehen Sie es mir bitte nach, falls das jetzt naiv klingt, aber ich bin fest davon überzeugt, dass jeder von uns im jeweiligen Augenblick stets bemüht ist, sein Bestes zu geben. Ich glaube, dass die meisten Menschen sich nicht bewusst so verhalten, dass sie ihren Mitmenschen unrecht tun. Und wenn ich das Gefühl habe, dass jemand mir unrecht tut oder mich beleidigt, gebe ich mir aus diesem Grund auch große Mühe, mir vor Augen zu halten, dass ich möglicherweise nicht alles weiß, was im Leben der anderen Person vor sich geht.

Vielleicht muss die Mutter, die sich in der Schule nie als freiwillige Helferin zur Verfügung stellt, ja ihre kranken Eltern pflegen und hat einfach keine Energie übrig, sich noch anderweitig zu engagieren. Vielleicht ist der Kollege in Ihrem Büro, der immer zu spät kommt, unausgeschlafen und manchmal gereizt wirkt, ja an Lupus erkrankt. Vielleicht hat das Kind, das sich in der Schule sehr zurückhaltend verhält, ja ein Elternteil verloren. Ich habe bewusst diese konkreten Beispiele gewählt, weil es sich dabei um Menschen handelt, die mir in meinem Leben begegnet sind und über die ich mir ursprünglich ein falsches Bild gemacht habe. Denn zunächst kannte ich die Ursache für ihr Verhalten nicht, bis ich dann der Sache auf den Grund ging und so in der Lage war, eine Beziehung zu ihnen aufzubauen.

Bringen Sie Ihre Wertschätzung und Dankbarkeit zum Ausdruck

Sie können die Stärken Ihrer Mitmenschen anerkennend würdigen und hervorheben, indem Sie ihnen ernst gemeinte Komplimente machen. Wie sagte schon Abraham Lincoln so treffend: „Jeder Mensch hört gern Komplimente." Sagen Sie Ihren Mitmenschen ganz konkret, was Sie an ihnen besonders schätzen. Geburtstage und Feiertage sind eine gute Gelegenheit, um einmal von Herzen Danke zu sagen. Nehmen Sie sich die Zeit, um eigenhändig eine Karte zu schreiben, auf der Sie sich aufrichtig für kleine Gesten bedanken. Am Arbeitsplatz können Sie Ihre Mitarbeiter mit freundlicher Anerkennung belohnen, wenn sie einen wichtigen Auftrag an Land gezogen oder ein großes Projekt erfolgreich abgeschlossen haben. Auch hier gilt: Heben Sie bestimmte Verhaltensweisen hervor, die Sie festgestellt haben und aufrichtig schätzen. Jeder hört schließlich gern ein ernst gemeintes Kompliment.

Die meisten Menschen freuen sich vor allem sehr über ein unerwartetes Kompliment oder eine nette Überraschung. Dabei ist es keineswegs so, dass sie ansonsten keine Komplimente mögen; vielmehr ist es einfach so, dass sie sich über ein Kompliment, das ohne bestimmten Anlass ausgesprochen wird, logischerweise sehr viel mehr freuen.

Wenn beispielsweise jemand zu Ihnen sagt: „Das war eine verdammt harte Woche! Meine Kollegin hat mich ganz schön herumkommandiert und am Ende ist mir einfach der Kragen geplatzt und ich habe ihr mal ordentlich die Leviten gelesen! Später habe ich mich dann bei ihr entschuldigt, aber ich fühle mich trotzdem ziemlich miserabel!" Dann können Sie dazu beitragen, die negative Stimmung Ihres Gesprächspartners etwas zu lindern, indem Sie zu ihm sagen: „Kollegen können manchmal ziemlich anstrengend sein, aber es ist gut, dass Sie sich so ein Verhalten nicht gefallen lassen. Außerdem finde ich es wirklich großartig, dass Sie sich hinterher entschuldigt haben. Diese Person kann sich immerhin glücklich schätzen, einen Kollegen wie Sie zu haben!"

Schmeicheln ist erlaubt, nur ehrlich muss es sein

Haben Sie schon einmal den Spruch „Mit Schmeichelei kommt man weit" gehört? Möglicherweise haben Sie ja auch den gegenteiligen Spruch „Mit Schmeichelei kommt man nicht weit" gehört. Interessanterweise ist an beiden Sprüchen etwas Wahres dran!

Mitunter ist es schwierig, schöntuerische Komplimente von aufrichtigen und nett gemeinten schmeichelnden Komplimenten zu unterscheiden. Es liegt in der Natur des Menschen, dass wir für beides empfänglich sind. Nach Meinung von Robert Cialdini, einem renommierten Experten auf dem Gebiet der persuasiven Kommunikation, „ist Lob die

KURZ NACHGEFRAGT

Hat Ihnen schon einmal jemand Anerkennung für Ihre Arbeit gezollt, und zwar einfach so, ohne bestimmten Grund? Wie hat sich das für Sie angefühlt? Hatten Sie dadurch den Eindruck, dass Sie und Ihre Leistung aufrichtig wertgeschätzt wurden?

einzige Information, die ihre beabsichtigte Wirkung nie verfehlt, ganz gleich, ob sie nun falsch oder wahr ist [...] Wir *mögen* Menschen, die uns falsche Komplimente ins Ohr säuseln, *genauso gerne* wie Menschen, die uns echte Komplimente machen, denn wir glauben beides gleichermaßen gern."[12] Kurz gesagt: Schmeichelei funktioniert.

Im Rahmen einer im Jahr 2010 durchgeführten Untersuchung[13] konnten Wissenschaftler sieben Strategien subtiler Schmeichelei identifizieren, die Top-Führungskräfte erfolgreich eingesetzt hatten, um ihre Chancen auf einen Sitz im Vorstand zu erhöhen. Aufgrund der gewonnenen Erkenntnisse haben die Autoren dieser Studie folgende Tipps für den strategisch geschickten Einsatz von Schmeichelei zusammengestellt:

- Verpacken Sie Ihre Schmeichelei als Frage, indem Sie um Rat bitten: „Wie haben Sie es bloß geschafft, diesen Deal so erfolgreich unter Dach und Fach zu bringen?"
- Argumentieren Sie zuerst dagegen, bevor Sie sich einverstanden erklären: „Anfangs konnte ich Ihren Standpunkt zwar nicht nachvollziehen, aber jetzt verstehe ich ihn. Sie haben mich überzeugt."
- Loben Sie Ihren Vorgesetzten bei seinen Freunden in seinem Netzwerk, in der Hoffnung, dass er das mitbekommt: „Ich lerne so viel von Roger. Er ist einer der besten Chefs, für die ich bisher gearbeitet habe."

- Formulieren Sie Ihre Schmeichelei so, als könnte Ihr Chef sich durch Ihre Äußerung peinlich berührt fühlen: „Ich möchte Sie ja nicht in Verlegenheit bringen, aber Ihre Rede war hervorragend. Ich fand sie außerordentlich inspirierend und ausdrucksstark."
- Stimmen Sie mit den Wertvorstellungen Ihres Vorgesetzten überein: „Ich vertrete dieselbe Auffassung. Ich denke auch, dass XYZ richtig ist, und stimme Ihnen zu, dass wir das Projekt vorantreiben sollten."
- Stimmen Sie der Meinung Ihres Vorgesetzten zu, wenn Sie über eine dritte Partei davon Kenntnis erhalten: „Roger, Peter hat mir erzählt, was Sie in dieser Besprechung gesagt haben, und ich bin ganz und gar Ihrer Meinung!"
- Nehmen Sie zuerst Bezug auf gemeinsame Beziehungen oder Interessen, bevor Sie schmeicheln: „Ich habe mir gestern Abend den Nominierungsparteitag der Republikaner angeschaut. Wie fanden Sie denn …?"

In seinem Buch *Power: Why Some People Have It – And Others Don't* erklärt Autor Jeffrey Pfeffer:

Die meisten Menschen unterschätzen die Wirkungskraft der Schmeichelei und machen deshalb viel zu wenig Gebrauch davon [...] Es steht außer Frage, dass die Wunschvorstellung, dass Schmeichelei zugleich ehrlich gemeint und zutreffend ist, in den meisten Fällen dazu führen wird, dass wir empfänglich sind für Schmeicheleien und uns folglich dem Einfluss des Schmeichlers nicht entziehen können. Deshalb sollten Sie die Strategie des Schmeichelns nicht unterschätzen – oder gar zu selten Gebrauch davon machen.[14]

Allerdings sollten Sie bedenken, dass aufrichtige schmeichelhafte Bemerkungen (auch Lob genannt) immer besser sind. Warum? In erster Linie deshalb, weil in vielen Fällen der Empfänger eine Antenne für auffällig plumpe, heuchlerische Lobesworte hat. Denn wenn Ihr Gesprächspartner den Eindruck gewinnt, dass Sie „zu dick auftragen", wird er Ihre schmeichelnden Worte nicht ernst nehmen. Aber was noch schlimmer ist, er wird es Ihnen möglicherweise übel nehmen, dass Sie sich bei ihm mit unaufrichtigen Komplimenten einschleimen wollten, weil er sich dadurch von Ihnen benutzt, manipuliert und herablassend behandelt fühlt.

Wenn Sie jedoch einer Person ein wirklich ernst gemeintes Kompliment machen, erreichen Sie mit Ihren Worten den gegenteiligen Effekt. Sie wird sich nicht nur über dieses Kompliment freuen, sondern auch motiviert und energiegeladen fühlen. Sie spürt, dass ihr Sympathie und Wertschätzung entgegengebracht wird. Führen Sie sich noch einmal vor Augen, was ich in Kapitel 2 über den Reziprozitätseffekt der Selbstoffenbarung und in Kapitel 11 über das Reziprozitätsprinzip gesagt habe – denn naturgemäß neigen wir Menschen sehr stark dazu, jene Menschen zu mögen, die uns mögen. Mit jedem *aufrichtigen* Lob können Sie also dazu beitragen, Ihre Beziehungen weiter zu vertiefen.

Wenn Sie in der Lage sind, eine Eigenschaft oder Verhaltensweise an Ihren Mitmenschen zu entdecken, die Sie mit einem ehrlich gemeinten Kompliment würdigen können, werden Sie feststellen, dass Sie für Ihre Mitmenschen von Herzen mehr Sympathie empfinden, sobald Sie gemeinsame Wertvorstellungen erkannt und zum Ausdruck gebracht haben. Das heißt: Sie werden Ihre Mitmenschen mögen und diese werden Sie wiederum mögen, wodurch Sie Ihre Mitmenschen noch mehr mögen und so weiter und so fort … wodurch letztlich Ihre zwischenmenschlichen Beziehungen immer enger und intensiver werden.

Außerdem ist es aus rein moralischen Gründen schlichtweg besser, wenn Sie nur ehrlich gemeintes Lob zum Ausdruck bringen. Immer ehrlich zu sein, ist wahrscheinlich das Schwierigste, wenn es ums Loben oder Komplimentemachen geht (insbesondere dann, wenn Sie mit Ihrem Gegenüber wenig gemeinsam haben). Deshalb sollten Sie meiner Meinung nach damit unbedingt so lange warten, bis Sie an Ihrem Gegenüber etwas entdecken, was ein aufrichtiges Lob rechtfertigt. Denn sicher möchten Sie nicht als Schleimer wahrgenommen werden. Schließlich wollen Sie doch eine gemeinsame Basis schaffen, um Ihr Gegenüber besser kennenzulernen. Und dieses Ziel erreichen Sie am besten mit schmeichelhaften Bemerkungen, die ehrlich gemeint und absolut aufrichtig sind.

So machen Sie ein ernst gemeintes Kompliment

Ich werde oft um Rat gefragt, wie man richtig Komplimente macht, und zwar vor allem in jenen Fällen, in denen die Person, die umgarnt werden soll, nicht gerade zu den beliebtesten Kollegen im Büro gehört. Die nachfolgende Vorgehensweise hat sich dafür bestens bewährt:

Schritt Nr. 1: Machen Sie sich zuerst Gedanken über die Person, der Sie ein Kompliment machen möchten, indem Sie sich auf die jeweiligen Charaktereigenschaften konzentrieren, für die Sie sie bewundern oder zumindest respektieren. Richten Sie Ihre Aufmerksamkeit auf etwas, was diese Person tatsächlich gemacht hat (oder auf ein Kleidungsstück, das sie trägt), beziehungsweise auf eine Verhaltensweise, für die sie allgemein bekannt ist. Zum Beispiel wird die Büroleiterin in der Geschichte am Kapitelanfang als ausgesprochen knauserig geschildert. Anstatt sich vorrangig auf ihre Knauserigkeit zu konzentrieren, könnten Sie vielmehr versuchen, das Pflichtbewusstsein und Engagement zu würdigen, mit dem sie ihre Arbeit macht. Sie könnten ihr ein Kompliment dafür aussprechen, dass sie ihren Teil dazu beiträgt, in einer schwierigen Wirtschaftslage Kosten einzusparen.

Schritt Nr. 2: Formulieren Sie das Kompliment so präzise und konkret wie möglich. Natürlich findet jeder allgemeine Komplimente ganz nett, allerdings sind Sie weitaus besser beraten, wenn Sie jemandem ganz präzise sagen, was Sie an seiner Person oder seiner Arbeit besonders schätzen. Das ist zudem eine hervorragende Methode, um positive Verhaltensweisen weiter zu stärken. Formulieren Sie also nicht allgemein „Sie sind ein netter Mensch" oder „Sie sehen heute toll aus", sondern sagen Sie stattdessen lieber „Ich schätze wirklich sehr, wie reibungslos Sie die Angelegenheit mit dem

Rechnungswesen geklärt haben" oder „Das ist ein toller Pullover, den Sie da anhaben". Das Entscheidende ist, dass Ihr Gegenüber keine Mutmaßungen anstellen muss, was Sie wohl mit dem Kompliment gemeint haben.

Schritt Nr. 3: Warten Sie geduldig auf die richtige Gelegenheit und machen Sie dann das Kompliment zeitnah. Versuchen Sie also nicht, den richtigen Augenblick künstlich herbeizuführen, sondern warten Sie stattdessen so lange, bis sich von selbst eine Gelegenheit ergibt. Denn wenn Sie versuchen, Ihr Kompliment mit aller Gewalt bei der nächstbesten Gelegenheit loszuwerden, hat dies ganz den Anschein, als ob es dabei nur um Sie geht. Das heißt, Sie machen jemandem nur dann ein Kompliment, wenn Ihnen danach ist oder es für Sie zweckdienlich ist – ohne dabei an die betreffende Person zu denken. Wenn Sie jedoch Ihre innere Ausstrahlung entfalten und wirkungsvoll zum Ausdruck bringen wollen, sollten Sie auf jeden Fall beherzigen, dass Sie zuerst Ihrem Gegenüber etwas Gutes tun müssen. Daher sollten Sie bei der Interaktion mit anderen stets die anderen in den Mittelpunkt stellen.

Schritt Nr. 4: Fassen Sie sich kurz und sagen Sie nicht mehr als unbedingt nötig. Damit meine ich natürlich nicht, dass Sie einem Gespräch aus dem Weg gehen sollen. Sie sollten nur nicht stundenlang herumschwafeln, sobald Sie der betreffenden Person das Kompliment gemacht haben. Denn je länger und ausführlicher Sie über dieses Kompliment reden, desto wahrscheinlicher wird es, dass der Empfänger die Aufrichtigkeit dieser Lobpreisung anzweifelt.

Seien Sie bescheiden

Komplimente anzunehmen ist eine wahre Kunst, die nur wenige richtig beherrschen. Charismatische Menschen besitzen nicht nur Ausstrahlung, sondern sind auch sehr gut darin, Komplimente auf höfliche und bescheidene Art anzunehmen. Denn sie legen großen Wert darauf, der Person, die ihnen ein Kompliment gemacht hat, zu verstehen zu geben, dass sie dieses

Kompliment aufrichtig zu schätzen wissen. Auf diese Weise tragen sie gleichzeitig dazu bei, das Selbstwertgefühl der anderen Person zu stärken.

Diese bescheidene Art charismatischer Menschen beschränkt sich aber nicht nur auf Komplimente, sondern spiegelt sich in ihrem ganzen Verhalten und ihrer Ausdrucksweise wider. Ein prahlerisches Verhalten kommt bei niemandem gut an. Es ist durchaus in Ordnung, wenn Sie darüber reden, was Sie erreicht haben, solange Sie sich auf die Nennung der Fakten beschränken und sich nicht mit Ihren Leistungen brüsten. Überlassen Sie es ruhig den anderen, diese Leistungen mit Attributen zu versehen, und bitten Sie stattdessen Ihre Mitmenschen, mehr von sich zu erzählen. Es ist auch nicht nötig, laut zu werden, denn mit einem herzlichen, freundlichen Ton kommt man weiter.

Wenn zum Beispiel jemand zu Ihnen sagt: „Wow, Sie tragen aber eine wirklich außergewöhnliche Jacke. So eine habe ich ja noch nie gesehen!" Dann antworten Sie bloß nicht: „Ja, ich weiß. Ich habe zusammen mit einem befreundeten Milliardär die Filmfestspiele in Cannes besucht und hinterher haben wir uns eine tolle Zugfahrt nach Monte Carlo gegönnt und in einer kleinen Boutique ganz in der Nähe vom Spielcasino habe ich dann diesen Mantel erstanden." Sagen Sie stattdessen einfach nur: „Oh,

VIP-BONUS

Fällt es Ihnen schwer, Komplimente anzunehmen? Dann registrieren Sie sich doch auf meiner *kostenlosen* VIP-Website unter www.smarttalksuccess.com/VIP und laden Sie sich gleich die kleine Hilfestellung „How to Receive a Compliment With Grace" herunter. Außerdem können Sie dort auf zusätzliche Informationen und exklusives Bonusmaterial zugreifen.

danke schön. Ich habe so einen Mantel bisher bei uns auch noch nicht gesehen." Wenn die andere Person mehr Informationen über den Mantel wünscht, wird sie schon danach fragen.

Diese Lektion sollten Sie vor allem beherzigen, wenn Sie im Internet Marketing in eigener Sache betreiben. Denn beim Online-Marketing reicht es völlig aus, wenn Sie hin und wieder über Ihre neuesten Erfolge und Leistungen berichten, wobei Sie jedoch unbedingt darauf achten sollten, dass Sie diese sehr geschickt zwischen den vielen nützlichen Tipps und Tricks einstreuen, mit denen Sie Ihren (potenziellen) Kunden etwas Gutes tun wollen. Denn auch hier ist entscheidend, dass Sie zuerst etwas für Ihre Mitmenschen tun.

Gestehen Sie Fehler ein

Versuchen Sie, Fehler als Erfahrungen zu verbuchen. Steve Jobs, Mitbegründer von Apple und Pixar, sagte einmal: „Wenn man innovative Produkte entwickelt, trifft man mitunter Fehlentscheidungen. Am besten gesteht man sich diese Fehler unverzüglich ein und konzentriert sich darauf, seine anderen Innovationen weiter zu verbessern." Halsstarrigkeit und Eigensinn sind Charaktereigenschaften, die mit Sicherheit nicht gut ankommen. Natürlich wäre es das Beste, wenn Sie erst gar keine Fehler machen, die Sie später bedauern könnten, allerdings ist das ziemlich unrealistisch.

Wenn Sie also einen Fehler gemacht haben, sollten Sie diesen unverzüglich eingestehen und sich aufrichtig dafür entschuldigen. Das geht ganz einfach, indem Sie sagen: „Ja, Sie haben recht. Ich habe mich geirrt. Danke, dass Sie mir das gesagt haben!" Selbst wenn die Situation komplizierter ist, sollten Sie einen Fehler unumwunden zugeben und den möglichen Konsequenzen offen und ohne zu murren ins Auge sehen. Eine förmliche Entschuldigung sollte folgende Voraussetzungen erfüllen: Sagen Sie ganz konkret, für welches Fehlverhalten Sie sich entschuldigen

DOCH VORSICHT

Mit einem geheuchelten unglaubwürdigen „Es tut mir leid!" schaden Sie einer Beziehung mehr, als Sie ihr nützen. Achten Sie auch darauf, dass Sie sich nicht übertrieben oft entschuldigen.

wollen; bekennen Sie sich zu den negativen Folgen, die Ihr Verhalten ausgelöst hat; übernehmen Sie die Verantwortung für Ihr Handeln; entschuldigen Sie sich für Ihr Verhalten und bitten Sie um Verzeihung. Zum Schluss sollten Sie noch fragen, wie Sie Ihren Fehler wiedergutmachen können – ein wichtiger Punkt, der häufig vernachlässigt wird. Ich bin jedoch der Meinung, dass gerade die Frage nach der Wiedergutmachung der wichtigste Teil einer Entschuldigung ist und daher unter keinen Umständen vernachlässigt werden sollte. Denn damit beweisen Sie Aufrichtigkeit und Integrität – zwei Eigenschaften, die Sie äußerst liebenswert und sympathisch erscheinen lassen.

Lachen Sie öfter

Ist Ihnen ein Fehler unterlaufen, sollten Sie das nicht allzu ernst nehmen und ruhig einmal über sich selbst lachen. Denn wenn Sie Ihren Mitmenschen ein Lächeln schenken oder mit ihnen gemeinsam lachen können, verhalten diese sich Ihnen gegenüber viel aufgeschlossener. Insbesondere wenn Sie in der Lage sind, auch einmal über sich selbst zu lachen, nehmen Ihre Mitmenschen Sie als reife, ausgeglichene und vertrauenswürdige Person wahr. Dadurch wirken Sie auf andere ausgesprochen anziehend.

Die Ergebnisse zahlreicher Studien[15, 16] bestätigen die positive Wirkung, die von einem freundlichen Lächeln oder einer humorvollen Art ausgeht. Denn Lachen trägt dazu bei, zwischenmenschliche Spannungen abzubauen,[17] und erleichtert uns nicht nur, einvernehmlich Vereinbarungen zu treffen, sondern macht uns auch sehr viel attraktiver – allesamt charismatische Eigenschaften. Außerdem erinnern wir uns viel eher an Menschen mit einem freundlichen Gesichtsausdruck.

Eine Studie[18] kam zu dem Ergebnis, dass bei Personen, die sich nicht kennen, ein Lächeln sogar vertrauensfördernd wirkt. Rick Wilson, einer der Koautoren dieser Studie, sagte in einem Interview: „Menschen mit einem freundlichen Gesichtsausdruck erhalten bessere Bewertungen oder werden als freundlicher wahrgenommen. Unsere Studie zeigt, dass Menschen nicht nur diese Attribuierungen vornehmen, sondern dass sie sich selbst dann darauf verlassen, wenn finanzielle Risiken im Spiel sind."[19] In einer anderen Studie[20] fand man heraus, dass beim Anblick eines attraktiven Gesichts dieselben Gehirnregionen aktiviert werden wie bei einem Drogenrausch – quasi ein naturgegebenes Hochgefühl. Und wenn dieses Gesicht dann auch noch lächelt, wird dieses Hochgefühl noch einmal gesteigert.[21]

Eine weitere äußerst aufschlussreiche Studie[22] ergab, dass bei Müttern exakt dieselben Gehirnregionen aktiviert werden, wenn sie die lachenden Gesichter ihrer Babys ansehen. Das erklärt natürlich das Glücksgefühl, das mich jedes Mal überkommt, wenn ich mir die Babyfotos meiner Zwillingsmädchen anschaue, die in meiner Brieftasche stecken. Sofern es möglich ist, werfe ich unmittelbar vor einem Gesprächstermin mit neuen Kunden daher einen Blick auf diese Fotos. Manchmal versuche ich auch nur, mir dieses Bild ins Gedächtnis zu rufen, denn diese Visualisierung reicht schon aus, um sofort ein Lächeln auf mein Gesicht zu zaubern und mir ein Gefühl von Wärme und Zuneigung zu vermitteln. Meine Gesprächspartner haben mir sogar gesagt, dass sich diese Wärme und Zuneigung in meinem Gesichtsausdruck widerspiegelt.

Darüber hinaus setze ich diese Visualisierungstechnik ganz bewusst ein, um nach einer negativen Interaktion meine Stimmung wieder aufzuhellen. Ich kann nur jedem empfehlen, zu genau diesem Zweck stets ein Foto auf dem Mobiltelefon oder in der Brieftasche griffbereit zu haben. Es muss aber nicht unbedingt ein Foto von Ihren Kindern sein. Wichtig ist nur, dass Sie sich vor Ihrem geistigen Auge das Bild einer Person, eines Haustieres oder gar einer höheren Macht vorstellen können, dessen Anblick Ihnen Kraft gibt. Es spielt keine Rolle, wofür Sie sich entscheiden, denn es kommt einzig und allein darauf an, dass Sie beim Anblick dieses Bildes ein Gefühl von Wärme und Zuneigung spüren.

Beweisen Sie ein gutes Gedächtnis für Details

Sehr oft verfügen charismatische Menschen über die bemerkenswerte Fähigkeit, sich selbst kleinste Details über Ihre Mitmenschen zu merken. Machen Sie es sich daher zum Prinzip, die kleinen Besonderheiten Ihrer Mitmenschen zu erfassen und sich einzuprägen. Früher hatte ich einmal einen Chef – genau genommen war er der Chef des gesamten Unternehmens und außerdem weit über meiner Gehaltsstufe –, der sich sogar die belanglosesten und verrücktesten Dinge über alle Personen in seinem Umfeld gemerkt hat. In Gesprächen mit seinen Mitarbeitern war er in der Lage, sich jeweils an konkrete persönliche Details zu erinnern, wodurch er ihnen das Gefühl gab, dass er sich nicht nur aufrichtig für sie interessierte, sondern auch wollte, dass sie erfolgreich sind. Man hatte wirklich das Gefühl, dass er einen kannte, wenn er mit einem sprach, und zwar auch dann, wenn man noch nie zuvor ein Wort mit ihm gewechselt hatte. Es versteht sich von selbst, dass er ein ausgesprochen beliebter Chef war und dass ihm die Sympathien regelrecht zuflogen.

Suchen Sie den persönlichen Kontakt und die räumliche Nähe

Charismatische Menschen wissen, wie wichtig der persönliche Kontakt ist, und nutzen diese räumliche Nähe zur Beziehungspflege. Sie können zwar E-Mails oder Textnachrichten verschicken, doch wenn Sie jemanden persönlich kennenlernen, verändert das Ihre Beziehung nachhaltig und bringt Ihnen unermessliche Vorteile. Denn nach Auffassung von Sozialpsychologen[23] sind Menschen eher bereit, eine Beziehung mit einer Person aufzubauen, die sich in unmittelbarer räumlicher Nähe befindet. Im Grunde ist es doch viel leichter, sich mit jemandem zu unterhalten, der direkt neben einem sitzt, als mit jemandem, der sich am anderen Ende des Raumes befindet.

Vermutlich sollte ich das jetzt nicht offenbaren, aber als ich zum College ging, habe ich am ersten Unterrichtstag immer im hinteren Teil des Hörsaals abgewartet, bis sich der Raum zu zwei Dritteln gefüllt hatte. Dann habe ich mir den Jungen herausgepickt, den ich am attraktivsten fand, und mich neben ihn gesetzt. Diese Strategie hat damals so wunderbar funktioniert, dass ich sie noch heute in ähnlicher Weise einsetze, wenn ich an einem Kongress teilnehme – allerdings *mit einer Ausnahme*, denn heute besteht meine Zielsetzung natürlich darin, solide und nachhaltige Geschäftsbeziehungen anzubahnen, zu entwickeln und zu stärken.

Eigentlich spielt es keine Rolle, ob es sich um das Sitzungszimmer des Vorstands handelt, um einen Konferenzsaal oder einen Hörsaal: Nutzen Sie die räumliche Nähe zu Ihrem Vorteil, indem Sie immer strategisch geschickt auswählen, neben wem Sie sitzen möchten. Gerade heutzutage, wo doch ein Großteil der Arbeit über das Internet erledigt wird, sollten Sie sich bewusst machen, wie außerordentlich wichtig es ist, dass Sie die Menschen, mit denen Sie zu tun haben, auch persönlich kennenlernen – denn nur im persönlichen Kontakt werden Sie als charismatische Persönlichkeit wahrgenommen.

Ich hoffe, Sie haben bisher nach jedem Kapitel sorgfältig alle Übungsaufgaben gemacht. Falls nicht, sollten Sie in diesem Kapitel aber unbedingt damit anfangen und sich intensiv in die Thematik einarbeiten. Denn tief in Ihrem Inneren verbirgt sich eine charismatische Persönlichkeit mit großer Ausstrahlung – und nur wenn Sie fleißig üben, die hier vermittelten

Erkenntnisse praktisch umzusetzen, lernen Sie mit der Zeit, wie Sie Ihre innere Ausstrahlung viel besser entfalten und viel öfter zum Ausdruck bringen können. Übung ist alles, was Sie dafür brauchen. Ich möchte Ihnen daher wirklich dringend ans Herz legen, die nachfolgenden Übungsaufgaben in Angriff zu nehmen, damit Sie auf Ihre Mitmenschen zugehen können, um sie mit Ihrer neu entdeckten charismatischen Ausstrahlung zu verzaubern!

ZUSAMMENFASSUNG:
So lernen Sie, Ihr charismatisches Potenzial zu entfalten und eindrucksvoll zum Ausdruck zu bringen

Ein charismatischer Mensch strahlt gleichzeitig Präsenz, Wärme und Stärke aus.

Wissenschaftliche Untersuchungen belegen, dass Charisma keine angeborene Gabe ist, „über die man entweder verfügt oder nicht", sondern vielmehr auf einer Kombination verschiedener Verhaltensweisen beziehungsweise auf Charaktereigenschaften und Fähigkeiten basiert, die man sich aneignen kann.

Das Geheimnis echter charismatischer Ausstrahlung besteht darin, dass Sie zunächst Gemeinsamkeiten, Ähnlichkeiten und positive Eigenschaften bei Ihrem Gegenüber erkennen müssen, die Sie aufrichtig bewundern und dann wertschätzend zum Ausdruck bringen.

Menschen mit charismatischer Ausstrahlung sind stets bestrebt, ihren Mitmenschen positive Momente zu bescheren, wodurch sie sich im Gegenzug auch selbst positive Momente bescheren.

Die Grundvoraussetzung, um Sympathie und Charisma auszustrahlen, besteht darin, dass Sie sich selbst und Ihre Mitmenschen aufrichtig akzeptieren.

Charismatische Menschen konzentrieren sich stets auf das Positive, auch dann, wenn sie ihre Missbilligung zum Ausdruck bringen.

Charismatische Führungspersönlichkeiten begegnen ihren Mitmenschen mit Respekt, indem sie ihre Stärken anerkennend würdigen.

Charismatische Führungspersönlichkeiten bringen ihre Wertschätzung und Dankbarkeit durch Komplimente und aufrichtiges Lob zum Ausdruck.

So gehen Sie am besten vor, um ein Kompliment zu machen:

1. Konzentrieren Sie sich auf die Charaktereigenschaften der jeweiligen Person, die Sie bewundern oder zumindest respektieren.

2. Formulieren Sie das Kompliment so präzise und konkret wie möglich.

3. Warten Sie geduldig auf die richtige Gelegenheit und machen Sie dann das Kompliment zeitnah.

4. Fassen Sie sich kurz und sagen Sie nicht mehr als unbedingt nötig.

5. Charismatische Menschen bedanken sich für Komplimente auf höfliche und bescheidene Art, indem sie ihre besondere Wertschätzung zum Ausdruck bringen und damit das Selbstwertgefühl der anderen Person stärken.

6. Charismatische Menschen verfügen über die Fähigkeit, Fehler unumwunden einzugestehen und sich für ihr Fehlverhalten umgehend und aufrichtig zu entschuldigen.

7. Charismatische Menschen begegnen ihren Mitmenschen stets mit einem freundlichen Lächeln und sind durch ihre humorvolle Art auch in der Lage, über sich selbst zu lachen.

8. Charismatische Menschen verfügen über die Fähigkeit, sich selbst kleinste Details über ihre Mitmenschen zu merken, und wissen, wie wichtig räumliche Nähe für die Beziehungspflege ist.

Übungsaufgabe Nr. 1

Schreiben Sie die Namen von fünf Personen aus unterschiedlichen Branchen auf, die Sie bewundern. Notieren Sie dann drei bis fünf Eigenschaften, die Sie an der jeweiligen Person besonders schätzen. Zum Beispiel: Integrität, teamorientierte Führungskompetenz, unermüdlicher Arbeitseifer, gesellschaftliche und soziale Verantwortung und so weiter. Versuchen Sie, Gemeinsamkeiten oder gemeinsame Verhaltensmuster zu erkennen. Wählen Sie nun zwei Eigenschaften aus, die für Sie am wichtigsten sind, und sagen Sie dann: „Ich mache mir zur Aufgabe, …" Schreiben Sie diesen Satz auf und lassen Sie ihn auf natürliche Weise in jedes Gespräch einfließen, das Sie in den nächsten beiden Wochen führen. Das allein reicht schon aus, um konkrete Veränderungen in Ihrer Selbst- und Fremdwahrnehmung zu bewirken.

Übungsaufgabe Nr. 2

Denken Sie einmal über die drei wesentlichen Verhaltensweisen charismatischer Menschen nach: seinen Mitmenschen etwas Gutes tun, aufrichtiges Interesse an seinen Mitmenschen zeigen und authentisches Selbstbewusstsein ausstrahlen. Erstellen Sie eine Übersicht, in der Sie ganz ehrlich erfassen, wie stark Ihre persönlichen Eigenschaften und Fähigkeiten in jedem dieser drei Bereiche ausgeprägt sind. Überlegen Sie sich dann drei konkrete Maßnahmen, mit deren Hilfe Sie Ihre größten Schwachstellen angehen können. Sie sollten jedoch keine großen Veränderungen anstreben, sondern sich lediglich kleine Ziele setzen, die Sie Schritt für Schritt in die richtige Richtung führen. Sollten Sie feststellen, dass Sie sich in dem Bereich, zuerst Ihren Mitmenschen etwas Gutes zu tun, verbessern wollen, könnten Sie zum Beispiel folgende Vorgehensweise schriftlich fixieren:

1. Wenn jemand mit mir interagieren möchte, werde ich meine aktuelle Tätigkeit – ganz gleich, womit ich gerade beschäftigt bin – sofort

unterbrechen und mich dieser Person zuwenden, damit ich Blickkontakt mit ihr herstellen kann.

2. Während des Gesprächs halte ich direkten Blickkontakt mit meinem Gegenüber.

3. Wenn ich jemanden begrüße, werde ich zuerst ergründen, was dieser Person wichtig ist.

4. Sobald ich merke, dass meine Gedanken abschweifen, werde ich sofort gegensteuern und mich wieder auf das Gespräch und meinen Gesprächspartner konzentrieren.

Übungsaufgabe Nr. 3

Beobachten Sie einmal, wie viele ernst gemeinte Komplimente Sie Ihren Mitmenschen im Laufe eines Tages machen. Versuchen Sie dann am nächsten Tag, die Anzahl Ihrer Komplimente um 25 Prozent zu steigern. Suchen Sie sich für diese Übung Menschen aus, denen Sie häufig begegnen, und bedanken Sie sich bei ihnen für ihre Unterstützung. Sagen Sie ihnen, wie sehr Sie ihre Arbeit und ihre Mühe schätzen. Dazu können Sie auf die sieben beschriebenen Strategien subtiler Schmeichelei zurückgreifen, indem Sie jeweils drei Strategien auswählen und entsprechend ausprobieren, wie sie funktionieren. Bedenken Sie allerdings, dass Ihre Komplimente stets ehrlich gemeint sein sollten.

Fallbeispiel: Deborah Spivack, Mitglied der American Academy of Adoption Attorneys[*]

„Zu Beginn meiner juristischen Laufbahn wurde mir schnell klar, dass ich mich nur dann als Rechtsanwältin erfolgreich etablieren kann, wenn ich mir für mein Auftreten vor Gericht ein professionelles Erscheinungsbild zulege, öffentlich Präsenz zeige und intensiv Marketing in eigener Sache betreibe, indem ich Vorträge

---

[*] US-Bundesverband der Fachanwälte für Adoptionsrecht; Anm. d. Übers.

halte, bestehende Klientenbeziehungen pflege und mich bemühe, neue Klienten zu gewinnen. Das war schwierig, weil ich zurückhaltend und eher eine Vertreterin der leisen Töne bin. Außerdem fehlte es mir an juristischer Erfahrung und infolgedessen auch an Selbstvertrauen.

Am meisten machte mir jedoch die unangenehme Vorstellung zu schaffen, dass ich das typische äußere Erscheinungsbild einer Rechtsanwältin verkörpern sollte, wie ich es überall sah. Andere Anwältinnen schienen einen völlig anderen Kleidungsstil zu bevorzugen als ich, doch ich konnte und wollte sie nicht nachahmen. Ich wusste einfach nicht, wie ich meine Persönlichkeit mit meinem beruflichen und öffentlichen Auftreten in Einklang bringen konnte, ohne dabei zu einem völlig anderen Menschen zu mutieren. Hinzu kam, dass ich für meine Arbeit, die ich zum damaligen Zeitpunkt machte, nicht die geringste Leidenschaft aufbringen konnte.

Der erste wichtige Schritt, den ich unternahm, um dieses Problem anzugehen, bestand darin, mir eine Rechtsanwältin als Vorbild zu suchen, mit deren öffentlichem Erscheinungsbild ich mich identifizieren konnte, weil es ganz gut zu meinem eigenen Stil passte. Ich stellte fest, dass nicht alle Anwältinnen nach außen hin dasselbe Image verkörpern müssen, um als kompetente und fähige Expertinnen wahrgenommen zu werden. Vielmehr kann jede Anwältin ganz individuell ihre eigenen Stärken nutzen, um ihre persönlichen Fähigkeiten auf eine durch und durch authentische Art und Weise zur Geltung zu bringen. Das war eine bahnbrechende Erkenntnis für mich. Denn als ich sah, dass eine andere Anwältin mit ähnlichen Persönlichkeitsmerkmalen und einem ähnlichen Kleidungsstil ihre Stärken wirksam zur Geltung bringen konnte und Erfolg hatte, begriff ich, dass auch ich meine Fachkompetenz zum Ausdruck bringen konnte, ohne meine Persönlichkeit völlig umzukrempeln. Und ich stellte noch etwas fest, nämlich, dass mein mangelndes Selbstvertrauen auf meine mangelnde Leidenschaft für den Fachbereich zurückzuführen war, in dem ich schwerpunktmäßig tätig war. Auch wenn ich Juristin war, so wollte ich mir dennoch meine Tätigkeit nicht durch meine Ausbildung vorschreiben lassen, sondern wollte vielmehr einen Tätigkeitsbereich finden, der mich leidenschaftlich interessiert, und darauf dann meine berufliche Karriere aufbauen. Ich zog sogar in Erwägung, meinen Beruf als Anwältin ganz aufzugeben.

Als ich mir die Zeit nahm und einmal darüber nachdachte, für welchen Menschen ich am allermeisten Bewunderung empfand (und zwar nicht nur im Bereich der Rechtsprechung), fiel mir eine Geschichte ein, über die im Fernsehen berichtet worden war. Es war dabei um Betty Tisdale gegangen, eine Frau, die unmittelbar nach dem Vietnamkrieg sehr viele Waisenkinder gerettet hatte, indem sie amerikanische Ehepaare suchte, die diese Kinder gern adoptieren und ihnen eine Familie geben wollten. Ich stellte daraufhin Nachforschungen an, um mehr über diese Frau zu erfahren.

Ich merkte, dass ich große Bewunderung für ihr Engagement empfand, mit dem sie vietnamesische Waisenkinder an kinderlose Ehepaare vermittelte und ihnen so wieder eine Familie schenkte. Darüber hinaus bewunderte ich aber nicht nur ihre unerschütterliche Entschlossenheit, mit der sie sich für das Wohl dieser Kinder einsetzte, sondern auch ihr Durchsetzungsvermögen, ihre Kreativität und Hartnäckigkeit, die sie bei der Verfolgung ihrer Ziele an den Tag legte. Letztendlich bewunderte ich sie auch für ihre mutige Entscheidung, Ziele zu verfolgen, die zum damaligen Zeitpunkt für eine Frau unüblich beziehungsweise gesellschaftlich im Allgemeinen nicht besonders angesehen waren.

Sie folgte einfach ihrem Herzen, ohne sich Gedanken darüber zu machen, wie ihre Mitmenschen darauf reagieren würden. Bettys Geschichte, ihre Erfahrung und Erfolge haben mich schließlich dazu inspiriert, mein Leben neu zu gestalten. Ich nahm Kontakt zu ihr auf und bewarb mich bei einigen ihrer Kontaktpersonen vor Ort als ehrenamtliche Helferin. Um mehr über Adoption zu erfahren, trat ich dann einen neuen Job an, bei dem ich nicht als Anwältin tätig war und der zudem mit einer großen Gehaltseinbuße verbunden war. Außerdem nutzte ich mein Fachwissen als Rechtsanwältin, um mich für eine Änderung der Bestimmungen im Adoptionsrecht einzusetzen und ich machte mich intensiv mit den jeweiligen Gesetzen und Rechtsbereichen zur Regelung von internationalen Adoptionen vertraut. Schlussendlich eröffnete ich dann meine eigene Kanzlei als Fachanwältin für Adoptionsrecht – ein Aufgabenbereich, für den ich mich leidenschaftlich engagiere.

Es war ein wunderbares Gefühl, als ich endlich in der Lage war, mein ganzes Herzblut in meine Arbeit zu stecken und zu sehen, welche beruflichen Chancen sich mir dadurch eröffneten. Unermüdlich verschlang ich alles an Informationsmaterial, um mein Wissen in diesem neuen Tätigkeitsbereich zu erweitern, und dank meines fundierten Fachwissens strahlte ich bald ganz automatisch deutlich mehr Selbstbewusstsein aus.

Sobald ich mich in meinem neuen Fachgebiet etabliert hatte, lernte ich Dutzende von Kollegen kennen, die ich bewundere und mit denen ich mich identifiziere. Zu jedem meiner Klienten pflege ich ein ausgesprochen persönliches Verhältnis und gebe bei jedem Adoptionsfall stets mein Bestes. Ich habe als Rechtsanwältin einen Wirkungsbereich gefunden, der mich von Herzen ausfüllt, wodurch ich zu der Person wurde, die ich sein musste, um als Fachanwältin erfolgreich zu sein.

Wenn ich heute meine berufliche Entwicklung betrachte, empfinde ich nicht nur großes Selbstbewusstsein und Freude, sondern genieße auch jede Gelegenheit, um Vorträge zu halten, Kontakte zu meinen Klienten zu pflegen und vor Gericht aufzutreten. Meine Klienten und Kollegen wissen offensichtlich zu würdigen, dass ich für meine Arbeit brenne und es mir ein aufrichtiges und wichtiges Anliegen ist, sie dabei zu unterstützen, ihre Ziele zu erreichen."

ZUSAMMEN-FASSUNG

Erfolgreiche
Kommunikation
auf eine einfache
Formel gebracht

„Sag es lieber
smart statt hart!"

Man muss jedem Hindernis Geduld,
Beharrlichkeit und eine sanfte Stimme
entgegenstellen.

– Thomas Jefferson,
3. Präsident der Vereinigten Staaten von Amerika

Sie wollen andere Menschen in Ihrem Sinne beeinflussen und größt-möglichste Erfüllung im Berufs- und Privatleben erfahren? Dann müssen Sie in der zwischenmenschlichen Kommunikation darauf achten, dass Sie sich immer diplomatisch geschickt, einfühlsam, freundlich und kon-struktiv verhalten. Denn wenn Sie Ihre Ziele erreichen wollen, ist es un-erlässlich, dass Sie in jeder Kommunikationssituation – das habe ich Ih-nen in jedem Kapitel dieses Buches vermittelt – mit viel diplomatischem Geschick und Einfühlungsvermögen vorgehen. Oder anders ausgedrückt: Sagen Sie es lieber smart statt hart, denn wer freundlich ist, kommt schneller und leichter ans Ziel.

Wenn Sie sich zu einem wirklich meisterhaften Kommunikator entwi-ckeln wollen, brauchen Sie vor allem Geduld und Ausdauer. Schließlich ist effektive zwischenmenschliche Kommunikation eine Kunst, die man nicht von jetzt auf gleich beherrscht, sondern die vielmehr einen langwierigen und kontinuierlichen Lernprozess erfordert. Machen Sie sich die Macht positiver Kommunikation zunutze und interagieren Sie mit Ihren Mitmen-schen in jeder Gesprächssituation mit diplomatischem Geschick und Ein-fühlungsvermögen, denn auf diese Weise sorgen Sie nicht nur dafür, dass sich Ihre Gesprächspartner in ihrer Haut, sondern auch in Ihrer Gegenwart wohlfühlen. Konkret heißt das: Hören Sie Ihren Mitmenschen aufmerksam zu und zeigen Sie ihnen, dass Sie sich aufrichtig für sie interessieren.

Als Kommunikator mit diplomatischem Geschick und Einfühlungs-vermögen sind Sie nämlich in der Lage, die Instrumente persuasiver Kommunikation meisterhaft einzusetzen, um Ihre Mitarbeiter, Kollegen, Freunde und Familienmitglieder in Ihrem Sinne zu beeinflussen. Aller-dings bringt dieses überaus effektive und mächtige Instrument der Kom-munikation – wie übrigens alle mächtigen Instrumente zur Beeinflussung – eine große Verantwortung mit sich.

Indem Sie Ihr kommunikatives Verhalten in den unterschiedlichsten Kommunikationssituationen regelmäßig trainieren, können Sie Ihre kommunikativen Fähigkeiten stetig weiter ausbauen und verbessern, was sich – wie Sie feststellen werden – wiederum positiv auf Ihre Fähigkeit auswirken wird, Ihre Mitmenschen nachhaltig zu beeinflussen. Und wenn Sie diese Fähigkeit dann noch zum Wohle Ihrer Mitmenschen einsetzen, basiert Ihr Handeln auf einer tief empfundenen Integrität, die Ihr ganzes Leben positiv beeinflusst und Sie Ihrem Ziel – was immer das sein mag – ein großes Stück näher bringt.

Erst wenn Sie in der Lage sind, Ihr **charismatisches Potenzial** zu entfalten und zum Ausdruck zu bringen, können Sie nicht nur dazu beitragen, allen Personen in Ihrem unmittelbaren Umfeld – sei es am Arbeitsplatz oder zu Hause – positive Momente zu bescheren, sondern sie auch mit **Ihrer positiven Energie** anstecken. Denn ein erfolgreicher Kommunikator bekommt in aller Regel, was er will und braucht, wann er es will und braucht, und zwar ohne dass er andere rücksichtslos überfahren muss, um seine Ziele zu erreichen.

Ein Kommunikator, der sich bei jeder Interaktion mit seinen Mitmenschen von dem Grundsatz „Sag es lieber smart statt hart" leiten lässt, besitzt den Respekt seiner Gesprächspartner, weil er sich ihnen gegenüber respektvoll verhält, und das führt folglich dazu, dass er ihnen gegenüber deutlich an Einfluss gewinnt.

Aber hier ist noch lange nicht Schluss. Ihr Lernprozess fängt gerade erst an.

Psssst ... Vergessen Sie nicht, noch einmal auf www.smart-talksuccess.com/quiz vorbeizuschauen und das *Smart Talk Success Quiz* zu wiederholen. Außerdem möchte ich Sie gern persönlich dazu einladen, Kontakt mit mir über meine sozialen Netzwerke aufzunehmen. Sie können mir auch wie gewohnt Fragen und Feedback über lisa@lisabmarshall.com zukommen lassen.

Endnoten

Einleitung

1. SIS International Research, „SMB Communications Pain Study White Paper: Uncovering the hidden cost of communications barriers and latency", http://www. marketintelligences.com/industrial-b2b-journal/2009/3/10/smb-communications-pain-study-white-paper-uncovering-the-hid.html (abgerufen am 2. April 2012).

2. Lisa B. Marshall, „Communication Success: Tips for Busy People", HP ePrintCenter, https://h30495.www3.hp.com/detail/1237.2 (abgerufen am 2. April 2012).

1. Der erste Eindruck entscheidet

1. Daniel Goleman, Emotional Intelligence (New York: Bantam Dell Pub Group, 1996), S. 18–20. [Auf Deutsch erschienen: EQ. Emotionale Intelligenz, Deutscher Taschenbuch Verlag, 1997; Anm. d. Übers.]

2. Michael Sunnafrank und Artemio Ramirez, „At First Sight: Persistent Relational Effects of Get-Acquainted Conversations", in: Journal of Social and Personal Relationships 21 (2004), S. 361–379.

3. Wikipedia, The Free Encyclopedia, „Handshake", http://en.wikipedia.org/wiki/Handshake (abgerufen am 2. April 2012).

4. Brad Bell, „How is Handshaking Related to Personality?", http://www.psychologyandsociety.com/handshaking.html (abgerufen am 2. April 2012).

5. Guy Kawasaki, Enchantment: The Art of Changing Hearts, Minds, and Actions (New York: Penguin, 2011), S. 44.

6. Jeffrey Gitomer, Little Black Book of Connections: 6.5 Assets for Networking Your Way to Rich Relationships (Austin: Bard Press, 2006), S. 144. [Auf Deutsch erschienen: Das kleine schwarze Buch für Ihre guten Kontakte: Wie Ihre Kontakte wertvoll werden, Redline, 2008; Anm. d. Übers.]

7. Tim Sanders, Love Is the Killer App: How to Win Business and Influence Friends (New York: Crown Business, 2003), S. 119. [Auf Deutsch erschienen: Der Sympathiefaktor. Menschen erfolgreich für sich gewinnen; Fischer Scherz, 2006; Anm. d. Übers.]

2. Effektive Kommunikation ist der Schlüssel zum Erfolg

1. Sam Walton, 10-Foot Rule, Walmart Stores, Inc., http://walmartstores.com/
AboutUs/285.aspx (abgerufen am 2. April 2012).

2. Julia Wood, Interpersonal Communication: Everyday Encounters (Cengage
Learning Products, 6. Aufl., 2010).

3. Paul C. Cozby, „Self- Disclosure: A literature review", in: Psychological Bulletin 79
(2) (1973), S. 151–160.

4. Kathryn Dindia und Mike Allen, „Sex-differences in Self-disclosure: A meta-analysis", in: Psychological Bulletin 112 (1) (1992), S. 106–124.

5. Kathryn Greene et al., „Self-Disclosure in Personal Relationships", in: The
Cambridge Handbook of Personal Relationships, Hrsg. Anita L. Vangelisti und
Daniel Perlman (New York: Cambridge University Press, 2006), S. 409.

6. Kathryn Greene et al., op. cit. The Cambridge Handbook of Personal Relationships, S. 412–427.

7. Nancy L. Collins und Lynn Carol Miller, „Self-disclosure and liking: A meta-analytic
review", in: Psychological Bulletin 116 (3) (1994), S. 457–475.

3. Hat es Ihnen etwa die Sprache verschlagen?

1. Meghan Casserly, „True Stories From The Holiday Party Files", Forbes Blog, 2.
Dezember 2010, http://www.forbes.com/sites/meghancasserly/2010/12/02/
holiday-office-party-bad-behavior/.

4. Immer schön am Ball bleiben

1. Jay Conrad Levinson, Guerilla Marketing Attack: New Strategies, Tactics and
Weapons for Winning Big Profits from Your Small Business (Boston: Houghton
Mifflin Company, 1989). [Auf Deutsch erschienen: Guerilla Marketing. Offensives
Werben und Verkaufen für kleinere Unternehmen. Wirksame Werbung muss
nicht teuer sein, Heyne, 1989; Anm. d. Übers.]

5. Der Ton macht die Musik: Mit diplomatischer Gesprächs-führung kommt man schneller und leichter zum Ziel

1. Dale Carnegie, How to Win Friends and Influence People (New York: Simon & Schuster, 2010); Anm. d. Übers.

2. Hillary Rodham Clinton, „Interview with Hamish and Andy", US Department of State, Diplomacy in Action, 7. November 2010, http://www.state.gov/secretary/rm/2010/11/150587.htm (abgerufen am 27. Januar 2013); Anm. d. Übers.

3. Sun Tsu, The Art of War (Boulder Colorado: Westview Press, 1994). [Auf Deutsch erschienen: Die Kunst des Krieges (München: Droemer Knaur, 1998); Anm. d. Übers.]

4. Robert Bolton und Dorothy Grover Bolton, People Styles at Work: Making Bad Relationships Good and Good Relationships Better (New York: AMACOM, 1996).

5. Wikipedia, The Free Encyclopedia, „DISC assessment", http://en.wikipedia.org/wiki/DISC_assessment (abgerufen am 4. April 2012).

6. Wikipedia, The Free Encyclopedia, „Keirsey Temperament Sorter", http://en.wikipedia.org/wiki/Keirsey_Temperament_Sorter, (abgerufen am 4. April 2012).

7. Fred Luntz, Words That Work: It's Not What You Say, It's What People Hear (New York: Hyperion, 2007); Anm. d. Übers.

6. Von der schwierigen Kunst, richtig Feedback zu geben

1. Steve Crabtree, „What Your Employees Need to Know", Gallup Business Journal, 13. April 2011, http://businessjournal.gallup.com/content/146996/Employees-Need-Know.aspx (abgerufen am 31. Januar 2013); Anm. d. Übers.

2. Marcial Losada, „The complex dynamics of high-performance teams", in: Mathematical and Computer Modelling 30 (9–10) (1999), S. 179–192.

3. John M. Gottman et al., „Predicting marital happiness and stability from newlywed interactions", in: Journal of Marriage and the Family 60 (1) (1998), S. 5–22.

4. John M. Gottman und Robert W. Levenson, „A Two-Factor Model for Predicting When a Couple Will Divorce: Exploratory Analyses Using 14-Year Longitudinal Data", in: Family Process 41 (1) (2002), S. 83–96.

5. Sybil Carrère et al., „Predicting Marital Stability and Divorce in Newlywed Couples", in: Journal of Family Psychology 14 (1) (2000), S. 42–58.

6. Gerald B. Hickson et al., „A Complementary Approach to Promoting Professionalism: Identifying, Measuring, and Addressing Unprofessional Behaviors", in: Academic Medicine 82 (11) (2007), S. 1042–1045.

7. Andrew Parker, „Delivering the Bad News: 3 Steps for Providing Redirecting Feedback", Zenger | Folkman Blog, 24. November 2010, http://zengerfolkman. wordpress.com/2010/11/24/delivering-the-bad-news-3-steps-for-providing-redirecting-feedback/ (abgerufen am 5. Februar 2013); Anm. d. Übers.

8. Adam Bryant, „At Yum Brands, Rewards for Good Work", The New York Times, 11. Juli 2009, http://www.nytimes.com/2009/07/12/business/12corner. html?pagewanted=all&_r=1& (abgerufen am 11. Juni 2012).

9. Andrew Parker, op. cit., http://zengerfolkman.wordpress.com/2010/11/24/ delivering-the-bad-news-3-steps-for-providing-redirecting-feedback/ (abgerufen am 5.Februar 2013); Anm. d. Übers.

8. Wir müssen dringend miteinander reden

1. Nationwide, „New Nationwide® Survey Sheds Light on High Cost of Avoiding Difficult Conversations", http://www.nationwide.com/newsroom/press-release-nationwide-survey-sheds-light-cost-2007.jsp; (abgerufen am 7.Februar 2013); Anm. d. Übers.

2. Kenneth W. Thomas und Ralph H. Kilmann, Thomas-Kilmann Conflict Mode Instrument (New York: XICOM, 1974).

3. Alison L. Hill et al., „Emotions as infectious diseases in a large social network: the SISa model", in: Proceedings of the Royal Society B (2010), http://rspb. royalsocietypublishing.org/content/277/1701/3827 (abgerufen am 7. April 2012).

9. Zung Fu oder die Kunst des verbalen Schlagabtauschs

1. The Workplace Bullying Institute, „Results of the 2010 and 2007 WBI U.S. Workplace Bullying Survey", http://www.workplacebullying.org/ wbiresearch/2010-wbi-national-survey/ (abgerufen am 13.Februar 2013); Anm. d. Übers.

10. Sagen Sie doch öfter mal Nein

1. William L. Ury, The Power of a Positive No: How to Say No and Still Get to Yes, (New York: Bantam Dell, 2007). [Auf Deutsch erschienen: Nein sagen und trotzdem erfolgreich verhandeln, Campus Verlag, 2009]; Anm. d. Übers.

2. William L. Ury et al., Getting to Yes: Negotiating an Agreement without Giving In (Boston: Houghton Mifflin Company, 1981). [Auf Deutsch erschienen: Das Harvard-Konzept: Der Klassiker der Verhandlungstechnik, Campus Verlag, 2009]; Anm. d. Übers.

3. William L. Ury, Getting Past No: Negotiating in Difficult Situations (New York: Bantam, 1991); Anm. d. Übers.

4. Ali Brown, „The Day I Learned to Start Saying 'No'", 22. März 2012, http://www.alibrown.com/blog/2012/03/22/the-day-i-learned-to-start-saying-no-by-ali-brown2/ (abgerufen am 18. Februar 2013); Anm. d. Übers.

11. Persuasion – die (wissenschaftlich fundierte) Kunst der Überredung

1. Robert B. Cialdini, Influence: The Psychology of Persuasion (New York: Collins, 2007). [Auf Deutsch erschienen: Die Psychologie des Überzeugens. Ein Lehrbuch für alle, die ihren Mitmenschen und sich selbst auf die Schliche kommen wollen, Huber Bern, 2009; Anm. d. Übers.]

2. Melissa Allison, „Retiring CEO of Costco takes a look back on his legacy", The Seattle Times, 21. Dezember 2011, http://seattletimes.nwsource.com/html/businesstechnology/2017040471_sinegal18.html (abgerufen am 7. April 2012).

3. Jonathan L. Freedman und Scott C. Fraser, „Compliance without pressure: The foot-in-the-door technique", in: Journal of Personality and Social Psychology 4 (1966), S. 195–202.

4. Jerry. M. Burger, „The foot-in-the-door compliance procedure: A multiple-process analysis and review", in: Personality and Social Psychology Review 3 (1999), S. 303–325.

5. James P. Dillard, „Self-Inference and the Foot-in-the-Door Technique Quantity of Behavior and Attitudinal Mediation", in: Human Communication Research 16 (3) (1990), S. 422–447.

6. Jerry M. Burger et al., „The Effect of Fleeting Attraction on Compliance Requests",
in: Personality and Social Psychology Bulletin 27 (12) (2001), S. 1578–1586, http://psp.
sagepub.com/content/27/12/1578.refs; doi: 10.1177/01461672012712002 (abgerufen
am 7. April 2012).

7. Ellen J. Langer, Mindfulness (Reading, Massachusetts: Addison-Wesley, 1989).

8. Jennifer E. Escalas, „Self-Referencing and Persuasion: Narrative Transportation
versus Analytical Elaboration", in: Journal of Consumer Research 34 (4) (2007), S.
421–429.

9. Melanie C. Green, „Transportation into Narrative Worlds: The Role of Prior
Knowledge and Perceived Realism", in: Discourse Processes 38 (2004), S. 247–266.

10. Lisa B. Marshall, „Everyday Storytelling", The Public Speaker, Episode 35, 20.
März 2009; http://publicspeaker.quickanddirtytips.com/Storytelling-Stories-Plot-
Setting-Characters.aspx; Anm. d. Übers.

11. Robert B. Cialdini „Principle 6 Liking Part 2", YouTube-Video, Mitschnitt einer
Vorlesung über persuasive Kommunikation am California Institute of Technology
2011, gepostet von „newagescience", 10. Oktober 2011, http://www.youtube.com/
watch?v=hXpysRReBmk & feature=relmfu.

12. Geschickte Verhandlungsführung ist eine Kunst

1. Pat Croce, „Do Your Homework", Eye on Entrepreneur, http://www.patcroce.
com/entrepreneur/homework.html (abgerufen am 7. April 2012).

2. Alex Crippen, „CNBC Transcript: Warren Buffetts $200B Berkshire Blunder and
the Valuable Lesson He Learned", CNBC Warren Buffett Watch (Blog), http://
www.cnbc.com/id/39724884/CNBC_Transcript_Warren_Buffett039s_200B_Ber-
kshire_Blunder_and_the_Valuable_Lesson_He_Learned (abgerufen am 8. April
2012).

14. Charisma – die Magie innerer Ausstrahlung

1. Carlin Flora, „The X-Factors of Success", Psychology Today Blog, 1. Mai 2005;
zuletzt geändert am 24. Oktober 2012, http://www.psychologytoday.com/
articles/200505/the-x-factors-success.

2. Robert J. House, „A 1976 theory of charismatic leadership", in: Leadership: The Cutting Edge, Hrsg. James G. Hunt und Lars Larson (Carbondale: Southern Illinois University Press, 1977), S. 189–207.

3. Robert J. House und M. Baetz, „Leadership: Some Empirical Generalizations and New Research Directions", in: Research in Organizational Behavior, Hrsg. B. M. Staw (Greenwich, Connecticut: JAI Press, 1979) (1), S. 341–423.

4. Robert J. House und Jane M. Howell, „Personality and charismatic leadership", in: The Leadership Quarterly 3 (1992), S. 81–108.

5. Daniel Kahneman und Jason Riis, „Living, and thinking about it: two perspectives on life", in: F. A. Huppert, N. Baylis und B. Keverne (Hrsg.), The science of well-being (Oxford: Oxford University Press, 2005), S. 285–304.

6. Marcial Losada und Emily Heaphy, „The Role of Positivity and Connectivity in the Performance of Business Teams: A Nonlinear Dynamics Model", in: American Behavioral Scientist, 47 (6) (2004), S. 740–765; doi: 10.1177/0002764203260208.

7. Sidney M. Jourard, Self-Disclosure: An Experimental Analysis of the Transparent Self (New York: John Wiley & Sons, 1971).

8. Wikipedia, The Free Encyclopedia, „Happiness", http://en.wikipedia.org/wiki/Happiness (abgerufen am 2. April 2012).

9. Ed Diener und Martin E.P. Seligman, „Very Happy People", in: Psychological Science 13 (1) (2002), S. 81–84.

10. Action for Happiness, „New mass movement for a happier society launches with rallying call to action", 12. April 2011, http://www.actionforhappiness.org/news/new-mass-movement-for-a-happier-society-launches (abgerufen am 9. März 2013); Anm. d. Übers.

11. Wikipedia, The Free Encyclopedia, „Johari window", http://en.wikipedia.org/wiki/Johari window (abgerufen am 19. April 2012).

12. Robert B. Cialdini, „Principle 6 liking Part 1 Cialdini", YouTube-Video, Mitschnitt einer Vorlesung über persuasive Kommunikation am California Institute of Technology 2011, gepostet von "newagescience", 10. Oktober 2011, http://www.youtube.com/watch?v=ftr48APX0UM.

13. Ithai Stern und James D. Westphal, „Stealthy Footsteps to the Boardroom: Executives' Backgrounds, Sophisticated Interpersonal Influence Behavior, and Board Appointments", in: Administrative Science Quarterly 55 (2) (2010), S. 278–319.

14. Jeffrey Pfeffer, Power: Why Some People Have It – And Others Don't (New York: HarperCollins Publishers, 2010), S. 34. [Auf Deutsch erschienen: Macht – warum manche sie haben und andere nicht, Börsenmedien, 2011; Anm. d. Übers.]

15. Mary Payne Bennett und Cecile Lengacher, „Humor and Laughter May Influence Health: III. Laughter and Health Outcomes", in: Evidence-based Complementary and Alternative Medicine, 5 (1) (2008), S. 37–40; doi: 10.1093/ecam/nem041.

16. Elizabeth Scott, „The Stress Management and Health Benefits of Laughter", zuletzt aktualisiert am 10. Januar 2011, http://stress.about.com/od/stresshealth/a/laughter.htm.

17. Mary Payne Bennett et al., „The Effect of Mirthful Laughter on Stress and Natural Killer Cell Activity", in: Alternative Therapies in Health and Medicine, 9 (2) (2003), S. 38–44.

18. Jörn P. W. Scharlemann et al., „The value of a smile: Game theory with a human face", in: Journal of Economic Psychology, 22 (5) (2001), S. 617–640.

19. B. J. Almond, „Show Your Pearly Whites", Sallyport: The Magazine of Rice University, 58 (3) 2002, http://www.rice.edu/ricemagazine/Sallyport_2002_Spring.pdf (abgerufen am 11. April 2012).

20. Itzhak Aharon et al., „Beautiful Faces Have Variable Reward Value: fMRI and Behavioral Evidence", in: Neuron 32 (3) (2001), S. 537–551.

21. John O'Doherty et al., „Beauty in a smile: the role of medial orbitofrontal cortex in facial attractiveness", in: Neuropsychologia 41 (2) (2003), S. 147–155.

22. Lane Strathearn et al., „What's in a Smile? Maternal Brain Responses to Infant Facial Cues", in: Pediatrics 122 (1) (2008), S. 40–51.

23. „Lecture 08 – Social Psych: Interpersonal attraction", http://www.nd.edu/~rwilliam/xsoc530/attraction.html (abgerufen am 8. April 2012).

Literaturverzeichnis

Action for Happiness: „New mass movement for a happier society launches with rallying call to action", 12. April 2011, http://www.actionforhappiness.org/news/ new-mass-movement-for-a-happier-society-launches (abgerufen am 9. März 2013); Anm. d. Übers.

Aharon, Itzhak et al.: „Beautiful Faces Have Variable Reward Value: fMRI and Behavioral Evidence", in: *Neuron* 32 (3) (2001), S. 537–551.

Allison, Melissa: „Retiring CEO of Costco takes a look back on his legacy", The Seattle Times, 21. Dezember 2011, http://seattletimes.nwsource.com/html/ businesstechnology/2017040471_sinegal18.html (abgerufen am 7. April 2012).

Almond, B. J.: „Show Your Pearly Whites", *Sallyport: The Magazine of Rice University,* 58 (3) 2002, http://www.rice.edu/ricemagazine/Sallyport_2002_Spring.pdf (abgerufen am 11. April 2012).

Bell, Brad: „How is Handshaking Related to Personality?", http://www.psychology-andsociety.com/handshaking.html (abgerufen am 2. April 2012).

Bennett, Mary Payne et al.: „The Effect of Mirthful Laughter on Stress and Natural Killer Cell Activity", in: *Alternative Therapies in Health and Medicine,* 9 (2) (2003), S. 38–44.

Bennett, Mary Payne und Lengacher, Cecile: „Humor and Laughter May Influence Health: III. Laughter and Health Outcomes", in: *Evidence-based Complementary and Alternative Medicine,* 5 (1) (2008), S. 37–40; doi: 10.1093/ecam/nem041.

Bolton, Robert und Grover Bolton, Dorothy: *People Styles at Work: Making Bad Relationships Good and Good Relationships Better* (New York: AMACOM, 1996).

Brown, Ali: „The Day I Learned to Start Saying 'No'", 22. März 2012, http://www. alibrown.com/blog/2012/03/22/the-day-i-learned-to-start-saying-no-by-ali-brown2/ (abgerufen am 18. Februar 2013); Anm. d. Übers.

Bryant, Adam: „At Yum Brands, Rewards for Good Work", The New York Times, 11. Juli 2009, http://www.nytimes.com/2009/07/12/business/12corner. html?pagewanted=all&_r=1& (abgerufen am 11. Juni 2012).

Burger, Jerry M. et al.: „The Effect of Fleeting Attraction on Compliance Requests", in: *Personality and Social Psychology Bulletin* 27 (12) (2001), S. 1578–1586, http://psp. sagepub.com/content/27/12/1578.refs; doi: 10.1177/01461672012712002 (abgerufen am 7. April 2012).

Burger, Jerry. M.: „The foot-in-the-door compliance procedure: A multiple-process analysis and review", in: *Personality and Social Psychology Review* 3 (1999), S. 303–325.

Carnegie, Dale: *How to Win Friends and Influence People* (New York: Simon & Schuster, 2010). [Auf Deutsch erschienen: *Wie man Freunde gewinnt: Die Kunst, beliebt und einflussreich zu werden,* Scherz Verlag, 2011; Anm. d. Übers.]

Carrère, Sybil et al.: „Predicting Marital Stability and Divorce in Newlywed Couples", in: *Journal of Family Psychology* 14 (1) (2000), S. 42–58.

Casserly, Meghan: „True Stories From The Holiday Party Files", Forbes Blog, 2. Dezember 2010, http://www.forbes.com/sites/meghancasserly/2010/12/02/ holiday-office-party-bad-behavior/.

Cialdini, Robert B.: *Influence: The Psychology of Persuasion* (New York: Collins, 2007). [Auf Deutsch erschienen: *Die Psychologie des Überzeugens. Ein Lehrbuch für alle, die* *ihren Mitmenschen und sich selbst auf die Schliche kommen wollen*, Huber Bern, 2009; Anm. d. Übers.]

Cialdini, Robert B.: „Principle 6 Liking Part 2", *YouTube-Video*, Mitschnitt einer Vorlesung über persuasive Kommunikation am California Institute of Technology 2011, gepostet von „newagescience", 10. Oktober 2011, http://www.youtube.com/watch?v=hXpysRReBmk & feature=relmfu; „Principle 6 liking Part 1", *YouTube-Video*, Mitschnitt einer Vorlesung über persuasive Kommunikation am California Institute of Technology 2011, gepostet von "newagescience", 10. Oktober 2011, http://www.youtube.com/watch?v=ftr48APXoUM; Anm. d. Übers.

Clinton, Hillary Rodham: „Interview with Hamish and Andy", U.S. Department of State, Diplomacy in Action, 7. November 2010, http://www.state.gov/secretary/rm/2010/11/150587.htm (abgerufen am 27. Januar 2013); Anm. d. Übers.

Collins, Nancy L. und Miller, Lynn Carol: „Self-disclosure and liking: A meta-analytic review", in: *Psychological Bulletin* 116 (3) (1994), S. 457–475.

Cozby, Paul C.: „Self- Disclosure: A literature review", in: *Psychological Bulletin* 79 (2) (1973), S. 151–160.

Crabtree, Steve: „What Your Employees Need to Know", *Gallup Business Journal*, 13. April 2011, http://businessjournal.gallup.com/content/146996/Employees-Need-Know.aspx (abgerufen am 31. Januar 2013); Anm. d. Übers.

Crippen, Alex: „CNBC Transcript: Warren Buffett's $200B Berkshire Blunder and the Valuable Lesson He Learned", *CNBC Warren Buffett Watch (Blog)*, http://www.cnbc.com/id/39724884/CNBC_Transcript_Warren_Buffett_s_200B_Berkshire_Blunder_and_the_Valuable_Lesson_He_Learned (abgerufen am 8. April 2012).

Croce, Pat: „Do Your Homework", Eye on Entrepreneur, http://www.patcroce.com/entrepreneur/homework.html (abgerufen am 7. April 2012).

Diener, Ed und Seligman, Martin E. P.: „Very Happy People", in: *Psychological Science* 13 (1) (2002), S. 81–84.

Dillard, James P.: „Self-Inference and the Foot-in-the-Door Technique Quantity of Behavior and Attitudinal Mediation", in: *Human Communication Research* 16 (3) (1990), S. 422–447.

Dindia, Kathryn und Allen, Mike: „Sex-differences in Self-disclosure: A meta-analysis", in: *Psychological Bulletin* 112 (1) (1992), S. 106–124.

Escalas, Jennifer E.: „Self-Referencing and Persuasion: Narrative Transportation versus Analytical Elaboration", in: Journal of Consumer Research 34 (4) (2007), S. 421–429.

Flora, Carlin: „The X-Factors of Success", *Psychology Today Blog*, 1. Mai 2005; zuletzt geändert am 24. Oktober 2012, http://www.psychologytoday.com/articles/200505/the-x-factors-success.

Freedman, Jonathan L. und Fraser, Scott C.: „Compliance without pressure: The foot-in-the-door technique", in: *Journal of Personality and Social Psychology* 4 (1966), S. 195–202.

Gitomer, Jeffrey: Little Black Book of Connections: 6.5 *Assets for Networking Your Way to Rich Relationships* (Austin: Bard Press, 2006). [Auf Deutsch erschienen: *Das kleine schwarze Buch für ihre guten Kontakte: Wie Ihre Kontakte wertvoll werden*, Redline, 2008; Anm. d. Übers.]

Goleman, Daniel: *Emotional Intelligence* (New York: Bantam Dell Pub Group, 1996). [Auf Deutsch erschienen: *EQ. Emotionale Intelligenz*, Deutscher Taschenbuch Verlag, 1997; Anm. d. Übers.]

Gottman, John M. et al.: „Predicting marital happiness and stability from newlywed interactions", in: *Journal of Marriage and the Family* 60 (1) (1998), S. 5–22.

Gottman, John M. und Levenson, Robert W.: „A Two-Factor Model for Predicting When a Couple Will Divorce: Exploratory Analyses Using 14-Year Longitudinal Data", in: *Family Process* 41 (1) (2002), S. 83–96.

Green, Melanie C.: „Transportation into Narrative Worlds: The Role of Prior Knowledge and Perceived Realism", in: *Discourse Processes* 38 (2004), S. 247–266.

Greene, Kathryn et al.: „Self-Disclosure in Personal Relationships", Kapitel 22 in: *The Cambridge Handbook of Personal Relationships*, Hrsg. Anita L. Vangelisti und Daniel Perlman (New York: Cambridge University Press, 2006), S. 409–427.

Hickson, Gerald B. et al.: „A Complementary Approach to Promoting Professionalism: Identifying, Measuring, and Addressing Unprofessional Behaviors", in: *Academic Medicine* 82 (11) (2007), S. 1042–1045.

Hill, Alison L. et al.: „Emotions as infectious diseases in a large social network: the SISa model", in: *Proceedings of the Royal Society* B (2010), http://rspb.royalsocietypublishing.org/content/277/1701/3827 (abgerufen am 7. April 2012).

House, Robert J.: „A 1976 theory of charismatic leadership", in: *Leadership: The Cutting Edge*, Hrsg. James G. Hunt und Lars Larson (Carbondale: Southern Illinois University Press, 1977), S. 189–207.

House, Robert J. und Baetz, M.: „Leadership: Some Empirical Generalizations and New Research Directions", in: *Research in Organizational Behavior*, Hrsg. B. M. Staw (Greenwich, Connecticut: JAI Press, 1979) (1), S. 341–423.

House, Robert J. und Howell, Jane M.: „Personality and charismatic leadership", in: *The Leadership Quarterly* 3 (1992), S. 81–108.

Jourard, Sidney M.: *Self-Disclosure: An Experimental Analysis of the Transparent Self* (New York: John Wiley & Sons, 1971).

Kahneman, Daniel und Riis, Jason: „Living, and thinking about it: two perspectives on life", in: F. A. Huppert, N. Baylis und B. Keverne (Hrsg.), *The science of well-being* (Oxford: Oxford University Press, 2005), S. 285–304.

Kawasaki, Guy: *Enchantment: The Art of Changing Hearts, Minds, and Actions* (New York: Penguin, 2011).

Langer, Ellen J.: *Mindfulnes* (Reading, Massachusetts: Addison-Wesley, 1989).

Lecture 08 – Social Psych: Interpersonal attraction", http://www.nd.edu/~rwilliam/xsoc530/attraction.html (abgerufen am 8. April 2012).

Levinson, Jay Conrad: *Guerilla Marketing Attack: New Strategies, Tactics and Weapons for Winning Big Profits from Your Small Business* (Boston: Houghton Mifflin Company, 1989). [Auf Deutsch erschienen: *Guerilla Marketing. Offensives Werben und Verkaufen für kleinere Unternehmen. Wirksame Werbung muss nicht teuer sein*, Heyne, 1989; Anm. d. Übers.]

Losada, Marcial: „The complex dynamics of high-performance teams", in: *Mathematical and Computer Modelling* 30 (9–10) (1999), S. 179–192.

Losada, Marcial und Heaphy, Emily: „The Role of Positivity and Connectivity in the Performance of Business Teams: A Nonlinear Dynamics Model", in: *American Behavioral Scientist*, 47 (6) (2004), S. 740–765; doi: 10.1177/0002764203260208.

Luntz, Fred: *Words That Work: It's Not What You Say, It's What People Hear* (New York: Hyperion, 2007); Anm. d. Übers.

Marshall, Lisa B.: „Everyday Storytelling", The Public Speaker, Episode 35, 20. März 2009; http://publicspeaker.quickanddirtytips.com/Storytelling-Stories-Plot-Setting-Characters.aspx; Anm. d. Übers.

Marshall, Lisa B.: „Communication Success: Tips for Busy People", HP ePrintCenter, https://h30495.www3.hp.com/detail/1237.2 (abgerufen am 2. April 2012).

Nationwide: „New Nationwide® Survey Sheds Light on High Cost of Avoiding Difficult Conversations", http://www.nationwide.com/newsroom/press-release-nationwide-survey-sheds-light-cost-2007.jsp (abgerufen am 7.Februar 2013); Anm. d. Übers.

O'Doherty, John et al.: „Beauty in a smile: the role of medial orbitofrontal cortex in facial attractiveness", in: *Neuropsychologia* 41 (2) (2003), S. 147–155.

Parker, Andrew: „Delivering the Bad News: 3 Steps for Providing Redirecting Feedback", Zenger | Folkman Blog, 24. November 2010, http://zengerfolkman. wordpress.com/2010/11/24/delivering-the-bad-news-3-steps-for-providing-redirec-ting-feedback/ (abgerufen am 5. Februar 2013); Anm. d. Übers.

Pfeffer, Jeffrey: *Power: Why Some People Have It – And Others Don't* (New York: HarperCollins Publishers, 2010). [Auf Deutsch erschienen: *Macht – warum manche sie haben und andere nicht*, Börsenmedien, 2011; Anm. d. Übers.]

Sanders, Tim: *Love Is the Killer App: How to Win Business and Influence Friends* (New York: Crown Business, 2003). [Auf Deutsch erschienen: *Der Sympathiefaktor. Menschen erfolgreich für sich gewinnen*; Fischer Scherz, 2006; Anm. d. Übers.]

Scharlemann, Jörn P. W. et al.: „The value of a smile: Game theory with a human face", in: *Journal of Economic Psychology*, 22 (5) (2001), S. 617–640.

Scott, Elizabeth: „The Stress Management and Health Benefits of Laughter", http://stress.about.com/od/stresshealth/a/laughter.htm (abgerufen am 11. April 2012).

SIS International Research: „SMB Communications Pain Study White Paper: Uncovering the hidden cost of communications barriers and latency", http://www.marketintelligences.com/industrial-b2b-journal/2009/3/10/smb-communications-pain-study-white-paper-uncovering-the-hid.html (abgerufen am 2. April 2012).

Stern, Ithai und Westphal, James D.: „Stealthy Footsteps to the Boardroom: Executives Backgrounds, Sophisticated Interpersonal Influence Behavior, and Board Appointments", in: *Administrative Science Quarterly* 55 (2) (2010), S. 278–319.

Strathearn, Lane et al.: „What's in a Smile? Maternal Brain Responses to Infant Facial Cues", in: *Pediatrics* 122 (1) (2008), S. 40–51.

Sunnafrank, Michael und Ramirez, Artemio: „At First Sight: Persistent Relational Effects of Get-Acquainted Conversations", in: *Journal of Social and Personal Relationships* 21 (2004), S. 361–379.

The Workplace Bullying Institute: „Results of the 2010 and 2007 WBI U.S. Work-place Bullying Survey", http://www.workplacebullying.org/wbiresearch/2010-wbi-national-survey/ (abgerufen am 13. Februar 2013); Anm. d. Übers.

Thomas, Kenneth W. und Kilmann, Ralph H.: *Thomas-Kilmann Conflict Mode Instrument* (New York: XICOM, 1974).

Tsu, Sun: *The Art of War* (Boulder Colorado: Westview Press, 1994). [Auf Deutsch erschienen: *Die Kunst des Krieges* (München: Droemer Knaur, 1998); Anm. d. Übers.]

Ury, William L.: *The Power of a Positive No: How to Say No and Still Get to Yes* (New York: Bantam Dell, 2007). [Auf Deutsch erschienen: *Nein sagen und trotzdem erfolgreich verhandeln*, Campus Verlag, 2009; Anm. d. Übers.]

Walton, Sam: *10-Foot Rule*, Walmart Stores, Inc., http://walmartstores.com/ AboutUs/285.aspx (abgerufen am 2. April 2012).

Wikipedia, The Free Encyclopedia: „Handshake", http://en.wikipedia.org/wiki/ Handshake (abgerufen am 2. April 2012).

Wikipedia, The Free Encyclopedia: „DISC assessment", http://en.wikipedia.org/ wiki/DISC_assessment (abgerufen am 4. April 2012).

Wikipedia, The Free Encyclopedia: „Keirsey Temperament Sorter", http://en. wikipedia.org/wiki/Keirsey_Temperament_Sorter (abgerufen am 4. April 2012).

Wikipedia, The Free Encyclopedia: „Johari window", http://en.wikipedia.org/wiki/ Johari window (abgerufen am 19. April 2012).

Wikipedia, The Free Encyclopedia: „Happiness", http://en.wikipedia.org/wiki/ Happiness (abgerufen am 2. April 2012).

Wikisource: *Benjamin Franklin to Benjamin Webb,* http://en.wikisource.org/wiki/ Franklin_to_Benjamin_Webb (abgerufen am 20. Januar 2013); Anm. d. Übers.

Wood, Julia T.: *Interpersonal Communication: Everyday Encounters* (Cengage Learning Products, 6. Aufl., 2010).

Danksagung

An erster Stelle möchte ich mich bei meinem Mann Armando und meinen beiden Töchtern Daniela und Ariana bedanken. Wenn ich an all die Liebe und Unterstützung denke, die ich Tag für Tag von euch bekomme, zaubert das ein Lächeln auf mein Gesicht. Mädels, dieses Buch habe ich speziell für euch geschrieben, damit ihr frühzeitig lernt und wisst, was ich damals nicht wusste! Ihr habt mich zu diesem Buch inspiriert. Selbst wenn ihr zwei die beiden einzigen seid, die es lesen und davon profitieren, weiß ich, dass sich meine Mühe gelohnt hat. Ich liebe euch von ganzem Herzen.

Meinen beiden besten Freundinnen, Linda Remington und Larissa Whitman, die mich schon mein ganzes Leben begleiten und unterstützen, möchte ich ebenfalls Danke sagen. Es ist alles andere als selbstverständlich, solche Freunde zu haben, und ich kann mich glücklich schätzen, dass ihr Teil meines Lebens seid.

Ein großes Dankeschön geht an das *Grammar Girl* (alias Mignon Fogarty) und die übrigen Mitglieder vom „*Quick and Dirty Tips*"-Team bei Macmillan, die dieses Buch überhaupt erst möglich gemacht haben. Außerdem möchte ich mich ganz herzlich bei Beata Santora für die hervorragende redaktionelle Aufbereitung des Manuskripts bedanken. Das Buch ist durch ihre Hilfe so viel besser geworden. Danke schön!

Meinen ehemaligen Professoren Donald Cushman, Michael Huspek und Sara Cobb möchte ich an dieser Stelle ebenfalls Danke sagen, denn sie haben mich dabei unterstützt, meinen Masterabschluss in Organisations- und interpersoneller Kommunikation zu machen.

Bei meinen Kunden möchte ich mich dafür bedanken, dass sie mir ihr Vertrauen geschenkt und mich im Laufe der Jahre dazu angespornt haben, meine Seminarprogramme stetig zu erweitern.

Ein herzliches Dankeschön geht auch an das „Lisa B. Marshall"-Support-Team: Lou Crocetto, Sherri Barksdale, Michelle O'Shea, Tim Roufa,

Whitney Punchak und Mallory Rhodes. Für all ihre Beiträge bin ich sehr dankbar.

Außerdem bin ich den Lesern der „Betaversion" des Buchmanuskripts für ihre Anregungen, Empfehlungen und Unterstützung zu großem Dank verpflichtet: Linda Remington, Dr. Ken Flowe, Deborah Spivack, Christopher Incao, Bill Jackman, Glen Munro, Tatenda Mupini, Christopher G. Johnson, Brian Schardt, Alison Scheid, Sarmi Gilani, Reeteka Sud, Taha Arbaoui, Cindy Labaz, Reece Sellin, Fernando Marono, Bonnie Wong, Whitney Bishop, Herrn und Frau Baboolal sowie Stephanie Kiernan.

Ohne die treue Unterstützung der Community meines „The Public Speaker"-Blogs und -Podcasts wäre dieses Buch gar nicht entstanden. Deshalb möchte ich mich bei allen „The Public Speaker"-Hörern, -Lesern und -Fans bedanken, die mich so tatkräftig unterstützt haben, und zwar insbesondere bei: Marie-Adele Guicharnaud, Piper Hendricks, Syed Quadri, Chris Woodhouse, Dan Murrell, Brian Mattocks, Bob Levy, Terry D. Kozlyk, Jeff Hurt, Connie Malamed, Jeremy Goh, Kris Harty und Artem Daniliants.

Ein ganz besonders herzliches Dankeschön geht an Dr. Robert Cialdini, Trisha Liu, Angela Lauria, Mac Smith, Kathleen Walker, David McGuire, Ali Brown, Barrett Peterson, Steve und Jennifer Chou, Rabbi Eli Adler, Dr. Ken Flowe und Beth Beutler.

Ich danke auch meinen Geschwistern Deb Boehm-Davis, Ron Boehm, Rich Boehm und Maria Watson sowie Oma Vincenza und Opa Ita. Ich liebe euch alle.

Mama, Papa und John – ich vermisse euch.